債權者取消權

오 시 영

탈 이야기

거짓은 진실을 닮는다. 아니 오히려 진실을 뛰어 넘어 진실이 되려고 한다. 그러기에 진실 속에서 거짓을 구별하는 것은 결코 용이한 일이 아니다. 가장 거짓된 것 중의 하나가 탈이다. 진실은 탈을 쓰지 않는다. 거짓만이 탈을 쓸 뿐이다. 그렇지만 탈이 거짓은 아니다. 탈은 탈 그 자체로서 진실이고, 진실을 통렬히 꿰뚫는 혜안이다. 탈을 쓰는 자는 두 부류가 있다. 하나는 자신의 거짓과 위선을 감추려는 자이고, 다른 하나는 거짓과 위선을 감추려는 자를 비웃는 자이다.

하회탈에는 양반탈, 선비탈, 각시탈, 백정, 할미, 파계승, 상좌, 말뚝이 등 많은 탈이 있다. 탈마다 각기 사람 사는 이야기를 한다. 하회별신굿놀이 한 마당이 벌어지면 출연자들은 각각 한 탈을 뒤집어 쓰고 각자의 역할에 빠져든다. 말뚝이는 선비탈을 쓴 선비의 무식을 조롱하고, 양반탈을 쓴 권력자의 비위를 비웃는다. 삶의 진실에서 제 역할을 제대로 감당하지 못하면서 큰 소리만 치는 자의 허울 좋은 가식을 폭로하는 것이다.

하지만 말뚝이는 안다. 그것은 자신이 말뚝이탈을 쓰고 그 춤을 추고 있을 때만 가능하다는 사실을. 언감생심, 어찌 감히 실제로 선비를, 양반을 조롱하고 비웃을 수 있겠는가? 탈을 벗는 순간 그 즉시 붙잡혀 가 치도곤 당할 것을 알기에 탈을 벗는 순간 무릎을 꿇을 준비가 되어 있다. 하지만 말뚝이는 또 안다. 결코 권력에 승복해서 무릎을 꿇는 것이 아니라는 것을. 까닭에 말뚝이는 탈을 쓰고 울고, 탈을 쓰고 땀을 흘린다. 탈을 쓰고 있는 동안만이라도 세상의 주인공이 되고, 창공을 훨훨 나는 새가 되고픈 것이다.

채권자취소권은 현대 민법학에서 풀어야 할 숙제이다. 채권자취소권은 거짓의 탈을 쓰고 재산을 빼돌리는 자를 응징하기 위한 최후의 법적 수단으로 그 동안 채권자의 당연한 권리로 인정되어 왔다. 하지만 나는 이 책에서 그러한 종래의 견해에 동의하지 않음을 밝힌다. 그 이유는 담보물권제도와 보전처분절차 및 강제집행절차가 완비

되어 있는 현대사회에서 채권자취소권은 선의의 피해자를 양산해 내는 이상한 제도이기 때문이다. 채권자취소권은 강자의 무기가 되어 현행 민법체계에서 무소불위의 힘을 행사하고 있다. 그러다 보니 엉뚱하게 새로운 법률관계를 맺은 선의의 제3자에게 불의의 피해를 주는 경우가 자주 발생한다. 물론 재산을 빼돌려 채무를 면탈하려는 자는 정의롭지 못하다. 그런데 그 자를 응징하는 수단으로 이용되는 채권자취소권이 그 자와 새로운 법률관계를 맺은 제3자에게 불의의 피해를 안겨줌으로써, 제3자로서는 또 다른 법의 횡포앞에 고통을 당할 수밖에 없다.

그 횡포의 한 가운데 채권자취소권이 있다. 그러한 이유로 이 책에서는 채권자취소권의 겸손을 요구하고, 그 행사의 범위를 최대한 자제시킬 필요가 있음을 밝히고자 하였다.

탈을 쓰고, 춤을 추고, 거짓으로 거짓을 비웃는 세상에는 그나마 희망이 있다. 하지만 진실이 거짓을 응징하겠다며 칼을 휘두르기 시작하면 거기에 탈춤이 펼쳐질 공간이 없어진다. 탈춤은 광장에서 열려야 제 맛이다. 채권자, 채무자, 수익자 사이의 이해관계가 제대로 규명될 수 있는 곳도 광장이어야 하고, 그 이해관계를 조절해야 하는 것이 채권자취소권이다. 이 책이 채권자취소권이라는 현대 민법학의 숙제일 수도 있는 영역에 대한 작은 학문적 기여가 되기를 바라는 마음으로 학위논문을 수정, 보완하여 본서를 출판하게 되었다. 이 책의 출간을 허락해주신 숭실대학교출판부의 여러 선생님들께 감사의 마음을 전하며 아무쪼록 시도 때도 없이 탈춤 한 마당이 펼쳐지는, 신명나는 세상이기를 바란다.

2010년 9월

하늘꽃서실에서

지은이

目　次

제1장 序　論

제2장 債權者取消權의 沿革과 立法例

제3장 債權者取消權의 法的 性質

제 4 장 債權者取消權의 要件에 對한 檢討

제 5 장 債權者取消權의 行使와 效果

제 *6* 장 結 論

색 인

1 序論

제1절 問題의 提起

제1절 研究의 目的 및 範圍

흙 속의 길

김 현 숙

너를 만나기 위한 것이라면
그 긴 눈보라 속도
참을 만한 것이었구나
나는 네게서 시작되니
네가 지나는 어디쯤
끝없이 꽃이 피고

그렇구나
너는 햇빛과 바람으로
날마다 내게 스며
나를 가장 당도 높은
한 열매로 익히는구나
디아스포라

제1절 채권자취소권의 의의

채권자취소권은 채권자를 해함을 알면서 행한 채무자의 법률행위(詐害行爲)를 취소하고, 채무자의 재산을 회복하는 것을 목적으로 하는 채권자의 권리이다(민법 제406조 제1항).

채권자취소권은 로마법상의 파울리아나 소권(actio pauliana)[1]에서 유래하였다. 로마법은 채무자의 債權者詐害(fraus creditorium)를 제재하는 방법으로 채권자에게 파울리아나 소권을 인정하였는데, 당시는 실체법상의 청구권과 절차법상의 소권이 제대로 분화되지 않은 시대였기 때문에, 파울리아나 소권은 이러한 실체법상의 청구권과 절차법상의 청구권을 함께 행사하는 포괄적 권리로 기능하였다.[2] 즉 채권자는 법무관의 조력을 받아 파울리아나 소권을 행사함으로써 실체법적 권리를 절차법적으로도 보장받는 포괄적 권리를 행사할 수 있었고, 채무자를 형사처벌[3]할 수도 있었던 것이다.

그러나 이러한 파울리아나 소권은 실체법상의 청구권과 절차법상의 소권이 분화된 현대에 와서는 더 이상 그러한 포괄적 권리로 기능할 수 없게 되었다. 따라서 실체법상의 권리는 소송법상 법원의 판결을 통해 執行權原을 확보하지 않는 한 강제집행이 불가능하게 되어 실체법상의 권리만으로는 강제집행을 할 수 없게 되었다. 그리고 실

---

1) 金相容, "채권자취소권", 월간고시, 1993. 9. 106면(actio pauliana 소권으로 명명된 것은 Paulus라는 법무관에 의하여 이 소권이 처음으로 인정되었기 때문이라는 주장도 있고, 學說彙纂(Digesta)에서 법학자였던 Paulus가 이에 관하여 말한 것으로 기록하기 있기 때문이라는 주장도 있다).
2) 姜永虎, "특정물채권자는 채권자취소권을 행사할 수 없는가", 사법논집, 제34집, 대법원 법원행정처, 2002, 320면.
3) François Terré, Philippe Simler et Yves Lequette, Droit civil, Les Obligations, 8e éd., Dalloz, 2002, n° 1057-1058.

체법상의 권리의 존재를 선언하는 受訴法院과 강제집행절차를 담당하는 執行法院도 분리됨으로써 그 관할과 권한을 달리 하기에 이르렀다.

또한 현대법체계는 권리실현단계도 責任財産의 保全段階, 執行權原을 취득하는 소송단계, 마지막 강제집행단계로 나누어 운영되고 있다. 責任財産의 保全段階는 임의적 保全段階로 담보물권제도, 가등기제도와 환매등기제도 등을 두고 있고, 강제적 保全段階로 가압류절차와 가처분절차 및 가등기가처분제도 등을 두고 있다. 執行權原을 취득하는 방법으로는 통상적인 소송절차, 제소전화해절차, 지급명령, 조정제도, 중재제도, 공정증서제도 등이 있다. 한편 최종단계인 강제집행단계도 부동산강제집행과 동산강제집행 및 채권강제집행절차 등 강제집행의 대상에 따라 집행제도를 각각 달리 하고 있다.

그런데 채권은 채무자의 임의이행을 전제로 하기 때문에 채무자에 의해 언제든지 침해될 가능성이 있고, 그러한 침해를 사전예방하기 위하여 담보물권제도가 정립되어 있다. 그럼에도 불구하고 채무자의 채권 침해는 상존하기 때문에 채권자는 민사집행법상의 가압류 및 가처분제도를 통해 채무자의 責任財産에 대한 보전조치를 사전 강구하여 채무자의 채무이행을 간접적으로 강제하고, 불이행시 강제집행을 통해 채권의 만족을 얻도록 보장하고 있다. 뿐만 아니라 당사자의 합의에 의한 가등기제도 및 환매등기제도 등을 통해 채권자는 순위보전의 효력에 의해 절대적 우선권을 보장받거나, 채무자의 비협조에 대비하여 법원으로부터 강제집행법상 강제적 수단인 가등기가처분결정을 받아 강제적으로 가등기를 한 후 다시 이에 대하여 통상적인 가처분을 함으로써 임의적 합의에 의한 가등기와 동일한 목적을 달성하고 있다.

우리 민법은 물건을 부동산과 동산으로 나누어 부동산은 등기, 동산은 점유의 이전, 즉 인도라는 공시제도를 확립함으로써 물권변동의 대외적 공시를 통하여 물권의 채권에 대한 우위성을 보장하고 있다. 그리하여 채권과 물권이 충돌할 경우 원칙적으로 물권이 채권에 우선하는 "물권 우선의 원칙"을 확립하였다. 또한 계약자유의 원칙을 확립하여 거래의 안정을 보장함으로써 자본주의의 발달을 가져왔고, 동시에 채권관계를 보장하게 되었다.

만일 물권 우선의 원칙이 보장되지 않는다면, 물권을 신뢰한 채권관계가 형성될 수 없고, 그 법적 안정성이 보장되지 않으면 사적 자치의 원칙이 침해되게 되어 정상적인 법률관계의 형성이 불가능하게 된다. 이처럼 채권과 물권은 일정한 질서를 지키며 상호간 협력체계를 유지하고 있다고 하겠다.

한편 우리 법제는 강제집행과 관련하여 債權者平等主義를 원칙으로 한다. 이는 독일의 優先主義나 스위스의 集團優先主義와 다르다. 이러한 채권자평등주의는 채무자의 모든 재산이 모든 채권자들의 責任財産이 됨을 의미한다. 그렇지만 채권자평등주의는 파산절차 및 강제집행절차에서 배당실시의 경우에만 사실상 적용될 뿐이고, 그 前段階에서는 선행주의 내지 優先主義에 의하여 먼저 변제를 받은 채권자에게 사실상의 우선권이 주어지고 있다. 자유민주주의 하에서 모든 사람은 "管財行爲의 自由"가 보장되어 있기 때문에 자기 재산에 대한 처분권을 행사할 수 있고, 이러한 처분행위에 대하여 타인으로부터 부당한 간섭을 받지 않는다. 이러한 자유는 채무자에게도 보장되어 있다. 따라서 채무자는 여러 명의 채권자 중 어느 채권자에게 우선변제할 것인지를 결정할 수 있고, 이러한 임의변제는 변제로서 그 유효성이 인정된다는 것이 優先主義 原則이라고 하겠다.

그렇기 때문에 채권자로서는 다른 채권자보다 자기의 권리를 적극적으로 행사하여 우선변제를 받으려고 노력한다. 즉 파산절차와 같은 종국적 단계에서는 채권자평등주의가 엄격하게 적용되지만, 그 前段階에서는 優先主義가 적용되어 먼저 변제받은 채권자에게 독점적 권리가 주어진다. 이는 채권의 상대적 효력에서 나오는 어쩔 수 없는 현상이라고 하겠다.

그런데 위와 같은 실체법상 및 절차법상의 기본원칙의 예외가 바로 채권자취소권제도이다. 채권자취소권의 행사로 채무자 이외의 제3자가 권리관계에 심각한 영향을 받게 되는 경우가 발생하게 된다.

우리 민법 제406조 제1항은 "債務者가 債權者를 害함을 알고 財産權을 目的으로 한 法律行爲를 한 때에는 債權者는 그 取消 및 原狀回復을 法院에 請求할 수 있다. 그러나 그 行爲로 因하여 利益을 받은 者나 轉得한 者가 그 行爲 또는 轉得 當時에

債權者를 害함을 알지 못한 境遇에는 그러하지 아니하다."라고 하여 채권자에게 채권자취소권을 인정하고 있다. 채권자는 채권자취소권을 행사하여 채무자의 詐害行爲를 취소할 수 있고, 그 취소 후 반환받은 재산으로부터 사실상의 우선변제를 받고 있다. 반면에 재산을 반환해야 하는 수익자 또는 전득자로서는 위와 같은 실체법상의 대원칙들을 신뢰하고 일정한 법률관계를 맺었는데 이를 부인당하게 되어 엄청난 불이익을 받게 된다. 물론 채무자와 수익자 또는 전득자가 채권자를 해하고자 통모하여 채무자의 재산을 은닉하거나 강제집행면탈을 시도하였다면 수익자 또는 전득자에게 비난가능성이 있으므로 그들이 채권자에게 반환하는 것은 당연하다. 그러나 반대급부를 지급하고 취득한 수익자 또는 전득자라면 채권자취소권에 의한 반환은 그 불이익의 정도가 크다고 하지 않을 수 없다.

채권자취소권제도는 궁극적으로 채무자의 詐害行爲를 통해 責任財産을 확보하지 못한 채권자가 채권자와 채무자 사이의 "계약은 지켜져야 한다."라는 대명제를 실현시키는 방안으로 채권자취소권을 행사함으로써, "채무자와 수익자 또는 전득자 사이의 또 다른 계약"이 詐害行爲라며 취소됨으로써 "나중의 또 다른 계약은 취소채권자에 의해 파괴될 수 있다."라는 법현상을 가져오고 있다. 이는 채권자와 수익자 또는 전득자 사이에서 또 다른 불공평의 문제를 낳고 있어 이를 어떻게 조율할 것인지는 대단히 중요한 문제라고 하지 않을 수 없다.

이처럼 채권자취소권제도는 물권의 채권에 대한 우위성의 보장, 채권자평등의 원칙, 민사집행법상의 보전처분에 의한 채권 보장, 사적 자치의 보장 등과 같은 원칙에 예외적 현상을 가져오게 된다.

채권자취소권과 관련하여 대법원 판례[1]는, 수익자 또는 전득자가 채무자에게 정상적인 반대급부를 지급하고 목적물을 취득한 매매계약이나 대물변제, 특정채권자를 위해 설정한 저당권등기 등의 경우에도 詐害行爲라는 이유로 채권자취소를 인정하고 있고, 채권자는 수익자 또는 전득자로부터 반환받은 목적물로부터 사실상 우선변제

1) 구체적 판례는 각 필요한 곳에서 적시하기로 하고 여기에서는 종합적인 의견만을 기술키로 한다.

를 받고 있다. 반면에 채권자에게 詐害行爲의 목적을 반환한 수익자 또는 전득자는 자신들이 반환한 목적물로부터 안분비례의 배당조차 보장받지 못하고 있다.

채권자취소권제도는 소송법상으로도 판례가 "수익자 또는 전득자의 악의추정"이라는 증명책임원칙을 유지하고 있어 수익자 또는 전득자의 방어권 보장에 어려움을 주고 있다. 증명책임에 대한 통설[1]이자 판례[2]의 입장인 법률요건분류설 내지 규범설의 범위를 지나치게 좁게 해석함으로써 "수익자 또는 전득자의 악의추정"을 의제하고, 수익자 또는 전득자로 하여금 선의를 증명하도록 하고 있는 것이다.

그런데 채무자와 법률관계를 맺는 수익자 또는 전득자로서는 채무자와 통모하지 않는 한 채무자의 재산 및 권리관계에 대하여 알지 못하는 것이 일반적이다. 이처럼 채무자의 재산상태를 잘 알지 못한 수익자 또는 전득자로서는 채무자가 채권자를 詐害할 의사로 재산을 처분하는지 여부를 잘 알지 못하는 경우가 일반적이라 할 것이어서 허위통모의 경우가 아닌 한 상당한 반대급부를 지급한 채무자의 법률행위에 대하여 詐害意思를 추정하는 것은 부당하다.

그런데 이와 같은 수익자 또는 전득자의 법률행위에 대하여 채권자[3]가 채권자취소권을 행사하며 사후에 개입함으로써 앞서 물권을 취득한 수익자 또는 전득자의 권리취득을 취소시키고 그 목적물을 반환받아간다는 것은, 채권에 의한 물권의 無力化現狀을 야기할 수도 있다.

최근 대법원이 민법 제406조의 적용 폭을 점차 넓혀가고 있는 듯한 태도를 보이는 것은 우려할 일이라 하지 않을 수 없다. 채권자취소권은 일반 국민이 이용하기보다는 은행이나 신용보증기금 같은 금융기관 등이 서민들에게 주장하는 경우가 많은 점도 유의할 일이다.

---

1) 姜玹中, 민사소송법, 박영사, 2002, 528면; 金洪奎, 민사소송법(제6판), 삼영사, 2003, 389면; 宋相現, 민사소송법, 박영사, 2002, 628면; 李時潤, 민사소송법, 박영사, 2002, 448면; 鄭東潤, 민사소송법, 법문사, 2001, 507면; 吳始暎, 민사소송법, 학현사, 2004, 668면 · 669면.

2) 대법원 1964. 9. 30. 선고, 64다34 판결; 대법원 1981. 5. 28. 선고, 90다19770 판결; 대법원 1999. 2. 23. 선고, 98다60828 · 60835 판결; 대법원 1998. 4. 14. 선고, 97다54420 판결 등.

3) 채권자로서는 채권보장을 위해 채무자와 합의하여 저당권 등 담보물권을 설정할 수도 있고, 채무자의 責任財産에 대하여 가압류나 가처분 같은 재산보전처분을 미리 취할 수도 있고, 가등기나 가등기가처분에 근거한 처분금지가처분 등의 집행법상 보전조치를 사전에 충분히 취할 수 있었음에도 불구하고 이를 취하지 않은 점에 대한 책임이 있다.

제2절 研究의 目的 및 範圍

채권자취소권은 채무자와 수익자 또는 전득자 사이의 詐害行爲를 취소하여 채권을 실현하는 가장 강력한 채권보장책이다. 그 결과 수익자 또는 전득자는 취득한 물권의 효력이 부인당하는 불이익을 받게 된다. 물권의 채권에의 우위성이 보장되고 있는 현대민법체계에서 물권자를 害하면서까지 채권자에게 그러한 강력한 권리를 인정하는 것이 과연 타당하다고 할 것인지는 의문이다. 물론 채무자와 수익자 또는 전득자가 채권자를 해할 의도를 가지고 재산은닉이나 강제집행면탈을 도모한 경우에는 채권자취소권이 행사되는 것이 당연하지만 그런 비난가능성이 약한 경우까지 모두 채권자취소권행사에 복종해야 한다는 것은 담보권을 확보하지 못한 채권자를 지나치게 보호하게 되어 형평성에 어긋날 수도 있는 것 또한 사실이다. 채권은 본질적으로 채무자의 임의이행을 전제로 한 권리이고, 경우에 따라서는 권리의 실현이 불가능하게 되는 경우를 배제할 수 없는 상대권이라는 한계를 가지고 있기 때문이다.

본서에서는, 채권자에게 채권자취소권을 인정하는 본질적 근거가 무엇인지 연혁 및 각국의 입법례를 비교 검토하고, 그러한 본질적 근거에서 인정되는 채권자취소권의 법적 성질을 각국의 입법례를 중심으로 살펴보고 우리 법제하에서 어떻게 볼 것인지에 대하여 살펴보고자 한다. 법적 성질을 규명한 후, 현행법상 인정되는 채권자취소권의 요건 및 행사방법과 효과를 차례대로 살펴보고자 한다.

그리하여 채권자취소권의 실태를 평가함으로써 현제도의 장단점을 검토하고, 새로운 해석론과 입법적 개선방향 등도 함께 살펴보고자 한다.

그러기 위하여 채권자취소권에 관한 연구를 함에 있어, 기존에 연구되어 있는 문헌 및 판례들을 중심으로 하여 이를 분석하고 검토한 후 개인적 견해를 밝히는 방향으로 저술하고자 한다. 그리하여 채권자취소권의 연혁 및 비교법적 고찰을 통해 채권자취소권이 어떻게 발전해 온 법제도인지를 살펴보고, 다음으로 채권자취소권의 법적 성질을 각국 입법례의 검토를 통해 외국 관련법의 내용을 간략하게나마 소개하고, 각국이 論하고 있는 채권자취소권의 법적 성질을 밝히는 한편, 우리나라에서 그동안 논의되어 온 채권자취소권의 법적 성질에 대하여도 살펴보기로 한다.

한편 대법원 판례를 중심으로 채권자취소권의 요건을 살펴보고 그 요건과 관련한 새로운 해석론 및 제도적 불비로 인한 문제점들에 대한 개선방향을 검토하고자 한다. 다음으로 채권자취소권의 행사방법과 그 효과 등 채권자취소권제도 전반에 관하여 살펴보고자 한다.

채권자취소권과 관련하여 그동안 수많은 판례가 축적되어왔다. 따라서 그러한 판례의 종합화와 비교 검토는 대단히 중요하다고 생각한다. 특히 본서에서는 채권자취소권의 요건 및 효과 부분에서 그동안 대법원에서 판결된 수많은 채권자취소권관련판례들을 그 특성별로 분류하고 분야별로 비교검토하고, 이러한 개별적 판례들에 대한 기존의 학설 및 비판들의 타당성 여부에 대하여 검토하고자 한다. 그동안 국내외에 소개된 문헌과 채권자취소권에 대한 대법원 및 다른 나라의 주요판례들을 살펴보고자 한다.

2 債權者取消權의 沿革과 立法例

디아스포라

정 숙 자

맨 처음 나에게는 고향이 없었다 그런데
떠돌이가 되고부터
전북 김제군 백구면 월봉리 1가 343번지가 고향이 됐다 그런데
우리 형제자매 뿔뿔이 도시인 되고 아버지 돌아가시자
어머니 혼자 고향이 됐다 그런데

어머니마저 돌아가시자
어머니마저 돌아가시자

백구면 월봉리 1가 343번지보다도 훨씬 먼 고요가 고향이 됐다
그리하여 이제는
세사에 시달리고 눈물 고여도
월봉리 1가 343번지를 지나 어머니를 지나
고요를 찾아가는 길만이 고향길이 되고 말았다

고향이란 늘 멀리 있는 곳
고향이란 늘 발보다 마음이 먼저 도착하는 곳

그리하여 나는 이윽고 나는
자신을 통과해야만 닿을 수 있는, 그
내면의 고……요……에 내리기 위해
하염없는 구름이 되고 말았다
자신의 눈을 바라보는 자가 되고 말았다

제1절 債權者取消權의 沿革

Ⅰ. 로마법상의 파울리아나 訴權

채권자취소권은 로마법이 채무자의 債權者詐害에 대해 채권자에게 인정한 파울리아나 소권에서 유래하였다.[1] 고대 로마법상의 강제집행은 당초에는 인적 집행이었다. 인적 집행의 방법은, 채무자가 변제기로부터 30일 이내에 채권자에게 채무를 이행하지 못할 경우, 채권자는 채무자를 법무관 앞으로 데리고 나가 법무관의 판결을 통해 채무자를 노예로 삼았고, 다시 30일이 지나도록 채무자의 보증인이 나타나 변제를 하지 않으면 법무관은 채권자로 하여금 채무자를 족쇄 채우고 감금하는 인적 강제집행을 허용하였으며, 다시 한 번 채무자에게 변제의 기회를 주기 위해 장날에 3회에 걸쳐 채무자를 시장에 데리고 나가 채무자를 위해 제3자가 나서서 변제할 수 있는 기회를 준 후 이때까지도 채무자를 대신하여 변제해 줄 제3자가 나서지 않으면 지급능력이 없는 것으로 최종 결론짓고, 채무자를 살해하거나 노예로 처분하는 것을 허락하는 방식으로 이루어졌다고 한다.[2] 채권자가 다수인 경우에는 채권액의 크기에 따라 살해한 후 이를 절단하여 채권자들에게 분배하였다고 하니, 죽어서 시신으로라도 변제의무를 이행토록 하는 탈리오 사상을 엿볼 수 있다고 하겠다.

우리나라 고조선시대의 팔조법금도 상해를 입히거나 도둑질을 한 경우 그 피해를 갚지 못하면 노비로 삼았었는바[3] 고대국가에서는 일반적으로 채무자의 채무불이행에

---

1) 松坂佐一, "actio paulianaの 史的變遷と債務者の受動的適格とに就いて", 債權者取消權の研究, 有斐閣, 1976, 1면 이하; 韓國炫, "채권자취소권의 법적 성질", 민사법연구(제12집 제2호), 대한민사법학회, 2004. 12, 30면; 姜永虎, 전게 논문, 320면(로마법에 있어서 채권자취소권의 원형은 기원 4세기의 lex Aelia Sentia법으로 거슬러 올라가는데, 이 법은 채무자가 채권자를 詐害하는 의사로 자기의 소유 노예를 해방시킨 경우에 그 노예의 해방을 무효로 하는 것이었다고 한다).
2) 姜永虎, 전게 논문, 320면.

대한 인적 집행이 허용되었음을 알 수 있다.

그 후 사회가 문명화되고 법제가 정비됨에 따라 잔인한 인적 집행은 물적 집행, 즉 재산집행으로 바뀌게 되었다. 이에 따라 채무자가 임의로 재산을 처분함으로써 채권자의 권리를 침해하는 사례가 빈번하게 발생하였고,[1] 이러한 채무불이행문제를 해결하기 위하여 법무관이 채권자와 채무자 사이의 채권관계에 개입하여 그 이행에 관여하게 되면서 파울리아나 소권이 인정되게 되었다. 즉 채무자가 악의로 責任財産을 처분함으로써 無資力을 초래하여 채권자를 해한 경우에 채권자가 수익자에 대한 양도물, 즉 소송상의 계쟁물의 반환을 청구할 수 있도록 하였는바, 이러한 반환청구의 소권이 파울리아나 소권[2]인 것이다.

그런데 노예제도와 관련하여 아엘리우스 센티우스법(lex Aelia Sentia)이 파울리아나 소권 이전부터 시행되고 있었는데,[3] 이 법은 채무자가 채권자를 해할 목적으로 그의 노예를 해방시킨 경우 법무관이 채권자의 신청에 의해 이를 詐害行爲로서 무효로 하여[4] 해방된 노예를 다시 노예신분으로 강등시키도록 하였다고 한다. 이는 당시 노예가 주인에게 노동력을 제공해주는 재산으로 평가되고 있었기 때문이라고 하겠다. 또한 채무자의 기타 詐害行爲에 대하여는 법무관이 원상회복명령을 내림으로써 채권자를 보호하였고, 詐害行爲로부터 악의로 재산을 취득한 자에 대하여는 그 반환을 명하는 "詐害에 관한 特示命令(fraudatorium interdictum)"을, 詐害行爲로부터 선의로 재산을 취득한 자에 대하여는 事實訴權[5] 등의 제재방법을 승인함으로서 채권자가 채권을 회수할 수 있도록 하였다고 한다.[6]

---

3) 李民樹 譯, 漢書 地理志 朝鮮傳, 探求堂, 1983. 15면.

1) 加藤雅信, 新民法大系 債權總論, 有斐閣, 2005, 221面.

2) Henri · Léon · Jean Mazeaud et François Chabas, Leçons de droit civil, t. 2, vol. 1, Obligations, 8e éd., Montchrestien, 1991, n° 981(actio pauliana는 채권자의 소송상의 계쟁물을 제3자와 채무자가 법률행위에 의하여 고의로 은닉, 도피하는 채권에 대한 詐害行爲(fraus creditorium)를 불법행위로 구성하고, 벌금형(action pénale)으로 처벌하면서, 제3자와 채무자가 악의일 것을 요구하였고, 무상행위로 제3자에게 반환을 청구할 경우에는 제3자의 공모성을 요구하였다. 파울리아나 소송에서 제3자는 계쟁물의 가액상당액만을 금전으로 채권자에게 배상하였고, 당해 물건의 현상인도가 가능할 때는 그 물건의 인도로 손해배상을 갈음했다).

3) 玄勝鍾 · 曺圭昌, 로마법, 법문사, 1996, 867면.

4) 李在烈, "채권자취소권에 관한 연구 – 요건의 재해석을 중심으로 –", 연세대학교 박사학위논문, 2007, 14면.

5) 로마법은 actio, 즉 소권이 인정되는 것만 권리로 인정하였는데, 예외적으로 선의취득의 경우 무권리자로부터 권리를 취득한 선의취득자를 보호하기 위해 사실상의 소권을 인정하여 선의취득자의 권리를 보호하였다.

로마의 유스티니아누스(Justinianus)황제(AD 483년-565년)는 로마법을 정비하는 과정에서 詐害行爲를 제재하기 위하여 통일된 소권을 고안하게 되었고,[1] 그것이 앞서 살펴본 債權者詐害에 대한 파울리아나 소권[2]이다. 이러한 파울리아나 소권은 후세에 이르러 廢罷訴權(action révocatoire)[3]이라 불리기도 하였다.[4]

파울리아나 소권은, 채무자가 채권자를 해하는 의사로써 재산적 이익을 제3자에게 양도한 결과 채권자의 이익이 침해당하면 그 채권자가 그 詐害行爲의 상대방인 수익자로부터 채무자에게서 일탈된 재산적 이익을 회복할 수 있도록 하는 것이었는데, 채무자와 그 상대방의 재산권 이전행위가 유상행위인 경우에는 수익자에게 악의가 있는 경우에 한하여 채권자취소권의 대상이 되게 하였으며, 무상행위인 경우에는 수익자가 선의인 경우에도 현존하는 이익의 반환을 청구할 수 있도록 하였다.[5]

이처럼 채무자의 詐害行爲가 무상행위인지 유상행위인지, 유상행위인 경우에도 선의인지 악의인지에 따라 그 효과를 달리 한 이유는, 有償行爲에 관해서는 선의의 요구에 반하는 불법행위 즉 악의가 있을 경우 그에 대한 책임을 예외적으로 묻겠다는 것이고, 無償行爲의 경우에는 공평의 요구에 합치하기 위해 선의나 악의를 묻지 않고 그 책임을 폭넓게 묻겠다는 것으로 해석된다고 하겠다.[6]

로마법상의 파울리아나 소권은 민사파산절차의 附帶訴訟이었으며, 채권자가 직접 행사하는 것이 아니라 법무관이 선임한 파산재단관리인에 의하여 행사되었다.[7]

---

6) 玄勝鍾·曺圭昌, 전게서, 867면.

1) 河上正二, "歷史の中の民法 - ローマ法との對話", 日本評論社, 2002, 194面·195面.

2) 玄勝鍾·曺圭昌, 전게서, 868면.

3) 廢罷訴權이라는 말은 채권자취소권행사의 제재가 채권자의 추급으로부터 일탈된 재산의 가치에 상응하는 벌금의 선고(금전적 제재)였으며, 일탈된 재산이 원상복귀할 수 있는 경우에만 내려졌고, 이를 통해 간접적으로 일탈된 재산의 반환을 가져오게 함으로써 詐害行爲의 취소라는 결과를 가져오게 되었음에서 유래한다고 하겠다(金旭坤, "프랑스민법에 있어서의 채권자취소제도", 민법학의 기본문제, 삼지원, 2005, 201면).

4) 金基善, 한국채권법총론, 법문사, 1987, 182면(채권자취소권은 실체법상의 권리인데도 소송법상의 권리로 오인될 우려가 있으므로 廢罷訴權이라는 용어가 부적절하다고 지적한다); 佐藤岩昭, "詐害行爲取消權に關する一試驗(四)", 法學協會雜誌, 第105卷 第3號, 東京大學法學協會, 1983. 3, 365面(詐害行爲取消權이라는 명칭 대신 廢罷訴權이라는 명칭이 더 타당하므로 부활하는 것이 옳다고 주장한다).

5) 奧田昌道, 債權總論, 註釋民法(10) 有斐閣, 1987, 781面; 金亨培, 債權總論(제2판), 박영사, 1999, 418면; 玄勝鍾·趙圭昌, 전게서, 867면·868면.

6) 韓國炫, 위 전게 논문, 131면.

7) 金大貞, 채권총론(개정판), 피데스, 2007, 227면.

Ⅱ. 中世 이탈리아

로마법상의 파울리아나 소권은 채무자와 상대방의 詐害意思를 채권자취소권의 행사요건으로 하는 주관주의적 입장을 취하였으나,[1] 14세기 중엽 이탈리아 무역업의 발달과 상업의 발달에 의해 신용거래가 확대됨에 따라 채권자를 보호할 필요성이 증대되었고, 이로 인해 채무자나 그의 상대방의 詐害意思를 묻지 않는 객관주의, 즉 채무자의 재산악화로 인한 채권자의 채권확보가 불가능하게 된 객관적 요건이 발생되면 채권자취소권을 행사할 수 있도록 객관주의적 입장[2]을 취하게 되었다고 한다.[3]

Ⅲ. 프랑스 民法에의 繼受

프랑스 古法은 로마법상의 파울리아나 소권을 계수하였지만, 모든 법률행위를 공증인의 면전에서 행하여 그 공증된 법률행위에 대하여 당연히 채무자의 일반재산에 대한 담보권의 수반을 인정하였기 때문에 프랑스 고법이 적용되던 당시에는 파울리아나 소권이 많이 이용되지 않았다고 한다.[4]

그런데 로마법상의 파울리아나 소권은 이탈리아의 상업도시로 전파된 후 프랑스 나폴레옹 민법전에 채권자취소권제도로 계수되었다고 할 수 있다.[5]

이탈리아 도시의 상인들은 파산한 채무자가 부당하게 재산을 처분하여 채권자를 해하는 것을 방지하기 위하여 파산 및 부인제도를 도입하였는데, 이 제도가 17세기 프랑스 리용에 전파되어 1667년 Règlement de Lyon으로 법제화되었다. 이 법은 채

---

1) 松坂佐一, 前揭 論文, 41面 · 42面.
2) 金曾漢 편집대표, 주석채권총론(상) 한국사법행정학회, 1984, 386면(金旭坤 집필)(채무자가 파산 전 일정기간 내에 그와 일정한 친족관계에 있는 자 또는 동거하는 자와의 사이에서 재산을 처분하면 채무자의 詐害意思가 추정되었고, 특히 무상행위인 경우에는 채무자의 詐害意思 없이도 채권자취소권 행사 가능하다).
3) 金斗年, "채권자취소권에 관한 연구", 건국대학교 법학박사학위논문, 1996, 31면 · 32면.
4)전게 주석채권총칙(상), 351면 이하 (金旭坤 집필).
5) 韓國炫, 전게 논문, 130면.

권자취소권에 대하여 로마법상의 주관주의가 아닌 이탈리아 도시법상의 객관주의를 채택한 것으로 평가되고 있다.[1] 그 후 파산제도와 채권자취소권제도가 분리되면서, 먼저 루이 14세 시절(1673년)에 Ordonnance de Commerce로 파산제도가 정립되고, 그 후 프랑스 민법 제1167조가 채권자의 부인권, 즉 채권자취소권제도를 명문화하였다. 그 후 사회변화에 따라 동산의 가치가 커지고, 동산의 특성상 詐害行爲의 대상으로 되기 용이하고, 공정증서에 인정되던 법정저당권제도가 폐지되고, 거래관계 및 신용제도가 증가되는 등의 사정변경에 따라 민법상의 채권자취소권제도의 역할이 현저하게 확대되었다.[2] 이로 인해 채무자의 詐害行爲에 대한 일반법상의 제재, 다시 말해 채무불이행시 채무자에게 일반법상의 각종 청구권, 즉 소권을 인정하더라도 채권자의 손해회복에 아무런 도움이 되지 않는 경우가 자주 발생함에 따라 채권자취소권제도의 실익이 크게 되었다고 한다.[3]

이에 따라 프랑스 민법 제1167조 제1항[4]은 채권자취소권제도에 대하여 "채권자는 또한 자신의 권리에 대한 채무자의 詐害行爲를 자신의 이름으로 공격할 수 있다."고 규정하고, 동조 제2항은 "그러나 채권자는 상속편 그리고 부부재산계약 및 부부재산제편에서 규정하는 자신들의 권리에 대하여는 해당 각 편에서 정하는 원칙에 따라야 한다."고 규정함으로써 채권자취소권제도가 비로소 활성화되기에 이르렀다. 그러나 채권자취소권에 관한 일반규정은 이 조문밖에 없기 때문에,[5] 프랑스의 채권자취소권제도는 실제로는 판례 및 학설을 통해 발전해 왔다고 할 수 있다.

한편 상속과 관련하여 특별조항으로 동법 제788조는 채무자의 相續拋棄에 대한 채권자의 취소권행사를 예외적으로 인정하고 있고, 동법 제882조는 채무자의 相續財

---

1) 山口俊夫, フランス債權法, 東京大學出版會, 1985, 268면.

2) François Terré, Philippe Simler et Yves Lequette, op. cit., n° 1058.

3) François Terré, Philippe Simler et Yves Lequette, op. cit., n° 1059.

4) 프랑스민법 제1167조는 "Ils peuvent aussi, en leur nom personnel attaquer les actes faits par leur débiteur en fraude de leur droits(채권자는 그들의 권리를 해치는 채무자의 詐害行爲를 자기 고유의 명의로 소추(공격)할 수 있다)."라고 되어 있다.

5) 프랑스 민법은 2006년 6월 23일 법 제2006-728호(Loi n° 2006-728 du 23 juin 2006)에 의하여 상속편이 대폭 개정되면서 상속과 관련된 채권자취소권의 행사에 관한 종래의 제788조가 제779조로 변경되었다. 위 제779조는 제662조, 제882조 등과 함께 채무자의 상속포기 및 상속승인의 지체, 상속재산분할에 관하여 상속법상의 채권자취소권을 규율하는 규정으로 기능하고 있다.

産分割協議에 대한 채권자취소권의 예외적 행사를 인정하고 있다.

이러한 프랑스 민법상의 채권자취소권은 채권자의 권리와 자기재산에 대한 채무자의 자유를 적절히 조화시키면서 채권자의 一般擔保權을 보호하는 제도로 기능하고 있다는 평가를 받고 있다.[1)]

프랑스 민법의 채권자취소권제도는 일본민법 제424조로 계수되었고, 다시 우리 민법 제406조로 계수되었다고 할 수 있다.

프랑스 민법 제1167조는 채권자의 보호보다도 거래의 동적 안전의 유지에 중점을 둔 입법태도를 취하고 있다. 즉 독일 "도산절차 외에서의 채무자의 법적행위의 취소에 관한 법률(Gesetz über die Anfechtung von Rechtshandlungen eines Schuldners ausserhalb des Insolvenzverfahrens vom 5. Oktober 1994: BGBl. I S.2911)"[2)]이 채권자취소권의 행사에 執行權原과 被保全債權의 변제기 도래를 요건으로 하여 취소의 효과가 채권자에게만 미치도록 하고 있는 데 반하여 프랑스의 채권자취소권은 이와 다른 형식을 취하고 있는 것이다.

그리고 프랑스 민법 제1167조 제1항 본문의 "attaquer(소추 또는 공격)"의 내용을 어떻게 해석할 것이냐와 관련하여, 학설은 "무효의 주장(취소소권)"으로 보아야 한다는 견해와 "불법행위에 기한 손해배상으로서의 원상회복소권"으로 보아야 한다는 견해로 나누어져 있다.[3)] 이는 결국 채권자취소소송을 형성의 소로 볼 것인지 아니면 이행의 소로 볼 것인지의 문제라고 할 것이다.

프랑스 민법상의 채권자취소권의 요건도 취소채권자의 被保全債權에 관한 요건, 취소권행사의 대상이 되는 행위에 관한 요건, 취소권행사의 대상이 되는 행위당사자에 관한 요건 등으로 나누어 살펴볼 수 있다.[4)] 이러한 요건에 부합하여 채권자취소권을 행사하는 것은, 절차법상의 집행행위는 아니지만, 단순한 보전행위 이상의 것, 즉 집행을 준비하는 집행행위의 전조(Préliminaire)라고 할 수 있으며,[5)] 執行權原(titre

1) 金旭坤, 전게 "프랑스민법에 있어서의 채권자취소제도", 199면.
2) 이하 현행 채권자취소법이라고 한다.
3) 平野裕之, 債權總論, 信山社, 2005, 314面.
4) 金旭坤, 전게 "프랑스민법에 있어서의 채권자취소권제도", 211면.

d'exéution) 없이 행사할 수 있지만, 적어도 채권자의 채권이 확실하고, 확정되어 있어야 하며, 청구 가능한 것이어야 한다.[1)]

그런데 프랑스에서는 채권자취소권에 관한 제1167조의 개정을 포함하여 채권법을 개정하기 위한 시안이 2005년 9월 22일 법무부에 제출되었다. 그 시안에서는 제1167조 제1항을 "채권자는 그의 채무자가 행한 그의 권리에 대한 詐害行爲를, 그것이 유상행위라면 제3자의 계약상대방이 그 詐害性을 알고 있었다고 하는 것을 입증할 것을 조건으로, 자신의 이름으로 공격할 수 있다."로, 동조 제2항을 "詐害行爲는 채권자에게 대항할 수 없으며, 그 결과 그 행위는 채권자에 대하여 어떠한 효력도 가지지 않는다. 경우에 따라서 제3취득자는 詐害意思로 취득한 것을 반환하여야 한다."로, 제3항을 "소권은 채권자가 詐害行爲를 안 날로부터 3년 내에 행사하여야 한다."로 개정하려고 하고 있다. 또한 제1167조의1을 신설하여 제1항을 "제1166조에 규정된 소권을 행사하는 채권자는 그 청구의 결과로 채무자의 재산으로 회복된 금액에 대하여 선공제함으로써 변제받는다."라고, 제2항을 "제1167조에 규정된 소권은 그 소를 제기한 채권자와 소송에 참가한 채권자를 우선적으로 이롭게 한다."라고 하였고, 제1167조의2를 신설하여 "상속의 編과 혼인계약과 부부재산제의 編에서 정하고 있는 권리에 관해서는 거기서 정하여진 규정에 따라야 한다."라고 하였다. 채권자취소권의 대상행위는 채권자에게 손해를 가져오는 행위, 즉 채무자를 無資力으로 만들거나 責任財産을 감소시켜 채권자의 채권의 만족을 얻을 수 없도록 하는 행위여야 하고,[2)] 채무자에게 詐害意思가 있어야 한다.[3)] 그런데 이러한 파울리아나 訴權 또는 이탈리아 도시법에 근거한 채권자취소권은 근대 민법에 수용되는 과정에서 입법방침에 따라 조금씩 변형됨에 따라 각국은 채권자취소권이라는 실체법상의 권리행사를 통한 責任財産의 확보 이외에도 보다 실효성 있는 방안을 강구하게 되었으니 민사소송법이나 민사집행법 등 절차법상의 권리행사를 통한 責任財産의 확보방안 등이 그러하다.

---

5) 金大貞, 전게서, 264면; 전게 주석채권총론(상), 404면(金旭坤 집필).
1) 전게 주석채권총론(상), 403면 · 404면(金旭坤 집필).
2) 金旭坤, 전게 "프랑스민법에 있어서의 채권자취소권제도", 215면.
3) 吳洙源, "프랑스채권자취소권에서의 詐害意思", 민사법연구, 제10집 제1호, 민사법학회, 2002. 6. 174면.

Ⅳ. 獨逸 債權者取消法에의 繼受

로마법상의 파울리아나 소권은 프랑스와 마찬가지로 독일에도 계수되었다.[1] 그런데 독일 보통법시대에는 詐害意思에 기한 반환과 증여에 관한 반환을 구별하여 총채권자를 위한 공동적 반환(Gemeinschaftsrückgewähr)과 취소채권자를 위한 개별적 반환(Einzelrückgewähr)을 파울리아나 소권의 법리에 의해 모두 인정하였다.

그러다가 1855년 5월 8일 프로이센 파산법(Konkursordnung)이 공동적 반환인 파산절차를 도입하였고, 1855년 5월 9일 "파산절차 외에서 변제자력 없는 채무자의 법적 행위의 취소에 대한 채권자의 권능에 관한 법률(Gesetz, betreffend die Befugnis der Gläubiger zur Anfechtung von Rechtshandlungen zahlungsunfähigers Schuldners ausserhalb des Konkursverfahrens)"이 개별적 반환인 채권자취소권제도를 도입하였다. 그 후, 양 제도는 분리되어 시행되게 되었다.[2]

이처럼 독일은 채권자취소권을 민법이 아닌 별도의 특별법으로 규정하는 방식을 취하고 있는데, 독일제국이 1871년에 비스마르크에 의해 통일되자, 채권자취소권은 1879년 7월 21일에 제정된 "파산절차 외에서의 채무자의 법적 행위의 취소에 관한 법률(Gesetz, betreffend die Anfechtung von Rechtshandlungen eines Schuldners ausserhalb des Konkursverfahrens)"[3]에 의해 1879년 10월 1일부터 시행되었으며, 동법은 1999년 1월 1일부터 현행 독일 채권자취소법으로 개정되어 시행 중에 있다. 현행 채권자취소법은 구채권자취소법과 내용이 크게 달라진 것은 아니나, 채권자취소권행사의 요건이나 증명책임을 조금 완화하는 방향으로 개정이 이루어졌다는 평가를 받고 있다.[4]

---

1) 전게 주석채권총론(상), 387면(金旭坤 집필); 閔日榮, "독일의 채권자취소제도", 재판자료 제48집, 대법원 법원행정처, 1989, 9면.

2) Michael Huber, Anfechtungsgesetz, §10. Aufl., München 2006, S. 8.

3) 이하 구 채권자취소법이라고 한다.

4) 姜永虎, 전게 논문, 321면; 李在烈, 전게 논문, 16면.

독일의 구채권자취소법은 채권자취소권의 행사와 관련하여 채권자취소요건을 일반요건과 특별요건으로 나누어, 일반요건은 채권자를 해하는 채무자의 일반적인 법적 행위의 요건을, 특별요건은 그러한 일반요건에 추가적인 가해가 가해진 경우에 대한 가중적 요건(erschwerende Umstände)을 규정하고 있었는데,[1] 현행 채권자취소법 역시 크게 다르지 않다.

현행 채권자취소법의 내용을 개략적으로 살펴보면, 채무자의 법적 행위로 채권자를 해하여야 하며(동법 제1조), 만기가 도래한 금전채권에 관한 執行權原이 존재하여야 하며(동법 제2조), 강제집행의 성과가 없거나 그 성과가 없을 것에 대한 예견가능성이 있어야 하며(동법 제2조), 채무자가 고의로 채권자를 침해하는 행위를 한 사실을 제3자가 그 행위시에 알고 있어야 하며(동법 제3조 제1항), 채무자가 채권자를 직접적으로 해하는 내용의 쌍무계약을 통합도산법 제138조의 사람들과 맺은 경우(동법 제3조 제2항) 등에 채권자취소권을 행사할 수 있다고 규정하고 있다.

이러한 채권자취소권의 행위하는 경우를 유형별로 분류해보면, 고의에 의한 침해의 取消(Absichtsanfectung, 동법 제3조 제1항, 제2항), 贈與行爲取消(Schenkungsanfechtung, 동법 제4조 제1항), 상속인의 법적 행위들에 대한 취소(Rechtshandlungen des Erbens, 동법 제5조), 소비대차에 대한 취소(Kapitalersetzende Darlehen, 동법 제6조) 등이 있다.

동법 제3조 제1항은 고의에 의한 침해의 취소에 대하여 "채권자는 채무자가 고의로 채권자를 침해하는 법적 행위를 한 사실을 제3자가 그 행위 시에 알고 있었을 때에는 이를 그 제3자에 대해서도 10년 내에 취소할 수 있다."고 규정하는 한편,[2] "제3자가 채무자의 채무불능의 위험이 있거나 채권자를 해하는 행위를 하고 있음을 알았을 경우에는 고의로 추정한다."고 규정하고 있다. 그리고 동조 제2항은 "채무자가 채권자를 직접적으로 해하는 내용의 쌍무계약을 통합도산법 제138조의 사람들과 맺은 경우에는 이를 취소할 수 있다. 그러나 2년 이상 지난 계약이나 제3자가 계약체결 당시에

---

1) 松坂佐一, "ドイツおける 債權者取消權", 債權者取消權の研究, 有斐閣, 1962, 139面.
2) 이 경우에는 채권자가 채무자의 詐害意思 및 상대방의 詐害意思에 대한 인식을 증명하여야 한다.

채무자가 채권자를 해한다는 고의가 있음을 알지 못한 경우에는 취소할 수 없다."고 규정하고 있다. 따라서 채권자는 "채무자와 일정한 친족관계에 있는 자 사이에서 체결된 유상계약이 채권자를 직접적으로 해할 경우"에는 그 계약체결로부터 2년 이내에 이를 취소할 수 있다.[1] 또한 동법 제4조 제1항은 채무자의 무상증여는 4년 이내에 취소할 수 있도록 하되, 동조 제2항은 일상의 경미한 선물의 증여는 취소할 수 없도록 하고 있다. 동법 제5조는 상속인이 상속재산으로부터 법정상속분청구권, 유증, 부담을 이행한 경우에 상속재산 채권자는 그가 상속재산에 관한 청산절차에서 위 급부의 수령자보다 선순위 내지 동순위일 때는 상속인의 위 이행을 상속인의 무상처분으로 보아 취소할 수 있도록 하였다.

이처럼 우리 민법과 달리 독일 채권자취소법은 일반적인 詐害行爲와 증여에 의한 詐害行爲를 구분하고, 일반적인 詐害行爲의 경우에도 다시 친척인 경우와 아닌 경우로 나누어 채권자취소권의 요건을 다르게 규정하고 있다. 전체적으로는 詐害意思를 명문으로 규정한 경우도 있고, 해석론으로 해결하도록 놓아 둔 경우도 있으며, 각 경우의 특수성에 따라 증명책임의 분배를 합리적으로 달리 하고 있다.

한편 파산절차를 규율하는 독일 파산법도 1994년 10월 5일 통합도산법 (Insolvenzordnung vom 5. Oktober 1994: BGBl. I S.2866)으로 전면적인 제정이 이루어져 현행 채권자취소법과 함께 1999년 1월 1일부터 시행되고 있다.[2]

Ⅴ. 日本 民法에의 繼受

일본은 프랑스 민법학자 Gustave E. Boissonade가 기초한 舊民法[3]을 통해 프랑

1) 이 경우에 채권자는 채무자의 법적 행위의 상대방이 채무자와 위와 같은 친척관계에 있음을 증명하는 것으로 증명책임을 다 한 것이 되고, 취소를 면하고자 하는 상대방이 오히려 詐害意思가 없었거나 그것을 인식하지 못한 사실에 대하여 증명책임을 진다.
2) 이 통합도산법은 2008년 10월 17일 다시 개정되었다(BGBl. I S.1982).
3) 이 구민법은 제정·공포되고서도 시행되지 못하였다. 그리하여 현행 일본 민법과 구분하기 위하여 일본 구민법이라고 한다.

스 민법을 계수하면서 채권자취소권에 관한 규정을 일본 구민법의 한 내용으로 계수하였다. 일본 구민법 제340조 제2항은 “채무자가 그 채권자를 해하는 것을 알면서 자기의 재산을 감소하거나 자기의 채무를 증가한 때에는 이를 詐害行爲로 한다.”고 규정하고, 동법 제341조 제1항은 “詐害行爲의 廢罷는 채무자와 약속한 자 및 전득자에 대하여 다음 條의 구별에 따라 채권자에 의한 廢罷訴權으로써 이를 청구한다.”고 규정하여 채권자취소권을 규정하였다. 그러면서 동조 제2항 이하에서, 채무자가 원고이든 피고이든 불문하고 詐害意思를 원인으로 하여 소송에서 패소한 경우에는 민사소송법상의 재심으로 다시 다툴 수 있도록 하였고(제2항), 채무자를 소송에 참가시키도록 하였고(제3항), 채권자가 詐害行爲의 廢罷가 가능한 경우에는 피고에 대하여 손해배상을 청구할 수 있도록 하였다(제4항). 또한 동법 제343조는 “廢罷는 詐害行爲 이전에 권리를 취득한 채권자에 한하여 청구할 수 있다. 그러나 廢罷가 가능한 경우에는 총채권자의 이익이 된다. 단 각 채권자 사이에 적법한 선취원인이 있는 때에는 그러하지 아니하다.”고 규정하였다.

일본 구민법 제정 당시 프랑스의 다수 학자들은 채권자취소권의 효과를 상대적 무효로 보았으나 일본 구민법은 이와 달리 제정작업에 관여했던 프랑스의 법학자 Boissonade가 그의 스승인 Colmet de Santeree의 영향을 받아[1] 프랑스 학계의소수설인 절대적 무효설을 지지함에 따라 그의 견해가 반영되어 채무자를 수익자와 함께 공동피고로 삼도록 하고, 채권자취소소송 판결의 효력을 절대적 무효설의 입장에서 채무자와 수익자 사이의 詐害行爲를 절대적 무효로 하고, 그로 인해 손해를 본 수익자가 채무자에게 손해배상을 청구할 수 있도록 하였다.

그러나 일본은 Boissonade의 위 구민법을 시행하지 않고 새로이 현행 일본 민법을 제정하게 됨에 따라 채권자취소권에 관한 규정을 개정하여 동법 제424조 내지 제426조에서 채권자취소권에 대하여 규정하게 되었다.

현행 일본 민법 제424조 제1항은 “채권자는 채무자가 그 채권자를 해하는 것을 알

1) 佐藤岩昭, 民法典の百年 Ⅲ, 有斐閣, 1988, 72面 以下.

고 한 법률행위의 취소를 재판소에 청구할 수 있다. 그러나 그 행위로 인하여 이익을 받은 자 또는 전득자가 그 행위 또는 전득 당시 채권자를 해하는 사실을 알지 못한 때에는 그러하지 아니하다."고, 동조 제2항은 "전항의 규정은 재산권을 목적으로 하지 아니하는 법률행위에는 이를 적용하지 아니한다."라고 규정하고 있다. 동법 제425조(채권자취소권 행사의 효과)는 "前條의 규정에 의하여 한 취소는 총채권자의 이익을 위하여 그 효력이 있다."고 규정하고, 동법 제426조는 "채권자가 원인을 안 날로부터 2년, 詐害行爲가 있은 날로부터 20년이 경과하면 시효로 소멸한다."고 규정하고 있다.

Ⅵ. 우리 民法에의 繼受

우리 민법은 일본 민법을 계수하였다고 할 수 있다. 일제시대의 조선총독은 1912년 3월 18일에 제령 제7호로 우리나라에 적용될 민사기본법인 조선민사령을 공포하였고, 동령에 의해 일본 민법이 의용되기 시작하였다. 정부 수립 후 1948년 9월 15일에 법전편찬위원회가 결성되었고, 동 법전편찬위원회에서 민법 초안을 만들어 1953년 9월 30일에 정부로 이송하였고, 정부에서 연구를 더 하여 2년 후 정부안으로 민법안이 국회에 제출되었다. 그리하여 1957년 12월 국회 본회의를 통과하였고, 1958년 2월 22일에 법률 제471호로 공포되어 1960년 1월 1일부터 시행하게 되었다.

채권자취소권에 관한 우리 민법 규정은 의용 민법, 즉 현행 일본 민법 제424조 내지 제426조를 계수한 것이라 할 수 있다. 다만 일본 민법 제424조 제1항이 "詐害行爲의 취소"만을 규정하고 있는 것과 달리 우리 민법 제406조 제1항은 "詐害行爲의 취소와 원상회복"을 규정하고 있고, 행사기간도 안 날로부터 1년, 詐害行爲가 있은 날로부터 5년으로 규정하고 있다. 그런데 일본대심원은 "詐害行爲의 취소"만을 규정하고 있는 일본 민법 제424조 제1항을 "詐害行爲의 취소와 원상회복의 결합"이라고 판시하여 취소뿐만 아니라 원상회복을 명하는 것으로 해석하였고,[1] 학설 또한 이를 지지하고 있었는데, 우리 민법 제정 당시 이러한 일본 판례의 태도를 우리 학설이 지지하고 있었기 때문에 그러한 학설의 견해를 받아들여 민법 제406조 제1항을 "詐害行爲의 취소 및 원상회복의 청구"로 규정한 것이다.[1)]

우리 민법은 제정 이후 지금까지 채권자취소권에 대한 규정에 대해서는 전혀 개정된 바가 없다.

한편 파산과 관련한 부인권에 대하여는 특별법인 파산법에 규정하고 있었는데, 파산법을 폐지하고 일명 통합도산법이라 불리는 채무자회생 및 파산에 관한 법률[2)]을 제정하여 현재 시행 중에 있다.

---

1) 日本大審院 平成3(1991). 3. 24. 聯合部判決, 民錄, 第17集, 117面(詐害行爲의 廢罷는 법률행위의 취소라는 용어를 사용하였으나, 일반법률행위의 취소와 그 성질이 다르고, 그 효력은 상대적인 것으로 누구에게도 대항할 수 있는 절대적인 것은 아니다. 자세히 말하면, 법원이 채권자의 청구에 의하여 채무자의 법률행위를 취소하였을 때에 그 법률행위는 소송의 상대방에 대하여는 전연 무효로 돌아가겠지만, 그 소송에 관여하지 아니 한 채무자 · 수익자 또는 전득자에 대하여는 의연히 존재하여도 무방함과 동시에, 채권자가 특정한 상대방과의 관계에서 법률행위의 효력을 소멸시키고 이로 인하여 직접 또는 간접으로 채무자의 재산상의 지위를 원상에 회복시킬 수 있음에 있어서는, 기타의 관계인과의 관계에서는 그 법률행위를 성립시킨다 하더라도 그 이해에 하등의 영향을 미치는 일이 없다. 그러므로 채권자가 채무자의 재산을 양수한 수익자 또는 전득자에 대하여 소를 제기하여 이에 대한 관계에서 법률행위를 취소한 이상은 그 재산의 회복 또는 이에 갈음한 배상을 얻음으로써 그 담보권을 확보하는 것으로 족하므로, 특히 채무자에 대하여 소를 제기하여 그 법률행위의 취소를 구할 필요가 없다. 그러므로 채무자는 그 소송의 상대방이 될 적격을 가지고 있지 아니하므로 필요적 공동피고로서 그도 상대방으로 하여야 한다는 당원의 판례는 이를 변경하여야 할 것이다).

1) 민의원법제사법위원회 민법초안심의소위원회 간행, 민법안심의록(상), 1957, 242면 · 243면.

2) 이하 채무자회생법이라고 한다.

제2절 債權者取消權制度에 對한 立法例

Ⅰ. 프랑스에 있어서의債權者取消權

프랑스 민법은 채권자취소권에 관한 일반규정으로 제1167조를 두고 있다. 동조 제1항은 "채권자는 또한 자신의 권리에 대한 채무자의 詐害行爲를 자신의 이름으로 공격할 수 있다."고 규정하고, 동조 제2항은 "그러나 채권자는 상속편 그리고 부부재산계약 및 부부재산제편에서 규정하는 자신들의 권리에 대하여는 해당 각 편에서 정하는 원칙에 따라야 한다."고 규정하고 있다. 그러나 채권자취소권에 관한 일반규정은 이 조문밖에 없기 때문에, 프랑스의 채권자취소권제도는 실제로는 판례 및 학설을 통해 발전해 왔다고 할 수 있다.

한편 프랑스 민법은 위 조항 외에도 신분법과 관련한 특별조항으로 제788조 및 제882조를 두고 있다. 동법 제788조는 "채권자에게 손해를 가하면서 상속을 포기하는 자의 채권자는, 채무자의 이름으로 채무자에 갈음하여 상속을 승인하는 것을 법원으로부터 허가받을 수 있다. 이 경우에 포기는 채권자를 위하여서만, 그리고 그의 채권액을 한도로 하여서만 무효로 된다. 상속포기는 포기를 한 상속인의 이익을 위하여서는 무효로 되지 않는다."고 하여 채무자의 상속포기에 대한 채권자의 예외적 취소권 행사를 인정하고, 동법 제882조는 "공동분할자의 채권자들은, 상속재산분할로 인하여 자신들의 권리가 詐害되는 것을 방지하기 위하여, 자신들이 참가하지 않고 진행된 분할에 대하여 이의를 제기할 수 있다. 채권자들은 자신의 비용으로 분할에 참가할 권리를 가진다. 그러나 채권자들은 완성된 분할에 대하여는 공격할 수 없다. 단, 채권자들이 제기한 이의가 무시되고, 그들이 배제된 상태에서 분할이 진행된 경우에는 그러하지 아니하다."고 하여 채무자의 상속재산분할협의에 대하여 예외적으로 채권자취소권을 인정하고 있다.

프랑스 민법 제1167조는 채권자의 보호보다 거래의 동적 안전의 유지에 중점을 둔 입법태도를 취하고 있다. 즉 독일 현행 채권자취소법이 채권자취소권의 행사에 執行權原과 被保全債權의 변제기 도래를 요건으로 하여 취소의 효과가 채권자에게만 미치도록 하고 있는 것과 다른 형식을 취하고 있는 것이다.

채권자취소권의 대상행위는 채권자에게 손해를 가져오는 행위, 즉 채무자를 無資力으로 만들거나 責任財産을 감소시켜 채권자의 채권의 만족을 얻을 수 없도록 하는 행위여야 하고,[1] 채무자에게 詐害意思가 있어야 한다.[2]

채권자취소권의 요건 중 詐害行爲, 즉 채무자의 채권자를 해할 의도에 대하여는 의도설(목적설), 인식설, 절충설 등의 견해로 나누어져 있는데, 인식설이 다수 견해라고 할 수 있다.

의도설(목적설)은 채권자들을 해하려는 진정한 의도(véritable intention de nuire) 즉 채무자에게 적극적으로 채권자를 해할 의도가 있어야 한다는 것이고, 인식설은 채무자의 재산감소행위로 인하여 채권자들에게 害가 될 것이라는 사실에 대한 인식(connaissance)만으로 채무자의 악의가 인정되다고 한다.[3] 절충설은 채무자의 詐害行爲를 유상행위와 무상행위로 나누어, 유상행위에는 적극적 詐害意圖를, 무상행위에는 소극적 詐害認識만으로 채권자취소권을 행사할 수 있다고 본다.[4] 무상행위에서의 詐害行爲는 채무자의 악의를 요건으로 하지 않는다는 일부견해가 있으나, 프랑스 판례는 유상행위와 무상행위를 구분함이 없이 모두 악의가 요구된다는 입장을 취하고 있다.[5]

그러나 轉得者의 詐害意思는 전득자가 채무자의 직접 상대방이 아니기 때문에 詐害行爲의 유상성 여부에 따라, 수익자의 詐害行爲가 유상행위인 경우 수익자가 선의이

1) 金旭坤, 전게 "프랑스민법에 있어서의 채권자취소권제도", 215면.
2) 吳洙源, "프랑스채권자취소권에서의 詐害意思", 민사법연구, 제10집 제1호, 민사법학회, 2002. 6. 174면.
3) 李啓正, "채권자취소권의 주관적 요건으로서의 詐害意思에 관한 연구", 사법논집, 제40집, 법원도서관, 2005, 227면.
4) 吳洙源, 전게 논문, 177면 · 179면.
5) 金旭坤, 전게 "프랑스민법에 있어서의 채권자취소권제도", 218면 · 219면.

면 수익자의 보호받을 수 있는 지위가 그대로 전득자에게 승계된다고 하여 전득자를 보호하고 있다. 다만 수익자의 詐害行爲로 전득자가 無償으로 전득한 경우에는 전득자에게 詐害意思가 없더라도 보호되지 않는다.

한편 전득행위가 유상행위인 경우에는 수익자에게 詐害意思가 있더라도 전득자의 詐害意思 유무에 따라 전득자에 대한 詐害行爲의 취소 여부가 결정된다.[1] 그러나 詐害行爲가 무상행위인 경우에 전득자에게 詐害意思가 없으면 전득자를 상대로 채권자취소권을 행사할 수 없다.[2]

한편 詐害行爲의 범위에 대하여 프랑스의 통설은 프랑스 민법 제1167조의 "자신의 권리에 대한 채무자의 詐害行爲"를 엄격한 의미의 법률행위로 제한하지 않고, 채무자의 의사에 기한 채무자의 재산감소행위이면 해당된다고 한다.[3]

채권자는 채권자취소권을 자기의 이름으로 행사하여야 한다.

그런데 프랑스 민법에는 우리 민법 제407조나 일본 민법 제425조와 같은 규정이 없다. 오히려 법무부에 제출된 개정시안에 의하면, 제1167조의1을 신설하여 제1항에서 "제1166조에 규정된 소권을 행사하는 채권자는 그 청구의 결과로 채무자의 재산으로 회복된 금액에 대하여 선공제함으로써 변제받는다."라고, 제2항에서 "제1167조에 규정된 소권은 그 소를 제기한 채권자와 소송에 참가한 채권자를 우선적으로 이롭게 한다."라고 하여 채권자취소권을 행사하는 채권자에게 우선변제권을 보장해주는 방향으로 나아가고 있다. 즉 우리 민법 제407조와 같이 모든 채권자를 위해 효력이 있다는 규정이 없어 원상회복된 재산이 다른 채권자들의 責任財産으로 기능함이 없이 취소채권자의 채권에만 충당되면 되므로 구태여 절대적 무효설을 취할 필요가 없게 되었다.

따라서 프랑스에서는 채권자취소의 효과에 대하여 취소채권자와 수익자 또는 전득자 사이에 한하여 상대적으로 무효가 될 뿐이라는 상대적 무효설이 통설적 지위에 있

---

1) 이 경우에도 채권자는 채무자에 대하여는 詐害行爲를 이유로 취소권을 행사할 수 있기 때문에 원물반환을 받을 수 없음을 이유로 수익자로부터 가액배상을 받게 된다.
2) 金旭坤, 전게 "프랑스민법에 있어서의 채권자취소권제도", 221면 참조.
3) 상게 "프랑스민법에 있어서의 채권자취소권제도", 262면.

다.[1] 그러므로 채권자와 수익자 또는 전득자 사이에서만 무효일 뿐, 채권자취소소송의 당사자가 아닌 채권자와 채무자, 채무자와 수익자 또는 전득자, 혹은 제3자에 대한 관계에서는 여전히 유효하다고 한다.[2]

이러한 상대적 무효설은, "대항불능의 법리" 즉 공동담보권 행사가 보장되어야 할 다른 채권자에게도 채권자취소권 판결의 효력이 미친다고 보아야 한다는 견해들에 의하여 비판받고 있다.[3] 즉 대항불능의 법리에 의하면 수익자 또는 전득자는 대항불능소권을 행사한 취소채권자에 대해서만 대항할 수 없을 뿐, 다른 채권자에 대해서는 대항가능하다고 하여 상대적 무효설이 더 강화되는 입장을 취하게 되는데, 판례 역시 다른 채권자에게 효력이 미치지 않는다는 입장을 취하고 있어 위와 같이 반대견해들에 의해 비판을 받고 있는 것이다.[4]

금번 프랑스 민법개정안은 이러한 상대적 무효설의 입장을 따른 것이라 할 수 있다.

Ⅱ. 獨逸에 있어서의 債權者取消權

로마법상의 파울리아나 소권을 계수한 독일[5]은 동 소권에 의해 파산절차와 채권자취소권절차를 규율하였다.

연혁에서 앞서 살펴본 바와 같이 채권자취소권은 1999년 1월 1일부터 시행 중에 있는 "도산절차 외에서의 채무자의 법적 행위의 취소에 관한 법률(Gesetz über die Anfechtung von Rechtshandlungen eines Schuldners ausserhalb des Insolvenzverfahrens vom 5. Oktober 1994: BGBl. I S.2911)"에 의해, 파산절차상의 부인권은 1994년 10월 5일에 제정되어 1999년 1월 1일부터 시행 중에 있는

1) 佐藤岩昭, "詐害行爲取消權に關する一試驗(二)-その效果論お中心として -", 法學協會雜誌 第104卷 第12號, 東京大學法學協會, 1987. 12, 314面.
2) 佐藤岩昭, 前揭 論文 "詐害行爲取消權に關する一試驗(二)-その效果論お中心として -", 314面.
3) 平野裕之, 前揭書, 314面.
4) 上揭書, 314面.
5) 전게 주석채권총론(상), 387면(金旭坤 집필); 閔日榮, 전게 논문, 9면.

"통합도산법((Insolvenzordnung vom 5. Oktober 1994: BGBl. I S.2866)"에 의해 규율되고 있는데, 현행 채권자취소법은 구채권자취소법에 비해 채권자취소권행사의 요건이나 증명책임이 조금 완화되었다는 평가를 받고 있음은 이미 살펴보았다.[1)]

현행 채권자취소법상의 채권자취소권은 통합도산법상의 부인권과 달리 채권자 개인의 이익을 위하여 개별적으로 채무자의 법적 행위를 취소하고 수익자 또는 전득자로부터 반환을 청구할 수 있는 권리이다.[2)] 채권자는 채무자에 대한 被保全債權에 대한 승소판결을 얻은 뒤 이를 執行權原으로 하여 채무자가 제3자, 즉 수익자 또는 전득자에게 양도한 재산을 채무자의 責任財産으로 환원시켜 채권의 만족을 얻을 수 있다. 구채권자취소법은 채권자취소권의 유형을 일반적 유형과 가중적 유형으로 구분하여 이원적으로 운영하였는데 현행 채권자취소법도 마찬가지이다.

채권자취소권의 일반적 유형의 요건은, 첫째, 채권자를 행하는 법적 행위가 존재할 것, 둘째, 채권자를 해하는 행위일 것, 셋째, 변제기가 도래한 금전채권에 관한 執行權原이 존재할 것, 넷째, 강제집행의 성과 없음과 성과 없을 것에 대한 예견가능성이 있을 것, 다섯째, 수익자 또는 전득자의 재산이 증가하였을 것 등이다.

위 要件 중 채권자를 해하는 법적 행위(Rechtshandlung)란 법률행위보다 넓은 개념으로 법률효과를 부여하는 의사활동으로 법률행위적 처분뿐만 아니라 매매계약이나 임대차 같은 채무자의 재산으로부터 목적물의 분리를 목적으로 하거나 단순히 사용 및 이용을 허용하는 의무를 발생시키는 채권행위도 포함되고,[3)] 채권의 양도와 포기 및 채무면제와 같은 처분행위, 소송절차에서의 청구의 포기 · 인낙, 소의 취하 · 공격방어방법의 철회와 같은 소송행위도 포함된다고 한다.[4)] 또한 준법률행위, 사실행위[5)] 등과 같이 법률행위가 아니지만 법적 효과를 가져오는 일체의 의사실현행위

---

1) 姜永虎, 전게 논문, 321면; 李在烈, 전게 논문, 16면.

2) Fritz Baur/ Rolf Stürner, Zwangsvollstreckungs-, Konkurs- und Vergleichsrecht, Bd Ⅰ, Einzelvollstreckungsrecht, 12. Aufl., Heidelberg, 1995, Rn. 26.

3) 松坂佐一, 前揭書, 140面.

4) 閔日榮, 전게 논문, 12면 내지 16면 참조.

5) 사실행위는 인간의 정신작용이 개입되어 있으므로 법적 행위에 포함된다고 하겠다. 변제의 법적 성질을 준법률행위 또는 사실행위로 보는 입장에서는 더욱 그러하다.

(Willensbetätigung) 등도 포함된다고 보기 때문에 법률행위보다 넓은 개념으로 이해하고 있다. 따라서 법률행위처럼 효과의사를 적극적으로 의욕하지 않더라도 채무자의 일정한 의사가 개입한 행위로 인하여 채무자의 責任財產이 감소되는 결과를 가져오면 법적 행위에 해당된다고 하겠다.[1]

변제기가 도래한 금전채권에 관한 執行權原의 존재는 채권자의 채무자에 대한 이행판결 또는 이와 동일시할 수 있는 집행권원의 존재를 의미하고, 강제집행의 성과 없음과 성과 없을 것에 대한 예견가능성은 채무자의 無資力을 의미하고, 수익자 또는 전득자의 재산증가는 詐害行爲를 통해 수익자 또는 전득자에게 재산적 가치가 증가되었음을 의미한다고 하겠다.

한편 증명책임과 관련하여, 채권자취소권을 행사하는 채권자는 채권의 전부 또는 일부가 강제집행대상인 채무자의 責任財產의 감소행위로 인하여 만족을 얻을 수 없거나 곤란하게 되거나 지체될 경우 채무자의 그 행위는 채권자를 해하는 것으로 추정된다고 할 것이어서 채무자의 법적 행위와 채권자에 대한 詐害 사이에는 원칙적으로 간접적인 인과관계가 존재하는 것으로 충분하다는 입장이다.[2]

현행 채권자취소법은, 채권자를 해하거나 채권자의 집행을 방해하는 채무자의 법적 행위, 즉 詐害行爲에 대하여 취소할 수 있도록 하였고(동법 제1조 제1항), 부작위에 의한 법적 행위 역시 취소할 수 있도록 하였다(동조 제2항).

현행 채권자취소법은 첫째, 채권자를 침해하려는 인식된 의도가 있는 채무자의 법적 행위(die erkannte Absicht der Gläubigerbenachteiligung), 둘째, 채무자의 무상출연행위(die Unentgeltlichkeit der Zuwendung)에 대하여는 보다 더 강력한 특별규정을 두고 있다. 즉 위 첫 번째 경우 채무자가 채권자를 해할 의도로 법적 행위를 함에 있어 상대방 역시 그러한 의도를 알고 있었다면 언제든지 채권자취소권을 행사할 수 있도록 허용하고, 유상계약의 경우에 채무자와 일정한 친족관계에 있는 자 사이에 체결된 법적 행위에 대하여는 그로 인해 채권자가 직접 해를 입게 되면

1) 같은 견해로 松坂佐一, 前揭書, 139面.
2) 閔日榮, 전게 논문, 13면 · 14면.

그 계약체결일로부터 2년 이내에는 詐害意思와 상관없이 채권자취소권을 행사하여 그 법적 행위를 취소할 수 있도록 하였고(동법 제3조 제2항), 위 두 번째 경우 채무자의 무상출연행위에 대해서는 그 무상처분이 의례적인 선물행위가 아닌 한 그 행위시로부터 4년 이내에 채권자로 하여금 취소권을 행사할 수 있도록 하였다(동법 제4조).

또한 상속인이 상속재산으로부터 유류분청구권, 유증, 부담의 조건 등을 충족하였다면, 상속재산의 채권자는 자신이 상속재산에 관한 청산절차에서 위 급부의 수령자들보다 선순위이거나 동순위라면 상속인의 위 이행 부분에 대해 앞서의 무상처분을 취소하는 방식에 의하여 채권자취소권을 행사할 수 있도록 하였다.[1]

현행 채권자취소법은 그동안 독일 내에서 학설과 판례 등에 의해 제기된 문제점을 보완하여 구채권자취소법의 내용을 일부 수정하고, 통합도산법의 취지에 맞추어 취소기간, 책임의 요건과 증명에 관한 규정 등을 개정함으로써 채권자취소법과 통합도산법의 통합적 해석을 가능하게 하였다는 평가를 받고 있다.[2]

채권자는 채권자취소권의 대상행위의 유형 중 詐害故意의 경우, 즉 상대방이 詐害의 법적 행위를 한 때에 채권자를 침해하고자 하는 채무자의 고의(Vorsatz)를 인식한 경우(wenn der andere Teil zur Zeit der Handlung den Vorsatz des Schuldners kannte)에는, 그 법적 행위를 한 때로부터 10년 내에 채권자취소권을 행사할 수 있다(동법 제3조 제1항). 또한 상대방이 채무자의 지급불능사실이 임박하다는 점과 그 법적 행위가 채권자를 해한다는 사실을 알고 있는 때에는, 이러한 상대방의 詐害故意의 인식(Kenntnis)은 추정된다(동법 제3조 제1항).

채권자가 채권자취소권을 행사하기 위해서는 채무자에 대한 執行權原(einen vollstreckbaren Schuldtitel)이 있어야 하며, 被保全債權의 변제기가 도래하고 있어야 한다(동법 제2조). 즉 채권자의 채무자에 대한 執行權原과 被保全債權의 변제기 도래가 채권자의 수익자 또는 전득자에 대한 채권자취소소송의 제기요건이라고

1) 상게 논문, 20면.
2) Mark Zeuner, Die Anfechtung in der Insolvenz, München 1999, §9, Rn. 354.

할 수 있다.[1)]

이는 독일 채권자취소법상의 채권자취소소송이 집행인용의 소임을 의미하는 것으로, 판결주문은 수익자에게 채권자의 채무자에 대한 執行權原에 의한 수익자의 재산에 대한 강제집행을 인용할 것을 수익자에게 명하는 형식으로 이루어진다. 즉 수익자 또는 전득자가 집행채무자가 되어 채권자의 강제집행에 복종해야 하는 것이다. 따라서 被保全債權의 변제기가 도래하여야 행사할 수 있는데,[2)] 여기의 被保全債權은 금전채권에 한하며, 일정한 물건의 급부 또는 의사를 명하는 것, 부작위를 목적으로 하는 청구권은 被保全債權이 될 수 없다.[3)] 물론 그러한 채권이 손해배상채권으로 바뀌어 금전채권으로 변한 경우에는 가능하다고 하겠다.

또 다른 요건으로 채무자의 無資力, 즉 채권자의 채무자에 대한 강제집행이 채무자의 責任財産 부족으로 인하여 완전한 만족에 이르지 못하거나 완전한 만족에 이르지 못할 것으로 예측되어야 한다(동법 제2조).

채권자는 채무자와 그의 배우자 등 일정한 친족관계에 있는 자 사이에 체결된 유상계약으로 인해 채권자의 채권이 직접적으로 해를 입게 될 경우에는 그 유상계약을 취소할 수 있다. 다만 그 계약이 취소되기 2년 전에 체결되었거나 계약체결 당시 상대방이 채무자의 그 행위가 채권자의 채권을 해하려는 고의가 있었다는 사실을 알지 못한 경우에는 채권자취소권을 행사할 수 없다(동법 제3조 제2항).

채권자는 채무자의 무상급부행위에 대하여는 그 행위가 있은 후 4년 이내이면 상대방의 詐害意思 유무와 상관없이 언세나 취소할 수 있다. 다만 관례적인 선물로 가치가 경미한 경우에는 채권자취소권의 행사가 배제된다(동법 제4조 제1항, 제2항).

채무자의 詐害行爲가 채권자를 해한다는 의미는, 채무자 재산에 대한 채권자의 강제집행의 가능성이 감소함으로써 채무자의 재산으로부터 채권자가 만족을 얻을 수 있는 가능성이 침해되는 것을 말한다.[4)] 그러한 침해유형으로는 채무자의 責任財産이

---

1) 飯原一乘, 詐害行爲取消訴訟, 悠久社, 2006, 8面・9面.
2) 飯原一乘, "强制執行忍容說と裁判・執行實務", 判例タイムズ 第935號, 判例タイムズ社, 1997, 30面.
3) Jörg Nerlich / Christoph Niehus, Anfechtungsgesetz(AnfG), München 1999, S. 33ff.
4) Michael Huber, a.a.O. Rn. 370.

감소하거나, 채무자의 타인에 대한 권리가 무효가 됨에 따라 행사할 수 없게 되거나, 또는 권리행사가 곤란하게 되거나 지연되는 형태 등을 고려해 볼 수 있다. 그리고 詐害의 유형을 직접적 詐害와 간접적 詐害로 나누어, 현행 채권자취소법 제3조 제1항의 詐害意思에 의한 詐害行爲에 대하여는 간접적으로 구두변론 시까지 詐害가 발생한 것까지 취소할 수 있도록 한 반면, 동법 제3조 제2항의 친밀한 관계자(nahestehende Person)와의 사이에 성립한 詐害行爲에 대하여는 직접적으로 행위한 때의 詐害 발생에 대하여 취소권을 행사할 수 있도록 하고 있다.[1)]

특히 현행 독일 채권자취소법은, 채무자의 주관적 요건과 관련하여 구채권자취소법이 "채무자의 詐害意圖(Absicht)"를 채권자취소권의 행사요건으로 규정하고 있던 것과 달리, 제3조를 "고의에 의한 침해(Vorsätzliche Benachteiligung)"로 개정하여 "채무자의 고의(Vorsatz)"를 채권자취소권의 요건으로 하여, 詐害意思에 고의를 요한다고 하고 있다.

독일 통합도산법(Insolvenzordnung) 제133조도 파산절차에서의 부인권 행사요건으로 "고의에 의한 침해(Vorsätzliche Benachteiligung)"를 요구하여, 그 요건을 강화하였다.[2)] 이처럼 현행 채권자취소법은 무상행위의 경우를 제외하고는 "채권자를 해하는 고의"를 채무자의 주관적 요건으로 함으로써 詐害意思의 주관적 요건을 더 강화하였음을 알 수 있다. 이는 채권자취소권의 주관적 요건을 엄격히 하여, 단순한 詐害認識만으로는 채권자취소권을 인정할 수 없고, 적극적인 채무자의 채권자에 대한 詐害意思를 요구하는 것으로 해석되어지는바, 향후 詐害意思에 대한 인식설과 의도설의 논쟁이 심화될 것으로 예상된다.

채무자의 詐害意思 존부의 기준시점은 수익자 또는 전득자의 재산권 취득 완성 시

---

1) 飯原一乘, "詐害行爲取消權・否認權の硏究", 日本評論社, 1989, 39面.

2) 독일통합도산법 제133조(고의에 의한 침해: Vorsätzliche Benachteiligung)
① 채무자가 도산절차개시의 신청 전 10년 내에 또는 신청 후에 고의로 채권자를 해하는 법적 행위를 한 경우, 행위시에 상대방이 채무자의 고의를 알았다면 그 법적행위는 취소할 수 있다.
② 채무자가 친밀한 관계에 있는 자(제138조)와 맺은 유상계약으로서 채권자에게 직접적인 손해를 주는 행위는 취소할 수 있다. 단, 계약이 도산절차개시의 신청 전 2년 이전에 체결되었거나 상대방이 계약체결시에 채무자에게 채권자를 해하려는 고의가 있다는 사실을 알지 못한 경우에는 이를 취소할 수 없다.

이다. 따라서 부동산은 등기 시이다(동법 제8조 제2항). 물론 주관적 요건으로 타방 당사자에게 채무자의 詐害意思에 대한 인식(Kenntnis)을 요구하고 있고(동법 제3조 제1항), 전득자(권리승계자, Rechtsnachfolger)의 주관적 요건으로 前權利者(Rechtsvorgänger)의 취득이 詐害行爲로 인한 것이어서 취소원인이 있다는 사실에 대한 인식을 요구하고 있다.[1]

Ⅲ. 日本에 있어서의 債權者取消權

일본 민법 제424조 제1항은 “채권자는 채무자가 그 채권자를 해하는 것을 알고 한 법률행위의 취소를 재판소에 청구할 수 있다. 그러나 그 행위로 인하여 이익을 받은 자 또는 전득자가 그 행위 또는 전득 당시 채권자를 해하는 사실을 알지 못한 때에는 그러하지 아니하다.”고 하고, 동조 제2항은 “전항의 규정은 재산권을 목적으로 하지 아니하는 법률행위에는 이를 적용하지 아니한다.”라고 채권자취소권을 규정하고 있다. 동법 제425조는 “前條의 규정에 의하여 한 취소는 총채권자의 이익을 위하여 그 효력이 있다.”고 규정하고, 동법 제426조는 “제424조의 규정에 의한 취소권은 채권자가 취소의 원인을 안 때로부터 2년간 행사하지 아니하면 시효로 인하여 소멸한다. 법률행위를 한 날로부터 20년이 경과한 때에도 같다.”고 규정하고 있다.

이는 우리 민법 제406조 및 제407조와 유사하다. 다만 우리 민법 제406조 제1항이 “취소와 원상회복을 청구”할 수 있다고 규정한 것과 달리 일본 민법은 “취소를 청구”할 수 있다고 하여 원상회복에 대해 규정하고 있지 않다. 그러나 일본의 학설 및 판례[2]는 원상회복도 청구할 수 있는 것으로 해석하고 있음은 이미 살펴보았다.

일본은 Boissonade의 절대적 무효설에 근거한 구민법을 폐지하고 대신 현행 민법을 위와 같이 제정하여, 수익자 또는 전득자만을 피고로 하고, 판결의 효력도 상대적

---

1) 飯原一乘, 前揭 詐害行爲取消訴訟, 115面.
2) 日本大審院 平成3(1991). 3. 24. 聯合部判決, 民錄 第17集, 117面.

무효설의 입장에서 소송당사자인 채권자와 수익자 또는 전득자 사이에서만 무효라고 하여, 소송당사자가 아닌 채권자와 채무자, 채무자와 수익자 또는 전득자 사이의 법률관계는 그대로 유효하다는 해석이 가능하도록 하였다.

한편 일본 민법 제425조는 취소의 효과로 모든 채권자의 이익을 위하여 그 효력이 있다고 하여 프랑스 민법 제1167조와 다르게 규정하고 있다. 이는 우리 민법 제407조와 같은 내용으로, 우리와 일본에만 있는 예외적 규정이라 할 것이다.

舊民法은 채권자취소권의 행사에 대해 독일 구채권자취소법이 추급의 근거를 다르게 규정했던 태도를 따라 수익자와 전득자에 대한 추급의 요건을 유상인지 무상인지에 따라 각 다르게 규정하였으나,[1] 현행 일본 민법제정자들은 무상거래도 거래로서 보호되어야 한다는 취지에 맞춰 "知의 要件"을 요구하게 되었고, 현재처럼 유상 · 무상의 구분 없이 詐害의 사실을 알아야 한다고 하여 그 요건을 통일적으로 규정하였다.[2]

한편 舊民法 제344조가 채권자취소권의 행사기간을 프랑스법제에 따라 30년으로 하였던 것과 달리 "채권자가 취소원인을 안 날로부터 2년, 법률행위를 한 날로부터 20년"으로 하여 그 기간을 단축하였다.[3]

일본 파산법상의 부인권은 독일의 입법례를 계수하고, 파산절차 외에서의 채권자취소권은 프랑스의 입법례를 계수하였다고 평가되고 있다.

한편 일본 파산법 제161조가 "파산자가 그가 가진 재산을 처분하는 행위를 하는 경우에 있어서 그 행위의 상대방으로부터 상당한 대가를 취득한 때에는 그 행위는 다음 요건의 어느 것에 해당하는 경우에 한하여 파산절차개시 후 파산재단을 위하여 부인할 수 있다."로 개정되었음은 주목할 일이다. 즉 종래 통설 및 판례가 本旨辨濟를 고의부인의 대상으로 인정해 오던 것과 중요재산을 상당가격으로 매각한 경우에 고의

---

1) 수익자와 전득자에 대한 추급요건을 다르게 규정하였는바, 수익자에 대하여는 유상행위의 경우 채무자와 수익자 사이의 통모를 요구하면서, 무상행위의 경우에는 요구하지 않았다. 한편 전득자에 대하여는 유상행위와 무상행위에 관계없이 전득자가 詐害사실을 알 경우에 한하여 채권자취소권을 행사할 수 있도록 다르게 규정하고 있었는데 이는 Boissonade의 독자적인 견해이다(平田健治, "債權者取消權の位置づけ − 轉得者への追及の關聯で", 國井和郎先生還曆記念論文集, 民法學の軌跡と展望, 日本評論社 , 2002, 488面 · 492면).

2) 상게 논문 488면 · 489면.

3) 田山輝明, "債權者取消權の本質", 倒産法學の軌跡と展望, 櫻井孝一先生古稀祝賀, 成文堂, 2001, 314面 · 315面.

부인의 대상으로 보아 부인권의 행사를 인정해 왔으나, 위 개정으로 “상당한 대가를 취득”한 경우에 부인권의 행사가 제한되었다는 점이다.

이러한 파산법상의 상당한 대가행위에 대한 부인권의 부인은 채권자취소권의 행사와 관련되어서도 해석상 많은 영향을 미칠 것으로 예상된다. 왜냐하면 양자는 개별적인가 포괄적인가의 차이만 있을 뿐 사실상 같은 법리에 의해 규율되고 있기 때문에, 향후 일본 판례의 변화가 예상된다고 하겠다.[1]

이처럼 일본 파산법이 개정된 것은 독일 채권자취소법 제3조가 채무자의 주관적 요건으로 “채무자의 고의”를 요건으로 삼은 것 및 독일 통합도산법 제133조가 “채무자의 고의”를 파산절차에서의 부인권 행사요건으로 강화한 것과 동일한 취지라고 할 수 있다.

위 조항은 종래 파산법상의 고의부인의 대상으로 인정되던 “상당한 대가가 지급된 매매, 변제”의 경우에 대하여 부인권의 행사를 향후 제한하겠다는 것인바, 채권자취소소송에서도 동일한 경우에 詐害行爲性이 인정되지 않을 가능성이 높아졌다고 하겠다. 일본 파산법 중 부인권의 위와 같은 개정은 금후 일본의 채권자취소권에 관한 해석에 큰 영향을 미칠 것[2]으로 예상된다.

Ⅳ. 美國 統一詐害去來法에서의 債權者取消權

영국의 채권자취소법(The Statues of 13 Elizabeth c. 5)에 의한 판례법[3]이 미

1) 林采雄, “日本 新破産法の詐害行爲と偏頗行爲の否認に關する研究”, 韓國民事訴訟法學會誌 第10券 第1號, 韓國司法行政學會, 2006. 5, 365面 · 366面 參照.
2) 潮見佳男, 債權總論 Ⅱ(第3版), 信山社, 2005, 148面 乃至 150面 參照.
3) 채권자취소권에 관한 대표적 판례법으로 Mannock’s Case(3Dyer.295a)가 있다. 이 판례는 피상속인의 상속재산관리인인 망인의 처가 상속재산을 친구에게 양도함으로써 피상속인의 채권자를 詐害하게 되었는데, 그 망인의 처마저 사망하게 되어, 그녀의 아들이 이미 사망한 자신의 아버지의 상속재산관리인이 되어 망인의 처로부터 재산을 매수한 Mannocke의 양수행위가 詐害行爲임을 주장하여 그 양도를 무효화한 사건이다(Ross, Charles, Elizabethan Literature and the Law of Fraudulent Conveyance, Ashgate, 2003, 105면 · 106면 참조).

국의 펜실베니아州와 워싱턴州 등으로 계수되었고, 위 制定法은 미국의 나머지 대부분의 주에도 계수되었다고 할 수 있다. 그런데 각 주가 채권자취소권의 운영 기준을 다르게 하고 있다 보니 詐害行爲 판결 결과에 모순이 나타나 사법불신을 조장하게 되었다.

이 문제를 해결하기 위해 1910년대 統一州法委員全國會議(National Conference of Commissioners on Uniform State Laws)가 그 내부조직인 商事法務委員會(the Committee on Commercial Law)로 하여금 채권자취소권과 관련된 법을 연구토록 하여, 1918년 統一詐害讓渡法(Uniform Fraudulent Conveyance Act: UFCA)을 제정하였다. 그 후 위 법은 1984년에 統一詐害去來法(Uniform Fraudulent Transfer Act: UFTA)으로 개정되어 현재 시행 중에 있다.

미국은 채권자취소에 관한 統一詐害去來法 이외에도 파산법(Bankrupty Code) 제548조(Fradulent Transfers and Obligations)에 의한 詐害去來否認制度를 운영하고 있다.

현재 시행 중인 위 統一詐害去來法上의 취소채권자의 자격, 취소의 대상행위, 취소의 유형 및 그 효과 등을 간단히 살펴보기로 한다. 미국 統一詐害去來法上의 채권자취소권 역시 채무자의 자기 소유 재산에 대한 통상의 처분을 제한하는 것으로, 모든 채권자를 공정하게 대하여야 한다는 형평법상의 채무자의무에 근거하고 있다. 이 경우의 채권자는 무담보채권자를 의미한다. 따라서 무담보채권자는 채무자의 처분행위가 일반채권자의 정당한 기대를 침해할 정도인 경우에는 소유권의 남용을 주장하며 채무자의 양도행위를 무효화시킬 수 있다.[1)]

統一詐害去來法은 채권자취소권을 행사할 수 있는 채권자 자격을 지급받을 수 있는 권리(claim)를 가진 자로 규정하고 있다. 채권자의 피보전권리는 지급받는 권리(right to payment)이면 된다. 따라서 판결에 의한 것이든(the right is reduced to judgement), 확정된 것이든 미확정된 것이든(liquidated, unliquidated), 유동적이든 아니든, 변제기 도래 전이든 도래 후이든, 소송 중이든 아니든, 보통법상의

---

1) 李在烈, 전게 논문, 26면.

권리이든 형평법상의 권리이든, 담보가 있든 없든 모두 해당되므로(동법 제1조 제3항 참조) 그러한 권리를 가진 자이면 채권자취소권자의 자격이 인정된다.

그런데 동법은 채권자취소권 행사와 관련하여 被保全債權의 성립시기에 차별을 두고 있다. 즉 채무자의 詐害行爲(양도행위) 당시 이미 성립한 채권자와 詐害行爲 이후에 성립한 채권자를 구분하여, 後者의 경우 전자에 비해 무효화시킬 수 있는 범위를 좁히고 있다.

채권자취소권의 대상이 되는 채무자의 詐害行爲, 즉 취소의 대상이 되는 거래(transfer)는 직접적 또는 간접적, 조건부 또는 무조건부, 임의적 또는 강제적 여부를 불문하고 모든 형식의 재산 또는 재산상의 권리의 처분 또는 이전을 가져오는 행위이면 해당된다.[1]

종래 統一詐害讓渡法은 취소의 대상행위를 부동산양도(conveyance)라고 하여 "모든 금전지급, 권리이전, 면제, 양도, 임대, 저당 또는 유·무형재산의 담보와 우선특권이나 부담의 설정"[2] 등을 포함시켰으나(동법 제1조), 이러한 Conveyance라는 개념이 주로 부동산거래에 사용되었기 때문에 채권자를 해하는 詐害行爲로서는 너무 좁은 의미로 해석될 수 있다고 하여, 統一詐害去來法으로 개정하면서 그 용어를 재산전반의 양도나 이전을 나타내는 Transfer, 즉 재산권양도라는 용어로 바꾸었다.[3]

統一詐害去來法은 채권자취소권의 유형을 實際詐害(actual fraud)와 擬制詐害(constructive fraud) 등 두 가지로 나누어 달리 취급한다. 그런데 동법의 특징은 채무자의 詐害行爲가 취소의 대상이 되는 경우에도 채권자·채무자에 대하여 제3자일 수밖에 없는 수익자 또는 전득자의 합법적인 이익은 보호되어야 한다는 입장을 취하고 있다는 점이다. 즉 채권자취소권을 행사하기 위해서는, 채무자의 행위 및 그 동기뿐만 아니라 그 詐害行爲 과정에서 행한 수익자 또는 전득자의 역할에 대하여도 심

1) 통일사해거래법, 즉 UFTA §1(12)는 "Transfer means every mode, direct or indirect, absolute or conditional, voluntary or involuntary, of disposing of or parting with an asset or an interest in an asset, and includes payment of money, release, lease, and creation of a lien or other encumbrance)"라고 규정하고 있다.

2) Conveyance includes every payment of money, assignment, release, transfer, lease, mortgage or pledge of tangible property and also the creation of ant lien or incumbrance.

3) 中島弘雅·田頭章一, 英米倒産法, 弘文堂, 2003, 180面.

사할 것을 요구하고 있다.[1] 그리하여 만일 양수인이 선의이고 채무자에게 정당한 가치를 제공하였다면 채무자의 詐害行爲가 인정된다고 하더라도 이를 무효화할 수 없도록 하였다. 뿐만 아니라 양수인은 최소한, 제공한 가치에 대하여 배상받을 수 있도록 하고 있다.[2]

實際詐害라 함은, 채무자에게 채권자를 방해하거나 지체 또는 詐害하기 위한 실제 의사(actual intent)가 있는 행위로, 그 양도 또는 채무부담의 대가로 수령한 금액이 상당하지 않으며, 채무자가 영업 · 거래규모에 비해 현저하게 과소자본만을 가진 경우 또는 그 채무의 변제기에 그 채무를 지급할 능력을 초과하여 채무를 부담할 의도를 갖거나 이와 같은 채무자의 의도가 있었다고 생각되거나 또는 그러한 점을 생각하였어야 하는 상황에서 양도를 하거나 채무를 부담한 경우를 말한다(동법 제4조 제a항 (1) 참조).

이러한 實際詐害를 근거로 채무자의 양도행위를 무효화시킬 수 있는 채권자로는 양도행위 시에 존재하는 채권자뿐만 아니라 양도행위 이후에 발생한 채권을 가진 채권자도 포함된다. 왜냐하면 實際詐害의 경우에는 모든 채권자가 보호되어야 하기 때문이다.[3]

따라서 實際詐害는 채무자에게 실질적 詐害意思가 있었음을 채권자가 증명하여야 한다. 즉 채권자는 채무자가 채권자를 불리하게 하거나 채권이행의 지체 또는 詐害할 실제 의사를 가지고(with actual intent to hinder, delay, or defraud any creditor or the debtor) 일정한 재산을 양도하거나 채무를 부담하였음을 증명하는 방법으로 채무자의 詐害意思를 증명하여야 한다.

이처럼 詐害意思를 의심케 하는 전형적 유형을 "詐害의 標識" 또는 "詐害의 徵標(badges of fraud)"라고 한다. 詐害의 표지를 처음 언급한 판결은 채권자취소권의 대표적 판례라고 할 수 있는 Twyne 사건[4]으로, 그 후 詐害判決에서 일반적으로 적시되고 있다.

한편 統一詐害去來法은 詐害의 표지라는 용어를 직접 구체적으로 사용하고 있지는

1) 李在烈, 전게 논문, 27면 · 28면.
2) 상게 논문, 28면.
3) 상게 논문, 28면.

않으나, 동법 제4조 (b)에서 규정된 실질적 詐害意思를 결정함에 고려되어야 할 요소 등을 규정하고 있는바 그러한 요소들이 그런 취지라고 해석된다. 예를 들어 무상행위나 현저하게 저렴한 가격의 매도 등의 경우에도 원칙적으로 詐害意思의 증명은 채권자에게 있지만, 위와 같은 행위는 누가 보아도 詐害意思가 추단될 정도의 전형적 詐害行爲類型이므로 그러한 유형을 詐害의 標識에 해당한다고 하여 채권자의 증명책임을 완화하고 있는 것이다.

實際詐害意思를 결정함에 있어서는 양도 또는 채무부담이 내부자에 대한 것인지 여부, 채무자가 양도 후에도 양도된 재산의 소유권이나 지배권을 사실상 행사하고 있는지 여부, 양도 또는 채무부담이 공개되어 있는지 아니면 은닉되어 있는지 여부, 양도나 채무부담이 있기 전에 채무자가 소송을 제기 당했거나 당할 우려가 있었는지 여부, 양도가 실제적으로 채무자의 全財産인지 은닉된 재산이 있는지 여부, 채무자가 실종되었는지 여부, 채무자가 재산을 처분하거나 은닉하였는지 여부, 채무자가 지불한 대가의 가치가 양도된 재산의 가치나 채무부담액과 상당성이 인정되는지 여부, 채무자가 양도 또는 채무부담 직후 無資力이었거나 無資力으로 되었는지 여부, 양도가 상당한 채무를 부담하기 직전 또는 직후에 발생하였는지 여부, 채무자의 내부자에게 재산을 양도한 담보권자에게 채무자가 영업의 필수적인 재산을 양도 즉 일종의 교차처분하였는지 등이 고려대상이 된다.

한편 擬制詐害 즉 추정적 詐害는, 증명, 즉 추론을 통하여 성립하는 實際詐害와 달리, 擬制詐害를 구성하는 사실들이 충족되면 詐害行爲의 성립이 당연히 추정되는 詐

---

4) Twyne Case는 The Statues of 13 Elizabeth c.5(1570)를 근거로 한 Star Chamber 판결이다. 채무자 Pierce는 채권자 Twyne에게 400파운드의 채무를, 또 다른 채권자 C에게 200파운드의 채무를 부담하고 있는 상태였는데, 채권자 C가 채무를 변제하지 않은 채무자 Pierce를 상대로 소송을 제기하게 되었다. 소송이 진행되고 있는 도중에 채무자 Pierce는 채권자 C를 해할 의사로 비밀리에 300파운드에 해당하는 그의 전 재산(키우던 양 포함)을 Twyne에게 양도해버렸다. 그런데 채무자 Pierce는 양도 후에도 그 재산을 계속 점유하면서 타인에게 그 재산 중의 일부를 처분하거나 양털을 깎아 팔면서 자신의 소유임을 나타내는 낙인 등을 찍어 소유권을 표시하는 행위를 하였다. Pierce와의 소송에서 승소한 채권자 C가 양수인인 Twyne에 대하여 강제집행을 하려고 하자, Twyne가 적법하게 양도받은 것이라며 항변하였으나, 법원은 위와 같은 양도는 詐害行爲에 해당된다며 채권자 C를 승소케 하였다. 위 판결은 위와 같은 정황들을 적시하면서 위와 같은 정황들이 詐害의 標識(badges of fraud), 즉 진실한 양도로 보이지 않는다고 인정하여 詐害判決에 대한 최초의 詐害의 標識 개념을 적시하였다(Warren, William/Bussel, Daniel, Bankruptcy, 6.ed, Foundation Press, 2002, pp. 398-399 참조).

害行爲로, 채무자의 심리상태에 대한 심사는 고려하지 않는다.[1] 따라서 채무자에게 적극적인 詐害意思, 즉 고의적인 악의(deliberately dishonest)가 없더라도 일정한 상황 하에서의 처분은 채무자의 집행가능재산을 불공평하게 감소시켜 채권자를 해하기 때문에 詐害行爲로 의제하여 규율하고 있다.

채무자의 反對給付의 非同等性 또는 財政的 危機狀況 중 하나가 인정되면 擬制詐害로 인정된다. 첫 번째 요건인 반대급부의 非同等性은 채무자가 재산의 양도에 따른 대가를 합리적으로 동등한 가치로 받지 않는 경우를 말한다. 이를 판단하기 위하여서는 급부와 반대급부 사이의 합리적 등가성(reasonable equivalence) 여부가 평가되어야 한다. 그런데 주의할 점은 이러한 등가성이 반드시 경제적 가치의 기계적 비교만을 의미하는 것이 아니라는 점이다.

왜냐하면 여기의 판단기준이 되는 상호 간의 가치(value)는 보통법(common law)상의 계약상의 원인인 約因(consideration)과 달리,[2] 당사자 사이의 관계, 시장환경과 양도에 있어서의 명백한 의도 등도 함께 고려되어야 하기 때문이다.[3] 즉 교환된 가치가 채무자에게 불리한 것인지 여부는 이 심사에 있어서 중요한 요소이기는 하지만 이러한 심사는 양도 당시의 구체적 상황을 놓고 합리적으로 판단되어야 하기 때문에 낮은 교환가치인 경우에도 합리적인 시장 여건을 고려할 때 경우에 따라서는 정당화될 수 있고, 동시에 상당한 가치인 경우에도 합리적 등가성이 인정되지 않을 수도 있다. 하지만 그러한 요소를 판단함에 있어 의심스럽거나 이례적인 요소를 전혀 배제하는 것은 허용되지 않는다고 하겠다.

채무자의 재정적 위기상황은 채무자가 양도행위 당시에 위기에 놓여 있어야 한다. 따라서 채무자의 재정상황(financial condition)이 無資力(insolvency)인지 여부가 주요 심사대상이 된다.

無資力 여부는 채무자의 적극재산과 소극재산을 비교하는 방법에 의하게 되며,[4] 統

1) Brian Blum, Bankruptcy and Debtor/Creditor, 3.ed, Aspen Law & business, 2004, p. 76.
2) David Epstein, Bankruptcy and related law, 7.ed, West group, 2005, p. 67.
3) Brian Blum, op. cit., p. 77.
4) Epstein, op. cit., p. 67.

一詐害去來法은 파산심사로서 대차대조표 심사방법을 사용하도록 규정하고 있다. 대차대조표 심사방법은 채무자의 재산이 상당가격(fair value)으로 양도되었는가에 의하여 판단한다.

無資力의 판단시기는 채무자의 양도행위시라고 할 것이다.

擬制詐害를 이유로 채무자의 양도를 무효화시킬 수 있는 채권자는 채무자의 양도당시 채무자에 대해 채권을 가지고 있는 채권자에 한한다. 이 점에서 實際詐害의 경우 양도 이후의 채권자에게 詐害行爲의 무효를 주장할 수 있는 권리가 인정되는 것과 다르다. 이처럼 양도행위 당시 기존의 채권자에게만 채무자의 양도를 무효화시킬 수 있게 한 것은 자본감소와 장래채무 未履行의 의도가 양도로부터 발생하는 재정적 어려움과 관련이 있기 때문이다.[1)]

Ⅴ. 外國 立法例 傾向에 對한 檢討

프랑스, 독일, 일본, 미국의 채권자취소권제도에 대하여 살펴보았다. 그런데 독일 현행 채권자취소법은 채권자취소권의 주관적 요건인 詐害意思 판단기준을 종래의 "채무자의 詐害意圖"에서 "고의에 의한 침해"로 강화되었고, 통합도산법 역시 마찬가지로 개정되었다.

일본 파산법 역시 "그 행위의 상대방으로부터 상당한 대가를 취득"한 때에는 원칙적으로 파산절차상의 부인권을 행사할 수 없다고 개정되었다. 미국의 統一詐害去來法 역시 양수인이 선의이고 채무자에게 정당한 가치를 제공하였다면 채무자의 詐害行爲가 인정된다고 하더라도 이를 무효화할 수 없고, 양수인은 최소한 제공한 가치에 대한 배상을 받도록 하고 있다.[2)]

이러한 입법적 추세는 채권자취소권의 행사를 보다 엄격히 함으로써 채권자취소권

1) 李在烈, 전게 논문, 30면.
2) 상게 논문, 27면 · 28면.

의 행사에 의하여 이미 물권을 취득한 수익자 또는 전득자의 법적 안정성이 침해되는 것을 가급적 억제하겠다는 의도로 풀이된다.

따라서 이러한 입법적 경향은 우리 민법상의 채권자취소권의 해석과 관련하여 새로운 해석이 필요한 시점에 이르렀음을 시사하고 있다고 하지 않을 수 없다.

제3절 우리나라 債權者取消權制度에 對한 檢討

Ⅰ. 民法上의 債權者取消權

우리 민법 제406조 제1항은 "債務者가 債權者를 害함을 알고 財産權을 目的으로 한 法律行爲를 한 때에는 債權者는 그 取消 및 原狀回復을 法院에 請求할 수 있다. 그러나 그 行爲로 因하여 利益을 받은 者나 轉得한 者가 그 行爲 또는 轉得當時에 債權者를 害함을 알지 못한 境遇에는 그러하지 아니하다."고 하여 채권자취소권을 규정하고 있고, 제407조는 "取消와 原狀回復은 모든 債權者의 利益을 爲하여 그 效力이 있다."고 하여 그 효력의 범위를 규정하고 있다.

이 채권자취소권제도는 의용 민법, 즉 현행 일본 민법 제424조와 제425조를 계수한 것이다. 다만 일본 민법 제424조가 "詐害行爲의 取消"만을 규정하고 있는 것과 달리 우리 민법 제406조 제1항은 "詐害行爲의 取消와 原狀回復"을 규정하고 있는 점이 차이라면 차이일 수 있다. 이는 앞서 일본 민법상의 채권자취소권 연혁에서 살펴본 바와 같이, "詐害行爲의 取消"만을 규정하고 있는 일본 민법 제424조의 해석을 일본대심원이 "詐害行爲의 取消와 원상회복의 결합"이라고 판시하고,[1] 학설 또한 이를 지지하였기 때문에 우리 민법 제정 당시 이러한 일본 판례 및 학설의 견해를 받아들여 민법 제406조를 "詐害行爲의 취소 및 원상회복의 청구"로 규정한 것임은 이미 살펴보았다.[2]

우리 민법은 제정 이후 지금까지 채권자취소권에 대한 개정을 한 바가 없는데, 개인적으로는 위 양 법조문만으로 채권자취소권을 해결하기에는 많은 문제점이 있다고

1) 日本大審院 平成3(1991). 3. 24. 聯合部判決, 民錄 第17集, 117面.
2) 민의원법제사법위원회 민법초안심의소위원회 간행, 민법안심의록(상), 1957, 242면 · 243면.

판단되는바 이에 대한 합리적인 개정이 이루어지는 것이 바람직하다고 본다.

Ⅱ. 特別法上의 類似制度

가. 債務者回生 및 破産에 關한 法律上의 否認權

민법상의 채권자취소권은 민법 제407조에도 불구하고 개별 채권자의 詐害行爲取消權이라고 할 수 있다. 그런데 채권자 집단의 공동담보, 즉 責任財産의 확보수단으로 채무자회생법은 개인 및 회사회생절차상의 부인권(제100조), 파산절차상의 부인권(제391조), 개인회생절차상의 부인권(제584조) 등 도산절차에 있어서의 채권자의 부인권을 별도로 규정하고 있다.

채무자회생법상의 부인권은, 채권자취소권이 일반적 법률관계 아래에서 개별 채권자에 의해 파산절차 없이 행사되는 것과 달리, 채무자회생 및 파산절차라는 특수한 법률관계 아래에서 모든 채권자들의 공동담보를 확보하기 위해 행사된다. 그러나 양자는 일정한 채무자의 재산처분행위를 부인하여 채권자를 보호하겠다는 점에서는 근본적으로 같은 제도라고 할 수 있다.

현행 채무자회생법은 종래의 파산법, 회사정리법, 화의법 및 개인채무자회생법을 폐지하고, 이 모든 법률관계를 통합적으로 관리하기 위해 2005년 3월 2일 국회를 통과하여 같은 해 3월 31일 법률 제7428호로 공포되었고, 2006년 4월 1일부터 시행되고 있으며, 일명 통합도산법이라 불리기도 한다.

채무자회생법상의 부인권으로는 회생절차상의 부인권, 파산절차상의 부인권, 개인회생절차상의 부인권 등 세 가지 부인권이 있다. 회생절차상의 부인권은, 개인 또는 회사가 회생채권자 또는 회생담보권자를 害하는 것을 알고 한 회사의 행위, 다른 회생채권자 등과의 평등을 害하는 담보의 제공 또는 채무의 소멸에 관한 행위 등과 같은 행위를 한 경우 회생절차가 개시된 후에 관리인이 채무자의 責任財産을 확보하기 위하여 채무자의 종래 행위를 부인할 수 있는 권리를 말한다(동법 제100조 참조).

파산절차상의 부인권은 破産管財人이 파산선고 전에 파산자가 자기의 재산에 관하여 행한 파산채권자를 害하는 행위의 효력을 파산재단에 대한 관계에서 부인하고 그 부인된 행위로 인하여 일탈한 채무자의 재산을 회복시키기 위해서 행하는 권리를 말한다(동법 제391조 참조).

개인회생절차상의 부인권은 개인회생절차가 개시결정되기 전에 채무자가 한 개인회생채권자를 해하는 행위의 효력을 채권자에 대한 관계에서 부인하고 그 행위로 인하여 일탈한 재산을 채무자에게 회복시키기 위하여 채무자가 행사하는 권리를 말한다(동법 제584조 제2항 참조).

이하에서는 대표적인 부인권이라 할 수 있는 파산절차상의 부인권을 중심으로 민법상의 채권자취소권과의 유사점과 차이점 등을 간단히 살펴보기로 한다.

채무자회생법상의 부인제도는 파산이라는 특수한 상황에서 행사되는 것으로 그 범위나 유형 및 요건과 대상에서 채권자취소권보다 그 적용 범위가 넓고, 행사요건도 많이 완화되어 있다고 할 수 있다.[1] 또한 특정채권자에게만 우선적 만족을 주는 편파행위는 파산제도에서 허용될 수 없기 때문에 채무자회생법상의 부인제도에서는 파울리아나 소권과 달리 채무자의 일반재산을 감소시키는 詐害行爲뿐만 아니라 다른 파산채권자와의 공평에 반하는 편파행위까지도 그 대상에 포함시킴으로써, 총채권자의 공동담보인 채무자의 責任財産을 부당하게 감소시키는 것이 정의에 반한다는 "정의감에 기한 부인권"을 뛰어넘어 특정채권자에게만 우선적 만족을 주는 것도 허용될 수 없다는 "공평감에 기한 부인권"으로 확대 강화되었다고 할 수 있다.[2]

그런데 개별채권자에 대한 채권자취소의 문제와 집단채권자에 대한 파산문제를 해결하기 위한 입법형태는 채권자취소권에 관해서는 민법(프랑스, 일본, 우리나라의 경우)이나 채권자취소권법(독일의 경우)으로, 파산절차상의 부인권은 별도의 특별법으

1) 小林秀之, 新破産から民法がみえる, 日本評論社, 2006, 199면.
2) 林種憲, "日本破産法上の否認權に關する研究", 裁判資料 第66集(海外司法硏修論集 12), 대법원 법원행정처, 1994, 769면 · 770면.

로 제정하는 형태를 보이고 있다.[1] 파산선고를 받게 되면 파산자는 파산재단에 속하는 재산의 관리처분권을 잃게 된다. 이때 채무자가 재산을 부당하게 처분할 경우, 이렇게 처분된 재산의 처분, 변제의 효과를 개별적으로 부정하여 일탈한 재산을 회복시키는 제도가 채무자회생법상의 부인제도이고, 이러한 부인제도를 통해 파산재단의 회복이 가능하게 된다.[2]

이러한 채무자회생법상의 부인권에는 고의부인(동법 제391조 제1호),[3] 위기부인(동조 제2호 · 제3호),[4] 무상부인(동조 제4호)[5] 등이 있다. 채무자회생법상의 위와 같은 부인권은 파산에 이르기까지의 재산처분행위를 광범위하게 부인하여 가능한 한 많은 금액을 확보하여 全債權者의 만족을 위한 포괄적 집행제도라는 점에서 파산의 前段階에서 특정채권자의 채권의 확보를 위한 개별적 집행제도인 채권자취소권과 다르고,[6] 파산절차는 그 절차가 몹시 엄격하고 신중하여 파산절차에 이르기가 쉽지 않는데 반하여, 채권자취소권은 파산절차보다는 쉽게 인정될 수 있어 간이파산절차의 기능을 수행한다는 점에서 유사하다.[7] 채무자회생법상의 부인은 위의 부인권 이외에도 대항요건의 부인(동법 제394조)이나 집행행위의 부인(동법 제395조) 등이 있어 詐害行爲의 취소만을 목적으로 하는 채권자취소권보다 그 적용범위가 넓다는 점이 다르고, 파산의 경우 변제받지 못한 부분에 대해서는 免責規定이 적용되어 채무가 소멸하는데(동법 제564조) 반하여 채권자취소권의 경우 미회수채권이 그대로 채무로 남아 있다는 점이 다르다.

채무자회생법은 채권자취소소송의 係屬 중에 채무자에 대한 파산선고가 있게 되면

1) 李相浩, "채권자취소권에 관한 소고", 법조 제22권 제8호, 법조협회, 1973. 8, 42면.
2) 田炳西, 도산법(제2판), 법문사, 2006, 233면.
3) 고의부인이라 함은 채무자가 채권자를 해하는 것을 알고 한 행위를 부인하는 것을 말한다(채무자회생법 제391조 제1호).
4) 위기부인이라 함은 채무자가 지급정지 또는 파산신청이 있은 후에 한 파산채권자를 해하는 행위와 담보의 제공 또는 채무소멸에 관한 행위를 부인하는 것을 말한다(채무자회생법 제391조 제2호, 제3호).
5) 무상부인이라 함은 채무자가 지급정지 또는 파사신청이 있은 후 또는 그 전 6월 이내에 한 무상행위 및 이와 동일시할 수 있는 유상행위를 부인하는 것을 말한다(채무자회생법 제391조 제4호).
6) 奧田昌道, 債權總論(增補版), 悠久社, 1993, 273面.
7) 林良平 · 石田喜久夫 · 高木多喜男, 債權總論(改訂版), 青林書院, 1982, 164面; 奧田昌道, 前揭 債權總論(增補版), 274面.

채권자취소소송절차를 중단토록 하여 파산관재인에 의해 受繼토록 하거나 파산절차가 종료될 때까지 중단토록 하고 있다(동법 제406조 제1항). 이는 총채권자에 대하여 평등주의가 적용되는 파산절차에서 총채권자의 이익을 위해 파산관재인이 파산재단의 회복을 가능토록 하기 위한 것이라 할 수 있다.

또한 동법 내에서의 중복, 예를 들어 회사회생채권자가 제기한 채권자취소소송 또는 파산절차에 의한 부인의 소송이 계속 중 회생절차가 개시된 경우에는 위 채권자취소소송이나 파산절차에 의한 부인의 소송절차를 중단하여야 하며(동법 제113조 제1항), 이렇게 중단된 소송절차 중 회생채권 또는 회생담보권과 관계없는 것에 한하여 관리인 또는 상대방이 이를 수계할 수 있도록 하고 있다. 이 수계가 있기 전에 회생절차가 종료되면 채무자는 당연히 중단된 소송절차를 속행할 수 있으며, 수계 후 회생절차가 종료된 때에는 채무자가 거꾸로 소송절차를 수계하게 되며,[1] 이러한 수계가 있기까지 소송절차는 중단된다(동법 제113조 제2항, 제59조).

채무자회생법은 선행 채권자취소소송을 후행 회생·파산절차를 통해 중단시킴으로써 취소채권자가 채권자취소권의 행사를 통해 사실상 우선변제[2]를 받고 있는 현실에 대한 제동 수단이 되고 있다.

반면에 회생·파산절차가 선행하여 개시된 경우에는 각 절차별로 부인권을 행사할 수 있는 주체가 제한되어 있기 때문에 개별 채권자는 채권자취소소송을 제기할 수 없는 제재를 받게 된다(동법 제391조, 제392조 등).

결국 민법상의 채권자취소권은 채무자회생법상의 부인권과 비교해 회생·파산 등의 前段階에서 이루어지는 간이회생·파산기능을 수행하고 있는바 양 제도의 운영은 서로 통일적 조화를 이룰 필요가 있다고 하겠다.[3]

---

1) 상대방도 수계할 수 있다.
2) 취소채권자의 금전이나 동산을 직접 수령하여, 수령한 금전이나 동산에 대한 상계를 통해 사실상 우선변제를 보장받고 있다.
3) 李在烈, 전게 논문, 40면.

나. 稅法上의 債權者取消權

국세징수법 제30조는 세무공무원으로 하여금 체납처분을 집행함에 있어 체납자가 국세의 징수를 면하고자 재산권을 목적으로 한 법률행위를 한 경우에 민법 제406조 및 제407조의 규정을 준용하여 詐害行爲의 취소를 법원에 청구할 수 있도록 규정하고 있다. 국세기본법 제35조 제4항도 세무서장으로 하여금 納稅者가 第3者와 通情하여 허위로 그 財産에 第1項 第3號의 規定에 의한 傳貰權 · 質權 또는 抵當權의 設定契約, 第2項의 規定에 의한 假登記擔保設定契約 또는 第42條 第2項의 規定에 의한 讓渡擔保設定契約을 하고 그 登記 또는 登錄을 함으로써 당해 財産의 賣却金額으로 國稅 또는 加算金을 徵收하기 곤란하다고 인정되는 때에는 당해 행위의 取消를 法院에 請求할 수 있도록 하고 있고, 이 경우 納稅者가 國稅의 法定期日 전 1年 내에 大統領令이 정하는 親族 기타 特殊關係人과 傳貰權 · 質權 또는 抵當權의 設定契約, 假登記擔保設定契約 또는 讓渡擔保設定契約을 한 경우에는 通情한 虛僞契約으로 推定하도록 하고 있다.

그리고 지방세법 제61조도 滯納處分을 執行함에 있어서 滯納者가 財産押留를 免하고자 故意로 그 財産을 讓渡하고 讓受人이 그 情을 알면서 讓受하였을 境遇에는 稅務公務員은 그 行爲의 取消를 要求할 수 있도록 하여 역시 채권자취소권을 인정하고 있다.

문제는 세법 관련 채권자취소권을 민법상의 채권자취소권과 동일하다고 볼 것인지 여부이다. 이에 대하여는 공법인 세법상의 채권자취소권은 채무자의 無資力을 전제로 하지 않는다는 이유로 민법상의 채권자취소권과 다르다는 견해[1]와 구국세징수법(2002. 12. 26. 법률 제6895호로 개정되기 전의 것) 제30조가 “稅務署長은 滯納處分을 執行함에 있어서 滯納者가 押留를 免하고자 故意로 그 財産을 讓渡하고 讓受人은 그 情을 알고 이를 讓受한 때에는 당해 行爲의 取消를 要求할 수 있다.”고 한 취지 및 현행 국세징수법 제30조가 “민법 제406조 및 제407조의 규정을 준용하여 詐害行爲의 취소를 법원에 청구”하도록 한 취지 등을 고려하면 취소대상행위를 체납자의

1) 李昌熙, 세법강의(제4판), 박영사, 2005, 146면.

양도행위로 하고 체납자의 고의와 양수인의 악의 등을 요건으로 하는 규정의 취지는 민법상의 채무자의 無資力을 전제로 한 詐害意思를 구체적으로 표현한 것에 불과하므로 양자를 동일하게 보아야 한다는 견해[1]로 나누어져 있다.

양자는 요건상 차이가 약간 있지만 본질적으로 같은 것이라 하겠다. 따라서 민법상의 채권자취소권을 전제로 하여 국세기본법, 국세징수법, 지방세법 등의 채권자취소권이 정하고 있는 각각의 요건에 따라 세무서장이나 세무공무원이 체납자의 세금 면탈을 목적으로 하는 詐害行爲를 취소할 수 있는 것으로 이해하면 될 것이다.

우리 판례도 "국세징수법 제30조와 동법시행령 제36조가 규정하는 바의 詐害行爲의 취소소송도 민법 제406조가 정하는 詐害行爲取消의 訴의 일종임이 명백하고, 그 행사에 있어서 민법 규정과 달리 하여야 하는 특별한 규정이 없으므로[2] 이 詐害行爲取消의 訴도 민법 제406조 제2항의 제소기간 내에 제기되어야 한다고 할 것이다."라고 하여,[3] 위 관련세법상의 채권자취소권이 민법상의 채권자취소소송의 일종이라고 판시하고 있다.

조세채권이 공법상의 채권이라고 하더라도, 오늘날 공·사법의 구별이 상대화되고 있고, 행정기관이 우월적 지위에서 세법상의 채권자취소권을 자력집행하는 것이 아니라 私法上의 채권자 지위에서 법원에 대하여 취소를 청구하는 私法的 權利行使의 성격이 강하다 할 것이고, 그 행사에 있어서도 행정소송이 아니라 국가를 당사자로 하는 민사소송절차에 의하여 이루어지므로,[4] 본질적으로 같은 것이라고 보는 것이 타당하다고 하겠나.

다만 위 각 채권자취소권, 특히 국세기본법 제35조 제4항의 채권자취소권이 민법상의 채권자취소권에 관한 규정의 특칙인지에 대하여 前文의 내용, 즉 당해 재산의 매각대금으로 국세 또는 가산금을 징수하기가 곤란하다고 인정되는 때는 민법 제

1) 任勝淳, 조세법, 박영사, 2005, 208면.
2) 지방세법 제61조와 동 시행령 제48조는 오히려 위 소송에 있어서는 민법과 민사소송법의 규정에 따르도록 규정하고 있다.
3) 대법원 1991. 11. 8. 선고, 91다14079 판결.
4) 崔昌烈, "민법상의 채권자취소권과 세법상의 詐害行爲取消權의 비교", 조세연구 제1권(연구논총 제1집), 2001. 8, 세경사, 166면.

406조에서 요구하는 無資力과 같은 것으로 볼 수 있으므로 특칙이 아니지만, 後文(추정규정)의 내용은 민법 제406조에 대한 특칙이 된다고 하는 견해가 있으나,[1] 前文은 채권자취소권 행사의 요건을 규정한 것이고, 後文의 추정규정은 세무공무원 또는 세무서장의 증명책임을 면제해 주는 규정으로 기능하므로 위 조항 전체가 민법 제406조에 대한 특칙으로 보는 것이 타당하다는 견해가 있다.[2]

개인적으로는 그 요건 및 행사방식에 있어 약간의 차이가 있음을 부정할 수 없기 때문에 後者의 견해가 타당하다고 본다.

다. 信託法上의 債權者取消權

신탁법 제8조 제1항은 "債務者가 債權者를 害함을 알고 信託을 設定한 境遇에는 債權者는 受託者가 善意일지라도 民法 第406條 第1項의 取消 및 原狀回復을 請求할 수 있다."고 규정하고, 제2항은 "前項의 規定에 依한 取消와 原狀回復은 受益者가 이미 받은 利益에 影響을 미치지 아니한다. 但, 受益者가 辨濟期가 到來하지 아니한 債權의 辨濟를 받은 境遇 또는 受益者가 그 利益을 받은 當時에 債權者를 害함을 알았거나 重大한 過失로 이를 알지 못한 境遇에는 例外로 한다."고 하여 신탁과 관련한 詐害行爲에 대한 채권자취소권에 대하여 규정하고 있다.

1) 任勝淳, 전게서, 207면 · 208면.
2) 李在烈, 전게 논문, 43면 · 44면.

3 債權者取消權의 法的 性質

제1절 債權者取消權의 根據

제2절 債權者取消權의 法的 性質

골방은 하늘과 가깝다

장 순 금

혼자 겨우 들어가는 혼자만 아는 골방, 때론 쉬어가고 때론 울다 가고 때론 얼굴 묻고 있는 방, 내가 조그만 알처럼 둥글게 되는 그 좁은 방에 들어서면 산도 구름도 낮아지고 달빛도 내려와 분홍 손바닥을 내민다 골방에선 한낮에 날아다니던 내 발이 보이고 발가락이, 감춰둔 발톱도 보인다 더 크게 더 자세히, 갈라지고 튼 뒤꿈치로 걸어온 길이 보인다 길의 튼 살이 보인다 발톱의 찢어진 눈이 보이고 눈의 기울어진 잣대가 보인다 그 잣대로 지은 얼기설기 지은 집에 낙엽 같은 말들이 부스럭거리며 돌아다닌다 무념무상의 얼굴로 골방이 나를 물끄러미 본다 나도 깃털처럼 앉아 골방을 들여다본다 골방에선 가만히 있어도 희미한 거울이 얼굴을 드러내고 부끄러운 제 속으로 몸을 숨긴다 허물이 눈물처럼 벗겨지고 또 벗겨져 마침내 한 점 마침표로 하늘을 본다 몸에 꼭 맞는 골방에 꿇어앉으면 하늘이 고요히 내려와 곁에 앉아준다

제1절 債權者取消權의 根據

채권자취소권의 본질, 즉 채권자가 채무자와 수익자 사이에 이루어진 법률관계를 취소하고 재산을 반환시킬 수 있는 근거에 대하여 그 동안 부당이득설, 불법행위설, 채무불이행설, 법정책임설 등이 주장되어 왔다.

부당이득설은, 채권자가 수익자 또는 전득자에게 채권자취소권을 행사하여 수익자 또는 전득자가 채무자로부터 취득한 재산권을 채권자 또는 공동채권자의 공동담보로 반환하도록 하는 것은, 채권자가 장차 채무자의 責任財産으로부터 취득할 이익이 상실된 대가로 수익자 또는 전득자가 부당하게 이익을 얻었으므로, 이를 채권자 또는 공동채권자에게 반환하여야 한다고 한다. 즉 우리 민법으로 치면 제741조(부당이득의 내용)에 의한 부당이득반환청구권이 채권자취소권의 행사근거라는 것이다.[1]

하지만 채무자와 수익자 또는 전득자 사이에 유상행위로 법률관계가 맺어진 것이라면 수익자 또는 전득자에게 부당이득이 있을 수 없고, 따라서 채무자가 재산처분행위를 하였더라도 이로 인하여 수익자에게 부당한 이득이 생기고 그로 인하여 채권자에게 손해가 발생한 사실을 이해시킬 수 없는 난제가 있어 부당이득의 한 유형으로 이해하기는 어렵다는 비판을 받게 되었고,[2] 오늘날 증여행위취소(Schenkungsanfechtung)의 경우를 제외하고는 이러한 견해에 찬성하는 학자는 없는 것으로 보인다.

불법행위설은, 채무자의 재산처분행위는 채무자가 채권자를 해하려는 의사하에 재산 감소라는 詐害行爲를 하고, 수익자 또는 전득자가 그러한 詐害意思를 알고 詐害行

---

1) Adolf Menzel, Das Anfechtungsrecht des Gläubigers nach österreichischem Recht, C.H.Beck, 1986, S. 24ff.; Ernst von Caemmerer, Bereicherung und unerlaubte Handlung, in: Festschrift für Emst, Rabel, Bd Ⅰ., 1954, S. 367ff.; 奧田昌道, 前揭 註釋民法(10), 784面; 下森定, "債權者取消權と不當利得". 不當利得・事務管理の 研究(3), 谷田知平教授還曆記念, 有斐閣, 1972, 171面.

2) 下森定, "債權者取消權に 關する 一考察(1)", 法學志林 第57卷 第2號, 法政大學法學志林協會, 1959, 68面.

爲에 관여하였으므로 채권자의 채권을 침해하려는 의사, 즉 불법의사를 가지고 있었으므로 불법행위에 근거한 손해배상청구권이 성립하는 것으로 보아 채권자취소권을 불법행위에 기초한 청구권으로 이해한다.[1)]

그러나 불법행위설은, 채무자의 詐害行爲 후에도 채권자의 채권은 여전히 소멸하지 않고 존재한다는 점,[2)] 채권과 채권의 목적물은 다르다는 점,[3)] 채권에는 일반적인 공시방법이 없기 때문에 수익자 또는 전득자가 채권자의 채권의 존재를 알고서도 불법행위를 하였다고 보기 어렵다는 점, 수익자 또는 전득자의 법률관계의 형성이 매매나 대물변제와 같이 위법한 행위가 아니라는 점, 채무자의 재산처분행위는 자본주의 체제에서 법으로 보장된 권리라는 점,[4)] 채권자취소권의 목적은 채무자의 詐害行爲에 의하여 일탈된 재산을 원상회복하여 채권의 만족을 얻을 수 있는 가능성을 회복하는 것일 뿐 채권자가 입은 손해의 배상을 직접적인 목적으로 하는 것이 아니라는 점[5)] 등의 비판에 의해, 독일이나 일본에서도 불법행위설을 취하는 견해는 거의 없는 실정이다.[6)] 다만 프랑스에서는 불법행위설이 현재 통설의 지위를 차지하고 있다.[7)]

채무불이행설은, 채무자의 채권자에 대한 채무불이행의 효과로서 채권자취소권이 발생한다는 견해이다.[8)] 그러나 채무불이행설도 채권자와 수익자 또는 전득자 사이에 일정한 채권관계가 존재하지 않음에도 채무불이행책임을 묻는 것은 논리적으로 맞지 않다는 비판에 직면하여 지지를 받지 못하고 있다.

최근 가장 많은 지지를 받고 있는 法定債權說은 독일의 Jäger와 Casack 등에 의하여 주장된 견해로, 채권자취소권의 법적 근거를 형평의 견지에서 법이 특별히 인정

---

1) 竹屋芳昭, "債權者取消權に關する考察", 法政研究, 第24卷 第3號, 九州大學法政學會, 1957. 3, 63面; 山中康雄, "詐害行爲取消權の本質", 中村宗雄教授還曆論文集, 有斐閣, 1955, 361面.
2) 그러나 이 경우에도 불법행위는 성립한다고 한다(郭潤直, 전게서, 66면; 金大貞, 전게서, 179면; 金曾漢 · 金學東, 전게서, 72면; 金亨培, 전게서, 328면; 李銀榮, 채권총론(제3판), 박영사, 2006, 74면; 宋德洙, 전게서, 760면; 吳始暎, 채권총론, 학현사, 2009, 398면; 尹喆洪, 전게서, 79면).
3) 宋德洙, 전게서, 760면.
4) 韓國炫, 전게 논문, 138면.
5) 飯原一乘, "判例を中心とした詐害行爲取消權の研究", 司法研究報告書 第18集 第2號, 日本司法研修所, 1967, 7面; 山中康雄, 前揭 論文, 357面.
6) 松坂佐一, 前揭 論文, 131面; 下森定, 前揭 "債權者取消權に 關する 一考察(1)", 68面 · 69面.
7) 奧田昌道, 前揭 註釋民法(10), 784面.
8) 飯原佐一, 前揭 "判例を中心とした詐害行爲取消權の研究", 8面.

한 반환청구권이라고 하는 견해이다. 거래의 객관적 요소, 즉 거래의 안전보호라고 하는 새로운 차원에서의 가치규범이 정립되면서 "형평의 견지에서 특히 법이 인정한 제도"[1]라는 것이다.

법정책임설 내지 법정채권설은 부당이득설이나 불법행위설 및 채무불이행설이 수익자 또는 전득자에게 책임을 물을 수 있는 정당한 근거를 이론적으로 제대로 제공하지 못하고 있음이 밝혀진 후, 겨우 통모적 詐害意思의 경우에 한하여 불법행위책임을 묻을 수 있게 되는 논리적 한계에 부딪히게 되자 이러한 논리적 문제점을 극복하기 위하여 나오게 되었다고 할 수 있다.

객관주의적 경향이 강한 현대법체계에서 채권자의 손해를 해결하기 위하여 채무자의 주관적 요건인 詐害意思를 적극적 의도가 아닌 단순한 인식만으로 충분하다고 봄으로써,[2] 채권자와 수익자 또는 전득자와의 사이에서 법정채권관계, 즉 형평의 관점에서 법률의 규정에 의해 취소 및 반환청구를 목적으로 하는 법정채권관계가 성립한다는 것으로 현재 독일의 통설 및 판례의 입장이고,[3] 일본의 통설이기도 하다.[4] 우리나라에서도 법정책임설이 다수견해라고 할 수 있다.[5]

다수설인 법정책임설에 의할 경우, 채권자와 수익자 또는 전득자 중 누구를 더 보호할 것인가는 입법정책의 문제로 귀결된다.

채권의 속성은 채무자의 이행이 없으면 그 실현이 불가능하다는 본질적인 한계가 있고, 그러한 채권을 가진 취소채권자로서는 채권실현의 보장을 위해 담보물권제도, 가압류 등의 보전처분제도, 공시제도 등을 통해 자신의 권리를 보호할 수 있는 기회가 있었다. 그런데 그러한 권리행사를 해태하고 있는 동안, 채무자와 새로운 법률관계를 맺은 수익자 또는 전득자가 물권을 취득할 경우 채권과 물권의 이해가 상충되게

1) 韓國炫, 전게 논문, 제142면.
2) 奧田昌道, 前揭 註釋民法(10), 784面.
3) Rosenberg, Lehrbuch des deutschen ZPO, 6 Aufl., 1954, S. 890.
4) 加藤正治. "廢罷訴權論", 破産法硏究 第4卷, 有斐閣, 1919, 273面; 鳩山秀夫, 日本債權法總論(增改訂版), 良書補給會, 1928, 106面.
5) 金亨培, 전게서, 383면; 吳始暎, "채권자 취소권의 실체법상의 성질에 대한 고찰", 민사법학 제46호, 2009. 9, 167면; 李銀榮, 전게서, 456면; 韓國炫, 전게 논문, 142면.

되는데, 이 경우 채권자취소권제도는 그 물권의 효력을 배제하여 채권자의 채권의 실현을 보장하겠다는 것이다. 이로 인하여 반환의무를 새로이 부담하는 수익자 또는 전득자는 예상치 못한 손해를 보게 된다. 물론 수익자 또는 전득자가 채무자와 통모하여 재산을 은닉하거나 빼돌리는 수단으로 사해행위를 한 경우에는 기존 채권자의 채권자취소권행사로 수익자 또는 전득자가 손해를 보는 것은 없을 것이다. 이 경우에 행사되는 채권자취소권은 너무나 당연한 것이라 할 수 있다.

그러나 상당한 대가가 지급된 정상적인 유상행위인 경우, 기존 채권자와 後發債權者[1] 중 누구의 권리를 더 보장하는 것이 합목적적인지는 법정채권설의 입장에서 볼 때 비난가능성이 낮은 後發債權者를 자신의 권리보호에 해태한 기존 채권자보다 우위에 두는 것이 타당하다는 것이 저자의 견해이다. 그렇다면 채권자취소권의 행사는 후발채권자의 경우에 대하여는 가급적 인정 범위를 축소하는 것이 바람직하다고 하겠다.

이하에서는 이러한 본질을 가지고 있는 채권자취소권의 법적 성질에 대하여 살펴보기로 한다.

---

1) 수익자 또는 전득자가 채권자취소권의 행사로 詐害行爲의 목적을 반환하게 될 경우 채무자에 대하여 새로운 부당이득반환채권을 취득하게 됨으로써 후발적으로 채권자가 되었다는 의미이다. 즉 반환의무를 실행하여 채무자에 대하여 새로운 부당이득반환청구권을 취득한 수익자 또는 전득자를 의미한다.

제2절 債權者取消權의 法的 性質

Ⅰ. 序 論

채권자취소권의 법적 성질을 파악하는 것은 대단히 중요하다. 왜냐하면 그 법적 성질에 따라 취소소송의 당사자, 특히 피고를 누구로 할 것인지, 그 취소소송판결의 효력을 어떻게 인정할 것인지 등 효과면에서 많은 차이가 발생하기 때문이다. 따라서 채권자취소권의 법적 성질에 대한 판단은 채권자취소권 전반을 결정하는 중요한 해석기준이 된다고 하겠다.

채권자취소권에 대한 각국의 입법례가 다르다 보니, 채권자취소권의 법적 성질에 대한 각국의 학설 및 판례도 각각 다르다. 그런데 우리 민법상의 채권자취소권은 프랑스법제를 계수한 일본 민법을 계수한 것이고, 민사집행법체계는 독일법계를 계수한 것이다. 따라서 프랑스, 독일, 일본의 채권자취소권에 관한 학설 및 판례는 우리 채권자취소권에 많은 영향을 주고 있다고 하지 않을 수 없다.

따라서 우리 채권자취소권제도에 많은 영향을 준 다른 나라의 태도를 먼저 살펴보고, 우리 민법상의 채권자취소권의 법적 성질을 어떻게 이해할 것인가에 대하여 살펴보기로 한다.

Ⅱ. 外國 見解에 對한 檢討

가. 프랑스

(1) 序 說

프랑스의 古慣習法(ancien droit coutumier)이 로마법상의 파울리아나 소권을 계수하여[1] 나폴레옹 민법 제1167조로 성문화된 채권자취소권을 프랑스에서는 파울리아나 소권(action paulienne) 또는 취소소권(action révocatoire)이라고 부르기도 한다.

채권자취소권의 법적 성질에 대해, 첫째, 그 내용을 중심으로 대물소권(action réelle), 대인소권(action personnelle), 혼합소권 등의 견해가 주장되고 있고, 둘째, 소송상 현출되는 형식을 중심으로 취소소권(action en nullité), 배상청구소권(action en réparation du préjudice), 양자를 절충한 소권이라는 등의 견해가 주장되고 있다.

(2) 內容에 依한 法的 性質 考察

① 取消訴權說

취소소권설은, 채권자취소권을 채무자와 수익자 사이의 詐害行爲를 취소하는 소권으로 이해한다.[2]

취소소권설은, 채권자취소권의 행사를 통해 채무자와 수익자 또는 전득자 사이의 詐害行爲를 취소함으로써 채무자의 責任財産이 보전되는 것으로 충분하기 때문에 수익자 또는 전득자만이 피고로 될 뿐 채무자를 피고로 삼을 필요가 없다고 한다. 즉 채무자와 수익자 사이의 詐害行爲의 효력을 무효화시킬 필요가 없다는 것이다. 이는 채권자취소판결의 효력을 상대적 무효로 보는 입장이라고 할 수 있다.

취소소권설의 단점은, 채권자취소권 행사에 의한 판결의 효력이 채권자와 수익자 또는 전득자 사이에서만 상대적으로 무효가 되기 때문에 채무자와 수익자 또는 전득자 및 다른 채권자들에 대한 관계에서는 채무자의 詐害行爲가 여전히 유효하다는 점이다. 이는 채권자취소소송의 판결이 주관적 기판력에 의해 제한되기 때문에 어쩔 수

1) 山口俊夫, フランス債權法(上), 東京大學出版會, 1990, 268面; 松坂佐一, 前揭 論文, 42面.

2) Marcel Planiol et Georges Ripert, Traité pratique de droit civil français, t. 7, vol. 1, Obligations, 2e éd., L.G.D.J., 1954, p. 274, note. 1.

없다고 하지만, 이로 인해 하나의 詐害行爲에 유효와 무효가 혼재하게 되어 법적 불일치가 발생함으로써 법률관계당사자들의 이해가 엇갈리는 혼란이 발생하게 된다. 즉 "채무자의 詐害行爲가 무효임을 전제로 한 모든 채권자들의 공동담보확보라는 문제"와 "채무자의 詐害行爲의 여전한 유효"라는 논리가 상호 배치 · 모순된다는 것이다.

참고로 우리 헌법재판소는, 채권자취소권에 대하여[1], "민법 제146조의 일반적인 취소권의 제척기간은 취소권행사의 제척기간의 기산점과 채권 소멸시효의 기산점이 거의 동일하다는 점을 고려한 것으로서 원칙적으로 채권자의 채권발생 후의 시점에서 詐害行爲를 예정하고 있는 채권자취소와는 그 제도의 취지가 전혀 다르며, 일반적인 취소권행사의 대상이 되는 법률행위는 성립 당시에 하자가 있는 경우로서 유효하게 성립된 법률행위를 취소하는 채권자취소의 경우보다는 보호가치가 적다고 볼 수 있는 점, 일반적인 취소권의 행사에 있어서 상대방은 주로 법률행위의 직접당사자로서 취소원인을 직접 알 수 있는 위치에 있으나 채권자취소의 경우의 수익자나 전득자는 취소채권자와는 아무런 법률관계를 맺고 있지 않으며 직접 거래당사자가 아닌 제3자가 이를 취소하게 된다는 점에서 거래의 안전에 끼치는 영향이 더 클 수 있으며, 상속회복청구권은 10년의 제척기간이 경과하면 진정상속인은 참칭상속인에 대한 아무런 권리도 행사할 수 없게 되는 것인 반면, 채권자취소권의 경우에는 채권자취소권이 인정되지 아니하더라도 채권자는 채무자의 責任財産에 대한 추급이 어려워지는 것일 뿐 채권을 확보할 모든 수단을 상실하는 것도 아니고, 또한 채권자취소권은 채권을 보전하기 위한 것이지 소유권에 기한 물권적 청구권과 유사한 권리를 행사하는 것이 아닌 점을 고려하여 보면[2] 채권자취소권은 민법상의 일반적인 취소권이나 상속회복청구권과는 본질적으로 다른 것이어서 비교대상으로 삼기에 부적절하거나 그 차별에 합리적인 이유가 있다고 할 것"이므로 평등원칙에 반한다고 볼 수 없다고 하였다.[3]

즉 헌법재판소는 채권자취소권의 취소권과 의사표시의 하자를 이유로 하는 취소권

1) 단기 제척기간이 다른 제척기간에 비해 평등성을 침해한다는 것이 주요 쟁점이었다.
2) 상속회복청구권의 제척기간이 10년으로 채권자취소권의 제척기간 5년보다 긴 것이 용인될 수 있다는 취지이다.
3) 헌법재판소 2006. 11. 30. 자 2003헌바66 전원재판부 결정(민법 제406조 제2항 위헌소원).

은 본질적으로 다른 것이고, 수익자나 전득자는 취소채권자와는 아무런 법률관계를 맺고 있지 않는데도 그 취소로 거래의 안전에 커다란 영향이 미친다는 점을 분명히 하고 있음에 유의할 일이다.

② 賠償請求訴權說

배상청구소권설은, 채권자취소권은 채무자와 수익자 또는 전득자 사이의 詐害行爲로 인하여 손해를 입게 된 채권자의 손해를 배상청구하는 소권으로 이해한다.[1] 즉 채권자취소권의 법적 성질을 프랑스 민법 제1382조의 불법행위소권과 같은 성질로 이해하는 것이다.[2]

그러나 배상청구소권설은 채무자와 수익자 또는 전득자 사이에서 적법하게 이루어진 법률행위에 의한 재산처분을 위법행위인 불법행위로 규율하고 있어 문제이다. 채권자취소권은 채무자의 無資力이라는 극단적 상황[3]에서 채무자의 詐害行爲의 결과 채권자의 채권이 침해당하는 경우에 한하여 예외적으로 인정된다고 하지만, 과연 이러한 채무자의 재산권 처분행위를 불법행위로 인정하는 것이 타당한지는 의문이다. 이러한 비판에 대해 배상청구소권설은 재산관리권남용이론을 끌어들여, 채무자의 자유로운 재산권처분은 원칙적으로 보장되지만 그러한 처분자유는 무제한적인 것이 아니라 채권자를 해하는 의사 또는 사기 의사에 의하여 처분이 이루어질 경우, 즉 권리남용이 될 경우에는 이로 인하여 발생한 채권자의 손해에 대하여 채권자취소권의 행사를 통해 배상받을 수 있다는 것이다. 그러나 이 역시 무리한 이론이라고 하지 않을 수 없다. 또 다른 문제는 그 배상책임을 詐害行爲의 주체인 채무자에게 묻지 않고, 제3자인 수익자 또는 전득자에게 묻는 이유를 제대로 설명하지 못하는 한계가 있다. 더군다나 상대방이 단순한 공범자에 불과하거나 선의의 受贈者인 경우에는 손해배상책임을 묻는다는 것이 불법행위이론으로는 도저히 설명할 수 없는 문제가 있다.[4]

---

1) Marcel Planiol et Georges Ripert, op. cit., p. 274, note 1.
2) 韓國炫, 전게 논문, 145면.
3) Héléne Sinay, "Action paulienne et responsabilité délictuelle á la lumiére de la jurisprudence récente", R.T.D.C., 1948. p. 183, n° 19 et s.
4 Marcel Planiol et Georges Ripert, op. cit., n° 967.

③ 折衷訴權說

절충소권설은, 취소소권설과 배상청구소권설을 절충하여 채권자취소권을 "배상의 목적을 갖는 취소소권"으로 이해한다.[1] 절충소권설은 채무자의 詐害行爲에 의하여 채권자가 입은 피해에 대하여 이를 취소하여 손해를 배상받고자 하지만, 그배상의 방법은 詐害行爲를 무효화시키는 것으로 충분하다고 한다. 이는 채권자에게 생긴 손해는 채무자의 詐害行爲의 효과에서 비롯된 것이므로 그 행위를 무효화시킴으로써 채권자를 그 詐害行爲의 효과로부터 배제, 즉 취소채권자에게 그 재산에 대한 권리를 보장해주는 것으로 배상의 효과를 거둘 수 있다는 것이다.

절충소권설에 의하면, 詐害行爲를 무효로 하는 대신 배상만을 청구할 수도 있고, 또한 채권자취소권의 모든 요건이 충족되지 않는 경우, 특히 유상의 제3수익자 또는 전득자가 행한 공모의 정도가 무효로 하기에는 충분하지 않은 경우에 중과실, 懈怠 또는 과실 여부에 의하여 순수한 불법행위상의 손해배상책임을 제3자에게 부담시킬 수도 있게 된다.[2]

그러나 이 견해는 취소소권설과 배상청구소권설에 대한 각각의 비판을 모두 그대로 안게 되어 더 혼란스러운 주장이라는 비판을 받고 있다. 즉 이론적으로 채권자취소권의 정당성을 명확히 설명하지 못하면서, 결과론적으로 상대방(수익자 또는 전득자)의 손해를 전제로 채권자의 손해를 배상하겠다는 것이어서 문제가 있다고 하지 않을 수 없다.

(3) 對象에 對한 法的 性質 考察

① 序

채권자취소권을 규정한 프랑스 민법 제1167조는 소로써 행사할 것을 규정하고 있지 않지만, 소로써 행사하여야 한다는 것이 통설이다.[3] 이처럼 재판 외에서 항변으로

---

1) Marcel Planiol et Georges Ripert, op. cit., p. 274, note 1.
2) Marcel Planiol et Georges Ripert, op. cit., p. 274, note 1. ; Cass. civ., 23 août 1964, D., 1964, I, p. 367 ; S., I, p. 177.
3) Alex Weill et François Terré, Droit civil : les personnes, la famille, les incapacités, 5e éd., Dalloz, 1993, n° 874 et n° 875.

행사할 수 없고, 소로써만 행사할 수 있다고 하는 점에서 프랑스 민법상의 채권자취소권은 로마법의 파울리아나 소권의 성질을 그대로 계수한 것이라고 평가되기도 한다.[1)]

그런데 채권자취소권의 내용과 관련하여 대물소권설과 대인소권설로 나누어져 있는바, 이에 대하여 살펴보기로 한다.

② 對物訴權說

대물소권설은, 채권자취소권의 목적은 詐害行爲로 인해 양도된 물건을 현재 가지고 있는 수익자 또는 전득자로부터 반환시켜서 詐害行爲 이전의 상태로 환원시키는 것이라고 보는 견해이다.[2)] 즉 채권자취소권은 詐害行爲의 대상물에 대해 원상회복을 요구할 수 있는 권리인 대물소권(actio in rem)이라는 것이다. 이는 파울리아나 소권이 계쟁물, 즉 양도된 특정물에 대한 권리였음을 중시한 견해라고 할 수 있다. 대물소권설은, 저당권이 저당목적물의 교환가치에 대한 독점적 지배가 가능한 것처럼, 채권자취소권은 채권자가 채무자의 목적물에 대한 권리를 직접 행사하여 지배할 수 있는 권리라고 한다.

대물소권설은, 물권도 아닌 채권에 그러한 독점적 지배권이 인정되는 근거를 Justinianus의 법학제요(Inst. 4.6.6)에서 찾는다.[3)] 즉 채권자는 수익자 또는 전득자가 점유 중인 물건에 대해 채무자의 權利性을 주장할 수 있다는 것이다. 다시 말하자면 채권자취소권은, Justinianus의 법학제요의 위 "인도된 물건의 부정"을 주장할 수 있는 권리를 계수한 것으로 위 사상에 따라 詐害行爲의 목적물 그 자체에 대해 수익자 또는 전득자의 권리를 배제하고 추급할 수 있는 대물소권이라는 것이다.[4)] 이 견해에 의하면, 취소채권자는 詐害行爲의 목적물에 대한 추급권(droit de suite)을

1) 佐藤岩昭, 前揭 "詐害行爲取消權に關する一試驗(四) – その效果論お中心として –", 131面.

2) Louis Vincent Guillouard, "De l' action paulienne en droit romain et en droit français", 1868, p. 139.

3) 거기에는 "채권자는 어떤 자가 채권자를 詐害하여 그 물건을 다른 자에게 인도한 때에는 장관의 판결에 의하여 채권자 자신을 위하여 그 인도를 취소하고 그의 재산을 점유하여 위의 물건이 다른 자에게 인도된 것을 부정하며 채무자의 재산 속에 존속했던 물건임을 주장하는 것을 허용한다."라고 기록되어 있다.

4) Louis Vincent Guillouard, op. cit., p. 139.

갖게 되고, 이 추급권이 바로 목적물을 반환시킬 수 있는 기능을 하는 물권(droit réel)으로 기능하게 된다.

그런데 대물소권론에 의하면 그 목적물 자체를 채무자가 반환받아야 하는데 채무자로서는 이를 정당하게 수익자 또는 전득자에게 처분하였기 때문에 그 목적물의 반환을 청구할 수 있는 권리가 없음을 도외시하고 있고, 채권자가 그 목적물에 대한 권리를 직접 취득하여야 하는데 채권자는 단지 그 목적물을 압류한 후 매각하여 그 매각대금으로부터 손해를 배상받을 수 있을 뿐이기 때문에 그 물건에 대한 권리를 직접적으로 행사하지 못한다는 문제가 있다.

③ 對人訴權說

대인소권설은, 채권자취소권은 채무자의 사기 및 수익자의 공모에 의하여 입은 채권자의 손해배상을 목적으로 하는 대인소권(actio in personam)이라고 한다.[1)]

Accursius에 의하여 대인소권설이 주장되기 전에는 대물소권설만이 주장되었으나,[2)] 그 후, Jean Domat가 그의 저서 "Les lois civiles dans leur ordre naturel"에서 "채권자에게 손해를 발생시킨 詐害行爲는 채무자와 그의 공모자가 서로 약정하여 채권자에게 지급되어야 할 것을 지급하지 않게 하는 것으로 그 사기에 참가한 공모자로 하여금 그 사기로부터 생긴 재산으로 채권자에 대한 의무를 부담하도록 하는 채무(engagement)는 人的인 債務라고 할 것이다. 일반채권자를 詐害하여 행해진 계약, 기타 행위 및 처분은 무효가 되는 것이 아니라 단지 廢罷[3)]될 뿐이다. 채무자가 행한 詐害行爲에 가담한 모든 공모자는 그들이 행한 불법행위를 배상할 의무를 부담한다. 채무자는 채권자의 재산에 관해서 사기행위로부터 얻는 한도에서 손해를 배상할 의무를 부담하며 상황에 따라서는 형벌의 선고를 받아야 한다."고 주장함으로써 대인소권설이 새로운 견해로 지지를 받게 되었다.[4)]

---

1) Ibid. p. 141.
2) 松坂佐一, 前揭 論文, 131面; 下森定, 前揭 "債權者取消權に 關する 一考察(1)", 71面.
3) 廢罷는 행정행위를 취소하는 행위를 말하는데, 결국 詐害行爲를 취소한다는 의미이다.
4) Jean Archer, "Essai sur la nature de l' action paulienne," R.T.D.C., 1906, p. 805.

Domat의 대인소권설은, 17세기 후반에 이르러 채권자취소권을 詐害行爲라고 하는 불법행위에 의해서 채권자에게 생긴 손해를 배상할 의무를 부담하는 "순수한 인적인 채무(engagement purement personnel)"로 보게 됨으로써 대인소권이라는 견해를 확립시키는데 기여하였다는 평가를 받고 있고,[1] 나폴레옹 민법 제정 시 영향을 미쳐[2] 프랑스 민법 제1167조의 근거가 되었다.

이로 인해 대물소권설과 대인소권설의 논쟁은 프랑스 민법이 대인소권설을 취함으로써 종료되었다고 할 수 있고, 채권자취소권은 불법행위에 기초한 손해배상채권으로 인식되었고, 채권자는 詐害行爲의 목적물의 반환을 구하여 손해배상을 받을 수 있게 되었다. 그러면서 목적물에 대한 직접적 지배가 아닌 금전배상의 근거에 대하여 목적물 반환의 의미를 채권자취소권의 행사에 의하여 詐害行爲의 목적물을 채무자의 자산으로 환원시키는 것이 아니라, 채권자가 그 목적물을 압류할 수 있다는 의미라고 설명하게 되었다.[3]

한편 이 견해는 채권자취소권을 詐害行爲의 객체인 물건에 대한 대물소권이 아니라, 단순히 채무자에 대하여 가지고 있는 채권에 기초하는 권리일 뿐이어서,[4] 채권자취소권을 행사하더라도 취소채권자에게 일정한 유형의 물권이 인정되는 것이 아니라, 단지 당해 재산에 대하여 一般的 擔保權(droit de gage général)[5]을 행사할 수 있을 뿐이고, 이러한 일반적 담보권 역시대인권으로 채권에 관한 권리(droit

---

1) Jean Archer, op, cit., p. 803 et s.

2) 山口俊夫, 前揭 フランス債權法(上), 39面.

3) Louis Vincent Guillouard, op. cit., p. 142 et 143.

4) 채권자취소권이 대인소권이라는 점에 대한 판단으로는, Cass. civ., 30 juil. 1884, D.P., 1885, 1, p. 77 ; Cass. civ. 1re, 16 mars 1954, J.C.P., 1955, II, 8618, note Flattet. 한편, 학설상으로는 채권자취소권이 원칙적으로는 대인소권이나, 詐害行爲가 물권 자체를 대상으로 하는 경우에는 대물소권과 대인소권의 혼합소권 또는 대물소권이라고 하는 견해(Henri · Léon · Jean Mazeaud et François Chabas, Leçons de droit civil, op. cit., n° 1001)도 있으며, 판례상으로도 유사한 취지의 것(Cass. civ., 6 juil. 1925, D.P., 1926, 1, p. 25, note Cremieu)들이 있다.

5) 프랑스민법 제2284조(2006년 민법 개정 이전의 제2092조)에서는 "스스로 채무를 부담한 자는 그의 현재와 장래의 모든 동산 및 부동산으로 채무를 이행할 의무를 부담한다."고 규정하고 있다. 즉, 채권자는 채무자의 현재 및 장래 취득할 재산의 총체로부터 자신의 채권이 실현되게 할 권리가 있다고 할 것인데, 이러한 채권자의 권리를 '일반적 담보권'이라고 설명한다(Michel Cabrillac et Christian Mouly, Droit des sûretés, 4e éd., Litec, 1997, n° 1). 한편, 'gage'라는 표현은 우리 법에서의 질권에 해당하나, 담보목적물 자체를 가리키는 경우도 있으며, 최광의로는 담보(sûreté)라는 의미로 사용되기도 한다(Raymond Guillien et Jean Vincent, Lexique des termes juridiques, 12e éd., Dalloz, 1999, p. 260.).

personnel)에 불과하다고 본다.[1] 이러한 논리에 의해 선의취득에 대한 프랑스 민법 제2279조의 규정에도 불구하고 詐害行爲에 대하여 악의가 인정되지 않는 受贈者를 대상으로 하여서도 채권자취소권을 행사할 수 있다고 한다.[2]

또한 대인소권설에 의할 경우 채권자취소권 행사의 효과 역시 취소채권자에게만 미친다는 결론에 이르게 된다. 이런 점에서 권리행사의 효과가 총채권자에게 미치는 채권자대위권[3]과도 구별된다. 즉 해당 詐害行爲가 다른 채권자를 해하는 결과를 초래한다고 하더라도 다른 채권자가 직접 채권자취소권을 행사하거나 소송참가하지 않는다면 해당 詐害行爲는 다른 채권자들에 대하여는 여전히 대항가능한 행위로 된다는 것이다.[4] 따라서 이러한 경우들에 있어서는 취소채권자만이 당해 소제기로 인한 이익을 독점한다고 할 수 있는데, 이러한 결과는 판결의 기판력에 대한 일반원칙에 비추더라도 당연한 귀결이라고 할 것이다.[5] 이는 프랑스 민법에는 우리 민법 제407조와 같은 규정이 없기 때문에 나오는 결과이고, 이러한 입장에서 우리 민법 제407조의 규정을 삭제해야 한다는 비판이 나올 수도 있다.

현재 프랑스의 다수설은 채권자취소권의 본질을 불법행위로 보아 대인소권설을 지

---

1) 모든 채권자는 채무자의 현재 및 장래 취득할 재산으로부터 자신의 채권을 실현할 권리인 '일반적 담보권'을 가지나, 이러한 일반적 담보권은 담보권이라는 그 표현에도 불구하고 담보물권에서 발견되는 '우선변제권'(droit de préférence)이나 '추급권'(droit de suite)이 인정되지 않으므로, 프랑스법에서의 용례상으로도 물적 담보에 의하여 우선변제를 받을 수 있는 채권자인 '담보채권자'에 대하여는 'créanciers privilégiés'라는 표현을 사용하며, 일반적 담보권만을 가지는 '무담보채권자'에 대하여는 'créanciers chirographaires'라는 표현을 사용한다. 이와 같은 설명에 대하여는, François Terré, Philippe Simler et Yves Lequette, op. cit., n° 997 et s. 참조.

2) 프랑스민법 제2279조는 점유자를 상대로 대물소권, 즉 물권을 주장하는 자에 대하여 우리 식의 선의취득을 주장할 수 있게 한 것이지, 대인소권을 행사하는 자에 대한 대항수단을 규정한 것은 아니라고 한다(이러한 취지의 판단으로는, Cass. civ., 9 jan. 1865, D.P., 1865, 1, p. 20 참조). 따라서 詐害行爲取消訴訟에서는 관할법원도 채무자의 주소지 법원이지 목적물의 소재지 법원이 아니라는 것이다(François Terré, Philippe Simler et Yves Lequette, op. cit., n° 1061).

3) 프랑스법에서의 채권자대위권은 프랑스고법에 기원을 두는 것으로 설명됨이 일반적이며, 당시에는 오늘날의 '파산제도 또는 도산절차'(procédure collective)가 존재하지 않았으므로 채권자 각자가 채무자의 권리를 행사할 수 있는 권능을 인정할 필요가 있었다고 한다. 단, 이러한 제도적 취지로 인하여 채권자대위권의 행사 자체는 각 채권자가 단독으로 할 수 있으나, 동 권리행사의 효과는 총 채권자에게 귀속되는 것으로 하였다고 한다. 즉, 채권자대위권이 대위채권자의 특정채권보전을 위한 수단으로 활용할 수 없다는 것이 원칙이라는 것인데, 이러한 이유로 인하여 채권자대위권행사의 범위도 대위채권자의 채권액에 한정되지 않고 채무자가 가지는 총 채권액으로 할 수 있다고 한다. François Terré, Philippe Simler et Yves Lequette, op. cit., n° 1044 et s. 참조.

4) Philippe Malaurie, Laurent Aynés et Philippe Stoffel-Munck, Droit civil, les obligations, 2e éd., Defrénois, 2005, n° 1148.

5) François Terré, Philippe Simler et Yves Lequette, op. cit., n° 1088.

지하고 있지만, 그 본질에 관하여 불법행위로 볼 수 없다는 앞서의 비판은 그대로 대인소권설에 대한 비판으로 이어질 수 있다고 하겠다.

④ 混合訴權說

혼합소권설은 프랑스 민법이 제정된 이후에 주장된 학설로, 채권자취소권은 대물소권적인 면과 대인소권적인 면을 함께 가지고 있다고 한다.[1] 즉 채권자취소권은 원상회복을 원칙으로 하므로 詐害당한 채권자가 채무자의 詐害行爲로 인한 처분물건에 대해 물권을 갖는 대물소권의 측면이 있을 뿐만 아니라, 그 추급권의 전제로 채무자와 수익자 또는 전득자 사이의 詐害行爲 파기가 선행되어야 하므로 대인소권으로서의 성질도 가지고 있다는 것이다.

이 견해에 의하면 대인소권에 의해 상대방에 대한 詐害行爲를 파기한 후[2] 대물소권에 의해 그 반환된 물건 위에 물권에 준하는 권리를 가지게 된다.

그런데 혼합소권설에서는 채무자의 詐害意思의 존재를 채권자가 증명할 것인지, 부존재를 채무자가 증명할 것인지를 둘러싸고 견해가 대립되어 있다.[3] 혼합소권설에 의하면, 채권자는 채무자의 詐害行爲가 존재하는 경우에 한하여 채무자가 詐害行爲로 처분한 목적물에 대한 추급권 즉 詐害行爲의 목적물을 반환받게 되고, 이러한 추급권은 詐害行爲로 인하여 손해를 입게 된 채권자의 손해를 배상하기 위하여서만 인정될 수 있게 된다.

이러한 혼합소권설은 채권자취소권의 결과를 놓고 모든 학설의 일부씩을 포섭하겠다는 것에 불과하고, 앞서 살펴본 대인소권설과 대물소권설의 문제점을 그대로 안고 있다는 비판을 받고 있다. 하지만 현실적으로 채권자취소권이 담당하고 있는 기능을 올바르게 인식하고 있는 점은 높이 살 만하다고 하겠다.

---

1) Louis Vincent Guillouard, op. cit., p. 140.
2) 이 경우 채권자는 채무자의 사기 및 수익자 또는 전득자의 공모를 이유로 파기해야 한다.
3) Murad Ferid/Hans Jürgen Sonnenberger, Das französische Zivilrecht, Bd. 2, 2. Aufl., 1986, S. 279.

⑤ 對抗不可訴說權

대항불가소권설, 즉 대항불능소권설은 20세기에 들어와 Alexandre Grouber에 의하여 주장된 이론으로,[1] 취소채권자의 채권자취소권 행사에 대해 이해관계인들이 취소채권자에게 대항할 수 없는 소권이 채권자취소권이라고 한다.

Alexandre Grouber는 채권자취소판결이 있게 되면, 채권자, 채무자, 수익자, 전득자, 원고 이외의 다른 채권자 사이에서 법률관계가 취소되고 추급권이 행사됨으로써 이해관계 있는 다자 간에 정산 및 추급이라는 복잡한 문제가 연쇄적으로 발생하게 되지만, 그들은 모두 채권자취소권을 행사한 취소채권자에 대하여는 대항할 수 없는 제한을 받는다고 한다.

더 나아가 Alexandre Grouber는 채권자취소권이 채권자와 채무자 간의 배상청구소권인지 아니면 취소소권(action en nullité)인지, 아니면 다른 성질을 가지고 있는 특별한 소권인지에 대하여 구체적으로 나누어 살펴보아야 한다고 주장하였다.

한편 채권자취소소송은 詐害行爲 이전의 상태대로의 회복을 목적으로 한다는 점에서 해제소송, 무효소송, 취소소송과 유사한 것으로 평가될 여지도 있다.[2] 이는 프랑스 민법 제262조의2 또는 제622조[3] 등이 詐害行爲에 대하여 무효를 인정한 것으로 보이고 있기 때문이다. 그러나 해제소송은 채무불이행을 전제로 하며, 무효나 취소의 소는 그 효과를 누구에게나 주장할 수 있다는 점에서 대항불능의 소와는 다르다. 즉 대항불능의 소인 詐害行爲取消訴訟은 채무자의 詐害行爲로 피해를 입은 채권자에 대해서만 상대적으로 효력을 발생하지 않을 것을 목적으로 할 뿐 그 이상의 것을 목적으로 하지 않기 때문이다. 따라서 문제된 詐害行爲는 詐害行爲 당사자 간에는 여전히 유효하며 채권자를 제외한 모든 자에 대하여 대항가능한 행위이다. 그러므로 채권자

---

1) Georges Ripert et Jean Boulanger, Traité de droit civi1, t. 2, Obligations, L.G.D.J., 1957, n° 1427, p. 535.

2) Jean Archer, op, cit., p. 800.

3) 내용은 "Les créanciers de l' usufruitier peuvent faire annuler la renonciation qu' il aurait faite á leur préjudice(용익권자의 채권자는 자신에게 손해를 끼치는 포기를 취소할 수 있다."이다. 문제는 위 취소할 수 있다는 프랑스식 의미는 "소송을 통하여 문제된 행위의 취소 및 무효를 주장함으로써 판결로써 문제된 행위를 무효화" 시키는 것을 의미한다. 따라서 국내에서도 annuler 또는 annulation을 "취소", "취소무효" 또는 "무효화"로 번역하기도 하나, 프랑스에서의 무효는 우리와 달리 언제나 "재판상 무효"만을 가리키고 용례상으로도 "nullité"라는 용어가 있으므로, annuler 또는 annulation을 무효로만 번역하는 것도 문제가 있지만, 편의상 취소라고 번역한다).

취소소송은 누구에게나 행위의 무효를 주장할 수 있는 무효소송과는 차이가 있다고 하겠다. 아울러 주로 증여나 유증의 분야에서 제기되는 취소소송에 의해 취소되는 행위는 소급효가 있고 완전한 해소의 효과를 누구에게나 주장할 수 있는 무효를 의미하므로 대항불능의 소인 채권자취소소송과는 차이가 있게 된다.[1)]

대항불가소권론은 채권자와 수익자 또는 전득자 사이의 법률관계에 대하여, 채권자취소권을 행사하는 채권자는 손해, 즉 채무자의 詐害行爲에 의하여 채무자가 無資力이 됨으로써 채무자의 재산을 압류할 수 없게 되어 그 결과 채권의 완전한 이행을 받지 못하는 불이익을 입었으므로, 채권자는 채권자취소소송에서 승소판결을 얻어 이를 執行權原으로 하여 수익자 또는 전득자의 지배영역에 있는 詐害行爲의 목적물을 압류하거나 매각하여 그 매각대금으로부터 변제를 얻을 수 있다고 한다.

다만 주의할 점은, 채권자취소소송에서 판결주문이 "채무자와 수익자 사이의 어떠어떠한 법률행위를 취소한다."라고 되어 있더라도 그 의미는 이러한 취소의 효과로 채무자의 詐害行爲로 인해 수익자 또는 전득자에게 양도된 재산이 다시 채무자의 재산으로 환원되는 것을 의미하는 것은 아니라는 점이다. 즉 채권자취소권은 채무자의 詐害行爲로 양도된 재산을 채무자의 재산으로 실질적 복귀시키는 것이 아니라, 제3자인 수익자 또는 전득자에 대하여 그의 지배하에 있는 詐害行爲의 목적물에 대한 채권자의 압류 및 매각을 방해하지 못하도록 장애를 제거함으로써 프랑스 민법 제2092조에 의한 "확립된 담보의 행사"가 가능한 상태로 회복시키는 것이라고 한다.

Alexandre Grouber는 취소채권자는 마치 채무자와 수익자간의 詐害行爲가 존재하지 않았던 것처럼 수익자가 가지고 있는 재산에 대하여 압류할 수 있기 때문에 채무자와 수익자 사이의 詐害行爲는 채권자에 대하여는 그 효력이 인정되지 않아 무효로 취급되고, 이때 채권자취소권에 의한 취소의 실체법상의 효과는 채권자에 대한 관계에서만 무효가 되는, 즉 상대적 무효가 되는 것으로, 수익자 또는 전득자는 이와 같은 실체법상의 효과 때문에 취소채권자에게 대항하지 못하는 대항불가성이 나오게

1) François Terré, Philippe Simler et Yves Lequette, op. cit., n° 1060.

되고, 이러한 대항불가성이 채권자취소권의 본질이라고 한다.[1]

현재 프랑스의 통설적 지위에 있는 대항불가소권설은 詐害行爲訴訟에서 패소한 수익자 또는 전득자는 이를 행사한 채권자에게 대항할 수 없을 뿐, 다른 자 즉 詐害行爲를 한 채무자 및 그 이외의 제3자에 대하여서는 詐害行爲의 유효를 주장, 즉 대항할 수 있다는 상대적 무효설의 근거로 기능하고 있다.

대항불가소권설은 이러한 불가대항성에 의해 채권자가 채권을 회수할 수 있게 됨으로써, 채무자의 詐害行爲로 야기된 손해를 수익자 또는 전득자에게서 회복하는, 즉 손해를 회복하는 것이 채권자취소권의 궁극적인 목적이라고 한다.[2]

다음으로 채무자와 수익자 또는 전득자 사이의 법률관계에 대하여 살펴보기로 한다. 대항불가소권설에 의하면, 채무자와 수익자 사이의 詐害行爲는 법률상 그대로 유효하다. 이를 채권자취소권의 상대적 효력이라고 한다. 즉 채권자는 채권자취소권의 행사를 통해 자신의 채권의 만족만 얻으면 목적을 달성하므로 구태여 채무자와 수익자 사이의 詐害行爲의 효력에 대하여 영향을 줄 필요가 없다는 것이다. 이 학설은 상대적 무효를 주장할 수 있는 성문법적 근거로 프랑스 민법 제1134조를 든다. 同條가 취소에 관하여 계약체결당사자 사이의 합의 또는 제1134조가 정한 원인에 의하여서만 계약을 취소할 수 있도록 규정하고 있음을 근거로 채권자취소판결은 제1134조의 합의 또는 법정취소원인에 해당되지 않기 때문에 채권자취소판결의 효력이 채무자와 수익자 사이에서는 미칠 수 없다고 한다. 그 결과 채권자가 수익자 또는 전득자의 재산에 대하여 강제집행을 완료한 후 재산이 남게 되면 그 잉여금을 채무자가 아닌 수익자 또는 전득자에게 직접 반환하여야 한다고 한다.

이 경우 자신의 재산을 강제집행당한 수익자 또는 전득자는 채무자에 대하여 求償權을 취득하게 된다. 그 구상권의 근거로는 수익자 또는 전득자는 채무자에 대하여 擔保責任訴權(action en garantie)에 의한 구상권을 취득한다거나 또는 채무자가

---

1) Alexandre Grouber, De l' action paulienne en droit civil français contemporain, thése. Univ. de Paris, 1913, n° 254.; Georges Ripert et Jean Boulanger, op. cit., n° 1426 et n° 1427 ; Alex Weill et François Terré, op. cit., n° 877.

2) 佐藤岩昭, 前掲 "詐害行爲取消權の理論", 93面.

부담하는 채무를 대위변제한 것이므로 그 사실에 근거하여 구상권을 행사할 수 있다는 등의 견해가 주장되고 있다.

그런데 이 학설의 문제점은, 채무자와 수익자 또는 전득자의 詐害行爲가 유효한 것이라면, 수익자 또는 전득자가 유효한 계약에 근거하여 채무자로부터 정당하게 취득한 목적물이나 재산권을 제3자인 채권자의 강제집행목적물로 내어 놓아야 하는 이유를 제대로 설명하지 못하는 본질적인 한계를 지니고 있다는 점이다.

다음으로 채권자와 다른 채권자와의 관계를 살펴보기로 한다. 채권자취소권의 목적은 채권자가 자신의 채권에 대한 責任財産의 독점적 확보가 아니라 모든 채권자의 채권을 공동담보하기 위한 責任財産의 확보에 있다. 따라서 모든 채권자는 채권자취소권의 요건에 부합하면 언제든지 각각 채권자취소권을 행사할 수 있다. 그렇다면 일부 채권자만이 채권자취소권을 행사한 경우 이를 행사하지 아니한 다른 채권자에게 어떠한 효력을 인정할 것인가가 문제 된다. 이에 대하여는 절대적 효력설, 상대적 효력설, 혼합설 등으로 견해가 나누어져 있다.

절대적 효력설은 Colmet de Santerre 및 Laurent 등이 주장한 견해로, 채권자취소판결의 효력은 절대적이기 때문에 처음 소를 제기한 채권자는 물론이고 詐害行爲 이전에 채권자취소권을 행사할 수 있었던 다른 채권자 및 詐害行爲 이후에 채권을 취득한 채권자 등에게도 모두 절대적으로 무효가 된다고 한다. 즉 절대적 효력설은 일단 어느 한 채권자의 채권자취소판결로 채무자의 責任財産이 확보되었다면 현재의 모든 채권자들은 그 責任財産에 대하여 채권을 행사할 수 있다는 것이다. 그 이면에는 채권자취소소송을 형성의 소로 보아 형성판결의 대세적 효력에 의해 소급적으로 무효가 된 사해행위가 다른 채권자에게도 그 효력이 미친다는 사상이 깔려 있다고 하겠다.

절대적 효력설은 Boissonade에 의해 지지되었고, 그러한 사상은 일본 구민법 제정에 영향을 미쳐 일본 민법 제425조로 현실화되었고, 우리 민법 제407조도 이를 계수하여 "取消와 原狀回復은 모든 債權者의 利益을 爲하여 그 效力이 있다."라는 규정을 두게 되었다고 하겠다. 그러나 현재 절대적 효력설은 프랑스에서 지지를 받지 못하고 있다.

한편 상대적 효력설은 Aubry et Rau, Demolombe, Colin et Capitant, Grouber 등에 의해 주장된 견해로, 채권자취소권을 행사한 채권자만이 회수된 責任財産으로부터 자신의 채권을 회수할 수 있을 뿐이고, 채권자취소권을 행사하지 않은 다른 채권자들은 채권자취소판결의 당사자가 아니므로 아무런 권리를 행사하지 못한다는 견해이다. 상대적 효력설의 단점은, 채권자취소권의 본질 내지 목적이 일탈한 채무자의 責任財産을 확보하여 모든 채권자들의 공동담보로 삼겠다며 그 행사를 허용한 것인데, 최종적인 강제집행단계에서 그 목적과 정면으로 배치되게 채권자취소권을 행사한 채권자에게만 독점적 권리를 주게 되어 자기모순이라는 것이다. 그럼에도 불구하고 현재 프랑스의 통설적 지위를 차지하고 있다. 민법 개정안이 이 점을 더욱 명확하게 하고 있음은 앞에서 살펴보았다.

혼합설은, Larombiére에 의해 주장된 견해로, 채권자취소권을 행사한 원고뿐만 아니라 채권자취소권을 행사할 수 있었던 다른 채권자들도 수익자 또는 전득자로부터 반환된 責任財産을 공동담보로 하여 각자의 권리행사가 가능하다고 한다. 이 견해에 의하면 詐害行爲 이후에 권리를 취득한 채권자는 위 責任財産으로부터 채권의 만족을 얻을 수 없다는 점에서 절대적 무효설과 다르다고 하겠다.

⑥ 判例의 態度

프랑스 판례는 채권자취소소송의 법적 성질을 대항불능의 소로 보고 있다. 물론 판결이유에서는 채권자취소권 행사의 효과로서 '詐害行爲의 遡及的 取消'(révocation rétroactive)라는 표현과 함께 "詐害行爲를 통하여 양도된 재산이 채무자의 責任財産으로 회복된다."고 판시하는 경우도 있으나, 그러한 경우에도 "회복된 재산에 대하여는 취소채권자만이 압류할 수 있다."고 제한하여 대항불능의 법리를 적용하고 있다.[1] 그리고 이러한 결론은, "취소의 효과는 취소채권자의 이익범위 내에서만 효력을 발생하며, 따라서 詐害行爲인 양도행위는 취소채권자의 이익을 넘는 부분에 있어서는 제3

---

1) Cass. civ. 1re, 1er juil. 1975, Bull. civ. I, n° 213 ; Cass. civ. 3e, 9 juil. 2003, Bull. civ. III, n° 142 등 참조.

자의 입장에서 유효하게 존속한다."[1]고 판시한 점에서도 알 수 있다. 아울러, "채권자취소소송은 詐害行爲 자체의 효력을 문제 삼는 것은 아니므로, 당 행위는 채무자와 그 공모자인 수익자 사이에서는 유효하게 존속한다."[2]고 하거나, 채권자취소소송이 제기된 경우 "원심은 대항불능을 선고하여야지 무효를 선고하여서는 아니 된다."거나,[3] "대항불능은 취소채권자에게만 효력이 있다."[4]고 하여 채권자취소권의 법적 성질이 대항불능의 소임을 밝히고 있다.

나. 獨 逸

(1) 物權說

① 序

물권설(Dingliche Rechtslehre)은, 채권자취소권의 법적 성질을 실정법인 독일 구채권자취소법 제1조 및 구파산법 제29조의 "법적 행위는 무효로 취소할 수 있다(Rechtshandlungen als unwirksam angefochten werden)."라는 법문에 충실하게 채권자가 詐害行爲인 채무자의 법적 행위를 취소하면 그 취소의 효과에 의하여 詐害行爲로 성립한 물권행위가 무효로 됨으로써, 취소상대방이 취득했던 권리가 취소채권자 또는 파산채권자에 대하여 무효가 되어 소멸한다고 한다.

그러면서도 앞서 프랑스의 대항불가소권론처럼 채무자의 목적물에 대한 처분행위는 취소채권자에 대한 관계에서만 무효가 될 뿐, 다른 채권자에 대하여는 유효라는, 즉 상대적 무효설의 입장을 취한다. 상대적 무효의 근거에 대하여 독일민법 제135조 제1항이 특정인의 보호를 목적으로 하는 법률상의 처분금지에 반한 처분행위는 그 특정인에 대하여서만 무효라 하여 특정인에 대한 상대적 무효를 규정하고 있으므로 채권자취소권의 무효도 상대적 무효라는 것이다.

---

1) Cass. civ. 1re, 1er juil. 1975, Bull. civ. I, n° 213 ; Cass. civ. 1re, 3 déc. 1985, Bull. civ. I, n° 334.
2) Cass. com., 14 mai 1996, Bull. civ. IV, n° 134.
3) Cass. civ. 1re, 15 oct. 1980, Gaz. Pal., 1981, I, pan. jur., p. 42.
4) Cass. com., 22 mai 1978, Bull. civ. IV, n° 139.

물권설은 다시 구물권설(형성권설), 신물권설, 신형성권설로 순차적으로 발전해 왔는바, 이에 대하여 아래에서 살펴보기로 한다.

② 舊物權說

구물권설은, 채권설이 채권자취소권을 절차법상의 권리인 소권(actio)으로 이해하는 것과 달리 채권자취소권은 실체법상의 형성권으로 이해한다. 이 견해는 독일 구채권자취소법 제1조의 취소를 독일 민법 제142조 제1항의 취소와 동일한 의미로 본 Hellwig에 의해 주장된 후[1] Kipp, Mohrbutter, v. Tuhr 등에 의하여 지지되었다. 구물권설은, 실체법상의 형성력이 인정됨을 중시하여 형성권설이라고도 한다. 구물권설은 독일 민법이 취소에 소급효(ex tunc Wirkung)를 인정함으로써 한때 지지를 크게 얻기도 하였다. 구물권설은 독일 구채권자취소법상의 취소를 민법상의 취소와 동일시하여 재판 외에서 사법상의 의사표시에 의해 제한 없이 행사할 수 있다고 주장하였는데, 이러한 주장은 구채권자취소법 제5조 · 제9조가 채권자취소권의 행사를 항변 또는 소에 의하여서만 행사하도록 규정한 명문[2]에 반한다는 이유로 비판을 받은 이후 그 이론적 문제가 있음이 밝혀져 현재는 지지를 받지 못하고 있다.

독일 구채권자취소법은 파산절차 외에서 詐害行爲를 취소하는 권능을 채권자에게 부여하기 위하여 특별법 형식으로 1879년에 제정된 소위 제2제국(Reich) 司法法에 속한다.[3] 이처럼 독일 민법보다 약 20년 먼저 제정된 구채권자취소법은 독일 민법상의 취소권보다 먼저 채권자취소권을 성문화하여, 구파산법의 부인권 규정과 함께 채권자취소권을 채권자에게 인정하였다. 그런데 구채권자취소법은 구파산법 · 민사소송법과 함께 절차법에 속한다는 것이 독일의 통설로, 우리 채권자취소권이 민법에 규정되어 실체법으로 분류되는 것과 다르다.

그러나 채권자취소권이 절차법에 속함에도 불구하고, 구물권설은 구채권자취소법 제1조의 채권자취소권을 민법상 취소권과 동일하게 보아, 사법상의 형성력 있는 의

1) Konrad Hellwig, Die Verträge auf Leistung an Dritte, S. 380ff.
2) 현행 독일 채권자취소법 제9조, 제13조에 각 해당한다.
3) 이러한 제2제국 司法法으로는 민사소송법(ZPO), 구파산법(KO), 재판소구성법(GVG) 등이 있다.

사표시(die privatrechtliche Gestaltungserklärung)로 행사할 수 있는 실체법상의 권리로 보았다. 그 결과 사해행위의 효력은 취소채권자의 취소의 의사표시에 의해 詐害行爲 당사자 사이에서도 소급하여 무효로 됨으로써 물권적 효력 또는 권리소멸적 효력(rechtsvernichtende Wirkung)이 인정된다고 보았다.[1)]

이 견해는 구채권자취소법 중 일부내용, 즉 채권자취소권의 행사기간을 소멸시효에서 제척기간으로,[2)] 취소청구권이라는 용어를 삭제하는 등 구채권자취소법을 민법 제정 이후에 변경한 것은 독일 민법이 취소권을 형성권으로 보아 제척기간을 두고 있는 것에 채권자취소권을 맞추기 위한 것이라면서, 이에 의해 구채권자취소법상의 채권자취소권과 민법상의 의사표시의 하자, 즉 착오, 사기, 강박으로 인한 취소권이 동일하게 취급되게 되었다고 한다. 이에 따라 채권자취소권이 행사되면 그 범위 내에서 채무자와 상대방 사이의 詐害行爲도 민법상의 취소처럼 소급하여 무효로 되는데, 다만 독일 민법 제135조, 제136조가 상대적 무효로 규정하고 있기 때문에 채권자취소권의 효과 역시 채권자를 위하여서만 그 효력이 발생한다는 것이다.[3)]

Kipp도 1879년에 제정된 독일 구파산법이 독일 민법 제정에 따라 1898년에 개정되면서 취소권(부인권)에서 청구권의 성질을 배제한 것은 민법과 체계적 논리를 같이 하기 위한 것이므로 착오, 사기, 강박을 원인으로 한 법률행위의 취소처럼 취소채권자의 일방적 의사표시에 의해 채무자의 詐害行爲가 취소되는, 즉 형성권으로 보아야 하므로 詐害行爲의 취소라는 물권적 효력이 생긴다고 하였다.

그 후 Mohrbutter, v. Tuhr 등도 구물권설에 의해 채권자취소권을 소송법상의 형성권이지만, 실체법상의 형성권과 유사하다고 주장하였다.

그러나 구물권설은 구채권자취소법 제5조 및 제9조가 채권자취소권을 반드시 "소송상 항변 또는 소(소송물)"로 행사하도록 제한하고 있는데도 이를 "재판 외에서도 행사"할 수 있는 보통의 형성권으로 보고 있는바, 이는 명문의 규정에 반하여 부당하

1) Gotthard Paulus, Sinn und Formen der Gläubigeranfechtung, in: AcP 155, 1956, S. 287.
2) 구채권자취소법 제12조, 구파산법 제41조에 각 해당한다.
3) Stefan Rutkowsky, Rechtsnatur und Wirkungsweise der Gläubigeranfechtung, Diss., Bonn, 1969, S. 19.

다는 비판을 받게 되어 현재는 지지를 받지 못하고 있다.

그렇지만 독일 민법이 시행된 이후에는 민법상의 취소[1]와 구채권자취소법상의 취소를 동일하게 봄으로써 종래 소권을 행사할 수 있는 절차법상의 권리로 이해하던 채권자취소권을 실체법상의 형성권으로 파악하여 실체법상의 권리로 규명한 점은 높이 살 만하다고 하겠다.

③ 新物權說

舊物權說에 이어 新物權說이라 불리는 純粹無效說(相對的 無效說)과 新形成權說이 주장되었다.

純粹無效說(reine Unwirksamkeitslehre), 즉 상대적 무효설은 채권자취소권의 효력을 무효라고 규정한 구독일채권자취소법 제1조의 문언에 충실하게, 詐害行爲의 취소로 인해 곧바로 물권적 무효의 효력이 발생한다면서, 취소의 의사표시를 권리형성적 의사표시로 이해하는 구물권설과 달리 채권자취소권은 이미 발생한 취소권을 단순히 주장하는 것에 불과할 뿐이라고 한다. 그리고 그 취소의 효과는 채권자취소권을 행사한 특정한 취소채권자에 대해서만 무효가 되는 상대적 · 물권적 무효가 된다고 한다.

따라서 채무자의 詐害行爲는 취소채권자의 취소의 의사표시에 의하여 무효로 되는 것이 아니라, 독일 구채권자취소법 제3조 및 제11조의 요건에 해당되면 동 법조문에 의해 당연히 상대적 무효로 의제되기 때문에 별도로 채권자가 채권자취소권을 행사하여 취소한다는 의사를 표시할 필요가 없다고 한다.

Alfred Lonhard[2]와 Otto Geib[3] 등에 의하여 주장된 이 견해는, 채권자취소소송의 성질을 형성소송이 아닌 確認訴訟으로 이해한다. 즉 채무자의 詐害行爲가 채권자취소법의 취소요건을 갖추었는지 확인하는 소가 채권자취소소송이라는 것이다. 한편

---

1) 독일 민법 제143조, 우리 민법 제142조(취소의 상대방)에 각 해당한다.
2) Alfred Lonhard, Natur und Wirkung der Gläubigeranfechtung, in: ZZP 38, 1909. 165ff.
3) Otto Geib, Zwangsvollstreckung in anfechtbarem Erwerb eines Kriegsteilnehmers, in: AcP 113, 1915, 335ff.; derselbe, Die Gläubigeranfechtung und §864 Abs,2 ZPO, in: AcP, 115, 1917, 58ff.; derselbe, Gläubigeranfechtung durch Einrede, in: AcP, 119, 1920, 157ff.

채권자는, 채권자취소법 제2조에서 규정한 채무자에 대한 執行權原을 근거로 동법 제9조의 확인판결에 의하여 채무자 및 수익자 사이의 詐害行爲가 무효임이 확인되었기 때문에[1] 채무자에 대한 강제집행으로서 수익자 또는 전득자가 지배 중인 詐害行爲의 목적물을 압류할 수 있다고 한다.[2] 즉 채무자의 수익자 또는 전득자에 대한 처분행위가 채권자취소법상의 위 법률 조항에 의해 당연히 무효로 확정되었기 때문에 수익자 또는 전득자의 권리취득이 무시되므로 채권자는 채무자에 대한 執行權原으로 곧 바로 수익자 또는 전득자에 대하여 강제집행을 할 수 있다는 것이다. 또한 Geib는, 채무자의 詐害行爲는 상대적 무효이자 집행법적 무효(vollstreckungsrechtliche Unwirksamkeit)이기 때문에 채권자의 執行權原에 대하여 수익자 또는 전득자 역시 법적 행위의 유효를 주장하며 대항할 수 없다고 한다.[3] 이런 이론적 근거에 기초하여 Geib는, 詐害行爲의 상대방은 법적 행위의 집행법적 무효로 인하여 그 詐害行爲에 의해 이미 강제집행을 수인하여야 할 의무를 부담하기 때문에, 채권자는 수익자 또는 전득자를 집행채무자로 하는 소를 제기할 필요가 없고, 채무자에 대한 執行權原[4]과 수익자 또는 전득자에 대한 확인판결인 채권자취소판결을 결합하게 되면 수익자 또는 전득자가 소지하고 있는 재산에 대해 강제집행을 실시할 수 있다고 한다.[5]

이처럼 순정무효설은, Hellwig의 구물권설이 안고 있는 문제점, 즉 독일 구채권자취소법 제5조 및 제9조[6]가 채권자취소권을 재판상의 항변 또는 소로서만 행사할 수 있다고 한 명문의 규정에 반하여 재판 외에서도 주장할 수 있다고 주장했던 부분이 위 명문의 규정에 반한다는 비판을 받아온 것을 해결하기 위하여, 詐害行爲를 일종의 법정무효사유로 취급하여 이에 대해 확인을 구하는 것이 채권자취소소송이므로 소송

---

1) 수익자 또는 전득자에게 그가 소지 중인 詐害行爲의 목적물에 대한 정당한 권리가 없음이 확인되었다는 의미이다.
2) Fritz Bauer/Rolf Stürner, a.a.O., S. 119.
3) Otto Geib, a,a,O(Zwangsvollstreckung.), S. 360ff; derselbe, Die Gläubigeranfechtung und §864, Abs.2 ZPO, in: AcP 115, 1917, S. 61f.
4) 채권자취소소송과는 별도로 채권자 채무자를 상대로 이행의 소를 제기하여 확보한 執行權原을 의미한다.
5) Otto Geib, a.a.O(Zwangsvollstreckung.), S. 352ff.
6) 현행 채권자취소법 제9조 및 제11조에 각 해당한다.

외에서도 주장할 수 있다는 것이다.[1)]

순정무효설은, 형성소송설에 따를 경우 소의 판결이 나기 전까지는 아무도 채무자의 법적 행위의 무효를 주장할 수 없고,[2)] 재판상 항변이나 소로서만 주장해야 한다는 위 규정에 따라야 하기 때문에, 이러한 절차상의 엄격성을 피하기 위해 발전한 이론이라고 할 수 있다.

따라서 순정무효설에 의하게 되면, 詐害行爲는 위 법률의 규정에 의해 "당연히 물권적 · 상대적 무효"가 된다. 그러므로 취소채권자에 의해 수익자 또는 전득자가 지배 중에 있는 詐害行爲의 목적물에 대한 직접적인 강제집행이 가능하게 된다. 이 학설은 구채권자취소법 제1조의 채권자취소권이 채무자에 대한 强制執行權原을 가지고 수익자 또는 전득자에 대한 강제집행가능성을 확장하는 근거가 된다고 하여 强制執行擴張說이라고도 한다.[3)]

그러나 순정무효설은, 구채권자취소법 제9조 즉 현행 채권자취소법 제11조가 채권자취소권을 소를 통하여 행사할 때 취소의 범위, 즉 반환의 범위를 명시하도록 요구하고 있는 것은 이행의 소이기 때문에 그러는 것이므로 확인의 소라고 볼 수 없으며, 채권자취소권의 요건에 해당되는 詐害行爲라고 하여 법률의 규정에 의하여 당연히 무효로 되는 것은 아니라는 비판[4)]을 받고 있다.[5)]

또한 Reich재판소 판례도 "구채권자취소법 제9조의 소는 확인의 소라고 해석할 수 없다."고 판시함으로써 순정무효설이 채권자취소소송을 확인의 소로 보는 것에 반대하는 입장을 밝혔는바, 채권자취소소송이 이행의 소, 즉 반환청구권의 실현방법이라는 점을 무시한 채 확인의 소라고 하는 것은 무리라고 하지 않을 수 없다.

독일 민법 제135조는 "so ist sie nur diesen Personen gegenüber unwirksam."이라고 하여, 채무자가 특정인에 대하여 부담하고 있는 이행채무를 피

---

1) 절대적 무효는 원칙적으로 소송 외에서 언제나 주장할 수 있기 때문이다.
2) 형성판결에 의해 무효가 되기 전까지는 여전히 유효상태에 있기 때문이다.
3) 韓國炫, 전게 논문, 165면.
4) 즉 취소채권자에 의해 詐害行爲의 취소 주장이 있기 전까지는 유효하게 취급된다.
5) Stefan Rutkowsky, a.a.O., S. 68ff.1) 우리의 경우 특정물채권이 이에 해당한다.

하기 위하여 특정목적물을 처분해 버림으로써 그 특정인에 대한 법률상의 양도금지를 위반한 경우 그 사람에 대하여 그 처분의 효력이 없다고 하였다.[1] 즉 특정인을 위한 법률상 처분금지규정을 위반하여 목적물을 처분하였다면 그 처분행위는 그 특정인에 대하여 무효라는 것이다.

이러한 근거에 바탕하여, Lonhard는 채무자의 詐害處分行爲가 채권자취소권을 행사하는 특정 채권자에 대하여서는 詐害行爲當事者 사이에서도 물권적·상대적 무효가 된다고 주장하였다. 따라서 Lonhard의 주장에 의하면, 채권자취소소송은 强制執行受忍의 訴로 이해하게 된다.[2] 그러나 민법상의 상대적 무효는 채권자취소의 효력과 부합할 수 없다는 이유로 비판을 받고 있다.[3]

한편 신물권설 중 新形成權說(neuere Gestaltungslehre)은 Walsmann에 의하여 주장된 견해로, 구물권설이 주장한 채권자취소권의 재판 외에서의 주장 가능 부분을 포기하고 채권자취소권은 소송상 행사하여야 하는 형성권으로 이해한다. 따라서 채권자가 소송상 이를 행사하면 채무자의 詐害行爲가 채권자에 대하여 상대적으로 무효가 되며, 취소상대방인 수익자 또는 전득자는 그 무효판결에 의해 취소채권자의 강제집행을 수인해야 한다고 한다.[4]

그런데 신형성권설은 채권자취소권을 소송상 주장하면 되기 때문에 반드시 訴訟物 즉 請求趣旨로 주장하지 않더라도 請求原因이나 抗辯으로 주장하면 된다고 한다. 즉 반드시 판결주문으로 채권자취소권의 유효성이 판단되지 않더라도 소송상 주장하는 것으로 충분하기 때문에 채권자취소권을 주장한 후 소가 취하되거나 각하된 경우에도 채권자취소의 효과가 발생한다고 주장한다.

그러나 Walsmann의 이러한 주장은, 소송의 최종목적은 판결주문이라고 할 것인데, 판결주문을 필요로 하지 않은 채 소송절차에서 단순히 주장한 것만으로 충분하다

1) 우리의 경우 특정물채권이 이에 해당한다.
2) Alfred Lonhard. a.a.O., S. 166ff.
3) 韓國炫, 전게 논문, 166면.
4) Stefan Rutkowsky, a.a.O., S. 73f.

고 하는 것은 소송의 본질에 반한 것으로 부당하며,[1] 단순히 소송절차상의 하자나 소송요건의 하자로 소가 취하 또는 각하됨으로써 실체적 권리관계에 대한 판단이 보류되었음에도 불구하고 채권자취소권의 실체관계에 대한 본안의 효력을 발생시켜 詐害行爲를 무효라고 하는 것은 소송법상 허용될 수 없다거나,[2] 기판력이 미치지 않는 판결이유에 설시된 사항에 대하여 마치 기판력을 인정하는 것과 같게 되어 타당하지 않다는 비판을 받고 있다.

한편 구물권설 중 형성권설을 주장하던 Hellwig는 나중에 채권자취소권의 행사는 재판 외에서는 행사할 수 없고 반드시 재판상 행사하여야 하는 일종의 형성소권(Gestaltungsklagerecht)이라며 종래의 그의 견해를 신형성권설로 바꾸었다.

신형성권설에 의하면, 법원은 채권자의 취소권 행사에 대하여 판결로 응답하여야 하며,[3] 이 판결을 통하여 비로소 채무자의 詐害行爲가 무효로 된다고 한다. 그러면서 구채권자취소법 제9조가 채권자취소소송을 이행의 소로만 규정하고 있지만, 독일 민사소송법 제254조의 段階的訴(Stufenklage) 규정을 유추하여 형성의 소와 이행의 소(强制執行受忍의 訴)가 결합된 소로 보아야 한다고 한다. 이처럼 단계적 소를 유추적용하여 채권자취소소송을 형성의 소와 强制執行受忍의 訴가 결합된 소송이라고 본 이유는 법률관계의 형성이 선행되어야만 그 결과로 이행을 청구할 수 있기 때문이라고 한다.[4]

그러나 Hellwig의 이러한 견해는, 채무면제나 담보권설정이행 등과 같이 詐害行爲만 있을 뿐 이행되지 않은 법적 행위에 대하여, 순정무효설은 확인의 소 절차를 밟아야 한다고 함에 반하여, 신형성권설은 형성의 소만으로써도 채권자취소권의 목적을 달성할 수 있다고 함으로써, 상대적 무효설에 대한 비판 즉 독일 구채권자취소법 제9조가 이행의 소로 규정한 취지와 맞지 않다는 비판을 받고 있다.[5] 뿐만 아니라 특수

---

1) 판결주문에 나타나지 아니하면 기판력이나 집행력이 생기지 않기 때문에 실무상 강제집행이 허용되지 아니한다.
2) Stefan Rutkowsky, a.a.O., S. 75f.
3) 채권자는 청구취지로 채권자취소권을 행사하여야 하고 법원은 판결주문으로 재판하여야 한다.
4) Konrad Hellwig, Die Form der Gläubigeranfechtung, in: DJZ, 1905, S. 249ff.
5) Stefan Rutkowsky, a.a.O., S.79f.

한 경우, 예를 들어 채무자가 채권자를 害하기 위하여 법률행위 없이 물건의 점유만을 수익자 또는 전득자에게 이전시켜 놓은 경우에 취소판결로써는 사실상의 직접적 점유를 무효로 선고할 수 있는 방법이 없다는 비판을 받고 있다.

物權說은 채권자취소권의 법적 성격을 形成權으로 이해하는 입장을 취하고 있다고 할 수 있겠다.

(2) 債權說

① 序

채권설(Schuldrechtliche Lehre)은, 채권자가 채권자취소권을 행사하여 詐害行爲를 취소하면 물권적 효력이 발생하는 것이 아니라 채권자가 수익자 또는 전득자에 대하여 채권적 효력의 새로운 반환청구권을 취득한다는 견해이다.

채권설은, 처음에는 채권적 반환청구권이 성립하기 위하여서는 채권자의 취소의사표시가 형식적이나마 필요하다고 주장하였으나,[1] 현재는 채권자취소권은 구채권자취소법의 요건을 갖추면 특정한 법률행위 즉 취소의 의사표시 없이도 당연히 취소청구권이 발생한다고 한다. 다만 구파산법상의 부인권 행사를 위해서는 파산절차의 개시가 취소청구권의 발생요건으로 추가될 뿐이라고 주장한다.[2]

채권설은, 이처럼 채권자가 별도의 취소의사를 표시하지 않더라도 법률이 정한 취소요건, 즉 구채권자취소법상의 詐害行爲取消要件이 충족되면 취소채권자와 수익자 또는 전득자 사이에는 법률상 채권관계인 原狀回復請求權이 생기게 되고, 이 법정채권관계에 의하여 취소채권자는 수익자 또는 전득자에게 그가 詐害行爲로 취득한 목적물을 채무자에게 반환할 것을 청구하거나 취소채권자의 강제집행에 受忍할 것을 청구할 수 있는 채권적 청구권이 생기게 된다고 한다.

따라서 채무자의 詐害行爲가 독일 구채권자취소법의 요건에 충족되면, 법률에 의하

---

1) Ernst Jäger, Konkursordnung, Bd. 1, 8. Aufl., Berlin, 1958, Vorbem. zu KO §§29-42, 11.
2) RGZ 21, 420.

여 곧바로 취소채권자에게 취소상대방인 수익자 또는 전득자에 대한 급부반환청구권이 발생하고, 채권자가 이 반환청구권을 채권자취소소송을 통해 행사할 경우 수익자 또는 전득자는 강제집행을 수인해야 하므로, 결국 채권자취소의 소는 强制執行受忍의 訴로서 기능하게 된다고 한다.

그렇다면 수익자 또는 전득자가 급부 목적물을 직접 채무자에게 반환하여야 하느냐 여부인데, 수익자 또는 전득자는 채권자취소판결이 났더라도 詐害目的物을 채무자에게 반환하지 않고 그대로 보유하면서,[1] 다만 취소채권자의 강제집행에 受忍義務가 있다는 것이다.

채권설의 특징은, 그렇다면 채권자취소권이 실체법상의 권리가 아닌 소권이냐는 것인데, 채권자취소권을 강제집행법상의 제도라고 인정하면서도 소권이 아닌 실체법상의 권리로 보고 있다는 점이다. 즉 채권자취소권을, 채권의 만족을 꾀하기 위하여 실체법상 주된 채권에 부수된 부수적 권리 내지 보조적 권리로 이해한다. 다시 말하자면 채권자취소권을 기본적 채권에 내재되어 있는 하나의 權能, 즉 채권을 구체적으로 달성하기 위한 힘으로 보는 것이다.[2]

독일 제국(Reich)재판소는 “채권자취소권에는 물권적 효력이 없으며, 단지 채권적 효력만 있을 뿐이다. 따라서 취소된 법률행위는 채권자취소소송의 원고 즉 취소채권자에 대한 관계에서만 그 효력이 있다.[3] 취소의 효과는 채권자취소소송의 피고로 하여금 목적물을 그것이 아직 채무자의 소유물인 것처럼 취급하여 채무법상의 의무를 부과하는 것에 그친다. 채무법상의 의무는 채권자취소소송의 피고가 타인의 채무를 위하여 자기의 소유물에 대한 강제집행을 受忍해야 하는 것을 의미한다.”라고 하여,[4] 채권적 효력이 있을 뿐이라는 점을 분명히 하였다.

이에 따라 채권자가 채권자취소권을 행사하면, 수익자 또는 전득자는 구채권자취소법에 의해 반환의무를 부담하는 즉 채무법상의 의무를 부담하게 되고, 취소채권자는

1) 목적물이 마치 양도되지 아니한 상태처럼 채무자의 재산으로 취급된다.
2) Böhle-Stamschräder/Joachim Kilger, Anfechtungsgesetz, 7. Aufl., München, 1986, Einf. Rn. 113.
3) 즉 상대적 무효라고 판시한 것이다.
4) RGZ, 71, 176.

집행인용의 소를 통해 채권자취소권을 행사하여 수익자 또는 전득자가 가지고 있는 詐害行爲의 대상물에 대한 강제집행을 직접 실시할 수 있게 된다.

그런데 채권설은 불법행위설, 부당이득설, 법정채권설의 순서로 발달해왔다고 할 수 있다. 초기에 주장되었던 불법행위설과 부당이득설은 거의 지지를 받지 못하고 현재는 법정채권설 즉 법정책임설이 다수설이다. 하지만 이해의 편의를 위해 각 학설의 견해를 간단히 검토하고 넘어가기로 한다.

② 不法行爲說

채권설 중 불법행위설은, 로마법상의 파울리아나 소권처럼 독일 보통법상의 채권자취소권을 불법행위의 일종으로 본다. 즉 채권자취소권은 채무자와 수익자 또는 전득자 사이의 불법행위에 대한 原狀回復請求權이라는 것이다. 한때 제국(Reich)재판소도 채권자취소소송에 대한 법원의 관할을 결정함에 있어 불법행위재판적을 기준으로 하여 관할을 결정함으로써 불법행위설을 따른 적이 있었는데, 독일연방대법원은 이 견해를 배척하였다.[1] 그런데 독일연방대법원에서 배척되기 전까지는 불법행위이론에 의해 무상행위를 제외하고는 채무자와 수익자의 고의 또는 과실이 있어야 한다고 하였다. 그리하여 20세기초까지도 독일 구채권자취소법 제3조 제1항 제1호[2]와 독일 구파산법 제31조[3]의 고의에 의한 침해의 取消(Absichtsanfechtung)의 경우에 불법행위적 성질을 갖는 것으로 인정하여 왔으나, 독일연방대법원은 위 판례를 통해 채권자취소권에 대한 불법행위 성질을 배척하였다.

이러한 판례의 취지에 따라 학설도 그 이후 채권자취소권의 불법행위성을 부인하였는바,[4] 그 주요논지는 구채권자취소법상의 채권자취소권 또는 구파산법상의 부인권은 상대방의 고의 · 과실을 문제 삼지 않으며, 불법행위로 인한 손해배상을 구하는 것이 아니라 단지 반환을 구하는 것일 뿐이라는 것이다.[5] 따라서 채권자취소권을 행사

---

1) BGZ BB 1952, 868.
2) 우리 민법 제406조 제1항에 해당한다.
3) 우리 채무자회생법 제391조 제1호에 해당한다.
4) Joachim Kilger, Konkursordnung, 15. Aufl., München, 1987. §29 Anm. 5; Othmar Jauernig, Zwangsvollstreckungs- und Konkursrecht, 18. Aufl., München, 1987, §50. Rn. 3; Fritz Baur/Rolf Stürner, a.a.O., §18, Rn. 16.

함에 있어 수익자 또는 전득자에게 불법행위능력이 있는지 여부는 고려 사항이 아니며, 공동불법행위나 손익상계에 관한 규정 역시 적용되지 아니한다고 한다. 다만 채권자취소권의 행사대상인 詐害行爲가 자체적으로 불법행위의 요건을 별도로 갖추고 있는 경우, 즉 독일 민법 제823조 이하[1]의 불법행위에 해당할 경우에는 당연히 채권자취소권과의 경합이 인정된다 하겠다.[2]

③ 不當利得說

채권설 중 부당이득설(Bereicherungstheorie)은, 채권자취소권의 법적 성질을 채권자가 수익자 또는 전득자에 대하여 행사하는 수익물의 부당이득반환청구권으로 이해한다. 즉 독일 구채권자취소법 제7조 제2항[3]과 독일 구파산법 제37조 제2항[4]이 수익자가 무상행위를 통해 수익한 것이 선의인 경우에도 그 행위가 채무자의 詐害行爲에 해당할 경우에는 반환하도록 규정하고 있음에 근거하여, 채권자취소권의 행사에 의해 수익자 또는 전득자가 채권자에게 이의 반환의무를 부담하는 것은 그 취득이 부당이득이기 때문이라는 것이다.

그러나 이러한 부당이득설은 채무자와 수익자 사이의 양도행위가 완전히 유효한 행위이고[5] 수익자 또는 전득자 역시 일정한 반대급부를 지급한 상태이기 때문에 부당한 이득이 없는데도 불구하고 이를 부당이득으로 인정하는 것은 심히 부당하다는 비판에 직면하게 되었는데, 이러한 비판에 대해 부당이득설은 채권자취소권에 대하여 수익자의 부당이득을 이유로 하는 원래 의미의 부당이득반환청구권은 아니지만, 채권자취소권에 근거한 반환청구권은 채권자에 대한 부당한 침해에 대한 청구권으로 "부당이득에 기한 청구권과 동등한 것"이라고 주장한다. 따라서 독일 민법 제812조[6]

---

5) Othmar Jauernig, a.a.O., §50. Rn. 3.
1) 우리 민법 제750조 이하의 일반불법행위에 관한 규정이다.
2) Fritz Baur/Rolf Stürner, a.a.O., §18. Rn.16 u.17.
3) 현행 독일 채권자취소법 제4조에 해당한다.
4) 우리 채무자회생법 제397조 제2항에 해당한다.
5) 물론 허위통모에 의한 불법행위가 성립하는 경우에는 별도로 불법행위책임이나 부당이득의 문제가 성립할 것이다.
6) 우리 민법 제741조에 해당한다.

의 순수한 부당이득반환청구권은 아니지만 그와 동등한 성질을 갖는 권리이므로 반환하여야 한다고 한다.

그러나 채권자취소제도의 목적에 비추어볼 때, 독일 민법 제812조 이하의 민법상의 부당이득은 수익자의 부당한 이득을 반환하여 청산토록 하려는데 목적이 있는 것인데 반하여, 구채권자취소권 내지 구파산법상 부인권은 채권자에 대한 부당한 침해의 방지에 그 목적이 있고 반환청구의 대상도 현재 이익이 아니라 채무자의 재산으로부터 일탈된 재산이라는 점에서 , 양자를 동일시할 수 없다는 비판을 받게 되어 현재 부당이득설을 지지하는 학자는 거의 없다.[1)]

그런데 현행 채권자취소법 제11조 제1항이 채무자의 재산이 취소할 수 있는 법적행위를 통해 양도, 인도, 포기된 경우에 채권자의 채권확보를 위해 필요한 조치를 취하도록 하면서, 수익자 또는 전득자가 그 법적 근거를 안 경우에 대하여 부당이득의 법률효과에 관한 규정이 적용된다고 하여, 수익자 또는 전득자가 채무자 또는 채권자에게 반환하는 법적 성질을 법정부당이득으로 취급하고 있는바, 부당이득설이 새로운 지지를 받을 가능성을 완전히 배제할 수는 없게 되었다고 하겠다.

④ 法定債權說

채권설 중 법정채권설(Legalverbindlichkeitstheorie)[2)]은, 구채권자취소법상의 채권자취소권과 구파산법상의 부인권의 성질을 "형평의 입장에서 법이 특별히 인정한 권리"라고 한다. Cosack에 의해 주장된[3)] 법정채권설은 현재 독일의 통설[4)]이자 판례[5)]의 입장이라 할 수 있다.

Cosack는, 채권자취소권은 상대방의 불법행위나 준불법행위에 기한 것도 아니고,

---

1) Fritz Baur/Rolf Stürner, a.a.O., §18. Rn. 14; Joachim Kilger, a.a.O., §29. Rn. 4; Othmar Jauernig, a.a.O., §50. Rn. 2.
2) 앞서 살펴본 채권자취소권의 본질 중 법정책임설에 해당하는 개념이라 하겠다.
3) Konrad Cosack, Anfechtungsrecht des Gläubigers eines zahlungsunfähigen Schuldners innerhalb und außerhalb des Konkurses, Stuttgart, 1884, §6. S. 24.
4) Jürgen Baumann/Wolfgang Brehm, Zwangsvollstreckung, 2. Aufl., Bielefeld, 1982, §11. Rn.111; Hans Brox/Wolf - Dietrich Walker, Zwangsvollstreckungsrecht, 2. Aufl., München, 1988, Rn. 261; Fritz Baur/Rolf Stürner, a.a.O., §18. Rn. 13; Böhle-Stamschräder/Joachim Kilger, a.a.O, Einf.11, Rn. 1.
5) RGZ 10. 5. 10f.; BGHZ 71, 296, 302; BGH, WM 1987, 434, 436.

물권적 효과에 기한 반환청구권도 아니라고 하면서, 채권자와 채무자 및 수익자 사이의 "형평"을 고려하여 법률이 채권자에게 부여한 특별한 법정채권이라고 새롭게 이론구성할 수밖에 없다고 주장하였다.

이러한 법정채권설은 채권자취소권의 본질에 대한 고찰을 배제한 채 채권자취소권을 단순히 법률의 규정, 즉 법에 의해 인정되는 법정채권이라고 함으로써 채권자취소권의 본질에 대한 규명을 포기하였다는 비판을 받고 있다. Cosack는 이러한 비판에 대하여 채권자취소권의 역사적 발전과정을 고려할 때 법률적 요청에 근거하고 있다고 보는 것이 오히려 타당하다고 반론을 제기하고 있다.

법정채권설은, 독일 구채권자취소법상의 채권자취소권의 구성요건을 갖춘 경우에는 채권자는 수익자 또는 전득자에 대하여 당연히 목적물의 반환을 구할 수 있는 법정채권을 취득하게 된다고 한다. 독일 구채권자취소법 제2조[1]는 채권자취소권 요건으로 첫째, 채권자취소권을 행사하는 채권자의 채무자에 대한 執行權原의 존재, 둘째, 채권자의 채무자에 대한 被保全債權의 변제기의 도래를 요구하고 있다. 그런데 첫째 요건인 채권자의 채무자에 대한 執行權原이 어떻게 수익자 또는 전득자에 대한 執行權原으로 전용될 수 있느냐라는 근본적인 의문에 부딪히게 된다. 즉 판결의 주관적 기판력은 소송 당사자인 채권자와 채무자 사이에서만 인정될 뿐 제3자에 대하여 미치지 않는 것이 원칙인데, 채권자와 채무자 사이의 판결의 기판력의 주관적 범위를 어떻게 소송 외에 있는 수익자 또는 전득자에게까지 확장시켜 수익자 또는 전득자의 재산에 대한 강제집행이 허용될 수 있느냐라는 것이다.

앞서 살펴본 바와 같이 채권자취소권의 행사가 수익자에 대한 집행수인의 소에 의한다고 본다면, 구채권자취소법 제2조의 채권자와 채무자 사이의 판결에 의한 執行權原은 그 이후에 행해질 수익자에 대한 강제집행의 정당성을 부여할 執行權原이 될 수 없다. 따라서 동법 제2조의 執行權原을 채무자가 채권자에 대하여 부담하고 있는 채무 즉 채권자의 被保全債權의 존재 및 금액이 채권자취소소송의 제기 전에 확정되

1) 현행 독일 채권자취소법 제2조에 해당한다.

어 있어야 한다는 것을 의미하는 것으로 해석한다. 따라서 채권자취소소송에서 채무자가 채무를 부담하고 있지 않다며 이의를 제기할 것을 예상하여 미리 채무자를 피고로 삼을 필요는 없다고 한다.[1)]

결국 법정채권설은, 채권자취소권에 의해 채권자가 제3자라고 할 수 있는 수익자 또는 전득자에 대해 반환청구권을 행사할 수 있는 것은 채무자의 詐害行爲가 채권자취소권의 요건에 해당되면 법률의 규정이 “채권자에게 채권자취소권을 행사하여 수익자에게 반환청구할 수 있는 권리”를 부여하고 있기 때문이라고 본다. 따라서 법정채권설은, 채권자나 파산관재인이 소나 항변의 방법으로 취소를 주장하여야 한다는 의미[2)]를 이미 법률에 의하여 발생한 채권자취소권에 의한 반환청구권을 법정에서 진술하는 것만으로도 그 정당성이 인정되는 것으로 이해한다.

법정채권설은, 독일 구채권자취소법 제7조의 반환청구권에 대하여, 구채권자취소법 초안이유서에 나타난 취지 등을 고려할 때, 强制執行受忍의 訴(die Klage auf Duldung der Zwangsvollstreckung)에 의해서만 행사되어야 하며, 구채권자취소법 제7조 및 제9조의 집행인용의 소 내지 집행인용판결은 被保全債權의 채무자가 아닌 수익자 또는 전득자를 집행채무자로 하여 그들의 지배하에 있는 재산에 대한 강제집행을 행사할 수 있는 執行權原으로 기능하게 된다고 한다.[3)] 법정채권설의 입장에서는, 이러한 반환청구권을 취소청구권으로 부르며, 양자를 동일한 권리로 이해한다.

법정채권설은 민법상의 취소권(Anfechtungsrecht)과 채권자취소법상의 취소청구권(Anfechtungsanspruch)[4)]을 동일하게 본다.[5)] 법정채권설은, 채권자의 취소청구권은 수익자의 입장에서 强制執行受忍의 訴(Klage auf Duldung der Zwangsvollstreckung)에 복종할 의무라는 것이다. 따라서 채권자취소소송의 법적 성격을 형성의 소가 아닌 이행의 소, 즉 强制執行受忍의 訴라고 이해한다.[6)] 한편 강

---

1) 韓國炫, 전게 논문, 173면.
2) 독일에서의 채권자취소소송은 집행인용의 소에 의해서만 강제집행이 행사될 수 있다.
3) 中野貞一郎, “債權者取消訴訟と强制執行”, 民事訴訟雜誌 第6卷, 日本民事訴訟法學會編, 1960, 53面 以下.
4) 독일 채권자취소법상의 취소청구권은 우리 민법 제406조 제1항의 原狀回復請求權에 대응하는 개념이라고 하겠다.
5) NJW 1986, 2252, 2253; Fritz Baur/Rolf Stürner, a.a.O., §18. Rn. 13.

제집행인용판결이 확정될 경우 실시되게 될 강제집행은 통상의 이행의 소에 대한 강제집행과 동일한 방법으로 실시되기 때문에 집행인용판결 역시 통상의 이행의 소의 한 유형으로 보고 있다.[1]

법정채권설은, 이와 같은 이론에 의해 채무자에 대한 집행인용판결이 수익자인 피고에 대한 執行權原으로 기능하게 되어, 앞서의 첫째 요건을 충족한다고 보고 있다. 결국 수익자 또는 전득자로서는 언제든지 사후에 취소될 수 있는 개연성에 노출되어 있으며, 채권자취소권에 관한 법규는 특정한 요건 아래 수익자 또는 전득자의 반환의무를 추정함으로써 수익자 또는 전득자에게 채무자의 파산의 위험을 그 수익의 범위 내에서 부담지우고 있다고 하겠다.

그런데 법정책임설은 채권자취소권의 법적 성질을 이론적인 규명을 포기하고, 법률의 규정에 의하여 그 근거가 생기는 것이라 하여 본말이 전도되었다는 비판을 받고 있다. 그리고 채권자와 무관한 제3자인 수익자 또는 전득자에게 채권적 급부의무를 사후에 추가로 부담지우는 것은 취소권의 목적인 행위 당사자 사이에서의 원상회복을 넘어서게 되어 부당하다는 비판[2]과 채권자취소권의 실현을 위한 强制執行受忍의 訴는 국가의 집행에 대한 공동적 수인의무의 문제인 독일 민사소송법 제890조의 부작위청구의 소에 적용되는 것인데, 사인 상호 간의 의무의 이행 문제에 대한 채권자취소권의 경우에 적용된다고 하고 있어 문제가 될 수 있다는 비판이 가해지고 있다.

그럼에도 불구하고 독일의 다수설인 법정채권설은 채권자와 채무자 및 수익자 또는 전득자 사이의 공평을 기하기 위한 법정책임으로 보아, 채권자를 보다 더 보호하는 것이 공평에 부합한다고 하고 있다.

---

6) Neo Rosenberg/Hans Friedhelm Gaul/Eberhard Schilkin, Zwangsvollstreckungsrecht, 10. Aufl., München 1987, §35. Rn. 11 ; Fritz Baur/Rolf Stürner, a.a.O., §18. Rn. 13.

1) Neo Rosenberg/Karlheinz Schwab, Zivilprozessrecht, 13. Aufl., München 1956, S. 518f.

2) Gotthard Paulus, a.a.O., in: AcP 155, S. 301f.

(3) 强制執行擴張說과 執行法說 및 責任法說

① 序

앞서의 물권설과 채권설은 채권자취소권의 법적 성질을 실체법에서 찾고 있으나, 채권자취소소송이 强制執行受忍의 訴라는 점을 중시하여, 실체법이 아닌 집행법상의 권리 개념으로 새롭게 파악하려는 강제집행확장설과 집행법설 및 책임법설 등이 새롭게 주장되고 있다.

② 强制執行擴張說

强制行擴張說(Vollstreckungserweiterungstheorie)은, Goldschmidt[1]와 Lippmann[2]에 의해 주장되었는데, 순소송설이라고도 한다. 즉 채권자취소소송을 강제집행보조의 소로 이해한다.

그런데 독일 구채권자취소법 제2조는 우리 민법과 달리[3] 채권자취소권의 행사에 채권자의 채무자에 대한 執行權原을 요구하고 있다. 강제집행확장설은 이 점을 중시하여, 각 채권자는 채무자에 대한 執行權原에 의해 채무자의 재산에 대하여 강제집행을 할 수 있고, 詐害行爲로 인하여 수익자에게 양도된 재산에 대하여서도 강제집행할 수 있다고 한다. 즉 수익자에 대한 강제집행은 구채권자취소법 제3조의 요건 아래 취소상대방인 수익자 또는 전득자의 재산에 대해 집행하는 것으로 채무자의 재산에 대한 주된 집행의 집행보조의 소이고, 이는 결국 수익자 또는 전득자에 대한 강제집행의 확장이라는 것이다. 프로이센상급법원(Preuβisches Obertribunal)이 이 견해를 따랐다.[4]

---

1) James Goldschmidt, Zivilprozeßrecht, 2. Aufl., Berlin 1932, S. 328; derselbe, Prozeß als Rechtslage, Berlin, 1925, S. 468.

2) Lippmann, Die rechtliche Natur des Anfechtungsrechts, in: Jher. Jahrb. 36, 1897, S. 145ff.

3) 채권자취소소송에 대한 우리 판례 및 다수설은 채권자가 수익자를 피고로 하여 제기하면 된다고 하여 채무자에 대한 執行權原을 필요로 하지 않는다는 입장이다. 다만 그 이후 강제집행 단계에서는 채권자의 채무자에 대한 별도의 執行權原이 필요하다. 왜냐하면 반환받은 목적물이 형식적으로 채무자의 권리로 환원되기 때문에 채무자를 상대로 한 채권자의 執行權原이 필요하기 때문이다. 즉 우리나라는 채권자의 수익자 또는 전득자에 대한 채권자취소소송 및 채권자의 채무자에 대한 이행의 소 등 두 소송에서 모두 승소하여야만 강제집행을 할 수 있다. 다만 반환받은 목적물이 금전이나 급부내용과 같은 물건인 경우에는 이를 채권자가 직접 수령하여 상계처리할 경우에는 執行權原을 필요로 하지 않는다고 하겠다.

Lippmann에 의하면, 채권자취소권은 독일 민법 시행 이전에 제정된 구채권자취소법[1]에 의한 권리로, 동법이 절차법이므로 채권자취소권 역시 취소상대방에 대한 실체법상의 권리가 아닌 절차법상의 권리로 보아야 하며, 동법 제3조[2]의 요건 아래 자기 채권의 만족에 필요한 범위에서 강제집행할 수 있는 권리로 보아야 한다고 한다. 따라서 취소의 효과 역시 실체법상의 효력, 즉 물권적 효력이 생기는 것이 아니라 채권적 효력만이 생긴다는 것이 독일 보통법 시대의 주류 학설이었다는 것이다.

그러면서 Lippmann은 채권자취소소송 구조를 외국판결에 대한 집행판결을 구하는 것과 비슷한 구조로 보아야 한다고 주장하였다. 즉 외국에서 선고된 판결을 국내에서 강제집행하기 위해서는 프로이센 민사소송법 제660조, 제661조[3]에 의해 별도로 독일법원에서 집행판결을 받아야 하는데, 이 경우 집행판결을 선고하는 법원은 외국판결이 인정한 실체법상의 청구권에 대해 심리하지 않는 것처럼, 채권자취소소송에 의해 수익자 또는 전득자에 대한 채권자취소소송 역시 그들의 실체법상의 권리관계를 심리함이 없이 곧바로 강제집행을 허용하도록 하는 것이 마치 집행판결과 유사한 구조라는 것이다.

그러나 이러한 Lippmann의 주장은, 집행판결이 실체법상의 권리관계에 대해 심리하지 않는 것은 맞지만, 외국법원에 의해 선고된 판결이 확정되었는지, 자국과 비교하여 상호보증제도가 시행되고 있는지, 집행판결이 선고될 경우 국내에서 강제집행이 허용될 수 있는 내용인지 등에 대해서만 검토할 뿐 제3자의 재산에 대한 강제집행이 가능한지는 문제 삼고 있지 않는데, 채권자취소소송은 제3자인 수익자 또는 전득자에 대해 강제집행을 허용하고 있어 그 구조가 다르다는 점을 간과하고 있다는 비판을 받게 되었다. 즉 강제집행확장설은, 강제집행이 실체법에 따라 채권자의 채권에 대하여 책임을 지는 채무자 소유의 권리 또는 물건 또는 물상보증인이 제공한 담보물에 대해서만 허용될 뿐, 실체법상 채권에 책임을 지지 않는 제3자인 수익자 또는 전

---

4) Stefan Rutkowsky, a.a.O., S. 39.
1) 프로이센에서 1855년에 제정되어 1879년 1월 21일에 공포된 전문 14개조의 법을 말한다.
2) 현행 채권자취소법 제3조 내지 제6조에 해당하며, 우리 민법 제406조에 해당한다.
3) 독일 민사소송법 제722조, 제723조에 각 해당하고, 우리 민사집행법 제26조, 제27조에 각 해당한다

득자가 채무자의 채무에 대하여 책임을 지는 이유를 설명하지 못한다는 것이다.[1]

그러자 Lippmann은 집행확장의 실체법적 근거로 擬制理論(Fiktion)을 제시하였다. 즉 제3자인 수익자의 재산이 강제집행에 관한 한 채무자의 재산으로 의제되는 것이라며 위 비판을 피해보려 하였으나, 이 역시 의제는 법적 사고를 설명하는 것이 아니라 위장하는 것에 불과하다는 비판을 받게 되었고,[2] 그 후 이 견해를 주장하는 학자가 없게 되었다.

③ 執行法說

執行法說(vollstreckungsrechtliche Theorie)은 Hein에 의해 주장되었는데,[3] 채권자취소권에 의한 채권자의 권리를 채권자를 구제하기 위한 단순한 집행법적 구제수단(Vollstreckungsrechtsbehelf)이라고 주장하며 실체법상의 권리가 아닌 소송법상의 권리로 보았다. 그리하여 채무자로부터 취득한 수익자 또는 전득자의 권리를 그대로 유효한 것으로 인정함과 동시에 수인의 채권자와 수인의 채무자 사이의 법률관계는 모두 상대적인 것일 뿐 어떤 절대적인 것이 문제되지 않는다며 수익자가 취득한 권리문제를 채권자와 수익자 사이의 책임관계로 설명하였다.

그러면서 취소할 수 있는 법률행위에 대해 물권적 무효를 주장할 필요가 없다면서 물권설을 배척하였다. 한편 强制執行受忍의 訴를 채권자취소권의 실행수단으로 이해하여 强制執行受忍의 訴가 수익자에 대한 청구권의 부존재를 소극적 요건으로 하고 있다는 점을 강조하며 채권설과도 다르다고 주장하였다.[4]

그러면서 채권자가 수익자의 재산에 대하여 강제집행할 수 있는 근거를, 상대적 법률관계의 성질을 갖는 책임관계가 있기 때문이라고 하였다. 그의 집행법설은 채권설과 후술하게 되는 Paulus의 책임법설이 혼합된 절충설이라는 평가를 받고 있다.

그런데 Hein의 집행법설은, 채권자와 수익자 사이에 채권관계가 없다고 하고서

1) Stefan Rutkowsky, a.a.O., S. 41f.
2) Stefan Rutkowsky, a.a.O., S. 39f.
3) Wolfgang Hein, Duldung der Zwangsvollstreckung, Breslau 1911, besonders S. 70ff., 100ff. u. 137f.
4) Wolfgang Hein., a.a.O., S. 148f, u. 180f.

도, 수익자에 대한 청구의 근거를 상대적 법률관계인 책임관계라는 실체법적 근거에서 찾는 것은 모순이라는 비판을 받게 되었고, 법률상의 권리관계에 근거를 두고 있어 통설인 법정채권설의 법정채권관계와 다를 바 없는데도 별도로 집행법설이라고 주장하는 것은 법정채권설에 대한 비판이 그대로 적용될 수 있다는 비판을 받게 되었는바,[1] 현재 집행법설을 지지하는 학자도 없는 실정이다.

④ 責任法說

責任法說(haftungsrechtliche Theorie)은 Gotthard Paulus[2]가 주장한 학설로, 채권자취소권은 채무자의 詐害行爲에 의하여 채무의 변제를 방해당한 채권자에게 과거의 채무자의 責任財産을 회복할 수 있는 기능을 부여하는 권리로, 원래는 채무자의 責任財産이었으나 현재는 수익자 또는 전득자의 지배에 놓여 있는 목적물에 대한 강제집행을 행하여 그 매득금으로 채권자의 채권의 목적, 즉 변제를 받을 수 있는 권리로 보아야 한다고 한다.

Paulus는 재산을 처분법적 요소(verfügungsrechtliche Komponente)와 책임법적 요소(haftungsrechtliche Komponente)로 구분하고, 채무자에게는 자기 재산에 대한 처분권이 있으므로 채무자의 재산 처분에 대하여 채권자가 관여할 바는 아니지만, 책임법적 측면에서 채무자의 재산이 처분됨으로써 채권자에 대한 責任財産이 감소되었다면 그 범위에서 일탈된 채무자의 재산이 채권자에 대한 책임을 벗어나게 되어 그로 인해 채권자에게 책임법적 반사효(haftungsrechtliche Reflexwirkung), 즉 취소채권자로 하여금 詐害行爲의 목적물에 대한 강제집행을 할 수 없게 한 불이익을 주었으므로, 이를 제거하는 것을 목적으로 하는 권리가 인정되어야 하는바, 바로 그 권리가 채권자취소권이라고 한다.

따라서 구채권자취소법 제1조[3]가 "채권자에 대하여 무효로서 취소할 수 있다."고 한 취지는 "책임법적 반사효를 제거할 수 있다"는 의미로, 이러한 의미에서 책임법적

1) Wolfgang Hein, a.a.O., S. 154.
2) Gotthard Paulus, a.a.O., in: AcP 155, S. 277ff.
3) 현행 채권자취소법 제1조에 해당한다.

무효로 보아 채무자가 詐害行爲로 재산을 양도한 경우 책임법적 무효(haftungsrechtliche Unwirksamkeit)를 통해 책임법적 반사효를 제거할 수 있다고 한다.

이처럼 Paulus는 재산권 속에 내재되어 있는 처분법적 요소와 책임법적 요소를 분리함으로써, 처분법적 요소는 채권자취소권의 행사에 의하여 영향을 받지 않는다고 하였다. 즉 권리의 이원화 구조를 인정함으로써 채무자와 수익자의 詐害行爲 결과는 그대로 유효하되, 채권자취소권을 행사하는 채권자에 한하여 부인될 뿐이라고 본다. 또한 채권자는 자신의 被保全債權의 責任財産 범위 내에서 처분된 채무자 재산의 책임법적 효력을 물을 수 있기 때문에 그 범위 내에서 채권자취소권은 강제집행의 최후 예비수단이 되며,[1] 채무자의 責任財産에 대한 독특한 제한방법이 된다[2]고 하였다.

한편 Paulus는, 채권자취소권의 목적은 責任財産 감소에 따른 손해를 보상받는 것이기 때문에 특정물양도청구권의 보호가 아닌 금전채권의 보호 및 그에 따른 책임목적물의 보호로 충분하므로, 물권설이나 채권설처럼 채무자와 수익자 또는 전득자 사이의 법률관계를 무효화시키는 것은 수익자 또는 전득자의 법적 지위를 불필요할 만큼 과다하게 약화시키는 것이므로 받아들일 수 없다고 한다. 왜냐하면 이러한 해석은 형성목적과 형성수단이 일치하지 않아 부당하다는 것이다.

독일 민법 제135조가, 특정인의 보호만을 목적으로 하는 법률상의 양도금지를 위반하여 목적물을 처분한 경우에 그 처분은 그 특정인에 대해서만 효력을 발하지 아니한다고 하여, 특정물채권의 경우에 대하여 상대적 무효를 규정하고 있는데, 이처럼 물권적 무효는 특정물양도청구권이나 기타 특정한 권리취득의 보호에 관한 것일 뿐이므로, 금전채권을 전제로 하는 채권자취소권의 경우 구태여 물권적 효력을 부정할 필요가 없다는 것이다. 그리고 채권설이 취하고 있는 바와 같이, 수익자 또는 전득자에게 없던 채권적 급부의무가 새롭게 생긴다고 하는 것은 이 역시 채권자취소권의 법률목적을 초과한 것으로 부당하다는 것이다.[3]

1) Gotthard Paulus, a.a.O., S. 301f.
2) Gotthard Paulus, a.a.O., S. 314f.

결국 책임법설은, 채권자취소권의 행사는 채권법적 구제수단이나 물권법적 구제수단의 강구가 아니라, 재산권에 내재되어 있는 책임법적 요소에 대한 추궁으로 충분하다면서, 채권자에게는 금전채무자에 대한 채권을 근거로 수익자 또는 전득자의 재산 중 특정한 목적물로부터 만족을 얻을 수 있는 권능이 있으며, 이러한 권능을 구체적으로 실현하기 위하여 책임법적으로 무효인 詐害行爲를 취소함으로써, 수익자 또는 전득자의 소유에 귀속된 詐害行爲의 목적물에 대한 强制執行受忍의 訴를 허용하는 것이라고 한다.

그런데 수익자 또는 전득자가 채권자의 强制執行受忍의 訴를 受忍하여야 하는 것은 私法的 行爲義務(privatrechtliche Verhaltenspflicht)가 있어서가 아니라, 집행권의 실행자인 국가기관 즉 집행기관에 대한 公法的 受忍義務를 부담하기 때문이라고 본다. 결국 Paulus는 책임법설을 통해, 수익자 또는 전득자가 채무가 없으면서도 책임을 져야 하는 것은 마치 물상보증인이 제3자의 채무에 대하여 책임을 지는 것처럼 "채무 없는 책임"을 부담하기 때문이라는 입장을 취하고 있다. 따라서 채권자는 수익자 또는 전득자에게 詐害行爲의 목적물이 남아 있는 경우에는 직접 그 목적물에 대하여 책임을 물을 수 있고, 만일 수익자 또는 전득자가 이를 제3자에게 다시 처분한 경우라면 제2차적 구제수단으로 채권자에게 가액상환청구권을 인정하게 된다는 것이다. 가액배상의 경우에는 가액상환청구권을 새롭게 취득하게 되어 채권설에 의한 채권적 성질을 갖게 된다며 책임법적 구제수단을 인정하고 있다.[1)]

독일의 통설은 우리와 마찬가지로 채권사취소권을 절차법상의 권리가 아닌 실체법상의 권리로 보고 있음은 이미 살펴보았다.

(4) 學說에 對한 檢討

오늘날 독일에서의 통설인 채권설 중 법정채권설과 절차법 시각에서 주장되는 책임법설은 채권자취소권을 취소청구권으로 이해한다. 그 중 채권설은, 독일 구채권자취

3) Gotthard Paulus, a.a.O., S. 301f.
1) Gotthard Paulus, a.a.O., S. 317f.

소법 제1조가 취소의 의사를 표시하도록 규정하고 있음에도 불구하고 채권자취소권은 취소의 의사표시를 요하는 권리가 아니라며, 위 법상의 취소는 "취소요건의 충족에 의하여 발생한 반환청구권의 주장"을 의미한다고 본다. 즉 채권자취소권의 요건을 갖춘 詐害行爲에 대하여는 당연히 반환청구권이라는 채권관계가 성립하므로 이를 단순히 주장하면 된다고 본다. 이로써 채권자는 强制執行受忍의 訴에 의하여 그 목적을 실현할 수 있게 된다고 한다.

한편 책임법설은, 채권자와 수익자 사이에 채권관계의 성립조차 인정할 필요가 없다면서, 채권자취소권은 취소청구권이고, 취소청구권의 속성에 의해 强制執行受忍의 訴로 보아야 한다고 주장한다. 즉 채권자취소권은 법률의 규정에 의하여 당연히 생기는 법정채권이고, 이를 채권자취소라는 의사표시를 통해 표시하는 것만으로 강제집행수인의무가 수익자에게 생긴다고 한다.

이처럼 책임법설에 의하면, 물권설에서 최소한으로 필요하다고 보는 "취소행위"마저 없이도 책임법적 효력이 생기게 된다. 따라서 물권설 중 구물권설인 형성권설처럼 무효를 주장하는 취소의 의사표시를 할 필요도 없고, 신물권설 중 순정무효설처럼 형식적 의사표시가 있어야 반환채권관계로 변한다는 전제마저 필요하지 않게 된다. 따라서 채권자취소권의 요건이 갖춰지면 당연히 책임법적 효력이 발생하게 된다. 그리고 책임법설에 의하면 수익자의 취득행위를 무효화시키는 것이 아니기 때문에 수익자는 여전히 詐害行爲로 취득한 목적물에 대한 처분권과 사용·수익권을 그대로 보유하게 된다.

채권설과 책임법설은, 채권자취소권행사에 취소의 의사표시를 필요로 하지 않는다는 점에서는 같지만, 채권설은 채권적 반환청구권이 성립한다고 하고 있음에 반하여 책임법설은 그러한 채권적 반환청구권마저 필요하지 않다[1]고 하는 점에서 다르다.

이처럼 Paulus의 책임법설은 채권자취소권의 책임법적 성질을 주장하였다는 점에서 Hein[2]의 이론과 공통되지만, Hein이 취소대상행위에 의해 취득한 재산에 성립한

1) 다만 가액배상에서는 가액배상청구권이라는 채권관계의 성립을 인정할 수밖에 없다고 입장을 수정한다. 그리고 책임법설은 책임법적 무효를 인정할 뿐 처분법적 효력은 그대로 유효하다고 한다.

책임관계를 취소상대방에 대한 청구의 중요한 근거로 삼는 것과 달리, Paulus는 목적물에 대한 권리 중 실체법적 책임기능만을 처분요건으로부터 분리하여 그 책임기능만을 무효로 하여 수익자가 詐害行爲에 의하여 취득한 재산에 대한 채권자의 집행을 정당화시킨다는 점에서 다르다.

그런데 책임법설은 목적물이 훼손이나 멸실 등으로 인하여 2차적 구제수단인 가액배상이 이루어질 경우 그러한 가액반환청구권은 통설의 법정채권설처럼 채권관계가 성립하게 된다는 점을 제대로 설명하지 못한다는 약점이 있다. 즉 책임법설은 채권자와 수익자 사이에 채권관계조차 성립하지 않는다고 주장하는데, 가액반환의 경우에 왜 법정채권관계에 의한 가액반환청구권이 예외적으로 인정되는지 그 이유를 설명하지 못하는 한계가 있다. 그럼에도 불구하고 책임법설은 1차적 구제수단인 목적물의 반환만으로 채권자취소권의 목적이 실현될 경우 책임법적 무효이론에 의해 責任財産性이 회복된 재산으로부터 채권자가 被保全債權을 강제적으로 실현하는 것이 强制執行受忍의 訴 내지 책임의 소라는 점을 명확히 하였고, 수익자가 채무 없는 책임을 부담하는 것에 불과하기 때문에 취소채권자와 취소판결의 집행채무자인 수익자 사이에 새로운 채권관계가 성립하지 않아도 무방하다는 이론을 도출한 것은 나름대로 의미가 있다고 하겠다.

다. 日 本

(1) 形成權說

일본은, 파산법상의 부인권은 독일의 입법례를, 파산절차 외에서의 채권자취소권은 프랑스 입법례를 계수하였다.[1] 따라서 일본의 채권자취소권제도는 근본적으로는 프랑스 민법상의 채권자취소권제도와 독일의 채권자취소법의 영향을 크게 받았다고 할 수 있고, 채권자취소권의 법적 성질에 관한 학설 또한 프랑스와 독일의 영향을 벗어

---

2) Wolfgang Hein, a.a.O., S. 70ff., S. 100ff., u. S. 137ff.

1) 李在烈, 전게 논문, 32면.

나지 못하였다고 할 수 있다. 일본에서는 채권자취소권의 법적 성질에 대하여 형성권설, 청구권설, 절충설, 책임설, 소권설, 신형성권설 등이 주장되고 있는바, 차례대로 살펴보고자 한다.

形成權說은, 채권자취소권의 법적 성질을 채무자와 수익자 사이의 詐害行爲를 취소할 수 있는 형성권으로 이해한다.[1] 즉 채권자취소권을 訴狀上 請求趣旨, 즉 소송물로 하여 채권자취소권을 행사함으로써 詐害行爲의 당사자인 채무자와 수익자 또는 전득자 사이의 詐害行爲를 취소시킬 수 있는 형성권으로 본다.

형성권설의 특징은 채권자취소권의 채권자취소를 의사표시의 하자로 인한 취소와 동일시하고 있다는 점이다. 그런데 형성권설은, 착오나 사기 또는 강박의 취소와 달리 의사표시상의 하자가 전혀 없는 詐害行爲를 어떻게 의사표시상의 하자를 이유로 하는 취소와 동일하게 보아 詐害行爲의 효력을 소급하여 무효화시킬 수 있는지에 대해 설명할 수 없다는 약점이 있다.

형성권설에 의하면, 채권자취소소송의 피고는 채무자와 수익자 쌍방이 공동피고가 되며,[2] 채권자의 청구가 인용될 경우 채무자와 수익자 또는 전득자 사이의 詐害行爲는 행위 당시로 소급하여 소멸하게 되고, 그 결과 수익자 또는 전득자는 아무런 원인관계 없이 詐害行爲의 목적물에 대한 권리를 지배하고 있는 셈이 되어 이를 반환할 수밖에 없게 된다.

형성권설의 단점은, 채권자취소권을 형성권으로만 보기 때문에 청구권이 없어 詐害行爲가 취소된 이후 수익자 또는 전득자가 임의로 詐害行爲의 목적물을 반환하지 않을 경우 그 이행을 직접 청구할 수 없다는 점이다. 이를 극복하기 위하여 채권자는 채권자대위권을 통해 채무자의 반환청구권을 대위행사하여야 한다[3]고 한다. 그러나 이 경우 수익자 또는 전득자에게는 반대급부의 반환을 구할 수 있어 동시이행의 항변

1) 梅謙次郎, 民法要義 第3卷(債權編), 和佛法律學校, 1900, 78面; 岡村玄治, 改正債權法總論, 巖松堂, 1931, 120面; 小池隆一, 債權法總論, 泉文堂, 1954, 157面.

2) 다만 채무면제와 같은 일방적 의사표시로 이루어진 詐害行爲인 경우에는 의사표시를 한 채무자만이 피고가 된다.

3) 石坂音四郎, "債權者取消權(廢罷訴權論)," 民法研究(11), 有斐閣, 1913, 82面 以下.

권이 인정되는데, 이 점에 대하여는 전혀 언급되고 있지 아니하다.

형성권설은, 채권자취소권을 규정한 일본 민법 제424조의 "법률행위의 취소"라는 문언에 충실한 해석이지만, 채무자의 詐害行爲에 의사표시상의 하자가 없음에도 불구하고 일반적인 취소와 마찬가지로 행위당시로 소급하여 그 효력을 무효화시킨다는 점에서 이론적으로 그 정당성을 지지받기 어렵다는 점, 責任財産을 환수하기 위하여 별도로 債權者代位權을 행사하여야 하는 이중의 절차에 따르는 번거로움이 있다는 점,[1] 채무자와 수익자의 법률행위를 절대적으로 무효화함으로써 부당하게 거래의 안정성을 침해한다는 점에서 문제가 있다는 비판[2]을 받고 있다.

(2) 請求權說

請求權說은 채권자취소권의 법적 성질을 채무자의 詐害行爲에 의하여 채무자의 재산으로부터 일탈된 재산의 반환을 구하는 청구권이라고 하며, 債權說이라고도 한다.[3] 청구권설은, 채무자의 詐害行爲의 취소에 의미를 두기보다는 법률에 정해진 채권자취소권의 요건이 충족될 경우 채권자가 수익자 또는 전득자에 대하여 "형평"을 위한 법률의 규정에 의하여 직접 일탈된 목적재산의 반환청구권을 행사할 수 있다고 한다.[4]

청구권설은, 채권자취소소송의 법적 성질을 履行의 訴로 봄으로써, 이행의 소의 피고는 현재 재산을 소지하고 있는 수익자 또는 전득자만으로 충분하다고 한다.[5] 청구권설에 따르게 되면, 채무자와 수익자 사이의 詐害行爲의 효과는 그대로 유효하며, 채권자취소권은 청구권으로서 단일한 권리이기 때문에 형성권과 결합된 것도 아니라고 한다.

---

1) 雉本郎造, "債權者取消ノ訴ノ性質," 法學志林 第17卷 第12號, 法政大學法學志林協會, 1915, 64면 · 66面.
2) 新關輝夫, 債權總論, 法律文化社, 1992, 86面; 奧田昌道, 前揭 注釋民法(10), 780面.
3) 雉本郎造, 前揭 論文, 63面 以下; 雉本郎造, "債權者取消ノ訴ノ性質," 法學志林 第18卷 第1號, 法政大學法學志林協會, 1916, 19面 以下.
4) 雉本郎造, 前揭 論文, 第18卷 第1號, 30面.
5) 雉本郎造, 前揭 論文, 第18卷 第1號, 32面 · 33面.

청구권설은 첫째, 채권자취소권에 관한 민법 제424조[1]가 "법률행위의 취소"라고 규정하고 있는 법문과 배치된다는 비판에 대하여, 취소라는 개념을 반드시 의사표시상의 하자만을 이유로 하는 일본 민법 제121조[2]에서 규정한 통상적인 취소로 볼 필요는 없으며, 민법 곳곳에 법적 성질이 철회인데도 취소라는 용어가 사용되고 있는 것처럼 일본 민법 제424조의 취소를 일본 민법 제121조의 취소와 동일한 개념으로 좁게 해석할 이유가 없고, 둘째, 취소란 이행거절을 위한 이론적 · 관념적 전제에 불과하므로 채권자취소권의 목적을 責任財産에서 부당하게 분리된 재산의 반환에 있다고 보면 되고, 셋째, 채권자취소권은 그 연혁상 재산반환청구권에 의미를 두고 있는 제도이므로 채권자취소권 행사를 통해 일본 민법 제121조의 취소처럼 詐害行爲가 전혀 없었던 것과 같은 상태로 법률관계를 소멸시키는 것과 달리 단지 채권자와 수익자 사이에서 반환청구권의 성립을 인정하는 기능 즉 전제로서의 역할을 수행하는 것이라고 본다.

이러한 청구권설에 대하여는, 앞서 살펴본 바와 같이 채권자취소권을 규정한 일본 민법 제121조 어디에도 채권자취소권을 청구권으로 인정하고 있음을 발견할 수 없고, 취소라는 문언을 마음대로 축소해석해서도 안 되고, 로마법의 actio체계 아래에서는 소송의 종류가 이행의 소밖에 없었기 때문에 연혁상 채권자취소권을 재산반환청구권으로 표현될 수밖에 없었지만 실체법 및 절차법이 정비된 현대법체계 아래에서 채권자취소권을 채권적 청구권으로 이해하는 것은 무리가 있다는 비판을 받고 있다.[3] 이러한 비판으로 인해, 오늘날 채권자취소권을 청구권으로 주장하는 학자는 거의 없는 실정이다.

(3) 折衷說

절충설은, 채권자취소소송을 형성의 소와 이행의 소의 결합으로 이해한다. 즉 詐害

---

1) 우리 민법 제406조에 해당한다.
2) 우리 민법 제141조에 해당한다.
3) 我妻榮, 新訂債權總論, 岩波書店, 1992, 173面.

行爲의 취소라는 형성의 소와 詐害行爲로 이전된 재산의 반환이라는 이행의 소의 결합이 채권자취소소송의 본질이라는 것이다. 결국 실체법적으로는 형성권과 청구권이 결합되어 있는 권리로 본다. 따라서 채권자취소소송에서 詐害行爲의 취소와 이전된 재산의 반환이라는 두 개의 판결주문이 나오게 되고, 다만 취소만으로 채권자의 목적이 달성될 수 있는 채무면제나 재단법인설립 등과 같은 예외적인 경우에는 詐害行爲의 취소만을 명하는 한 개의 판결주문이 나오게 된다.

절충설은, 취소에 중점을 두는 절대적 무효설, 반환에 중점을 두는 채권적 상대무효설, 그 중간 영역에 있는 물권적 상대무효설 등으로 나누어져 있는바, 차례대로 살펴보기로 한다.

절충설 중 절대적 무효설은 형성권설에 가깝다. 즉 詐害行爲의 당사자인 채무자와 수익자를 모두 공동피고로 하여 詐害行爲를 취소하는 판결주문을 얻음으로써 채무자와 수익자 사이의 詐害行爲를 절대적으로 무효화시키고, 그 효과로써 詐害行爲의 목적인 재산 또는 그것에 대한 이득을 반환청구할 수 있다는 견해이다.[1] 절대적 무효설은, 채무자와 수익자 사이의 詐害行爲가 절대적 무효가 됨으로써 그 효과에 의해 수익자는 詐害行爲 결과 얻어진 재산 또는 권리를 근거 없이 보유하는 셈이 되어 이를 부당이득으로 반환하여야 하며, 부당이득반환청구는 詐害行爲의 취소가 유효하게 성립함을 정지조건으로 하여 성립한다고 설명한다. 이에 대하여는 앞서 설명한 형성권설에 대한 비판이 그대로 적용될 수 있다고 하겠다.

절충설 중 채권적 상대무효설은 부인채권설이라고도 하며, 채권자취소권을 파산법상의 부인권처럼 부인권으로 이해한다. 채권적 상대무효설은, 채권자취소권의 법적 성질을 채무자와 수익자 사이의 법률행위 자체를 취소하는 권리가 아닌 법률행위에 의하여 생긴 효력을 부인하는 권리라고 설명한다.

부인권이라는 것은, 계약에 대한 해제권의 행사로 原狀回復請求權이 생기고 취소권을 행사한 결과 부당이득반환청구권이 생기는 것처럼, 재판상 채권자가 일방적 의사표

1) 鳩山秀夫, 增訂改版日本債權法(總論), 1925, 200面 以下; 板木郁郎, "債權者取消權に關する研究", 否認權に關する實證的研究, 立命館出版部, 2006, 455面 以下 參照.

시로 詐害行爲를 취소하면 취소의 효과가 생겨 채권자에게 곧바로 채권적 재산반환청구권이 생기는 일종의 형성권으로 본다. 즉 민법상의 채권자취소권이 파산법상의 부인권과 같은 기능을 한다는 것이다.

채권적 상대무효설은, 채무자의 詐害行爲의 효력의 일부를 상대적으로 무효화하여 채권자가 수익자 또는 전득자에게 이득의 반환을 청구할 수 있는 채권적 청구권을 갖게 되지만, 청구권설과 달리 부인권과 부인에 기초한 청구권을 구별하여, 부인행위가 있고 난 후에 비로소 채권적 청구권이 발생하는 것이라고 한다. 즉 부인권의 행사 결과 새롭게 발생하는 채권적 청구권에 기하여 이행의 소인 채권자취소소송을 제기할 수 있다는 것이다.[1)]

채권적 상대무효설은, 채무자와 수익자 사이의 법률행위를 채권자 입장에서 구태여 절대적으로 무효화시킬 필요가 없기 때문에, 이행의 소로서 채권자취소소송을 제기하여 청구취지로 이행의 반환을 구하고, 청구원인으로 채권자취소권을 주장하면, 즉 詐害行爲의 취소가 판결주문으로 선고되지 않고 판결이유에서 판단되더라도 충분하다고 한다. 따라서 구태여 판결주문에서 "채무자와 수익자의 법률행위를 취소한다."는 취지의 주문을 선고할 필요가 없다고 한다. 즉 詐害行爲의 취소는 채권자취소소송을 통해 반환을 받기 위한 전제일 뿐 목적이 아니기 때문에, 채권자가 주장한 채권자취소의 의사표시는 소장 부본의 송달을 통해 피고인 수익자나 전득자에게 도달되면 그 효력이 발생[2)]하게 된다고 한다.[3)]

이에 대하여는 우리나라의 채권적 상대무효설의 비판이 그대로 적용될 것인바, 이에 대하여는 후술하고자 한다.

절충설 중 물권적 상대무효설은, 채권자취소권은 채무자와 수익자 사이의 詐害行爲를 취소하고, 나아가 이를 근거로 수익자에게 일탈된 채무자의 責任財産의 반환을 청구하는 실체법상의 권리라고 한다. 일본 판례가 취하고 있는 태도이다.[4)]

---

1) 奧田昌道, 前揭 註釋民法(10), 788面.
2) 詐害行爲取消의 의사표시의 도달로 형성권적 효력이 성립한다는 의미이다.
3) 加藤正治, 前揭書, 279面.

물권적 상대무효설은, 채권자취소권의 취소의 효과는 단순히 소송당사자인 채권자와 수익자 또는 전득자 사이에서 발생하는 것으로 충분하므로, 구태여 채무자를 피고로 삼을 필요가 없고, 채무자와 수익자 또는 전득자 사이의 詐害行爲까지 무효로 할 필요가 없다고 한다.

따라서 채권자취소권의 목적은 채권자는 채무자의 법률행위를 취소하고, 채무자의 재산상의 지위를 그 법률행위를 하기 이전 상태로 원상회복한 다음, 그 환원된 재산으로부터 정당한 채권의 변제를 받을 수 있도록 담보가치를 확보하는 것이라고 본다. 그리고 채무자의 재산이 수익자를 거쳐 전득자에게 이전되어 귀속된 경우, 채권자는 수익자에 대하여 취소권을 행사하여 가액배상을 구할 수도 있고, 전득자에 대하여 동일한 소권을 행사하여 직접 재산을 회복할 수도 있으며, 두 권리는 채권자에게 선택권으로 보장되어 있다고 한다. 한편 재산의 이전까지 이루어지지 않은 상태라면 재산의 반환을 구할 필요가 없으므로 단순히 詐害行爲의 취소만을 구하여 원인된 법률관계를 소멸시키면 된다고 한다.

이러한 물권적 상대무효설에 의하면 첫째, 취소채권자는 詐害行爲의 목적물 또는 그것에 대하여 이득을 보유하고 있는 수익자 또는 전득자에 대하여 선택적으로 반환청구할 수 있고, 둘째, 채무자의 詐害行爲의 취소는 재산반환을 받기 위한 전제이기 때문에 詐害行爲를 취소하는 판결주문이 선고되어야 하고, 셋째, 취소채권자는 詐害行爲의 취소와 반환을 병합하여 청구하거나 반환을 청구하지 않은 채 취소만을 청구할 수도 있고, 넷째, 이러한 詐害行爲取消判決의 효력은 채권자가 수익자 또는 전득자로부터 재산의 반환을 받는 범위 내에서만 성립하면 되기 때문에 채권자와 수익자 및 전득자 사이에서만 무효가 될 뿐 채무자와 수익자 및 전득자 사이의 詐害行爲의 효력은 그대로 유효하고, 다섯째, 이러한 판결의 효력은 상대적 효력이면 충분하므로 채무자를 피고로 할 필요가 없어 수익자 또는 전득자만을 피고로 삼는 것으로 충분하다고 한다.

---

4)日本大審院 大正1. 3. 24. 判決(民事判決錄, 第17集, 117面); 日本大審院 大正6. 3. 31. 判決(大審院民事判決錄 第23集, 596面); 日本大審院 大正7. 4. 29. 判決(大審院民事判決錄 第24集, 791面); 日本大審院 大正8. 4. 11. 判決(大審院民事判決錄 第25集, 808面).

이처럼 물권적 상대무효설은, 채권자취소소송을 이행의 소와 형성의 소의 결합으로 이해한다.

그러나 이러한 절대적 상대무효설에 대하여는, 첫째, 판결의 기판력과 실체법상의 효력을 혼동하고 있다는 비판이 가해지고 있다. 즉 판결은 소송의 당사자인 원고와 피고 사이에서만 발생하는 주관적 기판력에 의해 제한을 받기 때문에 채권자취소권의 행사에 있어서도 피고의 지위에 있는 수익자 또는 전득자만이 그 판결에 복종하게 되어 詐害行爲의 상대적 무효가 되는 것은 타당하지만, 문제는 채권자취소소송 밖에 방치되어 있는 채무자는 채권자취소소송의 반사적 효력 때문에 수익자 또는 전득자로부터 계약해제를 당하거나 추탈담보책임을 지게 되어 그로 인하여 詐害行爲가 무효가 됨으로써 결국 채무자와 수익자 및 전득자 사이의 법률행위의 효력도 무효가 되고 마는 결론에 도달하게 되는데, 만연히 채무자를 채권자취소소송 밖에 방치되도록 방임함으로써 채무자의 권리보호를 소홀히 하는 것은 부당하고, 둘째, 채권자취소판결의 효력이 채무자에게 직접 미치지 않아 채무자와 수익자 또는 전득자 사이의 법률행위가 유효하다는 것이 물권적 상대무효설의 논지인데 그렇다면 채권자취소소송의 결과 채무자로부터 일탈되어 수익자 또는 전득자의 재산이 되었던 그 재산이 채무자에게 반환되는 근거를 설명할 수 없어 부당하다는 것이다. 즉 현실적으로 수익자 또는 전득자는 "詐害行爲를 통해 취득한 재산을 채무자에게 반환"하였음에도 불구하고[1] 채무자의 법적 지위에 아무런 영향이 없다고 하는 것은 부당하다는 것이다. 셋째, 앞서 살펴본 바와 같이 물권적 상대무효설은 채무자와 수익자 또는 수익자와 전득자 사이의 법률행위가 그 효력에 아무런 영향을 받지 않고 유효하다고 하나 그러한 주장은 타당성이 없다는 것이다. 왜냐하면 수익자 또는 전득자는 채권자에게 재산을 반환하게 되면 당연히 그 전제가 되는 채무자 또는 수익자와의 법률행위의 효력을 부인하게 될 것이고, 이는 민법 제570조(매도인의 담보책임) 이하에 의한 매도인 담보책임[2]을 물어 계약을 해제하거나 부당

1) 부동산을 예로 들면 판결은 수익자 또는 전득자 앞으로 이전된 부동산등기명의를 채무자 앞으로 말소하라거나 이전하라는 주문을 내기 때문에 도로 채무자 앞으로 소유권이 이전되며, 점유이전의 경우에도 채무자에게 해당 목적물의 점유를 인도할 것을 명하는 판결주문을 통해 채무자에게 형식적으로 권리 및 점유관계가 이전되는 것이 현실이다.

이득반환의 추탈담보책임을 물을 것이기 때문에 결국 채무자와 수익자, 수익자와 전득자 사이의 법률행위 역시 무효가 되어 절대적 무효와 다를 바 없게 되는데, 이러한 후속적인 결과의 진행을 무시한 채 채무자와 수익자, 수익자와 전득자 사이의 법률행위에 아무런 영향이 없다고 하는 것은 부당하다고 하지 않을 수 없고, 넷째, 실무상 채권자취소권의 판결주문은 형성의 소와 이행의 소의 결합형태로 나타나기 때문에 일차적으로 詐害行爲를 취소하는 형성판결을 하고, 이차적으로 재산의 반환을 명하는 이행판결을 하게 된다. 실무상 가장 많은 비율을 차지하고 있는 채권자취소소송의 형태는 부동산이전등기말소 또는 동산이나 부동산 인도명령이라고 할 수 있다. 그런데 현행 부동산등기법에는 채권자취소권에 대한 처리규정을 두고 있지 않기 때문에 통상의 말소등기명령처럼 "피고는 원고에게 00지방법원 200X. X. X. 접수번호 0000호로 마친 소유권이전등기절차를 말소하라."고 판결할 수밖에 없고, 인도명령의 경우에도 "피고는 원고에게 '특정 목적물' 을 명도하라."고 판결할 수밖에 없다.

즉 수익자 또는 전득자 명의로 되어 있던 부동산등기가 채무자 명의로 환원되었음에도 불구하고 채무자에게 아무런 효과가 생기지 않는다거나 채무자 명의로 환원된 재산에 대하여 채권자취소권을 행사한 채권자 이외의 다른 채권자들의 압류 및 경매신청이 허용되고 있는 점을 제대로 설명할 수가 없는 것이다. 이처럼 물권적 상대무효설은 이론상 옳은 것처럼 보이지만 현행 부동산등기법 및 민사집행법 등에 의한 실제 집행절차와 불일치하는 모순을 내포하고 있다.

다섯째, 물권적 상대무효설에 따르게 되면, 수익자 또는 전득자가 詐害行爲를 통해 취득한 권리에 대한 대가를 채무자 또는 수익자에게 지급한 경우, 예를 들어 채무자가 아파트를 매도한 경우 수익자가 채무자에게 아파트대금으로 지급한 금원은 채무자의 재산이므로 채권자는 강제집행을 할 수 있다. 즉 채권자는 채무자의 재산에 포함되어 있는 수익자가 지급한 매매대금으로 형성된 재산에 대하여 강제집행을 실시하고, 다시 수익자로부터 돌려받게 된 아파트에

2) 李在烈, 전게 논문, 75면; 채권자취소판결의 효력을 상대적 무효로 보는 현재의 다수설 및 판례에 의하면 그 판결로 인하여 수익자 또는 전득자가 채무자가 민법 제570조의 담보책임을 물을 수는 없다. 왜냐하면 채무자와 수익자 또는 전득자 사이의 詐害行爲는 그대로 유효하기 때문이다. 그러나 원상회복을 강제당한 수익자 또는 전득자는 그로 인해 매매의 목적을 달성할 수 없게 됨으로써 결국 계약을 해제할 것이기 때문에 계약해제에 의한 추탈담보책임을 진다고 할 것이다.

대하여도 강제집행을 실시할 수 있어 이중으로 강제집행을 할 수 있게 된다. 이처럼 수익자가 지급한 반대급부와 수익자로부터 돌려받은 반환물에 대한 강제집행이 이중으로 가능하게 됨으로써 채권자는 이중으로 유리하게 된 반면 수익자 또는 전득자는 일방적으로 불리하게 되어 부당하다.

이러한 비판에도 불구하고, 물권적 상대무효설은 채권자취소권제도의 존재목적을 직시하여 그 효력을 필요한 범위로 한정시키려 하고 있다는 점[1] 및 그동안 판례가 채권자취소권의 법적 성질을 물권적 상대무효설의 입장에서 일관되게 판결함으로써 법적 안정성에서 타당하다는 이유로 다수가 이를 지지하고 있으나, 개인적으로는 앞서 살펴본 바와 같은 이유로 물권적 상대무효설은 부당하다고 생각한다.

(4) 責任說

일본의 책임설은 Paulus의 책임법설에 영향받은 학설로, 채권자취소권을 채권자의 취소의사표시를 필요로 하는 형성권으로 이해하면서도, 채무자와 수익자 또는 전득자 사이의 詐害行爲를 무효로 하는 의미의 형성권이 아니라, 책임법적 반사효에 의한 즉 채무자의 責任財産 일탈 또는 소실에 따른 채권자의 불이익을 면하도록 하기 위하여 "수익자의 재산으로 변한 채무자의 종전 재산에 대한 책임법적 효력만을 부여하는 의미의 형성권"이라고 주장한다. 독일의 책임법설이 채권자의 취소의사표시를 필요로 하지 않고 채권자취소권을 규정한 법률요건을 갖추면 당연히 취소된 것으로 보는 것과 달리 취소의 의사표시를 필요로 한다는 점에서 독일의 책임법설과 다르다.

따라서 채권자취소소송은 당연히 형성의 소로 이해한다.[2] 즉 책임설에 의하면, 채권자취소권은 채무자의 詐害行爲에 의하여 채무자의 責任財産으로부터 일탈되거나 소실된, 그 결과 채권자의 강제집행대상으로서의 責任財産에서 벗어난 목적물을 다시 강제집행의 대상으로서의 적격을 회복시키는 형성권이라는 것이다. 그러므로 이러한 형성권의 행사는 責任財産의 소지인인 수익자 또는 전득자만을 피고로 하는 것이 당연한 것이라고 한다.[3]

---

1) 我妻榮, 前揭書, 176面.
2) 中野貞一郎, 前揭 論文, 86面 · 87面; 下森定, "債權者取消權に關する一考察", 私法 第29號, 日本私法學會, 1967, 281面 以下 參照.

책임설의 특징은, 재산귀속과 책임을 별개의 개념으로 이원화하여 그 효과를 개별적으로 다르게 취급함으로써 종래의 학설이나 판례가 취하고 있는 절차, 즉 목적물을 현실로 채권자 또는 채무자에게 반환하는 절차를 따로 밟을 필요 없이 채권자는 수익자 또는 전득자의 소유인 현재의 상태에서 곧바로 채무자의 재산에 대해 강제집행하듯 수익자 또는 전득자의 재산에 대해 강제집행하면 된다고 한다. 다만 최소한 수익자 또는 전득자에 대한 執行權原은 필요하기 때문에 취소채권자는 채권자취소소송을 제기하여 확정판결을 받은 후 채무자를 상대로 하여 强制執行受忍의 訴를 별도로 제기하거나, 아니면 위 형성의 소와 책임의 소를 병합하여 제기하여 執行權原을 부여받아 이를 근거로 詐害行爲의 목적물에 곧바로 강제집행을 함으로써 채권의 만족을 얻으면 된다고 한다.[1)]

문제는, 책임설의 입장에서는 채권자취소판결의 효과가 책임의 국면에 한정되기 때문에 채무자와 수익자 사이의 詐害行爲는 그대로 유효하게 취급하고 있다는 점이다.[2)] 그리하여 책임설은, 채권자가 수익자 또는 전득자에 대하여 강제집행을 하기 위해서는 수인판결 내지 책임판결이 필요하다고 한다. 그 판결이 필요한 이유로 물건을 詐害讓渡받은 수익자 또는 전득자는 취소에 따른 책임법적 효력 때문에 채무자의 채무에 대하여 물적 유한책임을 지는 지위에 서게 되지만 채권자가 곧바로 수익자 또는 전득자의 물건 또는 권리에 대해 강제집행할 수는 없으므로 채무자로부터 양도받은 물건 또는 권리[3)]에 대한 강제집행의 근거로 채권자취소소송의 執行權原이 필요하다는 것이다. 따라서 그 판결은 특정채권자가 취소의 상대방에 대하여 그 물건 또는 권리가 부담하는 책임을 근거로 하여 강제집행할 수 있다는 뜻을 선언하는 責任判決이어야 하며,[4)] 취소의 범위 역시 채권자의 채권액에 제한을 받지 않으며,[5)] 다만 취소의 결과

---

3) 中野貞一郎, 上揭 論文, 86面 · 87面.
1) 中野貞一郎, 上揭 論文, 88面 · 89面.
2)下森定, "上權者取消權に 關する 一考察(2)", 法學志林 第57卷 第3號, 法政大學法學志林協會, 1960, 228面.
3) 이는 책임설의 입장에서 볼 때 채권자의 채권에 대한 責任財産의 일탈 내지 감소에 해당되어 책임법적 효력을 물을 수 있다고 한다.
4) 中野貞一郎, 前揭 論文, 88面 · 89面.
5) 다른 채권자의 배당참여를 배제할 수 없기 때문이다.

현실의 집행범위가 다수의 執行權原의 범위에 따라 安分比例될 뿐이라고 본다.[1)]

책임설은 수익자 또는 전득자가 채권자취소권자의 강제집행에 복종하는 구조를 저당권부부동산을 매수한 제3수익자 또는 전득자에 준하여 설명하기도 한다. 즉 저당권이 설정된 부동산을 매수한 제3수익자 또는 전득자가 저당권 실행에 복종해야 하는 것처럼, 채권자취소권의 責任財産을 취득한 수익자 또는 전득자 역시 당연히 채권자취소권 실행에 복종해야 한다는 것이다.[2)]

한편 책임설은 물권적 상대무효설을 비판하면서 몇 가지 논거를 제시하고 있다. 첫째, 상대적 무효라고 한다면 채무자와 수익자 또는 전득자 사이의 법률효과는 그대로 인정하여야 하는데, 실무는 수익자 명의의 부동산이전등기를 말소함으로써 채무자 소유로 객관적으로 명의를 이전하는바[3)] 부동산등기법이 모르는 "등기의 상대적 말소" 개념을 도출해 내는 것이 타당하지 않고, 둘째, 상대적 무효라는 논리에 사로잡히게 되면 채무자의 責任財産이 아니라는 결론에 도달하게 되는데 채권자가 무슨 권리로 채무자의 재산이 아닌 수익자 또는 전득자의 재산에 대한 강제집행을 실행할 수 있느냐는 것이다.[4)]

이에 대해 물권적 상대무효설은 책임설의 그러한 비판을 타당하다고 인정하면서도, 실무상 수익자의 재산에 대한 채권자의 강제집행이 허용될 수 있는 것은 집행절차상의 요건이 갖추어져 있는 한, 강제집행기관은 執行權原의 실체관계를 심사할 권한이 없기 때문에 執行權原에 따라 강제집행절차를 실시할 수밖에 없고, 수익자 또는 전득자로서도 채권자취소소송에서 패소하여 주관적 기판력에 복종하여야 하기 때문에 채권자의 강제집행에 대하여 제3자이의의 소를 제기할 수 없어, 용인될 수밖에 없다고 한다. 그러나 이러한 물권적 상대무효설의 반론은 자체적으로 모순된다. 왜냐하면 결과를 가지고 반론을 제시하고 있기 때문이다. 즉 채권자취소권의 법적 성질이 어떠하기 때문에 무엇이 허용되는 것이 정당하다고 답변해야 하는데, 먼저 채권자취소판결

---

1) 中野貞一郎, 前揭 論文, 88面.
2) 下森定, "詐害行爲取消權の法的構成," ツュリスト增刊 民法の爭點 Ⅱ シリーヅ 第3卷 第2號, 有斐閣, 1985, 8面.
3) 형식적으로는 절대적 무효처럼 취급하고 있다는 의미이다.
4) 下森定, 前揭 債權者取消權に 關する 一考察(2), 213面.

을 내린 다음 그러한 판결에 의해 절차법상 수익자 또는 전득자가 복종하여야 하므로 용인되어야 하지 않겠느냐고 답변하고 있기 때문이다.

책임설에 의하면, 채권자취소권의 목적은 강제집행의 준비에 있음이 강조되는바, 채권자의 불이익을 채무자에게 속한 특정한 재산이 없어지는 것으로 보지 않고 責任財産으로부터 일탈하여 강제집행을 어렵게 하는 것으로 이해함으로써 채권자취소권 행사에 의하여 수익자 또는 전득자에게 귀속한 상태에서도 채무자의 責任財産으로 취급하면 충분하다는 것으로 수익자 또는 전득자를 마치 물상보증인과 같은 지위로 이해한다.[1] 그래서 이 설을 책임법적 무효설이라고도 한다.

그런데 이 견해를 따르면 채권자는 다시 수익자 또는 전득자를 상대로 강제집행의 受忍을 구하는 强制執行受忍의 訴를 제기하여 승소판결을 받아야 하며, 이 승소판결을 執行權原으로 하여 수익자 또는 전득자의 責任財産에 대한 강제집행을 실시하게 되는데, 현행 일본 민사소송법에는 그러한 책임소송제도를 두고 있지 않기 때문에 입법론으로서는 몰라도 해석론으로는 무리라는 비판이 따르고 있다.[2]

(5) 訴權說

소권설은 일본 민법 제424조의 채권자취소권을 취소권이라는 형성소권으로 이해한다.[3] 즉 일본 민법 제424조는 우리 민법 제406조와 달리 "채권자가 채무자의 詐害行爲의 취소를 청구할 수 있다."고만 규정하고 있기 때문에 수익자 또는 전득자에 대한 소권, 즉 形成訴權으로 보아야 한다는 것이다. 이 경우 취소에 따른 후발적 효과로 반환청구의 문제가 발생하게 되는데, 이에 대해 책임설은 별도로 책임의 소를 필요로 한다고 하고 있으나, 소권설은 이와 달리 채권자취소권은 일본 민법 제424조의 "취소할 수 있다."라는 문언에 불구하고 强制執行受忍의 訴 하나만으로 채권자취

---

1) 徐達周, "채권자취소권의 법적 성질", 사법행정 권 제455호, 한국사법행정학회, 1999. 11, 189면.
2) 松坂佐一, 債權者取消權の研究, 有斐閣, 1962, 139面; 中田淳一, 破産法 · 和議法, 有斐閣, 1970, 150面; 奥田昌道, 債權總論(上), 筑摩書房, 1982, 285面.
3) 平井宜雄, 債權總論, 弘文堂, 1993, 214面; 佐藤岩昭, "詐害行爲取消權に關する一試論 - その效果論お中心として(一,二,三,四),"法學協會雜誌, (一) 第104卷, 第10號, 104面 以下; (二) 第104卷 제12號, 1746面 以下; (三) 第105卷, 第1號, 1面 以下; (四) 第105卷, 第3號, 260面 以下 各 參照.

소권을 관철할 수 있다고 한다. 즉 소권설은 종래 학설들이 실체법과 절차법을 엄격히 구분하여 실체법상의 권리의 종류에 따라 소의 종류가 결정된다는 기존의 고정관념에 사로잡혀 있다면서 이러한 고정관념으로부터 벗어나, 채권자취소권을 로마법상의 actio 개념으로 파악하면 된다고 한다. 로마법상의 actio가 실체법상의 권능, 판결절차상의 권능, 강제집행절차상의 권능을 모두 포섭한 포괄적 권리인 것처럼 연혁적인 면에서 채권자취소권을 그러한 actio와 같은 소권으로 보면 된다고 한다.[1] 그리고 채권자의 원상회복의 근거는 수익자가 채권자에게 발생한 손해의 회복의무를 부담하는 데에서 찾으며, 이러한 수익자의 의무는 소권법상의 의무일 뿐 실체법상의 의무는 아니라고 한다.[2]

소권설은 첫째, 책임설을 포함한 기존의 학설에 대하여 일본 민법 제424조의 규정 취지에 반하여 잘못된 해석을 해 온 것이라고 비판하면서, 동조가 취소권을 반드시 재판상 행사하도록 규정하고 있는 것은 실체법과 절차법이 미분화된 상태의 소권인 actio를 그대로 계수한 것인데, 종래의 학설은 채권자취소권의 법적 성질에 대하여 형성권인지 청구권인지 등 실체법상의 권리의 성질을 논하고, 다시 이를 소송절차와 관련하여 형성의 소인지 이행의 소인지를 논하는 잘못을 범하고 있다는 것이다. 따라서 그러한 논리적 분석은 잘못된 것으로 채권자취소권을 소권으로 이해하여 누구로부터 누구에 대하여 어떠한 내용의 소를 제기하면 족한가라고 단일하게 포괄적으로 해석하면 된다고 한다. 둘째, 소권설은 수익자 또는 전득자가 채권자의 강제집행을 수인해야 하는 근거를 책임법적 무효에서 찾고 있는 책임설에 대하여 채무와 책임을 분리하여 취급하는 독일법 특유의 사고를 맹신한 나머지 채권자취소권의 범위를 확장하여 일반화시키는 잘못을 범하고 있다고 비판하면서, 채권자취소권은 프랑스의 廢罷訴權의 핵심적 기능이 채권자에게 발생한 손해의 회복을 위해 수익자 또는 전득자로 하여금 당연히 廢罷訴權에 복종하도록 하고 있는 까닭에 채권자가 행사하는 채권자취소권에 수익자 또는 전득자가 손해배상의무를 부담하는 것처럼, 수익자 또는

---

1) 佐藤岩昭, 前揭 "詐害行爲取消權に關する一試論(二)", 1393面.
2) 佐藤岩昭, 前揭 "詐害行爲取消權に關する一試論(四)", 317面.

전득자의 손해배상의무는 소권법상의 의무에 해당하고 따라서 이러한 손해배상의무는 수익자의 강제집행수인의무로 나타나게 되는바, 일본 민법이 프랑스 민법을 계수하였으므로 일본 민법의 해석론 역시 프랑스 민법의 해석과 동일하게 이루어지는 것이 연혁상 타당하다고 한다.[1] 셋째, 소권설은 일본 민법 제424조의 채권자취소권이 그 자체로 소권이어서 취소판결만으로 채권자의 강제집행이 가능하기 때문에 책임설처럼 책임법적 무효를 가져오는 취소판결 및 책임판결(집행판결)을 받아 강제집행을 하는 2단계 구조를 갖출 필요 없이 1회의 채권자취소소송으로 채권자취소권의 목적을 달성할 수 있다고 한다.[2]

이러한 소권설에 대하여, 소권이라는 개념은 구시대의 유물로서 이미 현대적 법체계가 실체법과 소송법으로 분화되어 각각의 지도원리가 다르게 운영되고 있는데 새삼스럽게 옛날로 돌아가 채권자취소권을 예외적으로 소권이론으로 해결하려는 것은 타당하지 않고, 실제 채권자취소소송절차에서는 詐害行爲의 취소와 詐害行爲로 인하여 이전된 권리나 목적물에 대한 반환을 명하는 판결 등이 함께 이루어지고 있는 현실을 도외시한 잘못이 있으며,[3] 소권설에 의하면 원고청구를 인용하지 아니하면 소각하판결을 하여야 한다고 하고 있는 이는 실체관계에 대한 심리를 하였으면 청구기각 판결을 하는 것이 현대 소송법 원리에 맞는데 그러한 기본원칙에 부합하지 않다[4]는 비판이 가해지고 있다.

(6) 新形成權說

신형성권설은, 종래의 형성권설이 채권자취소권의 본질을 詐害行爲의 취소에 치중함에 따라 原狀回復請求權을 포함시키지 않은 것에 대하여, 통상의 법률행위의 취소권과 동일하게 채권자취소권을 이해함으로써 첫째, 채무자, 수익자, 전득자 모두를 공동피고로 하는 必須的 共同訴訟으로 소송절차를 진행하여야 하며, 둘째, 詐害行爲

1) 前揭 "詐害行爲取消權に關する一試論(四)", 316面 · 317面.
2) 上揭 論文, 311面.
3) 前田達明, "詐害行爲取消訴訟試論," 判例タイムズ 第605號, 判例タイムズ社, 1986. 9, 2面 以下.
4) 前田達明, 口述債權總論(第3版), 成文堂, 1993, 265面.

를 취소하고, 셋째, 채무자에게로 원상회복하도록 한 뒤, 넷째, 채무자에 대한 이행의 청구를 구함으로써 다수 당사자 사이의 분쟁을 1회적으로 해결하자는 것이다.

신형성권설에 의하게 되면, 원고는 채무자, 수익자, 전득자 모두를 필수적 공동피고로 삼아야 하며, 채권자취소로 인하여 채무자와 수익자, 수익자와 전득자 사이의 詐害行爲는 물권적 무효가 된다. 즉 신형성권설은 채권자취소권의 행사로 채무자에게서 일탈된 재산을 채무자의 一般責任財産으로 환원시킨 뒤 채무자에 대한 執行權原으로 강제집행을 하게 된다.[1)]

따라서 신형성권설에 의할 경우 세 개의 판결주문이 나올 수 있다. 즉 토지매매를 詐害行爲의 예로 들면, 첫째, 피고1(채무자)과 피고2(수익자 또는 전득자) 사이에 언제 체결된 어떤 목적물에 대한 매매계약을 취소한다, 둘째, 피고2(수익자 또는 전득자)는 피고1(채무자)에게 위 부동산에 대한 OO지방법원 몇 월 몇 일자 접수된 소유권이전등기를 말소하라. 셋째, 피고1(채무자)은 원고(채권자)에게 금 얼마를 지급하라는 세 개의 판결주문이 나오게 된다. 이처럼 신형성권설은 채권자, 채무자, 수익자, 전득자 등 이해당사자들의 분쟁을 1회적으로 해결할 수 있는 장점이 있고, 논리적 일관성을 유지할 수 있는 장점이 있다.

한편 신형성권설은, 형성권설이 수익자 또는 전득자가 면탈재산을 반환하지 않을 경우 어차피 채권자가 채권자대위권을 행사하여 채무자가 갖는 부당이득반환청구권을 행사하여야 한다고 하는 문제점을 극복하여 채권자대위권이 아닌 채권자취소권에 의해 직접 청구할 수 있고,[2)] 책임설이 채무자의 재산을 수익자의 일반재산으로 남겨둔 채로 책임판결을 얻어 강제집행하면 된다며 구차하게 법률적 기교를 부리는 것을 극복할 수 있다고 한다.

신형성권설을 따를 경우 통상적인 소송절차와 동일한 절차에 의하여 강제집행이 진

---

1) 前田達明, 前揭 "詐害行爲取消訴訟試論", 2面 以下; 前田達明, 前揭 口述債權總論(第3版), 267面 以下.
2) 신형성권설은 형성권설을 비판하는 논지로 채무자가 수익자 또는 전득자에 대하여 부당이득반환청구권을 행사하여야 한다고 주장하나, 개인적으로는 채무자가 수익자 또는 전득자로부터 교부받은 반대급부를 수익자 또는 전득자에게 되돌려주지 않는 한 수익자 또는 전득자 입장에서는 부당이득 자체가 발생하지 않아 채무자에게 부당이득반환할 것이 없다는 점을 간과하고 있어 신형성권설의 형성권설에 대한 비판은 타당하지 않다고 생각한다.

행되므로 법률관계가 한꺼번에 해결되고,[1] 일본 민법 제425조가 채권자평등원칙을 규정하고 있으므로 만일 채권자가 채권자취소권을 행사할 경우 반환된 수익자 또는 전득자의 재산에 대하여 채무자의 다른 채권자들의 강제집행이나 배당참가가 보장되어야 하므로, 채권자취소권의 범위를 취소채권자의 채권액에 국한할 것이 아니라 詐害行爲 전체를 취소할 수 있도록 범위가 확장되어야 한다고 한다.[2] 또한 채무자, 선의의 수익자, 악의의 전득자 순으로 권리이전이 이루어진 경우에, 채권설이나 책임설에 의하면 채권자는 당연히 악의의 전득자에게 반환청구하게 되는데, 이 경우 악의의 전득자는 자신의 악의로 권리를 잃었기 때문에 수익자에게 추급하지 못한다고 하나, 신형성권설에 의하면 일단 선의의 수익자에 의하여 거래가 유효하게 성립한 이후에는 채권자취소권행사의 단절이 이루어지게 되어 악의의 전득자에 대한 채권자취소권을 통한 반환청구권의 행사가 허용되지 않게 된다. 따라서 채무자의 수익자에 대한 詐害行爲도 취소할 수 없게 된다. 만일 전득자에게 별도의 불법행위성립요건이 있다면 그에 따른 불법행위책임을 지는 것은 別論으로 하고, 채권자취소권의 행사에 의해서는 어떠한 책임도 지지 않게 된다고 한다.[3]

신형성권설에 대해서는 채권자의 채권자취소권 행사의 효과가 지나치게 확대된다는 비판이 가해지고 있다. 즉 채권자취소권의 행사에 의하여 전면적 물권적 무효가 된다면, 예를 들어 채권자의 채권이 처분된 責任財産에 비해 현저히 소액인 경우에도 취소의 목적물이 불가분물이어서 전체를 취소하게 되어 그 결과가 지나치게 부당하게 된다는 것이다.[4] 또한 詐害行爲의 취소소송과 채무자에 대한 執行權原을 얻기 위한 이행소송을 병합하도록 하는 것이 현행 소송실무상 가능한지에 대하여 의문을 제기하는 견해가 있는바,[5] 그러한 비판적 견해는 타당하다고 본다. 왜냐하면 채권자가 채무자와 수익자 사이의 詐害行爲를 취소하는 것과 詐害行爲의 목적물에 대한 반환

1) 前田達明, 前揭書, 273面.
2) 前田達明, 上揭書, 286面.
3) 前田達明, 上揭書, 283面.
4) 편집대표 奧田昌道, 前揭 註釋民法(10), 794面.
5) 韓國炫, 전게 논문, 210면.

청구를 명하는 이행의 소까지는 필연적으로 채권자취소소송의 본체이므로 병합하여 분쟁을 1회적으로 해결토록 할 필요성이 있지만, 채권자의 채무자에 대한 被保全債權에 대한 이행소송은 필수적 견련성이 없으므로 별도로 제기하는 것이 가능하다고 하여야 하기 때문이다.

즉 채권자의 채무자와 수익자 또는 전득자를 공동피고로 하는 채권자취소소송은 다수 당사자 사이에서 합일·확정이 필요하기 때문에 필수적 공동소송으로 보아야 하지만, 채권자의 채무자에 대한 被保全債權의 이행을 위한 소송은 위 필수적 공동소송에 병합하여 제기할 수도 있고[1] 별소로 제기할 수도 있다.

신형성권설의 최대 難點은, 채권자가 채무자와 수익자, 수익자와 전득자 사이의 법률행위를 사적 자치의 원칙을 무시한 채 채권자취소권을 주장하여 무효화시키는 것을 허용하는 것이 과연 타당하겠느냐는 점이다. 또한 앞서 살펴본 바와 같이 취소의 결과 수익자의 재산이 다시 채무자의 재산으로 완전 환원됨으로써 채권자의 집행 후 남게 된 잉여금 등을 모두 채무자에게 반환하게 되어 수익자 또는 전득자에게 일방적으로 불리하다는 점,[2] 취소채권액이 아주 소액일 경우에 목적재산의 가치가 아주 고액이라면 신형성권설에 의해 전부취소가 됨으로써 취소의 목적이 지나치게 커져버린다는 점 등이 문제라고 하겠다.

(7) 學說에 對한 檢討

일본 민법 제424조의 채권자취소권에 대하여, 일본의 다수설은 물권적 상대무효설을 취하면서 이를 强制執行受忍의 訴로 이해하는 듯하다.[3] 따라서 채권자취소소송을 제기하기 위하여서는 채권자의 채권액이 확정되어야 하고, 기한의 도래 및 조건의 성취 등 법률상 장애사유가 없어야 한다고 한다.

그런데 채권자취소권에 대한 재판 실무는 청구취지로 형성의 소와 이행의 소를 병

---

1) 이 경우 채권자취소소송과는 단순병합관계에 있다.
2) 실무적으로는 수익자가 배당이의신청이나 압류 등을 통해 채무자에게 지급되는 것을 막을 것이다.
3) 佐藤岩昭, 前揭 "詐害行爲取消權に 關する 一試論(四)", 319面.

합하여 제기하고 있고, 판결주문도 그렇게 나오고 있다. 책임설은 채권자취소판결을 책임법적 무효를 구하는 형성의 소로 이해함으로써 목적물의 원상회복을 위해서는 다시 수익자 또는 전득자를 상대로 한 책임판결(강제집행수인판결)을 받아야 한다고 주장한다. 이에 대하여 소권설은 채무자에 대한 강제집행수인판결을 執行權原으로 하여 수익자가 양도받은 詐害行爲의 목적물에 대한 집행을 곧바로 할 수 있다고 보기 때문에 수인판결 하나만 있으면 채권자취소권을 집행하는데 아무런 지장이 없다고 보며, 따라서 별도로 책임판결 같은 것을 받을 필요가 없다고 한다.[1)]

그러나 일본에는 우리와 마찬가지로 强制執行受忍의 訴나 책임의 소라는 제도 자체가 없기 때문에 책임설이나 소권설에 의해서는 채권자취소권에 대한 사후처리(강제집행절차)가 불가능하게 되어 실무상 받아들일 수 없는 한계가 있다.

일본 채권자취소권의 법적 성질은 우리나라와 비슷하기 때문에 우리나라의 학설을 검토한 후 함께 개인적 견해를 밝히고자 한다.

라. 우리나라의 경우

(1) 序 說

우리나라는 의용 민법시대를 거쳐 우리 고유의 민법을 제정하면서, 일본 민법 제424조의 내용을 일부 변경하는 형태로 채권자취소권을 계수하였다. 우리 민법 제406조 제1항은 "채무자가 채권자를 해함을 알고 재산권을 목적으로 한 법률행위를 한 때에는 채권자는 그 취소 및 원상회복을 법원에 청구할 수 있다."고 규정하여, 詐害行爲의 취소 및 이전된 재산권의 원상회복을 구하는 것이 채권자취소소송임을 분명히 하고 있다.

일본 민법 제424조는 "詐害行爲의 취소"만을 규정하고 있었으나, 일본 판례[2)]는 "詐害行爲의 취소와 원상회복의 결합"이라고 판시하였고, 이러한 판례의 태도는 학

1) 佐藤岩昭, 上揭 論文, 315面.
2) 日本大審院 平成3(1991). 3. 24. 聯合部判決, 大審院民事判決錄, 第17集, 117面.

설에 의해 지지를 받았는데, 우리 민법 제정 당시에 이러한 일본 판례 및 학설의 견해를 받아들여 민법 제406조를 "詐害行爲의 취소 및 원상회복의 청구"로 한 것임은 이미 살펴보았다.[1]

(2) 學 說

① 物權的 相對無效說

우리나라의 다수설[2] 및 판례[3]는, 채권자취소소송의 법적 성질을 형성의 소와 이행의 소의 결합으로 본다. 즉 채권자취소소송은 "詐害行爲를 취소하는 형성의 소"와 그 결과 채무자로부터 수익자 또는 전득자에게로 이전된 "재산의 반환을 구하는 이행의 소"가 결합되어 있다는 것이다.

판례[4]도 민법 제406조 제1항에서 말하는 詐害行爲의 取消와 原狀回復의 請求는 동시에 행사할 수 있는 것이 상당하며, 취소가 확정한 때에 원상회복으로 인한 새로운 반환청구권이 발생하는 것은 아니라고 하여 형성의 소와 이행의 소의 결합임을 분명히 하였다.

이와 같이 형성의 소와 이행의 소의 결합으로 보는 입장에서는, 채권자취소권제도의 존재목적이 채무자의 責任財産을 보전하는 것이므로 필요최소한도 내에서 채무자의 詐害行爲를 간섭하는 것으로 충분하다는 입장을 취한다. 따라서 수익자 또는 전득자만을 상대로 詐害行爲를 취소하고 반환을 청구함으로써 목적을 달성할 수 있기 때문에 구태여 채무자를 피고로 하여 취소판결의 효력을 채무자에게 미치게 할 필요가 없다고 한다. 즉 일본 학설 중 물권적 상대무효설을 취함으로써 채권자취소권 행사의 결과 수익자 또는 전득자만이 詐害行爲를 통해 취득한 법률효과를 채권자에게 대항할 수 없도록 하면 충분하며, 채무자와 수익자, 수익자와 전득자 사이의 법률행위의

1) 전게 민법안심의록(상), 242면 · 243면.
2) 郭潤直, 전게서, 140면; 金基善, 전게서, 184면; 金大貞, 전게서, 253면; 吳始暎, 전게 채권총칙, 351; 金容漢, 채권법총론, 박영사, 1983, 255면; 金曾漢 · 金學東, 전게서, 194면; 대법원 1984. 11. 24. 선고, 84마610 판결.
3) 대법원 1980. 7. 22. 선고, 80다795 판결.
4) 대법원 1980. 7. 22. 선고, 80다795 판결.

효력은 그대로 유효하다고 한다.

② 債權的 相對無效說

채권적 상대무효설은, 詐害行爲의 취소는 재산반환청구를 위한 전제일 뿐 그 자체가 목적이 아니기 때문에 詐害行爲取消判決의 主文에서 詐害行爲의 취소를 명할 필요가 없으며, 단지 判決文의 理由에서 판단되면 충분하다고 한다. 즉 判決主文은 "수익자 또는 전득자는 채권자 또는 채무자에게 詐害行爲로 취득한 재산권을 반환하라 내지 이전하라."라는 취지로 나오면 충분하지, "채무자와 수익자 또는 전득자 사이에서 체결한 몇 년 몇 월 몇 일자 어떠한 목적에 대한 매매계약은 취소한다."와 같이 詐害行爲 자체를 취소할 필요가 없다는 것이다. 따라서 채권자취소소송절차에서는 반환청구를 구하는 請求趣旨의 先決問題로 請求原因에서 詐害行爲의 取消를 주장하는 것으로 충분하다고 한다.[1]

그러나 이러한 주장은, 결국 채권자취소소송이 "취소의사를 표시"하기 위하여 형식적으로 열리는 절차에 불과하다고 하여, 소송의 목적이 기판력 있는 판결주문을 얻어내기 위한 것임을 간과하고 있다는 비판이 따른다. 또한 형성력 있는 사적 의사표시에 의해 詐害行爲를 취소할 수 있다고 한다면, 詐害行爲가 강제집행행위나 판결을 통해 이루어진 경우[2] 민사집행법상의 취소나 정지절차(동법 제44조, 제48조 등) 또는 민사소송법상의 재심(동법 제451조)을 통해 취소되지 않았음에도 단지 의사표시만으로 詐害行爲를 취소할 수 있다는 결론에 이르게 되어 실무에 비추어 부당하다는 비판이 있다.

③ 責任說

책임설은, 채권자취소권의 목적은 詐害行爲 자체를 취소하거나 면탈재산 자체를 반환받는 것이 아니라, 채권자가 채무자의 재산에 대한 집행가능성을 회복하는 책임법

---

1) 李時潤, 전게서, 2002, 171면; 吳始暎, 전게 민사소송법, 268면; 姜玹中, 전게서, 2002, 276면; 宋相現, 전게서, 2002, 263면; 李在性, "詐害行爲取消訴訟의 성질", 李在性판례평석집(1), 법조문화사, 1989, 138면.

2) 예를 들어 채무자와 수익자가 서로 공모하여 화해조서를 작성하여 부동산에 대한 소유권을 이전하거나 채무자와 수익자가 소송을 하여 이전한 경우가 이에 해당된다고 하겠다.

적 무효의 효과를 발생시키는 권리라고 한다.[1]

따라서 책임설은, 상대적 무효설이 수익자 또는 전득자에게 일탈된 責任財産을 반환받지 않고서는 채무자의 責任財産으로 볼 수 없어 강제집행이 불가능하다고 주장하는 것에 대하여, 채권자취소권의 목적을 넘는 불필요한 효과를 강요하는 것으로 부당하다고 비판한다. 또한 상대적 무효설에 의할 경우 채권자와 수익자 또는 전득자 사이에서는 취소판결의 효력에 의해 재산의 반환 및 그 재산에 대한 강제집행이 가능하게 된다고 하는데, 채무자와 수익자, 수익자와 전득자 사이의 詐害行爲는 그대로 유효하다고 하여 그 효과를 이중적으로 보기 때문에 문제라고 비판한다. 즉 채권자취소소송 판결 결과 일탈재산이 채무자에게 현실적으로 반환되었음에도 불구하고, 그 취소 및 원상회복의 효과가 채무자에게 미치지 않는다고 한다면 그 반환된 재산이 채무자의 재산으로 귀속될 수 없는데도 불구하고 어떻게 그 반환재산을 채무자의 재산이라면서 채권자가 강제집행할 수 있다는 것인지 이론적으로 설명할 수 없다는 것이다.[2]

그런데 실무상으로는 채권자취소권의 행사결과로 반환된 재산에 대한 강제집행이 이루어지고 있는바, 그러한 이론적 불비에도 불구하고 강제집행이 진행되는 것에 대하여 상대적 무효설에서는 집행법원이 형식적인 執行權原만을 심사할 뿐 채권자와 채무자 사이의 실체관계에 대한 심사를 하지 않기 때문이고, 다른 한편으로는 수익자 역시 채권자취소소송의 판결의 기판력에 복종해야 하므로 제3자이의의 소를 제기하지 못하기 때문이라는 점은 일본의 경우에서 이미 살펴보았고, 그에 대한 비판적 견해도 살펴본 바 있다.

---

1) 金亨培, 전게서, 389면.

2) 徐光民, "채권자취소권의 법적 구성", 고시계, 1993. 4. 72면(상대적 무효설을 취하게 될 경우 수익자나 전득자는 그들의 재산취득행위가 유상이었던 경우에는 각각 민법 제570조를 근거로 채무자나 수익자를 상대로 담보책임을 물을 수 있다); 반대: 奧田昌道, 債權總論(上), 悠久社, 1982, 315面(제570조의 담보책임은 본질상 채무불이행책임으로서 매도인에게 권리자체 내지 처분권이 없기 때문에 매수인에게 권리를 취득시키지 못하는 경우의 책임인데 반하여, 채권자취소권에 있어서는 수익자가 특히 선의이고 전득자가 악의인 경우에는 수익자로서는 완전한 권리를 취득하여 전득자에게 이전하였지만 채권자로부터의 반환청구에 의하여 전득자가 권리를 추탈당하는 것은 전득자의 사정에 의한 것이기 때문에 추탈담보책임이 생기지 않는다는 견해가 있다); 개인적으로는 결국 채권자에게 詐害行爲의 반환 및 원상회복의무를 이행하게 되면, 갱약의 목적을 달성할 수 없게 되고, 이는 해제권의 행사가 가능하게 되므로, 계약을 해제후 담보책임을 물을 수 있다고 보아야 할 것이고, 이 경우 결국에는 절대적 무효설과 마찬가지의 결과가 나오게 된다고 하겠다.

責任說은 이와 같은 이론적 난맥상을 해결하기 위하여, 채권자취소권의 행사로 수익자나 전득자 명의의 재산에 대한 강제집행이 가능한 것은, 詐害行爲에 의해 일탈된 재산이 채무자의 責任財産의 지위로 회복되기 때문이라고 설명한다. 따라서 채권자취소의 소는 목적재산이 수익자나 전득자의 소유 내지 그의 명의로 되어 있는 상태에서 그 재산이 채권자의 채권 목적의 달성을 위하여 채무자의 責任財産으로 존재하고 있음을 확인하는 확인의 소이고, 책임법적 무효를 발생하게 하는 형성의 소,[1] 또는 책임법적 무효의 효과를 발생시키는 형성의 소와 일탈재산에 대한 강제집행의 수인을 구하는 이행의 소가 결합된 것이라고 본다.[2]

그리하여 책임설은, 종래의 다수설인 물권적 상대무효설에 의할 경우 수익자 또는 전득자 소유로 된 채무자의 재산을 채무자가 반환받아 채무자의 소유로 환원시킨 다음 채권자가 강제집행을 하면 그 파급효과가 크기 때문에 이를 최소화하기 위하여 재산의 반환과 상대적 무효이론을 접목시킬 필요가 있다고 한다. 즉 재산의 귀속을 수익자 또는 전득자의 소유로 그대로 남겨 둔 채 채권자가 채무자의 채무를 이행받기 위해 강제집행을 할 수 있으면 되므로 구태여 재산을 채무자에게 반환시킬 이유가 없다는 것이다.[3]

그러나 책임설에 대하여는 詐害行爲의 목적물이 특정물인 경우 强制執行受忍의 訴를 인정하는 것이 이론적으로 곤란하다는 비판이 가해지고 있고,[4] 책임설이 채권자취소소송의 실현을 위해 내세우는 責任의 訴, 즉 强制執行受忍의 訴가 현행법상 인정되지 않는다는 실제적 측면을 무시하고 있다는 비판이 가해지고 있다.[5] 뿐만 아니라 채권자취소소송은 모든 채권자를 위한 共同責任財産의 환원에 의미가 있는 것인데, 책임설을 따를 경우 채권자취소절차가 진행되고 있는 사실을 알 수 없는 다른 채권자들이 채권자평등의 원칙에 의한 안분비례에 의한 분배 요구를 할 수 있는 기회가 사

---

1) 金亨培, 전게서, 389면.
2) 鄭東潤, 전게서, 67면.
3) 상게서, 68면 · 69면.
4) 金亨培, 전게서, 389면; 鄭東潤, 전게서, 60면.
5) 金洪奎, “채권자취소권행사의 효과”, 현대재산법의 제문제, 金基善박사고희기념논문집, 법문사, 1987, 225면; 李時潤, 전게서, 171면; 李銀榮, 전게서, 483면; 吳始暎, 전게 민사소송법, 267면.

실상 박탈되는 문제가 있다는 비판을 받고 있다.[1)]

개인적으로는, 책임설이 재산권의 법적 효력을 처분법적 요소와 책임법적 요소의 속성이 있음을 규명한 점은 높이 살 만하나 채권에 그러한 논리를 적용하는 것은 문제가 있다고 본다. 소유권은 책임설이 주장한 바와 같이 처분권능과 책임권능(사용권능, 수익권능)으로 나눌 수 있고, 이는 각각의 범위 내에서 효력이 인정된다. 그러나 이러한 권능의 분리는 소유권과 제한물권 또는 용익채권(임대차 · 사용대차 등) 등의 경우처럼 정당한 사유가 있을 때에 분리될 수 있는 것이다. 소유권의 권능을 중심으로 살펴보면, 용익물권으로 전세권, 지상권, 지역권을, 처분권능에 관한 담보물권으로 유치권, 질권, 저당권 등의 제한물권을 설정할 수 있고, 용익채권으로 임차권, 사용대차권 등을 설정할 수 있다. 이 경우에는 처분권능과 책임권능의 분리가 당연히 가능하다. 소유자와 상대방 사이에서 그러한 권능 분리에 대한 합의 내지 법적 근거가 있기 때문이다.

그렇지만 이러한 권능의 분리는 권리를 처분하는 자와 상대방 사이에 합의가 있거나 법률의 규정[2)]이 있는 경우에 한할 뿐이다. 그런데 詐害行爲의 당사자인 채무자와 수익자 또는 전득자 사이에 그러한 분리에 대한 합의가 있었느냐 하면 전혀 그렇지 않다. 그들은 처분권능 뿐만 아니라 책임권능까지 모두 함께 처분할 것을 합의하였고 실제로 반대급부를 교부하고 그렇게 이행하였다. 그렇다면 채권자취소권을 그러한 분리가 가능한 근거법률로 볼 수 있느냐 하면 그렇지 않다. 왜냐하면 본질적으로 처분권능과 책임권능은 함께 처분되는 것이 일반적인데, 詐害行爲의 경우 채무자와 전득자 사이에서 함께 처분하기로 합의가 이루어졌다고 보아야 하기 때문이다

우리 법체계가 소유권의 권능을 분리하여 구분하는 것은, 제한물권제도를 가능하게 하기 위하여서라고 할 수 있다. 즉 담보물권을 설정하여 처분권능과 책임권능을 분리함으로써, 저당권이 설정되어 있는 상태에서의 소유권이전 등이 허용되고, 물상보증인처럼 채무 없는 책임만의 부담도 가능하다. 그러나 詐害行爲를 하는 당사자 사이에

---

1) 李銀榮, 전게서, 488면.
2) 법정지상권의 경우 법률의 규정에 의해 처분권능과 책임권능이 분리될 수 있다.

서는 전혀 그러한 분리를 인식하거나 의도하고 있지 아니하다.

이처럼 당사자의 의도나 법률의 규정 없이 처분과 책임이 분리된다면, 이는 심각한 법적 불안정을 가져온다. 그리하여 우리 법체계는 제한물권이나 제한용익채권 등의 제도 이외에는 이를 허용하지 않음으로써 법적 안정성을 도모하고 있다. 따라서 물적 담보제도를 통한 책임법적 요소의 임의적 우선권이 보장되거나, 가압류 또는 가처분 등의 보전처분을 통한 강제적 우선권이 보장되지 않는 한 해석을 통해 책임법적 요소와 처분법적 요소를 분리하여 타인의 권리에 대한 개입을 허용할 수는 없다고 보아야 한다.

따라서 책임설은 그 이론적 장점에도 불구하고 당사자의 의도와 법률의 규정에 없는 책임 요소를 분리하며 이미 책임법적 요소까지 처분하여 타인의 권리로 이전된 목적물에 대한 책임법적 요소를 추급하겠다는 것은 지나친 채권자의 권리 확장이고, 물적 책임의 무한정한 확대를 가져오게 되어 인과관계론에도 부합하지 않다.

그러므로 책임설을 일반적으로 허용하게 되면, 私法秩序의 安定性이 심각하게 침해될 우려가 있다고 하겠다.

④ 新形成權說

신형성권설은, 채권자취소권의 취소를 의사표시 하자에 대한 통상의 취소와 동일한 개념으로 이해한다. 의사표시, 즉 법률행위의 취소는 외관상 유효한 법률행위를 취소함으로써 그 법률적 효과를 행위 당시로 소급하여 무효로 하고 있고, 다만 선의의 제3자 보호규정에 의하여 선의의 제3자를 특별히 보호하고 있다.

이처럼 채권자취소권에 있어서의 취소는 채무자와 수익자, 또는 수익자와 전득자 사이의 詐害行爲를 취소함으로써 통상의 의사표시의 취소와 마찬가지로 행위 당시로 소급하여 무효화시킴으로써, 당연히 그 반사적 효과에 의하여 부당이득반환의 문제가 생기기 때문에 그 반환을 구하여 채무자의 責任財産을 확보하게 된다는 것이다.

우리 법제에서는 프랑스의 파울리아나 소권 같은 소권 개념이 존재하지 않으며, 強制執行受忍의 訴와 같은 제도가 시행되고 있지 않다. 따라서 이론적으로는 채권자취소소송의 법적 성질에 대하여 그와 같은 제도의 시행을 전제로 책임설을 주장할 수는 있으나 현행법상 실무적인 적용이 불가능하다.

또한 우리 민법 제406조가 "詐害行爲의 취소" 및 "원상회복"을 명문으로 규정하고 있음은 채권자취소소송이 형성의 소와 이행의 소가 결합된 소송임을 의미한다. 그리하여 실무는 1차적으로 채무자와 수익자, 또는 수익자와 전득자 사이의 詐害行爲를 취소하고(형성판결), 2차적으로 수익자 또는 전득자가 소유하고 있는 詐害行爲 목적물의 반환(이행판결)을 채무자 또는 채권자에게 명하고 있다. 그리하여 일단 채무자의 責任財産으로 환원되면, 그 責任財産에 대하여 채권자가 채무자에 대한 별도의 執行權原을 가지고 강제집행을 실시하게 된다. 즉 채권자취소소송을 제기할 시점에서는 채권자의 채무자에 대한 執行權原을 필요로 하지 않는다.[1)]

이처럼 채권자취소소송은 채무자와 수익자 또는 수익자와 전득자 사이의 詐害行爲를 취소하는 형성의 소와 수익자 또는 전득자의 재산이 되었던 채무자 또는 수익자의 재산을 채무자 또는 채권자에게 반환하도록 하는 이행의 소의 결합 형태로 진행이 된다. 이론적으로 그 환원된 재산은 채무자의 재산이 아니라고 하고 있으나, 강제집행의 실무는 그 재산을 채무자의 재산으로 취급하여 강제집행이 이루어지고 있다.

신형성권설에 의하면 채권자취소소송은 채무자와 수익자, 또는 수익자와 전득자 모두를 공동피고로 하는 필수적 공동소송이 된다.[2)] 왜냐하면 채권자와 채무자, 수익자와 전득자 등 이해당사자 전원에 대하여 합일확정의 판결이 나와야만 수익자 또는 전득자가 詐害行爲의 목적물에 대한 권리가 채무자로의 환원이 합일적으로 가능하게 되고, 그 반환된 재산에 대하여 합일적으로 강제집행이 용인될 수 있기 때문이다. 즉 채권자취소소송은 우리 민사소송법 제67조 제1항이 규정한 "소송의 목적이 공동소송인 모두에게 합일적으로 확정되어야 할 경우"에 해당한다는 것이다.

1) 대법원 1962. 6. 21. 선고, 62다179 판결.
2) 李銀榮, 전게서, 482면

(3) 學說 및 立法論的 檢討

① 形成請求權說에 대한 檢討

채권자취소권은 연혁에서 살펴본 바와 같이 실체법과 절차법이 제대로 분화되지 않은 로마법의 債權者詐害를 해결하기 위한 제도였던 파울리아나 소권에서 비롯되었다. 그런데 로마법상의 actio는 실체법상의 권능, 판결절차상의 권능, 강제집행절차상의 권능, 경우에 따라서는 형사상의 처벌권능까지 포괄하는 미분화된 포괄적 권리였다. 또한 로마법에는 이행의 소라는 제도만 있었을 뿐, 오늘날과 같은 형성의 소나 20세기에 들어와 각광을 받고 있는 확인의 소 같은 제도가 없었다.

그러나 현재는 실체법과 절차법이 명확히 분화되어 있고, 무엇보다도 사적 자치가 최고의 지도원리로 자리잡고 있다. 뿐만 아니라 물권과 채권이 명백하게 구별되어 物權의 絕對性에 대한 債權의 相對性原理가 확립되었고, 파산절차 및 강제집행단계의 배당절차에서 債權者平等의 原則이 확립되었고, 일반적 채무이행의 경우에는 先行主義가 인정되고 있다. 채권자는 채무자의 임의이행을 받지 못한 경우 민사소송법상의 소송절차를 통한 執行權原을 확보하여야 하고, 執行權原 확보 과정에서 채무자가 재산을 일탈시키는 것을 예방하기 위하여 保全處分으로 가압류 및 가처분절차가 시행되고 있다. 뿐만 아니라 당사자의 약정에 의한 가등기 및 그러한 약정이 이루어지지 않을 경우 민사집행법상의 假登記假處分을 통하여 責任財產을 보전하는 제도가 확립되어 있다.

그런데 물권의 경우에는 公示制度를 통해 권리관계를 명확히 알 수 있지만, 채권의 경우에는 공시방법이 없어 수익자와 전득자 같은 제3자는 채무자가 채권자에 대하여 어떠한 채무를 부담하고 있는지 전혀 알 수가 없다. 까닭에 채무자와 수익자, 또는 수익자와 전득자 상호간에 민법 제108조의 허위의사표시에 의한 통정행위를 하거나, 특정채권자를 해할 의사로 通謀하지 않는 한, 수익자와 전득자로서는 채무자와 어떠한 법률행위를 함에 있어 채권자에 대한 詐害意思를 가질 것이 일반적으로는 기대되지 않는다.

소송상 변론절차에서는 증명책임의 원리에 의해 "법률행위의 무효"를 주장하는 자, 즉 권리장애사실을 주장하여 이익을 얻기 위해서는 채권자가 그에 대한 증명책임을 모두 부담하여야 한다는 법률요건분류설 내지 규범설이 우리 민사소송법 학자들의 통설적 견해임은 살펴보았다. 그렇다면 수익자와 전득자의 詐害意思에 대한 증명책임은 그 증명을 통해 이익을 얻는 채권자에게 있다고 보는 것이 증명책임의 원리에 부합한다. 그런데 현행 채권자취소소송에서 증명책임의 문제는 "수익자 또는 전득자의 詐害意思의 추정"이라는 판례[1]가 확립되어 詐害意思의 부존재, 즉 수익자 또는 전득자가 선의임을 증명하지 못하면 악의로 추정되어 수익자 또는 전득자의 취득행위는 취소당하고 취득한 재산을 반환해야 하는 불이익을 받고 있다.

또한 公平의 原則에 입각하여 채무자의 詐害行爲에 의하여 피해를 입은 채권자를 보호하는 것이 채권자취소권의 기본이념이지만, 이는 반대로 수익자 또는 전득자에게 불이익을 주게 되어 "또 다른 불공평"의 문제를 야기하고 있다. 뿐만 아니라 채무자에게 반환된 재산이 형식적으로만 채무자의 재산일 뿐 실질적으로는 채무자의 재산이 아니라는 이유로 수익자 또는 전득자는 그 반환된 責任財産에 대하여 어떠한 채권보전조처를 취할 수 없어 채무자에게 반환하는 순간 수익자 또는 전득자에게 발생하는 또 다른 부당이득반환채권[2]을 가지고 채권자취소권을 행사한 채권자의 責任財産으로부터 분배를 받을 수 없다.

이상으로 채권자취소권의 법적 성질에 대하여 외국 및 우리나라의 학설을 살펴보았다. 각 학설들은 나름대로의 장점에도 불구하고 이론적으로 부족한 부분이 있는 것이 사실이다. 채권행위에서 그 행위의 불법성을 어디까지 인정할 것인가의 문제는 詐害行爲의 詐害性을 판단하는 기준이 된다. 우리 판례[3]는 강제집행 면탈이나 조세포탈을 위한 재산권 처분의 경우조차 민법 제103조의 반사회질서행위에 해당되지 않는다고 하고 있다. 자본주의체제에서 재산권의 자유로운 처분은 헌법상 보장되고 있기 때

1) 대법원 1989. 2. 28. 선고, 87다카1489 판결.
2) 수익자 또는 전득자는 채권자 또는 채무자에게 詐害行爲 取消로 재산을 반환하는 순간 채무자에 대한 구상권으로 새로운 부당이득반환채권을 취득하는 채권자의 지위로 바뀌게 된다.
3) 대법원 1964. 7. 21. 선고, 64다554 판결.

문이다. 다만 재산권의 자유로운 처분은 선행된 제한물권이 있거나, 압류 · 가압류 · 가처분 등 강제집행절차상의 제한사유가 있거나, 소액임차보증금 같은 우선특권이 법률상 인정될 경우에만 제한받게 된다. 따라서 채무자가 자기 고유의 재산에 대한 사적 처분행위를 하였다고 하더라도 위와 같은 제한사유가 없다면 채권자에 대한 기존의 채권이 있다는 이유만으로 불법행위책임을 묻지 않는다. 불법행위 등의 성립을 인정하기 위해서는 채무자뿐만 아니라 상대방인 수익자 또는 전득자에게도 상당한 정도의 비난가능성이 있어야 한다.

그런데 채무자와 수익자, 또는 수익자와 전득자 사이의 법률행위는, 채권자 입장에서 責任財産의 감소를 가져오는 행위가 되어 채권자를 해하는 詐害行爲가 될지 모르겠지만, 정당한 대가를 지급하고 권리를 취득한 수익자 또는 전득자 입장에서는 불법행위가 아니며, 반대급부를 지급하였기 때문에 부당이득을 취한 것도 아니다. 더 나아가 채권자에 대한 어떠한 채무를 부담한 것도 아니기 때문에 채무불이행도 아니다. 즉 수익자 또는 전득자는 불법행위, 부당이득, 채무불이행의 어디에도 해당되지 않으며, 유상계약을 통해 정상적으로 재산권을 취득하였을 뿐이다.

민법 제406조 제1항은 "詐害行爲의 취소 및 이전된 재산의 원상회복"을 규정하고 있다. 이는 형성의 소와 이행의 소가 결합되어 있다는 것을 의미한다. 따라서 이를 强制執行受忍의 訴라든지 책임설에 의한 責任財産의 확보라는 소극적 의미로 해석하여서는 현제도의 취지에 부합하지 않다. 더군다나 우리나라는 독일과 달리 强制執行受忍의 訴나 집행의 소 같은 소송법적인 제도가 없어 책임설 또는 소송법설로는 결코 해결할 수가 없다.

다만 詐害行爲만 있을 뿐 아직 구체적으로 재산이전행위가 없는 경우라면 詐害行爲의 취소로 충분하기 때문에 형성의 소만으로도 목적을 달성하게 된다. 즉 채권자취소소송은 詐害行爲의 취소만을 구하거나, 원상회복의 반환청구까지 함께 병합제기할 수 있다.

---

1) 吳始暎, "채권자취소권의 실체법상의 성질에 대한 고찰", 민사법학 제 46호, 한국민사법학회, 2009. 9, 194면.

그렇다면 채권자취소권을 실체법적으로 어떻게 볼 것인가인데, 개인적으로는 "형성청구권"이라는 새로운 권리개념의 도입이 필요하다고 본다.[1] 새로운 권리개념인 형성청구권은, 권리자의 일방적 의사표시에 의하여 새로운 법률관계가 形成됨(詐害行爲의 取消라는 形成權能)과 동시에 그로 인한 효과로 請求力(請求權能)이 동시에 발생하는 "하나의 실체법상의 권리"를 말한다. 즉 실체법상 형성권과 청구권이라는 독립된 두 개의 권리의 결합이 아니라, 일정한 권리 형성의 의사표시(形成權能)를 성립요건으로 하여, 일정한 청구력(請求權能)이 생기는 하나의 실체법상의 권리로 이해하자는 것이다. 즉 민법 제406조 제1항의 채권자취소권이 실체법상 하나의 권리이고, 그 내적 구성 권능이 형성력과 청구력으로 구성되어 있다는 점을 중시하여 실체법상 하나의 권리인 형성청구권이라는 새로운 개념의 권리로 인정하자는 것이다. 마치 소유권에 용익권능과 처분권능이 포함되어 있는 것처럼 채권자취소권에 형성권능과 청구권능을 인정하자는 것이다.

의사표시의 하자에 의한 취소나 채무불이행을 원인으로 하는 해제 등의 경우에도 소급적 무효 및 반환청구권의 발생이라는 일정한 법률효과가 발생하여 형성력과 청구력이 생기는 구조를 이루고 있다. 그렇지만 이 경우 반환의 효력, 즉 청구력은 이미 존재하고 있는 기존의 선이행의 원상회복의 의미일 뿐 새로운 청구력이 생기는 것은 아니다. 즉 계약이 취소되거나 해제되면 그 계약의 소멸로 취소나 해제의 형성력이 생기고, 그로 인해 발생하는 부당이득반환청구권은 없던 권리가 새롭게 생기는 것이 아니라, 즉 형성력의 결과로 새로 생성되는 권리가 아니라 이미 선행행위로 인하여 교부된 매매대금 등의 원상회복의 문제로 쌍무계약의 상호대가성에 근거한 당연한 결과이기 때문에 채권자취소권의 청구력(채권자의 수익자 또는 전득자에 대해 새롭게 생기는 청구권)과는 다르다고 하겠다.

새로운 권리개념인 형성청구권은, 채권자취소권의 행사에 의해 발생한 형성력에 의해 채권자가 수익자 또는 전득자에 대하여 이전에 전혀 가지고 있지 않던 새로운 청구력(청구권능)이 생기는 실체법상의 권리라는 것이다. 즉 채권자의 채권자취소권에는 취소의 효력(형성력)이 생길 뿐만 아니라 수익자 또는 전득자에 대하여 종전에 없었던 새로운 청구력(원상회복, 즉 청구권능)이 생김으로써, 수익자 또는 전득자에 대한 직접적인 청구력(청구권능)을 채권자가 취득하게 되고, 그 청구력에 근거하여 채권자가 자기에게 직접 이행할 것을 청구할 수 있게 된다는 것이다. 그리하여 채권자가 채무자에 대하여만 주장할 수 있었던 채권적 청구권이 채권자취소권의 행사를 통해 제3자의 지위에 있는 수익자 또는 전득자에게까지 확대된다고 하겠다.

이러한 청구력은 채권자취소권의 행사에 의해 새롭게 발생하는 채권자취소권의 권능이라고 하겠다. 이러한 형성력에 의해 채무자와 수익자 또는 전득자 사이의 詐害行爲의 효력이 무효로 되고, 청구력에 의해 채권자는 수익자 또는 전득자에 대해 원상회복의 청구력을 취득하게 된다고 하겠다.

저자가 주장하는 새로운 권리개념인 형성청구권은 형성권과 청구권 등 두 개의 독립된 권리의 결합이 아니라 형성권능과 청구권능이라는 두 개의 권능을 구성요소로 하는 하나의 실체적 권리이다. 즉 소유권 속에 사용권능, 수익권능, 처분권능이 있는 것처럼, 채권자취소권이라는 형성청구권 속에 형성권능(형성력)과 청구권능(청구력)이라는 두 개의 권능이 내재되어 있는 것으로 보면 된다는 것이다. 그런데 이러한 형성청구권적 성질을 가지고 있는 권리들은 우리 민법에도 여러 곳에서 발견되고 있다. 즉 청구권이라는 이름으로 규정되어 있으나 그 실질을 형성권으로 이해되고 있는, 지상권자의 지상물매수청구권(민법 제283조 제2항), 지상권자 및 지상권설정자의 각 지료증감청구권(민법 제286조), 전세권자 및 전세권설정자의 각 부속물매수청구권(민법 제316조 제1항, 제2항) 등이 그러하다. 이러한 권리들은 어느 누구도 행사할 것을 강제할 수 없지만, 채권자가 행사할 경우에 상대방은 이를 거절할 수 없는 형성력이 생기고, 그 효력으로 매수대금이나 증감된 지료, 부속물매수대금에 대한 청구권능에 복종해야 하는 효과가 생긴다. 물론 그 금액에 대하여는 당사자 간의 합의에 의할 것이고, 합의가 성립되지 않을 경우에는 법원의 결정에 따를 것이다.

위와 같은 형성청구권의 법적 근거는 채권자취소권의 본질에 대한 다수설인 법정채권설에서 구할 수 있고, 그 이론적 근거는공평의 원칙 및 신의칙에 의한 예외적 구제수단으로 법이 특별히 인정한 제도라는 점에서 구할 수 있다고 하겠다.

즉 채권자취소권은 “절차법상 형성의 소와 이행의 소의 결합”이자 “실체법상 형성청구권이라는 하나의 권리”라는 새로운 개념으로 이해하여 형성력을 전제로 하여 청구력을 그 효력으로 이해함으로써, 종래 채권자취소권을 형성권과 청구권의 결합으로 보아 채권자취소권의 효력을 절대적 무효로 할 것인지 상대적 무효로 할 것인지를 놓고 학설이 대립해온 것도 어느 정도 해소될 수 있을 것으로 기대된다.

물론 채권설이 비판받고 있는 예외적인 경우, 예를 들어 채무면제나 아직 이행되지 않은 詐害行爲의 경우에는 청구권이 발생하지 않기 때문에 채권설로 설명할 수 없다는 점은 형성청구권설의 입장에서도 마찬가지일 수 있지만 이 경우 형성청구권의 형성력으로 어느 정도 설명될 수 있다고 본다.

형성청구권설을 취하게 되면 채권자취소권의 효력을 절대적 무효설의 입장에서 설명할 수 있게 된다. 또한 취소채권자가 수익자 또는 전득자에 대하여 행사하는 原狀回復請求權의 근거가 될 수 있고, 채권자취소소송에서 채무자와 수익자 또는 전득자 모두를 공동피고로 하여 채권자와의 사이에서 합일·확정의 판결을 요하는 필수적 공동소송의 소송법적 근거도 될 수 있고, 수익자 또는 전득자의 악의에 대한 채권자에의 증명책임 분배의 근거로 될 수 있다고 하겠다.

한편 종래의 다수학설 및 판례의 입장인 물권적 상대무효설에 의하면 수익자 또는 전득자만을 피고로 삼으면 충분하고 채무자를 피고로 삼을 필요가 없다. 물권적 상대무효설을 취할 경우 채권자취소권을 통해 채권자가 責任財産을 확보하고, 그에 대한 강제집행을 실시하는 것으로 충분하기 때문에 채무자와 수익자, 또는 수익자와 전득자 사이의 법률관계를 무효화시킬 필요도 없고 그렇게 인정할 근거도 없다. 그런데 만일 그러한 근거가 없다면 채권자의 수익자 또는 전득자에 대한 채권자취소권을 행사할 수 있는 근거도 없다고 해석하여야 함에도 물권적 상대무효설은 채권자취소권을 행사하여 수익자 또는 전득자에 대하여 반환청구가 가능하다고 해석하면서 그 근거로 공평의 원칙을 주장하고 있다.

물권적 상대무효설은 채무자와 수익자 또는 전득자 사이의 詐害行爲는 유효하다고 하면서 채권자와 수익자 또는 전득자 사이에서만 무효가 될 뿐이라고 한다. 그러나 이는 채권설 및 책임설이 지적하듯 행위 당사자인 채무자와의 사이에서 유효인 법률행위가 제3자인 채권자에 대하여서 왜 무효가 되어야 하는가에 대하여 명쾌한 해답을 제시하지 못하는 한계가 있다. 물론 이러한 지적을 피해가기 위하여 물권적 상대무효설은 채권자취소권의 목적이 責任財産의 환원에 있을 뿐이므로 타인인 채무자와 수익자 또는 전득자 사이의 詐害行爲를 취소할 필요가 없다고 하나, 채무자는 자기재산의 처분권능도 수익자 또는 전득자에게 처분하였기 때문에 이 처분권능을 행사할 수 없어 처분한 목적물을 반환받을 수 없는데도 수익자 또는 전득자가 이를 채권자에게 원상회복하여 마치 채무자가 반환받은 것과 같은 결과를 가져오기 때문에 수익자 또는 전득자로서는 계약의 목적을 달성할 수 없어 당연히 매도인의 담보책임 등을 내세우며 채무자와의 계약을 해제할 것이므로 채무자와 수익자 또는 전득자 사이에서도 결국은 무효가 되고 마는 후속행위를 의도적으로 무시하고 있다는 비판을 받게 된다.

채권적 상대무효설 역시 詐害行爲의 취소를 법원에 청구해야 한다는 민법 제406조 제1항의 본문 취지에 반하게 청구취지가 아닌 청구원인으로 주장하면 족하다고 하는 점에서 기판력이 없는 詐害行爲의 취소에 왜 수익자 또는 전득자가 복종하여 반환의무를 부담해야 하는가 하는 비판에 제대로 답변하지 못하는 한계가 있다.

채권설 및 책임설 등은 채무자와 수익자 또는 채무자 사이의 詐害行爲의 효력은 무효화되지 않는다고 하는 점에서 수익자 또는 채무자에게 유리한 듯하다. 하지만 이러한 학설은 가장 근본적 논제인 “채무자와 수익자 또는 전득자 사이의 법률행위가 유효한데 그 유효한 詐害行爲를 통해 취득한 재산을 무엇 때문에 채무자에게 반환해야 한단 말인가?”라는 질문에 대한 명확한 근거를 제시하지 못하는 한계가 있다. 그리하여 責任財産만을 확보하려 한다거나 불법행위 또는 부당이득의 법리를 차용하려고 하나, 그러한 이론들이 논리적 한계를 지니고 있거나 타당성이 없음은 이미 살펴보았다.

어느 한 쪽에 대하여 무효인, 즉 편면적 무효인 경우에는 법적 근거가 있어야 한다. 채무자와 수익자 또는 전득자 사이의 詐害行爲가 양자 사이에 무효가 아니라면 수익자 또는 전득자는 채무자뿐만 아니라 채권자를 포함한 어느 누구에게도 추급당할 이유가 없다. 그리고 제한물권을 통해 책임권능에 복종해야 할 의무가 없는 한 무담보채권자에 대하여 물상보증인이 아닌 제3자가 책임을 져야 할 이유도 없다. 따라서 처분권능과 책임권능을 인위적으로 분리하여 담보물권이 아닌 채권에 그러한 권능을 인정하겠다는 것은 채권을 담보물권과 동일하게 취급하겠다는 것으로 强制執行受忍의 訴나 責任의 訴라는 제도를 두고 있지 않은 우리 법체계에 맞지 않은 한계가 있다.

그런데 종래의 신형성권설은 새롭게 도입하고자 하는 권리개념인 형성청구권설의 취지에 절차법적으로 부합한다. 하지만 신형성권설 역시 구형성권설이 주장하고 있는 형성력에 중점을 두고 있을 뿐 원상회복의 청구력의 근거를 제대로 제시하지 못하는 한계가 있다. 즉 채권자취소권을 실체법적으로 규명하지 못한 채 절차법적으로 필수적 공동소송의 형태로 하면 된다고 하는 한계를 지니고 있는 것이다.

채권설이나 책임설은 무효가 아닌데도 수익자 또는 전득자의 재산에 대한 강제집행이 가능하다고 하여 자체적 모순에 사로잡혀 있다고 하겠다. 따라서 유효인데도 반환받아가겠다는 채권설이나 책임설보다는 무효이기 때문에 반환받아 갈 수 있다는 구형성권설이나 신형성권설이 이론적으로 일관성이 있어 더 타당하다고 할 것이고, 국민들도 쉽게 수긍할 수 있다고 하겠다.

어느 학설이든 수익자 또는 전득자는 채권자취소권 행사 결과 詐害行爲의 목적을 반환하여야 한다.

따라서 채권자취소권의 근거를 현재의 다수설인 법정채권설 내지 법정책임설에서 찾는다면, 그 실체법적 성질은 새로운 권리개념인 형성청구권설에서 찾는 것이 無難하다고 생각한다. 만일 새로운 권리개념인 형성청구권설이 인정될 수 없다면, 그나마 현재의 학설 중에서는 신형성권설의 입장에서 채권자취소권을 이해하는 것이 무리가 가장 적을 것이다.

신형성권설이나 저자가 주장하는 형성청구권설에 의하면, 채무자 및 수익자 또는 전득자가 공동피고가 되고, 판결의 효력은 절대적 무효설의 입장에서 채무자와 수익자 또는 전득자 사이의 詐害行爲가 채권자, 채무자, 수익자 또는 전득자 모두에게 절대적으로 무효가 되는 합일확정의 필수적 공동소송의 구조를 갖게 되고, 그 결과 반환의무를 부담한 수익자 또는 전득자는 채무자에게 구상권을 행사할 수 있어 자신들이 반환한 목적으로부터 채권자의 지위에서 취소채권자와 공동으로 안분비례하여 배당을 받을 수 있게 되어 그나마 피해를 최소화할 수 있게 된다.

참고로 종래 독일에서 일부 학자들에 의해 "형성의 소"를 제기할 수 있는 권리(형성소권)의 법적 성질을 어떻게 볼 것이냐에 대하여 "公法的 形成請求權說"이 주장된 적이 있다.[1] 형성권은 일방적 의사표시만으로 행사되는 것이 원칙이지만, 채권자취소권처럼 반드시 재판상 청구할 것이 요구되는 경우가 있다. 이처럼 재판상 청구할 것을 요구하는 형성권에 대한 형성의 소의 법적 성질을 어떻게 볼 것이냐에 대한 논의 중 하나가 소권론 중 위의 "공법적 형성청구권설"이다.

당시의 訴權論者들이 이해한 공법상의 형성청구권은, 재판상 행사해야 하는 형성권 또는 形成訴權은 訴라는 公的 形式을 취해 당사자의 일방적 의사표시에 의한 형성권에 대해 국가기관인 법원이 形成判決이라는 공적 처분을 내려줄 때 비로소 形成力이라는 효과가 생긴다고 보았다.

따라서 형성판결이 국가행위인 이상, 그러한 형성판결을 청구하는 형성권자의 권리는 私權이 아니라 국가기관인 법원에 대하여 국가행위인 형성판결을 내려달라고 공법상 청구하는 公法上의 請求權이라는 것이다. 즉 형성판결을 내려달라는 청구권이 형성소권이라는 것이다. 채권자취소권도 형성소권이기 때문에 위의 주장이 원용될 수 있다고 하겠다.

독일에서 주장된 공법적 형성청구권설은 실체법에 관한 권리가 아니라 절차법에 관한 권리로 재판상 이혼처럼 국가에 대하여 일정한 형성판결을 내려 줄 것을 청구하는 권리가 곧 "재판상 행사하여야 하는 형성(소)권"이라는 것이다.[2]

즉 私法上의 形成權에는 취소나 해제처럼 재판 외에서 행사하는 통상적인 형성권과 채권자취소권이나 이혼청구권처럼 재판으로만 행사해야 하는 형성소권이 있는데, 前

1) Gerhard Jooss, Gestaltungshindernisse und Gestaltungsrechte, 1967, S. 10ff.
2) Gerhard Jooss, a.a.O., S. 10ff.

者의 경우는 사법상의 형성권이라는데 의문이 없지만, 後者의 경우는 사법상의 권리로 볼 것인지 공법상의 권리로 볼 것인지에 대하여 견해가 나누어졌던 것이다. 현재 後者의 경우에 대한 독일의 다수설은 擴大된 私權說(擴大된 形成權說)이다.[1] 다시 말해 형성권을 재판상 행사하라고 규정한 것은 形成訴權이 公權이기 때문이 아니라 實體法上 私權인 形成權의 행사를 입법자가 당사자의 자의에 맡겨두지 않고 법원을 개입시키는 가중된 권리행사 요건을 통해 형성권자가 경솔한 행위를 하지 못하도록 하고 당사자의 자의가 규범화된 소송절차를 통해 제어되도록 하기 위한 목적에서 비롯된 것이라는 것이다.[2] 즉 형성소권 배후에 있는 실체법적인 사적 형성권은 소송절차를 거친다고 하여 그 핵심적 기능이 제한되는 것도 아니고, 형성권자가 자신의 형성력을 완전히 빼앗기는 것도 아니므로[3] 形成訴權으로 법원을 통해 행사가 강제되는 形成權도 본질은 私權이라고 본다. 즉 소권에 대하여 사권설이 지지를 받음으로서 위의 공법상 형성청구권설은 지지를 잃게 되었다.

그러나 이러한 형성소권을 사권 즉 실체법상의 권리로 보는 다수설과 달리, 공법상의 형성청구권으로 보는 소수설에 의하면 재판상 행사하여야 하는 형성권은 실체법상의 형성권이라는 면도 있지만 "국가(법원)에 대하여 형성판결을 내려 줄 것을 청구하는 공법상의 청구권"이 된다. 즉 公權인 登記申請權과 私權인 登記請求權이 서로 다른 것처럼, 공법적 형성청구권은 국민이 국가에 대하여 일정한 형성판결을 내려달라고 청구할 수 있는 권리가 形成訴權이라며 마치 등기를 신청하는 등기신청권과 같은 형식의 권리라고 한다.

하지만 저자가 새로이 주장하는 권리개념인 형성청구권은 소송법상의 권리가 아니라 "실체법상의 형성청구권"이라는 것으로, 소송법상의 "형성의 소의 법적 성질"을 "공법적 형성청구권"으로 보겠다는 의미의 형성청구권과는 다르다. 저자가 새로이 도입하고자 하는 실체법상의 개념인 형성청구권은 실체법상의 권리로 "형성력과 청구력"이라는 개별 권능을 내포한 실체법상 하나의 권리라는 것이다. 즉 종래 청구권

1) Gerhard Jooss, a.a.O., S.12.
2) Josef Fenkart, Wesen und Ausübung der Gestaltungsrechte im schweizerischen Privatrecht, 1925, S. 120.
3) Gerhard Jooss, a.a.O., S. 22.

과 형성권으로 되어 있던 구분방법에 새로운 권리개념인 형성청구권을 새롭게 도입하자는 것이다. 이러한 형성청구권은 종래의 청구권(청구력)과 형성권(형성력)이라는 두 개의 권리가 아니라 형성력과 청구력을 내포하고 있는 하나의 새로운 권리인 것이다. 그리하여 채권자취소권의 형성력에 의해 "채무자와 수익자 또는 전득자 사이의 詐害行爲가 취소"되고, 청구력에 의해 "수익자 또는 전득자가 취득한 재산에 대한 原狀回復請求"가 가능하게 된다고 하겠다.

하지만 저자가 새롭게 주장하는 형성청구권설은 학계나 실무계로부터 지지를 받기까지는 이론으로 남아 있을 수밖에 없지만, 앞으로 지지를 받을 수 있게 되기를 바란다. 따라서 그러기 전까지는 우리나라에서 주장되고 있는 여러 학설에서는 그나마 최근에 주장되기 시작한 신형성권설의 입장이 채권자취소권의 법적 성질을 이해하기에 가장 무난하다고 보며, 이 견해를 취할 때 채권자취소판결의 효력을 절대적 무효설의 입장에서 유지할 수 있을 것이라고 하겠다.

② 訴訟法的인 面에서의 債權者取消權에 對한 立法論的 檢討

不動産에 대한 詐害行爲를 예로 들면, 債權者取消權이 재판상 행사되어 詐害行爲가 취소되고 부동산의 소유권이 채무자에게 원상회복되면, 그 부동산에 대한 채권자의 채무자에 대한 執行權原에 의해 强制執行節次가 이루어지고, 配當資格이 있는 모든 채권자들이 배당참가를 통해 각자의 채권을 확보하게 된다.

채권자취소권을 행사하는 채권자로서는 하나의 소송절차에서 첫째, 채권자의 채무자에 대한 被保全債權의 請求를 구하고,[1] 둘째, 채무자와 수익자 또는 전득자 사이의 詐害行爲의 取消를 구하고,[2] 셋째, 채무자로부터 수익자 또는 전득자에게로 이전된 재산의 原狀回復을 구하는[3] 객관적 병합의 소를 제기하도록 강제하는 소송법적 보완이 필요하다고 본다.

현재의 채권자취소소송의 실무상 형태를 보면, 위 세 가지 청구를 한꺼번에 할 수

1) 예를 들어 채권자가 채무자에게 금 1,000만원의 금전소비채관계가 있다면, "피고는 원고에게 금 1,000만원을 지급하라."라는 이행의 소를 제기하게 된다.

2) 만일 채무자가 채무자 소유의 토지를 수익자에게 매도하였다면, "피고(수익자)와 소외 채무자 사이의 몇 년 몇 월 몇 일의 어떠한 부동산에 대한 매매계약을 취소하라."라는 형성의 소를 제기하게 된다.

3) 위 예에서, "피고(수익자)는 소외 채무자에게 몇 년 몇 월 몇 일 접수한 어느 등기소 접수번호 몇 번의 소유권이전등기를 말소하라."라는 이행의 소를 제기하게 된다.

도 있고, 첫 번째 청구는 생략한 채[1] 두 번째 청구와 세 번째 청구만 할 수도 있고, 세 번째 청구를 생략한 채 두 번째 청구만 할 수도 있다.[2] 또 詐害行爲만 있을 뿐 채무자로부터 수익자 또는 전득자에게로 재산의 이전이 있기 전이라면 세 번째 청구를 할 수 없기 때문에 두 번째 청구만 하게 된다.

판례는 두 번째 청구를 생략한 채 세 번째 청구만을 한 경우에 부적법하다는 이유로 각하하였다.[3] 이러한 판례의 태도에 대하여 소각하판결이 타당하다는 견해와[4] 채권자취소소송은 형성의 소와 이행의 소의 결합된 형태로서 소송물이 두 개이므로 형성청구부분인 詐害行爲의 취소를 소구하지 않았다 하여 이행청구부분의 소를 각하하는 것은 타당하지 않다며 기각하는 것이 타당하다는 견해[5]가 대립하고 있다.

신형성권설에 의하면 형성력이 인정되지 않는다면 청구력도 인정되지 않기 때문에 소각하판결을 하는 것이 타당하다. 만일 청구기각을 하게 되면 나중에 채권자가 두 번째 청구를 후소로 제기할 경우 기판력의 객관적 효력 때문에 이미 前訴에서 청구기각당한 세 번째 청구를 再訴할 수 없게 된다. 따라서 前訴에서 訴却下判決을 해야만 두 번째 형성의 소가 후소에서 받아들여질 때 세 번째 형성의 소도 받아들여질 수 있게 될 것이다. 신형성권설이 아닌 다른 학설의 경우에도 위와 같은 이유로 소각하판결을 하는 것이 타당하다고 본다.

또한 신형성권설을 취하면 채권자는 채무자와 수익자 및 전득자 모두를 필수적 공동피고로 반드시 삼아야 하며, 위 두 번째 청구와 세 번째 청구의 요건이 갖추어진 경우에는 반드시 兩訴를 필수적으로 병합하여 제기할 것이 강제되어야 한다. 필수적 병합소송으로 소송이 진행되면 다수의 이해관계인들의 분쟁을 1회적으로 해결할 수 있게 된다. 왜냐하면 위 두 번째 청구와 세 번째 청구는 논리적으로 일관성이 유지되

---

1) 別訴를 제기할 수 있다.
2) 최영남, "채권자취소권행사의 방법, 범위 및 원상회복의 방법", 재판실무연구, 광주지방법원, 1999(2000. 1), 296면.
3) 대법원 1993. 1. 26. 선고, 92다11008 판결.
4) 金昌鍾, "채권자취소권행사에 의한 원상회복의 방법 및 내용", 사법논집 제26집, 대법원 법원행정처, 1995. 12, 143면.
5) 최영남, 전게 논문, 295면.

어야 하기 때문이다. 즉 양소의 결과가 다르게 될 수 없으며 합일 · 확정되어야 한다.

그리고 채권자가 채무자에 대하여 위 첫 번째 청구에 대한 執行權原을 확보하고 있지 않다면 위 두 번째 청구와 세 번째 청구의 병합소송에 첫 번째 청구를 병합하도록 강제할 필요가 있다. 이는 현행 독일채권자취소법 제2조가 취하고 있는 태도이기도 하다. 다만 이론상으로 두 번째와 세 번째 청구의 병합관계는 필수적공동소송관계로 취급할 수 있지만, 첫 번째 청구와는 단순공동소송일 뿐 필수적 공동소송관계는 아니다. 그렇지만 세 청구는 모두 논리적 일관성이 있어야 하고, 앞의 청구가 부정되면 뒤의 청구도 당연히 부정될 수밖에 없는 논리적 구조를 가지고 있다.

따라서 신형성권설에 의하면 민사소송법 체계도 채권자취소소송의 구조(위의 두 번째 청구와 세 번째 청구의 병합구조)를 필수적 공동소송구조로 취급할 필요성이 있다. 동시에 위 독일 채권자취소법처럼 첫 번째 청구에 대한 執行權原을 먼저 받도록 하거나, 아니면 당해 채권자취소소송절차에서 함께 받을 수 있도록 첫 번째 청구를 두 번째 청구 및 세 번째 청구와 함께 제기할 것을 강제할 필요성이 있다.

현재 물권적 상대무효설의 입장을 취하는 다수설 및 판례의 입장에 따르면 채무자는 채권자취소소송의 피고가 아니다. 따라서 채권자와 채무자 사이의 被保全債權의 존재는 오로지 채권자의 주장과 증명[1]만이 법원에 현출될 뿐이어서 이를 다투는 수익자 및 전득자로서는 채권자의 주장 및 증명을 탄핵하는 데 한계가 있을 수밖에 없다. 그리고 소송 밖에 놓여있는 채무자로서는 채권자와 수익자 또는 전득자가 자신에 대하여 채권자의 지위에 있는 자들이기 때문에 어느 쪽 편을 들기도 곤란하다.

따라서 이러한 소송실무적인 문제들도 아울러 해결하기 위해서 위 첫 번째 청구를 채권자취소소송과 병행하여 제기할 수 있도록 강제하는 민사소송법의 개정이 필요하다고 본다.[2] 독일 채권자취소법 제2조가 執行權原을 사전에 요구하고 있는 것에 부합하는 민사소송법의 개정 필요성이라고 할 수 있다. 더 나아가 공동피고인 수익자 또는 전득자로 하여금 자신의 공동피고인 前者[3]에 대한 "공동소송인 간의 반소제도"[4]를 도

---

1) 채무자는 소송당사자가 아니기 때문에 소송절차에 사실상 관여하지 못하므로 항변을 할 수가 없다
2) 물론 이미 執行權原을 가지고 있는 경우에는 위 두 번째 청구에서 이를 증거로 제출함으로써 대체될 수 있을 것이다.

입하여 분쟁의 일회적 해결을 도모하는 것이 바람직하다고 하겠다.

③ 執行法的인 面에서의 債權者取消權에 對한 立法論的 檢討

채권자취소소송이 인용될 경우 그에 대한 집행절차를 어떻게 할 것인지에 대하여 민법은 물론이고 민사소송법이나 민사집행법에 전혀 아무런 규정이 없다.

채권자취소권의 목적은 모든 채권자들의 공동담보의 확보이다. 이는 공동담보를 위한 責任財産의 확보 후 강제집행을 통한 배당기금으로부터 모든 채권자들에게 채권자평등의 원칙에 따라 안분비례에 의해 분배하는 것이라고 할 수 있다.

따라서 법원으로서는 채권자취소소송을 인용할 경우에 "원상회복의 목적물을 채무자 또는 채권자에게 명도한다."라고 할 것이 아니라 "강제집행에 회부한다."라는 判決主文을 내도록 집행절차가 바뀌어야 한다는 것이 저자의 견해이다. 즉 채권자가 채권자취소소송을 제기할 때 청구취지를 앞의 사례에서 첫 번째 청구의 이행판결, 두 번째 청구의 취소판결, 세 번째 청구의 이행판결 이외에 네 번째로 "해당 목적물을 강제집행에 회부한다."라는 취지의 청구를 하도록 하여 네 번째 청구의 판결주문을 냄으로써 원상회복된 해당 목적물을 강제집행절차에 회부하고, 다른 공동채권자들로 하여금 배당참가토록 하여 안분비례의 법리에 의해 채권자평등의 원칙을 실현하도록 제도적 정비를 할 필요가 있다는 것이다.

부동산매매의 경우를 예로 들면, 채권자취소소송에서 채권자가 승소할 경우 소유권이 수익자 또는 전득자 명의에서 형식적으로 채무자 명의로 말소되거나 이전하게 되는데, 이때 채권자취소소송의 이해관계인이 아닌 자가 채무자 명의로 등기가 되어 있음을 오인하여 채무자를 진정한 권리자로 오신하여 강제집행절차를 별도로 취할 수도 있고, 악의의 채무자가 이를 이용하여 또 다른 제3자에게 처분하여 3중매매가 발생할 우려도 배제할 수 없다.

---

3) 전득자로서는 수익자, 수익자로서는 채무자가 이에 해당된다.

4) 현재 우리나라 소송법상 이런 반소제도가 없다. 따라서 영미법상의 공동소송인간의 반소, 즉 cross-claim이나 독일 판례법상의 제3자반소, 즉 Dritt - Widerkalge를 도입하여 분쟁을 1회적으로 해결하자는 것이다. 왜냐하면 어차피 수익자 또는 전득자로서는 채권자취소소송에서 패소할 경우, 전득자는 수익자 또는 채무자에 대하여, 수익자는 채무자에 대하여 각 부당이득반환이나 原狀回復請求를 구할 것이기 때문이다.

따라서 채무자 명의로 이전된 등기 또는 말소된 등기가 채무자의 실질적 소유가 아니라는 사실과 취소채권자의 취소권 행사에 의하여 모든 채권자들의 공동담보, 즉 責任財産이 되었음을 공시할 필요가 있다. 그 공시방법으로는 부동산등기부에 "채권자 000의 청구에 의한 몇 년 몇 월 몇 일자 詐害行爲의 취소판결에 의한 이전등기 또는 말소등기"라는 사실과 "채권자의 被保全債權이 얼마"라는 사실을 등기할 필요성이 있다. 어차피 채권자는 물적 지배권을 가지고 있지 않기 때문에 위 이전등기 또는 말소등기를 통해 "가압류권자로서의 지위를 확보하는 것에 불과"하므로 가압류등기 시 가압류채권금액을 등기하는 것처럼 "채권자취소권의 被保全債權이 얼마임을 공시할 필요성"이 있다고 하겠다. 물론 현행 부동산등기법상에는 채권자취소권의 경우 그러한 등기를 할 수 있는 방법이 규정되어 있지 않기 때문에 그 방법에 대하여 부동산등기법을 개정할 필요성이 있다.

위와 같이 등기부에 "詐害行爲日字"를 명기토록 하는 것[1]은 그 詐害行爲日 以前의 채권자들이 그 목적물의 매각대금으로부터 배당 받아갈 자격이 있음을 공시하기 위해서이다. 詐害行爲 以後에 성립한 채권자는 후술하는 예외적인 경우를 제외하고는 이미 詐害行爲의 목적물을 처분한 이후에 성립한 채권자이므로 위 배당기금으로부터 배당 받아갈 수 없다. 순위가 수익자 또는 전득자보다 후순위이기 때문이다.

그런데 그 취소의 범위와 관련하여 판례는 "채권자취소권에 의하여 逸出한 재산의 처분행위를 취소함에 있어 그 취소의 범위는 채권자의 채권의 구제에 필요한 한도에서 취소하여야 함은 논지와 같으나 이 건에 있어서는 대지와 건물이 동일인의 소유이므로 대지의 가격만으로도 채권자의 채권액보다 다액이라 하여 대지와 건물 중 그 일방만을 취소하게 되면 건물의 소유자와 대지의 소유자가 다르게 되어 그 가격과 효용을 현저히 감소시킬 것이므로 이 건의 경우에는 경제적인 이유로 불가분의 관계에 있으므로 이를 전부 취소함이 정당하다."고 하여,[2] 被保全債權의 範圍內에서 취소함을 원칙으로

---

1) 詐害行爲日은 실제 매매계약체결일이지 이전등기일이 아니라는 것이 판례이므로 말소된 詐害行爲 登記日보다 실제 詐害行爲日은 앞설 것이어서 실제 詐害行爲日字를 명시할 필요가 있다, 이는 배당참가할 수 있는 詐害行爲 이전의 채권자의 범위를 결정하는 기준이 될 것이다

2) 대법원 1975. 2. 25. 선고, 74다2114 판결.

하되, 불가분급부를 내용으로 하는 경우에는 그 전부의 취소를 허용하고 있다.

다른 채권자들의 배당참가와 관련하여서는 두 가지 관점에서 살펴볼 필요가 있다. 첫째는 목적물에 대한 처분이 전부취소되어 원상회복되는 경우이고, 둘째는 가액배상이 되는 경우이다.

첫째 경우처럼 목적물에 대한 처분이 전부취소되어 원상회복되더라도 채권자는 그 목적물 자체를 취득할 수는 없고 그 목적물을 강제집행하여 배당을 받아야 한다. 그 목적물 자체로부터 만족을 직접 얻을 수 없기 때문이다.[1] 이 경우에는 다른 채권자들도 배당참가의 방법으로 채권자평등의 원칙이 실현될 수 있어서 배당을 둘러싼 불공평한 문제는 발생하지 않게 된다.

문제는 둘째의 경우로, 취소채권자가 가액배상을 받을 경우 취소채권자가 이를 추심하여 다른 채권자들에게 분배하여 주지 않는 한 다른 채권자들이 수익자로부터 채권 만족을 얻을 수 있는 방법이 없다. 왜냐하면 취소채권자의 취소판결이 확정되면 다른 채권자들은 전소의 기판력의 주관적 범위에 포함되기 때문에 수익자를 상대로 별소를 제기할 수 없고,[2] 집행권원이 없는 그들로서는 배당에 참가할 수 있는 방법이 없기 때문이다.

판례는 價額賠償과 관련하여 "채권자취소권은 채권의 공동담보인 채무자의 責任財産을 보전하기 위하여 채무자와 수익자 사이의 詐害行爲를 취소하고 채무자의 일반재산으로부터 일탈된 재산을 모든 채권자를 위하여 수익자 또는 전득자로부터 환원시키는 제도"라고 하여,[3] 가액배상으로 받은 금전은 모든 채권자를 위한 責任財産임을 분명히 하면서도 다른 채권자들의 배당참여를 실제로는 배제[4]하고 있어 문제이다.

이 경우 다른 채권자들은 채무자의 파산을 대위신청하여 채권자평등을 실현시키거

---

1) 단 이러한 주장은 부동산의 경우에는 타당하지만 금전의 경우와 동산이 채권의 목적과 동종의 동산이라면 그 금전과 동산을 인도받은 후 상계권을 행사하여 사실상 우선변제를 받게 된다.

2) 판결의 주관적 기판력의 문제도 문제이지만, 수익자로서는 前訴에서 이미 취소채권자의 취소판결에 의해 가액을 원상회복해 주었기 때문에 더 이상 채권자취소소송에 의해 취소 및 반환할 詐害行爲의 목적이 없기 때문이다, 물론 첫 번째 가액배상 후 남은 이득이 있는 경우라면 다른 채권자들이 별도의 채권자취소소송을 제기할 수 있고, 추가반환해야 할 것이다.

3) 대법원 2001. 2. 27. 선고, 2000다44348 판결.

4) 수익자의 상계주장이나 안분비례액 상당액의 반환거절의 항변을 배척하고 있다.

나(파산신청설), 수익자가 채권자에게 아직 가액을 지급하고 있지 않는 동안에 가액배상금반환청구권에 대하여 압류 또는 가압류를 하여 취소채권자의 상계를 미연에 방지할 수밖에 없다(강제집행설). 파산신청설은 채무자회생법 제422조 제2호에 의해 파산채권자가 지급정지 또는 파산신청이 있었음을 알고 채무자에 대하여 채무를 부담한 때에는 상계가 불가능하도록 규정하고 있으므로 위 규정에 근거하여 가액배상금을 파산재단에 편입시켜 채권자평등의 원칙을 실현할 수 있지만 편입하게 되면 배당까지의 기간이 너무 장기이고 파산개시절차 역시 까다로워 그 실효성 확보가 어렵다는 단점이 있고, 강제집행설에 의하면 이론상 가능할 듯싶지만 실제로는 그 절차에 관한 규정이 민사집행법에 없기 때문에 실무상 이 문제를 해결할 수 없다. 결국 실제로는 가액배상을 받은 채권자의 우선변제를 막을 수 있는 방법이 없는 셈이나 마찬가지이다.

따라서 민사집행법, 공탁법 및 부동산등기법 등 관련법규를 보완하여 취소채권자가 배당받아 갈 被保全債權의 총액을 공시하도록 하고, 금전 또는 동산 반환의 경우에 이를 공탁하도록 하여 다른 공동채권자들이 배당에 참가할 수 있는 기회를 보장하여 채권자평등의 원칙에 의해 안분비례한 배당금을 지급받도록 할 필요성이 있다. 그 결과 공동채권자들의 채권에 충당하고 남은 잉여금이 있으면 이는 당연히 수익자 또는 전득자에게 반환하여야 한다. 물론 수익자 또는 전득자의 다른 채권자들이 있다면 그들은 그 남은 잉여금에 대한 압류를 통해 그들의 채권을 회수할 수 있을 것이지만, 이는 채권자취소권과는 무관한 별개의 문제라고 하겠다.

문제는 현실적으로 강제집행 후 남은 잉여금을 수익자 또는 전득자에게 지급할 수 있는 방법도 없다는 점이다. 수익자 또는 전득자는 그 등기명의가 말소된 상태이기 때문에 강제집행절차상 이해관계인이 아니라는 이유로 배당절차에 관여할 수 없다. 수익자 또는 전득자는 채무자에게 잉여금이 잘못 지급되는 것을 막기 위하여 채무자에 대하여 취득하게 되는 부당이득반환청구권에 기하여 그 배당금을 가압류하거나 압류한 후 이를 轉付받는 방법으로 잉여금을 지급받아야 하기 때문에 불편할 뿐만 아니라 타인에게 지급될 위험성마저 있다.[1] 만일 수익자 또는 전득자가 위와 같은 절차를 미리 밟지 않으면 경매법원은 등기명의자인 채무자에게 잉여금을 반환할 수밖에 없어 부당한 결과가 발생하게 된다.

채권자취소소송절차에서 채권자의 被保全債權보다 수익자 또는 전득자가 詐害行爲로 취득한 부동산의 가액이 월등히 높은 경우라도 현재는 不可分給付인 경우에는 全部返還을 명하고 있는데, 개인적으로는 수익자 또는 전득자의 선택에 따라 법원이 원상회복이나 가액배상 중 어느 하나를 명하는 형식적 형성의 소로 취급하는 것도 바람직하다고 본다. 왜냐하면 불가분급부의 경우 전부취소를 명하는 것보다 價額賠償 같은 一部取消가 수익자 또는 전득자에게 유리하고, 이론적으로도 채권자취소권의 경우 합의에 의한 일부취소 및 원상회복을 인정할 실익이 있기 때문이다. 위 경우에는 일종의 裁判上和解의 효력을 인정하면 될 것이다.[1] 그러나 다수견해는 채권자의 채권액이 목적물의 가액보다 적더라도 증여행위 전부를 취소하여야 한다고 한다.[2]

한편 詐害行爲의 취소로 반환할 것이 금전이거나 동산인 경우 그 금전이나 동산을 채무자 또는 채권자에게 직접 반환할 것이 아니라 반드시 법원에 공탁하도록 하여야 한다는 것이 개인적 견해이다. 즉 법원이 공탁을 명하는 판결주문을 선고하여야 한다는 것이다.[3] 공탁한 후 법원은 일정한 절차에 따라 채권자 수색 절차를 밟은 후 공동채권자들에게 채권자평등의 원칙에 의해 배당하면 될 것이다. 우리 판례가 공탁법에서 정한 공탁사유가 없는 한 공탁을 거절하도록 하고 있기 때문에 필요하다면 공탁법의 관련규정을 개정할 필요성이 있다. 만일 詐害行爲의 목적물이 동산인 경우에는 앞서의 경우와 마찬가지 절차에 의하여 채권자취소소송을 진행하되, 다만 그 동산을 채무자나 채권자에게 반환할 것이 아니라 금전과 마찬가지로 공탁하는 방법으로 집행관에게 점유를 이전토록 하여 동산 강제집행절차에 의하여 처리하면 될 것이다.

---

1) 金昌鍾, 전게 논문, 167면; 李在烈, 전게 논문, 74면.
1) 李在烈, 전게 논문, 61면; 金昌鍾, 전게 논문, 160면(재판상화해가 성립한 금액 부분에 대한 채권자의 취소권 행사가 기각되어야 하는가에 대하여 의문을 제기하고 있다).
2) 郭潤直, 전게서, 149면; 金大貞, 전게서, 285면; 金疇洙, 전게서, 251면 · 252면; 吳始暎, 전게 채권총칙, 377면; 李在烈, 전게 논문, 64면.
3) 민사집행법 제248조에 의한 집행공탁을 유추적용할 수 있을 것으로 보인다. 만일 동조를 유추적용할 수 없다면 공탁법을 개정하여야 할 것이다.

詐害行爲의 목적물이 채권인 경우에는 제3채무자에 대한 채권압류 절차가 병행될 수 있도록 하여 채권에 대한 강제집행절차에 의하여 강제집행이 이루어지도록 하면 될 것이다.

한편 원상반환의무를 부담하는 수익자 또는 전득자 역시 반환하는 순간 채무자에 대하여 구상채권을 갖게 되어, 그 반환되는 금액의 범위 내에서 부당이득반환채권자가 되므로 그 반환된 목적물로부터의 배당에 참가할 수 있도록 보장되어야 한다.[1] 그러기 위해서는 수익자 또는 전득자가 당해 채권자취소소송절차에서 공동피고인 채무자를 상대로 한 공동소송인 간의 반소를 제기할 수 있도록, 이른바 미국의 cross - claim제도를 도입할 필요성이 있음에 대하여는 앞서 살펴보았다.

이러한 제도적 정비가 이루어지면, 채권자취소소송이라는 하나의 절차에서 채권자, 채무자, 수익자, 전득자 사이의 분쟁 및 이해관계를 합일 · 확정적으로 1회의 절차만으로 해결할 수 있고, 취소소송의 결과가 강제집행절차로 연결되어, 다른 채권자들에 대한 배당참가의 기회가 보장됨으로써 채권자평등의 목적도 동시에 실현할 수 있게 될 것이다.

현재의 채권자취소소송의 운영 형태로는 모든 채권자의 공동담보를 확보하겠다는 이상에서 출발하고서도 실제로는 다른 공동채권자의 이익이 배제된 채 취소채권자의 사실상 독점적 우선변제를 받게 하는 모순을 해결할 수 없다. 그리고 이미 소유권을 취득한 매수인이나 담보물권을 취득한 담보권자와 같은 物權取得者들이 대항력 없는 채권자의 채권자취소권 행사에 의해 권리를 상실하거나 후순위 권리자로 밀려나는 일반적 현상을 막아낼 수 없다.

따라서 신형성권설에 의하여[2] 채권자취소권이 행사되도록 하되, 위와 같이 청구취지의 객관적 병합 및 供託이나 강제집행절차로의 移行 등을 법원이 개입하여 강제함으로써 모든 채권자들의 共同擔保確保라는 목적의 실현이 가능하도록 채권자취소권이 운영되는 것이 바람직하다고 본다. 그렇지 않으면 채권자취소권을 행사하는 채권

---

1) 채권설 및 집행설에 의하면 배당참가가 허용되지 않는다고 하나, 이는 채권자평등의 원칙에 반하므로 신형성권설 및 형성청구권설에 의해 그 반환을 인정하는 것이 공평의 원칙에 부합하다고 하겠다.
2) 저자가 주장하는 형성청구권설에 의할 경우에도 유사한 효과가 발생하게 된다.

자의 채권자취소권의 행사를 제한하기 위하여 다른 채권자 및 반환의무를 부담하게 된 수익자 또는 전득자 등이 채무자의 無資力을 이유로 채무자에 대해 파산을 대위신청할 수밖에 없고[1] 그로 인하여 채무자회생법에 의한 채권자취소소송이 중단되는 사태를 막을 수 없게 될 것이다. 이로 인하여 오히려 채권자취소권을 행사하는 채권자마저 불이익하게 되는 채무자의 파산선고 사태가 발생하는 것을 막을 수 없게 될 것이므로 "취소채권자의 독점적 권리확보가 아닌 채권자평등의 원칙 보장"이라는 민법 제407조의 규정 취지대로 판례의 태도가 변경되는 것이 바람직하다고 본다.

그리고 채권자취소권은 담보권이 없는 채권자에게 인정되는 구제제도이므로 채무자의 詐害行爲의 정도가 허위통정의 의사표시에 의한 실질적인 재산은닉이나 강제집행면탈의 우려가 있는 고의에 가까운 詐害行爲에만 허용되는 것이 바람직하다고 하겠다.

1) 파산절차에서만 채권자평등의 원칙이 구체적으로 실현될 수 있기 때문에 일부라도 회수하기 위한 다른 채권자들의 노력의 일환이라고 하겠다.

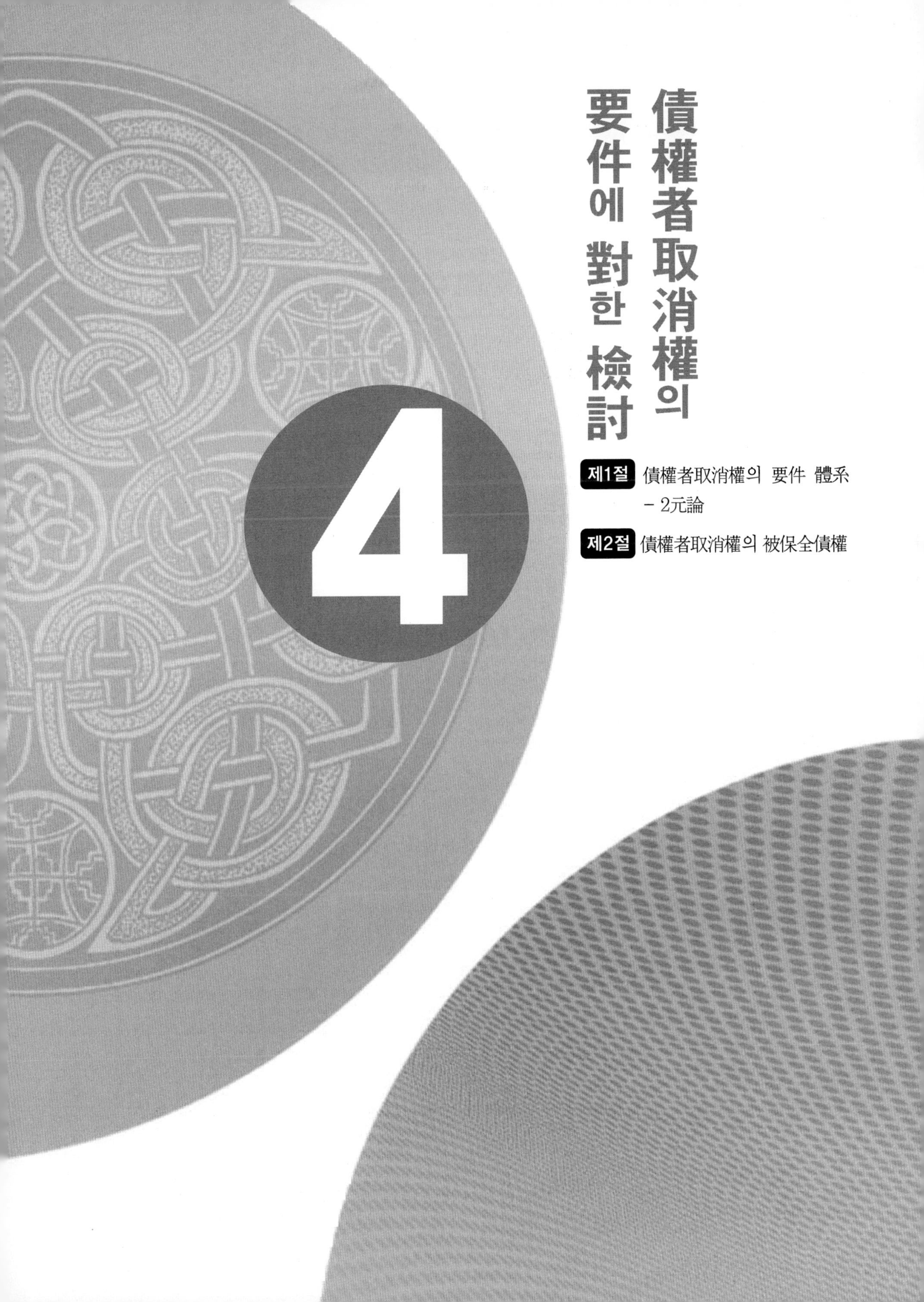

4 債權者取消權의 要件에 對한 檢討

돛 단 배

오 시 영

세상이 무어라 해도
나는, 나의 눈을 가질 거야
내게 소리로 오는
향기로 오는
너를 제대로 알아보는
나만의 눈을

제1절 債權者取消權의 要件 體系 - 2元論

Ⅰ. 序 論

우리 민법 제406조는 “債務者가 債權者를 害함을 알고 財産權을 目的으로 한 法律行爲를 한 때에는 債權者는 그 取消 및 原狀回復을 法院에 請求할 수 있다. 그러나 그 行爲로 因하여 利益을 받은 者나 轉得한 者가 그 行爲 또는 轉得當時에 債權者를 害함을 알지 못한 境遇에는 그러하지 아니하다.”고 하여 채권자취소요건으로 첫째, 채무자가 채권자를 해함을 알고, 둘째, 재산권을 목적으로 한 법률행위를 하고, 셋째, 수익자 또는 전득자가 채무자의 법률행위 당시 그 법률행위가 채권자를 해함을 알았을 것 등을 요구하고 있다.

다수설[1]은 채권자취소권의 객관적 요건으로, 첫째, 채권자의 채무자에 대한 被保全債權의 존재, 둘째, 채무자의 詐害意思에 의한 詐害行爲, 셋째, 채무자의 詐害行爲로 인한 채권자의 채무자에 대한 권리 취득 당시보다 責任財産의 감소, 즉 채무자의 無資力을 요구하고, 주관적 요건으로, 첫째, 채무자의 채권자에 대한 詐害意思, 둘째, 수익자 또는 전득자의 詐害意思에 의한 채무자의 詐害行爲에의 가담 또는 참가의사, 즉 수익자 또는 전득자의 詐害意思 등을 들고 있다.

이와 같이 채권자취소권의 요건을 주관적 요건과 객관적 요건으로 분류하는 종래의 견해를 이원론이라 부르며, 이러한 이원론은 양자를 서로 독립적으로 평가하여 채권자취소권 성립 여부를 판단하게 되어 많은 문제가 있다면서, 詐害行爲를 객관적으로

---

1) 郭潤直, 전게서, 147면; 金大貞, 전게서, 265면; 金相容, 전게서, 254면; 金疇洙, 전게서, 238면; 吳始暎, 전게 채권총칙, 353; 李銀榮, 전게서, 463면.

만 판단할 것이 아니라 객관적 요소와 주관적 요소의 상관관계 속에서 종합적으로 고려하여 파악하는 것이 타당하다며 이를 詐害行爲의 일원론이라고 불러야 한다는 견해가 주장되고 있다.[1] 그 주장에 의하면, 일원론에 의할 경우 비로소 詐害行爲의 詐害性을 채무자의 無資力으로 이해하는 한계를 극복할 수 있고, 주·객관적 요소를 종합적으로 고려하여 詐害性 有無를 판단함으로써 첨예하게 대립되는 채권자취소소송의 당사자들의 이해관계의 조화를 꾀할 수 있다고 한다.[2] 그러나 일원론 역시 이원론의 요건을 종합적으로 판단하겠다는 취지 이상은 아니라고 보이므로 종래의 통설 및 판례의 입장인 이원론이 타당하다고 본다.

이원론은, 먼저 詐害行爲의 객관적 요건을 검토하고, 그 詐害行爲에 대하여 채무자가 인식하고 있었는지 여부, 즉 주관적 요건을 검토하는 순서를 밟고 있다.[3] 마치 불법행위 책임에 있어서 불법행위의 존재를 먼저 인정한 다음 과실의 존재에 대한 주관적 요건을 판단하는 것과 같은 해석방법이라고 하겠다.[4] 그리하여 객관적 요건인 詐害行爲의 요건이 충족되지 않으면, 주관적 요건은 더 이상 문제삼을 필요가 없으므로 채권자취소권의 성립이 부정된다고 한다.[5]

그러나 이러한 詐害行爲 판단방법은 잘못 되었다고 본다. 사람의 행동은 주관적 요소(效果意思, 즉 詐害意思)가 선행하고, 객관적 요소(表示行爲, 즉 詐害行爲)가 후행한다고 보는 것이 일반적인 의식과 행동의 과정이라고 할 수 있다. 그러므로 詐害行爲 판단 역시 채무자의 주관적 요소가 먼저 고려되어야 하고, 그 이후 객관적 요소를 고려하는 것이 순서라고 본다. 물론 내심의 효과의사인 詐害意思를 직접 증명하는 것이 어렵기 때문에 외부로 표시된 詐害行爲를 통해 詐害意思를 推斷해 내려는 것이겠지만, 논리적으로 볼 때 詐害意思에 대한 판단이 詐害行爲에 대한 판단보다 선행되어야 할 것이다.

---

1) 李在烈, 전게 논문, 237면 이하 참조.
2) 상게 논문, 237면 이하 참조.
3) 我妻榮, 債權總論, 民法講義Ⅳ, 岩波書店, 1964, 189面 以下 參照.
4) 平野裕之, 前揭書, 328面.
5) 李在烈, 전게 논문, 80면.

Ⅱ. 主觀的 要件

가. 序 說

채권자취소권의 주관적 요건으로 첫째, 채무자의 詐害意思, 둘째, 수익자 또는 전득자의 詐害意思가 있어야 한다. 문제는 양자의 詐害意思의 정도를 동일한 개념으로 볼 것인지, 아니면 다르게 볼 것인지 여부이다. 왜냐하면 詐害行爲에 가담 또는 참여하는 의식과 행위의 정도가 서로 다르기 때문이다.

나. 認識說과 意圖說

詐害意思를 판단함에 있어 채무자와 수익자 또는 전득자의 詐害意思의 정도를 어떻게 평가할 것인가에 대해서는 인식실과 의도설로 견해가 대립되어 있다.

인식설은, 채무자가 그 법률행위를 통해 자신의 재산이 감소되어 채권자의 공동담보에 부족이 생긴다는 사실을 인식하고 있으면 詐害意思가 성립한다는 것으로, 현재의 다수설[1)]이자 판례[2)]의 입장이다.

이처럼 인식설은 채무자에게 적극적 詐害意思를 요구하지 않고 채무자의 선의·악의 판단을 채무자가 단순히 責任財産의 감소사실을 알고 있는지 여부만으로 판단하면 충분하다고 하여 채무자의 적극적 의사, 즉 재산처분의 동기나 의욕 등은 전혀 고려대상으로 삼지 않는다.

이에 대해 의욕설 또는 의도설은, 인식설에 더하여 재산감소를 의도 내지 의욕하는 詐害行爲者의 의사가 詐害意思 판단에 필요하다고 하여, 채무자의 詐害行爲의 동기 및 내용을 詐害意思 판단의 중요기준으로 삼는다. 예를 들어 사업을 번창시킬 의도로 재산을 처분하였으나 결과적으로 사업이 망하여 재산상태가 더 악화되었을 경우, 의

1) 郭潤直, 전게서, 147면; 金大貞, 전게서, 278면; 金相容, 전게서, 261면 · 262면; 金曾漢 · 金學東, 전게서, 202면 · 203면; 金亨培, 전게서, 407; 尹喆洪, 전게서, 267면; 李銀榮, 전게서, 473면; 편집대표 郭潤直, 민법주해(Ⅸ) 채권(2), 박영사, 2001, 826면(金能煥 집필).
2) 대법원 1999. 11. 12. 선고, 99다29916 판결; 대법원 2004. 7. 9. 선고, 2004다12004 판결 외 다수.

도설에 의하면 채무자를 해할 의사가 없었기 때문에 詐害意思가 없다고 판단될 수도 있다. 채무자의 詐害意思는 채권자취소권의 성립요건이므로 이를 주장하는 채권자에게 증명책임이 있다고 할 것인데, 이 경우 채권자로서는 詐害意思를 증명하는 것이 쉽지 않다.

문제는 수익자 또는 전득자의 詐害意思를 어떻게 판단할 것인가이다. 이에 대하여도 역시 인식설과 의도설이 대립하고 있다. 인식설은 수익자 또는 전득자가 채무자와의 詐害行爲시 채권자를 해함을 알고 있으면 족하다고 한다. 즉 다수설[1]인 인식설은 수익자 또는 전득자가 詐害行爲 또는 전득행위 당시 채권자를 해한다는 사실에 대한 인식이 있으면 성립한다는 것이다. 그런데 "채권자를 해함을 알고 있으면 족하다"는 의미에 대하여, 인식설[2] 및 판례[3]는 "채무자의 責任財産이 감소하여 채권자의 공동담보에 부족이 생긴다는 점에 대해 인식하는 것"이라고 한다.

이 경우에 수익자 또는 전득자로서는 채무자의 채권자에 대하여 전혀 알지 못하고 있는 것이 현실이고, 더 나아가 자신의 채무자와의 법적 행위가 그 알지 못하는 채권자에 대한 責任財産의 부족을 가져오는 행위라고 인식하지 못하고 있는 경우가 일반적이다. 그런데도 인식설 및 위 판례는 채무자의 詐害意思가 인정되면 수익자 또는 전득자의 詐害意思, 즉 악의가 推定된다고 하고 있어 문제이다.

이에 대해 의도설은, 수익자 또는 전득자가 채무자의 詐害行爲로 인해 채권자의 責任財産에 대한 감소를 가져오는 것을 적극적으로 의도하면서 채무자의 詐害意思에 가담하는 의사라고 한다.

판례[4]는 다수설인 인식설의 입장에서, 채무자의 詐害意思가 證明되면 수익자 또는 전득자

---

1) 郭潤直, 전게서, 147면; 金大貞, 전게서, 278면; 金相容, 전게 채권총론, 262면; 金曾漢 · 金學東, 전게서, 203면; 전게 민법주해 Ⅸ 채권(2), 826면(金能煥 집필); 尹喆洪, 전게서, 267면; 李銀榮, 전게서, 채권총론, 472면.

2 郭潤直, 전게서, 147면; 金大貞, 전게서, 278면; 金相容, 전게서, 261면 · 262면; 金疇洙, 전게서, 213면; 金曾漢 · 金學東, 전게서, 202면 · 203면; 李銀榮, 전게서, 473면.

3) 대법원 1998. 5. 12. 선고, 97다57320 판결(채권자취소권의 주관적 요건인 채무자가 채권자를 해함을 안다는 이른바 채무자의 악의, 즉 詐害意思는 채무자의 재산처분 행위에 의하여 그 재산이 감소되어 채권의 공동담보에 부족이 생기거나 이미 부족 상태에 있는 공동담보가 한층 더 부족하게 됨으로써 채권자의 채권을 완전하게 만족시킬 수 없게 된다는 사실을 인식하는 것을 의미하고, 그러한 인식은 일반 채권자에 대한 관계에서 있으면 충분하고 특정의 채권자를 해한다는 인식이 있어야 하는 것은 아니다).

4) 대법원 1997. 5. 23. 선고, 95다51908 판결; 대법원 2001. 4. 24. 선고, 2000다41875 판결 등 다수.

전득자의 詐害意思가 推定된다면서, 수익자 또는 전득자가 선의임을, 즉 詐害意思가 없었음을 증명하여야 한다고 한다.

그러나 이러한 수익자 또는 전득자의 詐害意思에 대한 악의 추정 및 증명책임의 분배는 잘못 되었다고 생각한다. 수익자 또는 전득자에게 채무자와의 법률행위에 대해 詐害意思가 있다고 인정하기 위해서는, 채권자의 채무자에 대한 被保全債權의 존재에 대한 인식, 채무자의 責任財産의 부족상태 발생을 알기 위한 전제로 채무자의 총재산에 대한 인식, 채무자가 채권자를 해할 의사를 가지고 있다는 사실에 대한 인식, 채무자의 責任財産處分으로 인해 채무자가 無資力이 되어 채권자의 채권이 침해받는다는 사실에 대한 인식 등이 전제되어야 한다.

그런데 수익자 또는 전득자로서는 앞의 요건을 알 수 없는 것이 보통이다. 특정인과 법률행위를 하는 자로서는 그 특정인의 재산상태를 알지 못하는 것이 일반적이기 때문이다. 개인의 프라이버시권이 강화되고 있는 현대사회에서 채무자의 재산상태 역시 공개되지 않는 경우가 보통이어서 수익자 또는 전득자로서는 채무자의 재산상태를 파악하는 것은 공시제도가 갖추어져 있다고 하더라도 현실적으로 불가능할 수밖에 없다.

그런데 다수설인 인식설과 판례는 이러한 현실을 도외시 채 채무자의 詐害意思가 있으면 수익자 또는 전득자의 악의가 추정된다면서 선의의 증명책임을 수익자 또는 전득자에게 요구하고 있어 문제이다. 그리고 위 요건 중 마지막 요건도 객관적으로 채무자의 재산이 감소되므로 詐害意思가 추정된다고 보는 인식설 및 판례의 입장은 부당하다. 왜냐하면 수익자 또는 전득자는 채무자와 법률행위를 함에 있어 취득한 재산에 대한 반대급부를 지급하였으므로 채무자의 責任財産이 감소하리라고 인식하지 않았을 것이기 때문이다. 물론 채무자와 수익자 또는 전득자가 통모하여 채권자를 해할 의사로 재산을 은닉하거나 무상으로 처분한 경우에는 詐害意思가 인정된다고 할 것이다.

채권자취소권과 관련하여 채무자가 반대급부로 취득한 物件에 대하여는 재산적 가치와 재산의 증가를 인정하면서도, 金錢에 대하여는 인정하지 않으려고 하고 있어 문제이다. 물론 금전의 경우 은닉이나 훼손 등이 물건에 비하여 용이한 것은 사실이지만, 금전도 채무자의 적극재산을 구성하는 것임은 틀림없다. 금전으로 특정채권자의 채무를 변제하는 경우에 대하여 판례[1]는 특정채권자와의 공모를 전제로 詐害行爲性을 인정한다. 그렇지만 일반적인 변제에 대하여는 詐害行爲性을 부정하고 있다.[2]

반대로 채무자가 금전을 처분하여 어떤 물건을 취득한 경우에 대하여는 전혀 詐害行爲性을 인정하지 않는다. 이처럼 금전을 처분하여 물건을 취득하거나 물건을 처분하여 금전을 취득한 경우 채무자의 총재산에는 전혀 증감변동이 없다. 그렇다면 양자를 동일하게 판단하여 재산의 감소가 없다고 판단하는 것이 옳다.

그럼에도 불구하고 판례[3]는 위 마지막 요건과 관련하여 재산의 감소가 인정된다며 詐害行爲의 악의가 추정된다고 하고 있어 타당하지 않다.

그리고 위 마지막 요건, 즉 채무자의 責任財産處分으로 인해 채무자가 無資力이 되어 채권자의 채권이 침해받는다는 사실에 대한 인식, 즉 수익자 또는 전득자의 詐害意思는 채권자취소권의 소극적 요건이라고 할 것이므로 수익자 또는 전득자의 詐害意思의 존재에 대한 증명책임을 채권자가 진다고 보는 것이 타당하다. 그렇지만 판례[4]는 수익자 또는 전득자의 악의추정을 인정하고 있는바, 이러한 판례의 태도는 변경되어야 한다는 것이 필자의 생각이다.

Ⅲ. 客觀的 要件

가. 被保全權利의 存在

채권자취소권을 행사하기 위해서는, 첫째, 채권자의 채무자에 대한 피보전권리가

---

1) 대법원 2007. 5. 31. 선고, 2005다28686 판결.
2) 대법원 1967. 4. 25. 선고, 67다75 판결.
3) 대법원 1998. 5. 12. 선고, 97다57320 판결.
4) 대법원 1997. 5. 23. 선고, 95다51908 판결.

존재하여야 하고, 둘째, 채무자의 詐害行爲가 있어야 하며, 셋째, 채무자의 詐害行爲로 인해 責任財産이 감소하여 채권자의 채무자에 대한 권리 취득 당시보다 責任財産이 감소 즉 無資力이어야 한다.

피보전권리가 詐害行爲 以前에 존재하여야 하는가에 대한 검토는 후술하기로 한다.[1)]

나. 詐害行爲의 存在

詐害行爲라 함은, 채무자의 無資力 또는 責任財産을 감소하는 행위를 말하는바, 이에 대하여도 후술하기로 한다.[2)]

다. 責任財産의 減少狀態

詐害行爲로 責任財産이 감소하여야 한다. 이를 판단하는 기준은 채무자의 적극재산과 소극재산을 대차대조표 방식에 의하여 비교함으로써 채무초과상태가 발생했는지, 더 심해졌는지, 즉 채권자에 대하여 채무자가 無資力으로 평가받게 되는지 여부 등을 被保全債權의 성립시기와 詐害行爲時를 기준으로 비교하는 방법으로 판단하면 될 것이다.

이러한 無資力 개념은 채무초과상태와 같은 정적 개념에 머무는 것이 아니라, 변화의 방향까지 고려한 채무자의 재산상태의 총체적인 변화라고 할 것이다. 다수설인 이 원론에서는 詐害行爲를 채무자의 無資力 또는 無資力狀態를 심화시키는 채무자의 법률행위라고 한다.[3)] 이에 대하여도 후술하기로 한다.[4)]

---

1) 같은 장 제2절 Ⅱ에서 살펴보기로 한다.
2) 같은 장 제3절 Ⅳ에서 살펴보기로 한다.
3) 李在烈, 전게 논문, 81면.
4) 같은 장 제3절 Ⅴ에서 살펴보기로 한다.

제2절 債權者取消權의 被保全債權

Ⅰ. 被保全債權의 存在와 當事者適格

가. 被保全債權의 存在

채권자취소권이 인정되기 위해서는 채권자와 채무자 사이에 被保全債權이 존재하고 있어야 한다. 따라서 채무자에 대한 채권자의 被保全債權이 없으면 채권자취소권을 행사할 수 없다.

나. 當事者適格

채권자취소소송을 제기하고자 하는 채권자에게는 당사자적격이 있어야 한다. 그런데 채권자취소소송 중 채권자에게 被保全債權의 부존재가 밝혀졌을 경우 소를 취하할 것인지 청구를 기각할 것인지 여부에 대하여는 소각하설[1]과 청구기각설[2]로 나누어져 있다.

채권자대위소송에서는 채권자에게 채무자에 대한 채권이 존재하는 경우에 한하여 제3자적격자로서의 당사자적격이 인정되기 때문에 당사자적격, 즉 소송요건의 흠결로 보아 소를 각하할 것이지만, 채권자취소소송에서는 자기의 채권을 근거로 직접 권리를 행사하는 것이기 때문에 이행의 소의 특성상 청구권을 주장하는 자이면 누구나 원고적격이 있다고 할 것이므로[3] 채무자에 대한 채권의 존재가 인정되지 않은 경우

---

1) 전게 민법주해 Ⅸ 채권(2), 833면(金能煥 집필).
2) 편집대표 朴駿緖, 제3편 주석민법(채권총칙 2), 49면(李相京 집필); 李宛洙, "채권자취소소송에 대한 소송법적 연구", 서울대학교 법학석사학위논문, 2003, 71면 이하.
3) 吳始暎, 전게 민사소송법, 296면.

에도 청구기각을 하는 것이 타당하다.

채권자대위권과 채권자취소권이 동시에 문제가 된 사안에서 판례는, "채무자에 대한 소유권이전등기청구권을 보전하기 위하여 채무자를 대위하여 제3자 명의의 소유권이전등기의 말소를 청구하기 위하여서는 우선 채권자의 채무자에 대한 소유권이전등기청구권을 보전할 필요성이 인정되어야 할 것이고 그러한 보전의 필요가 인정되지 않는 경우에는 소가 부적법하므로 직권으로 이를 각하하여야 할 것인바, 채권자가 채무자를 상대로 소유권이전등기절차이행의 소를 제기하였으나 패소확정판결을 받았다면 위 판결의 기판력으로 말미암아 채권자로서는 더 이상 소유권이전등기청구를 할 수 없게 되었다 할 것이고, 가사 채권자가 채권자대위소송에서 승소하였다 한들 채권자가 채무자에 대하여 다시 소유권이전등기절차의 이행을 구할 수도 없으므로 채권자로서는 채권자대위권을 행사함으로써 위 소유권이전등기청구권을 보전할 필요가 없게 되었다 할 것이다. 한편 채권자취소권을 행사하려면 채무자에 대하여 채권을 행사할 수 있음이 전제되어야 할 것인데, 채권자의 채무자에 대한 소유권이전등기청구소송이나 손해배상청구소송이 패소 확정되어 행사할 수 없게 되었다면 소유권이전등기청구권이나 손해배상청구권을 행사하기 위하여 채무자의 제3자에 대한 소유권이전등기의 말소를 구하는 詐害行爲取消請求도 認容될 수 없다."고 하여,[1] 채권자대위권소송에서 채권자의 채무자에 대한 채권의 부존재가 밝혀진 경우에는 소를 각하하여야 한다고 하였고, 채권자취소송에서 채권자의 채무자에 대한 채권의 부존재가 밝혀진 경우에는 청구를 기각하여야 한다고 하였다.

Ⅱ. 被保全債權의 成立時期

가. 詐害行爲 以前 成立

1) 대법원 1993. 2. 12. 선고, 92다25151 판결.

(1) 原則的으로 詐害行爲 以前에 成立

채권자취소권을 행사하는 취소채권자의 被保全債權의 성립시기와 관련하여 다수설[1] 및 판례[2]는 채무자의 詐害行爲 이전에 성립된 채권이어야 한다고 한다. 이는 채권자가 채권 성립 후에 채무자의 사후재산처분행위에 의하여 詐害당하는 경우 이를 책임지도록 하기 위해 행사하는 권리가 채권자취소권이기 때문에 그전에 성립하고 있어야 한다는 것이다.

이때 채무자의 詐害行爲의 기준을 채무자의 詐害意思를 기준으로 할 것인지, 아니면 채권자에게 끼치는 손해의 유무를 기준으로 할 것인지 여부이다. 우리의 다수설[3]은 채권자는 채권이 발생할 당시의 채무자 자력을 신용의 기초로 함을 이유로 詐害行爲 당시에 아직 존재하지 아니하는 채권은 그 詐害行爲에 의하여 침해당하는 채권이 아니므로 취소채권자의 채권은 詐害行爲 以前에 성립된 채권이어야 한다는 입장을 취하고 있다.

판례도 채권자취소권의 被保全債權의 성립시기를 "피담보채권의 성립시기는 원칙적으로 詐害行爲 이전임을 요한다."고 하여,[4] 채권자의 被保全債權이 詐害行爲 이전에 성립할 것을 요건으로 하고 있다.

따라서 피담보채권이 詐害行爲 이전에 발생한 것이면, 詐害行爲 이후에 채권양도를 통해 채권자가 바뀌었더라도 채권자취소권의 피담보채권의 적격을 유지하기 때문에 채무자에 대한 민법 제450조의 채권자의 통지 또는 채무자의 승낙이라는 대항요건

---

1) 郭潤直, 전게서, 146면; 金基善, 전게서, 184면; 金錫宇, 전게서, 192면; 金相容, 전게서, 255면; 金曾漢 · 金學東, 전게서, 201면 · 202면; 金容漢, 전게서, 257면; 金疇洙, 전게서, 247면; 金亨培, 전게서, 398면; 吳始暎, 전게 채권총론, 354; 尹喆洪, 전게서, 258면; 李銀榮, 전게서, 462면; 李太載, 채권총론, 진명문화사, 1987, 163면; 張庚鶴, 채권총론, 교육과학사, 1992. 308면; 玄勝鍾, 채권총론, 일신사, 1975. 208면; 전게 민법주해(Ⅸ), 채권(2), 811면(金能煥 집필).

2) 대법원 1978. 11. 28. 선고, 77다2467 판결(특별한 경우가 아니고서는 채무자의 詐害行爲가 그 행위 후에 생긴 채권을 해친다고 할 수는 없는 것이므로 채권자취소권의 被保全債權의 성립시기는 원칙적으로 사전행위임을 요한다는 판시내용에 대하여 "특별한 경우에는 예외를 인정할 가능성을 남겨놓고 있다."고 해석하는 견해가 있다(張熙錫, "채권자취소권에 의하여 보호되는 被保全債權의 성립시기 등", 판례연구 제11집, 부산판례연구회, 2000, 93면).

3) 郭潤直, 전게서, 243면; 金相容, 전게서, 255면; 金容漢, 전게서, 259면; 李銀榮, 전게서, 275면.

4) 대법원 1978. 11. 28. 선고, 77다2467 판결.

을 갖추지 않았다고 하더라도 채권자취소권의 행사에 지장이 없다는 것이 판례[1] 및 다수설[2]의 입장이다.

(2) 債權行爲時說과 物權行爲時說

한편 詐害行爲 성립시기와 관련하여 채권행위일과 물권행위일(등기일)이 서로 다를 경우 어느 때로 볼 것인지 여부인데, 이에 대하여는 채권행위시설[3]과 물권행위시설[4]로 나누어져 있다. 예를 들어 부동산 매매계약이 이루어진 후에 채권자의 피담보채권이 성립하고 그 후에 그 부동산에 대한 소유권이전등기가 이루어진 경우에 채권자가 채권자취소권을 행사할 수 있는가에 대하여, 채권자의 신뢰보호를 위해 채권자취소권의 행사를 긍정하여야 한다는 견해가 물권행위시설의 입장이고, 채무자의 詐害行爲는 어디까지나 매매계약 그 자체를 의미하는 것이고 등기이전이나 인도 등은 그 매매계약으로 인해 성립한 의무의 이행에 지나지 않기 때문에 詐害行爲라고 볼 수 없으므로 채권자취소권의 행사를 부정하여야 한다는 견해가 채권행위시설의 입장이다.

판례는 "매도행위가 채권자의 피담보채권 발생 전의 행위이고, 그 행위로 인한 채무이행으로서 등기가 채권자의 채권발생 후라 하여도 채권발생 전의 행위는 채권자취소권의 목적이 될 수 없다."고 하여,[5] 債權行爲時를 詐害行爲 성립의 기준시기로 보아야 한다는 입장을 취하고 있다.

개인적으로는 물권행위시설이 타당하다고 본다. 왜냐하면 부동산의 권리변동시기에 대하여 우리 민법은 등기시 즉 성립요건주의를 취하고 있고(민법 제186조), 채권자로서도 채무자 명의로 등기되어 있는 부동산 등의 재력을 신뢰하고 새로운 채권을

---

1) 대법원 1998. 5. 12. 선고, 97다57320 판결; 대법원 1981. 7. 7. 선고, 80다2613 판결; 대법원 2006. 6. 29. 선고, 2004다5822 판결.
2) 郭潤直, 전게서, 146면; 金基善, 전게서, 184면; 金容漢, 전게서, 257면 · 258면; 金曾漢 · 金學東, 전게서, 202면; 金疇洙, 전게서, 247면; 金亨培, 전게서, 398면; 張庚鶴, 전게서, 308면; 玄勝鍾, 전게서, 208면; 我妻榮, 전게 (신정)채권총론, 178면(채권자취소권은 특정의 채권자에 대해서가 아니라 특정의 채권 그 자체에 대하여 생기는 것이다).
3) 金亨培, 전게서, 399면.
4) 金旭坤, "채권자취소권의 요건론 재고", 저스티스 제33권 제4호(2000. 12), 한국법학원, 89면.
5) 대법원 1962. 11. 15. 선고, 62다634 판결.

성립시켰던 것인데, 공시되지 않은 그 以前의 매매행위로 인하여 被保全債權 성립 이후 소유권이 이전됨으로써 채무자의 재산이 감소되었다면 詐害行爲取消權의 詐害行爲에 해당된다고 보는 것이 타당하기 때문이다. 뿐만 아니라 위 판례의 입장을 따를 경우 채무자와 수익자 또는 전득자의 사후공모 등을 통해 매매계약일을 소급하여 작성하는 등 또 다른 詐害行爲가 조장될 개연성도 배제할 수가 없으므로, 위 판례의 입장은 물권행위시설로 변경되는 것이 타당하다고 본다.

그런데 또 다른 판례는 "부동산을 양도받아 소유권이전등기청구권을 가지고 있는 자가 양도인이 제3자에게 이를 이중으로 양도하여 소유권이전등기를 경료하여 줌으로써 취득하는 부동산 가액 상당의 손해배상채권은 이중양도행위에 대한 채권자취소권을 행사할 수 있는 被保全債權에 해당한다고 할 수 없고, 채권자취소권을 특정물에 대한 소유권이전등기청구권을 보전하기 위하여 행사하는 것은 허용되지 않으므로, 부동산의 제1양수인은 자신의 소유권이전등기청구권 보전을 위하여 양도인과 제3자 사이에서 이루어진 이중양도행위에 대하여 채권자취소권을 행사할 수 없다."고 하여,[1] 부동산 이중매매에 있어 제1차 양수인이 이중매매로 인하여 소유권이전등기를 받을 수 없게 됨으로써 행사하게 될 채무불이행에 따른 손해배상채권이나 특정물에 대한 소유권이전등기청구권 보전을 위한 채권자취소권은 허용되지 않는다고 하였다.

이 판례는 많은 문제가 있다고 보이는바, 특정물채권에 대한 채권자취소권과 관련하여 별도로 후술하고자 한다.[2]

독일 현행 채권자취소법 제8조 제2항은 부동산등기부, 선박등기부, 선박건조기록부, 항공기질권등기부에 등기를 요하는 법률행위는 효력발생을 위해 필요한 채무자의 법적 구속에 복종하는 의사표시와 상대방이 권리변동의 등기를 하는 등 필요한 전제조건을 충족시킨 시점에 행위가 있었던 것으로 간주한다고 하여 권리등기일을 詐害行爲日로 보도록 하고 있다. 그리고 권리변동의 청구권을 보존하기 위한 가등기가 신청된 경우에는 가등기일을 詐害行爲日로 보도록 하고 있는바, 이러한 독일 입법례

1) 대법원 1999. 4. 27. 선고, 98다56690 판결.
2) 같은 장 제2절 Ⅲ에서 살펴보기로 한다.

도 물권행위시설의 타당성 근거로 참고될 수 있을 것이다.

나. 基礎的 法律關係 成立時

(1) 基礎的 法律關係論의 例外

채권자의 被保全債權이 항시 채무자의 詐害行爲보다 앞서 성립해 있어야 한다고 한다면, 위의 소수의견처럼 구체적 타당성을 실현할 수 없는 경우가 발생할 수 있다. 이와 관련하여 우리 판례는, "채권자취소권에 의하여 보호될 수 있는 채권은 원칙적으로 詐害行爲라고 볼 수 있는 행위가 행하여지기 전에 발생된 것임을 요하지만, 그 詐害行爲 당시에 이미 채권 성립의 기초가 되는 법률관계가 발생되어 있고, 가까운 장래에 그 법률관계에 기하여 채권이 성립되리라는 점에 대한 고도의 蓋然性이 있으며, 실제로 가까운 장래에 그 개연성이 현실화되어 채권이 성립된 경우에는, 그 채권도 채권자취소권의 被保全債權이 될 수 있다."고 하여,[1] 피담보채권의 성립시기가 詐害行爲보다 늦더라도 그 이전에 그 채권이 가까운 장래에 실제 발생할 개연성이 있는 상태에 있었다면 채권자취소권 행사의 被保全債權이 될 수 있다는 입장을 취하고 있다.[2]

그러면서 그 근거로 "채권자를 위하여 責任財産을 보전할 필요가 있고, 채무자에게 채권자를 해한다는 점에 대한 인식이 있었다고 볼 수 있기 때문"이라고 한다. 즉 위 대법원 95다27905 판결이 기초직 법률관계론에 근거하여, 첫째, 詐害行爲 당시에 이미 채권성립의 기초가 되는 법률관계가 발생되어 있고(기초적 법률관계의 존재), 둘째, 가까운 장래에 그 법률관계에 기하여 채권이 성립하리라는 점에 대한 고도의 개연성이 있으며(高度의 蓋然性), 셋째, 실제로 가까운 장래에 그 개연성이 현실화되어 채권이 성립(개연성의 현실화 - 채권의 성립)한 경우에는 채권자취소권의 被保全

1) 대법원 1995. 11. 28. 선고, 95다27905 판결; 대법원 1997. 10. 10. 선고, 97다8687 판결; 대법원 1999. 4. 27. 선고, 98다56690 판결; 대법원 2006. 10. 12. 선고, 2006다39560 판결.

2) 尹瓊, "보증인의 추상적 구상권이 채권자취소권의 被保全債權이 될 수 있는지 여부 - 사전구상권과 사후구상권의 차이", 대법원판례해설 제42호, 대법원 법원행정처, 2003. 7, 476면.

債權이 될 수 있다는 입장을 취한 이후 그러한 입장은 현재까지 확고하게 유지되고 있다.[1)]

일본 최고재판소도 우리 판례와 유사하게 판시[2)]하고 있으며, 일본의 학설[3)] 또한 이러한 판례를 지지하고 있다

(2) 基礎的 法律關係論의 法律關係

우리 판례가 채권자취소권의 被保全債權 성립시기에 대하여 기초적 법률관계론을 취함에 따라, 기초적 법률관계론에서 말하는 법률관계가 중요한 의미를 갖게 된다. 법률관계를 법률행위에 의한 법률관계로 좁게 볼 것이 아니라 계약관계뿐만 아니라 사무관리, 부당이득, 불법행위 그밖에 준법률관계나 사실관계도 포함된다는 것이 다수설이다.[4)] 왜냐하면 채권자취소권에 의하여 보호되는 被保全債權은 그 발생원인과 상관없이 채권자가 채무자의 責任財産에 대하여 추급할 채권이 있는지 여부만이 문제되기 때문이다.

고도의 개연성에 대한 판단은, 채무자의 주관적 입장이 아닌 일반인의 입장에서 판단하여야 한다. 이를 판단하는 자료로는 채권자와 채무자의 기초적 법률관계의 성립정도, 채무자의 재정상태[5)] 및 재정상태의 변화정도, 일반적으로 종전에 그와 같은 상태에서 채권이 발생하는 빈도 및 그 빈도에 대한 일반인의 인식 정도, 결과적으로 발생한 채권과의 牽聯性 및 시간적 간격 등을 종합하여야 할 것이고,[6)] 개연성의 현실화 역시 被保全債權의 성립과 시기적으로 가까운 장래에 발생해야 할 것인바, 이러한 불확정개념을 확정하는 것은 구체적 상황에 따라 사회통념에 의해 판단되어야 할 것이다.

---

1) 張熙錫, 전게 논문, 96면.
2) 日本最高裁判所 昭和 46(1971). 9. 21. 民集 第25卷 第6號, 823面; 日本最高裁判所 昭和 3(1928). 5. 9. (民集 第7卷 329面).
3) 都築弘, "詐害行爲取消權によって保全される債權の成立時期," 判例タイムズ 第821號(1993. 9. 25), 42面; 飯原一乘, 前揭 "判例を中心とした詐害行爲取消權の研究", 30面; 島律一郎, "調整によって成立した婚姻費用請求權を被保全權利にした詐害行爲取消權の成否", 判例時報, 第664號, 判例時報社, 1972, 122面.
4) 張熙錫, 전게 논문, 98면.
5) 대법원 1996. 2. 9. 선고, 95다14503 판결.
6) 張熙錫, 전게 논문, 100면.

(3) 保證債務와 基礎的 法律關係

한편 기초적 법률관계론과 관련하여 아직 보증채무를 이행하지 않은 보증인의 사전구상권을 被保全債權으로 인정할 것인가가 문제되고 있다. 보증인은 受託保證人의 사전구상권(민법 제442조)을 행사할 수 있는 경우 외에는 구상권 발생 전에 주채무자의 詐害行爲를 취소할 수 없는 것이 원칙이라고 하겠다. 하지만 자기 구상권의 범위 내에서는 당연히 채권자를 대위할 수 있기 때문에 채권자를 대위하여 채권자취소권을 행사할 수 있다고 하겠다.[1)]

이와 관련하여 판례는 증여계약 당시 소외 회사의 재정상태에 비추어 보증채무의 구상권이 발생할 개연성이 있다면서 채권자취소권의 행사를 인정한 경우도 있고,[2)] 기록에 채무자가 수익자에게 소유권이전등기를 경료할 당시에 위 채무자의 재정상태 등을 인정할 아무런 자료가 없다면 채무자가 소유권이전등기를 할 당시에 채권자의 구상권 행사가 임박하였다거나 장차 채권자가 구상권을 행사하게 되는 사태가 발생하리라는 사실에 대한 고도의 개연성이 있었다고 보기는 어렵다고 할 것이므로, 결국 채권자가 詐害行爲라고 주장하는 이 사건 부동산 증여계약 체결 시에는 아직 위 구상금 채권 등이 발생하지 아니하여 채권자는 위 증여계약에 대한 채권자취소권을 취득하지 못하였다고 하여 기초적 법률관계의 성립에 대한 개연성을 판단할 자료를 채권자가 증명하지 못하면 詐害行爲를 인정할 수 없다며 보증인의 채권자취소권을 부정한 경우도 있다.[3)]

다. 詐害行爲 以後 成立한 債權

(1) 詐害行爲의 豫見可能性이 있는 境遇

기초적 법률관계론의 경우에도 기초적 법률관계가 전혀 존재하지 않는 경우에는 취

1) 조선고등법원판결 1935. 4. 26. 民集 제22권, 117면.
2) 대법원 1997. 10. 28. 선고, 97다34334 판결.
3) 대법원 1996. 2. 9. 선고, 95다14503 판결.

소권을 행사할 수 없게 되므로, 채무자의 詐害的 豫見에 의한 재산감소행위를 詐害行爲로 인정하여야 할 경우에는 보호의 흠결이 발생하게 되는바, 被保全債權의 성립시기에 관한 문제는 위의 원칙과 예외 모두 채무자의 詐害意思의 예견가능성을 기준으로 설명하는 것이 손해발생가능성이라는 객관적 요소를 중심으로 설명하는 것보다 이론적으로 더 타당하다고 주장하는 소수견해가 있다.[1)]

그러면서 원칙적으로 被保全債權이 詐害行爲 이전에 이미 발생하고 있어야 하는 이유는 법률행위가 있은 이후에 발생한 채권의 경우에는 원칙적으로 채무자에게 詐害意思가 있다고 할 수 없기 때문이라며, 채무자의 詐害的 豫見이 인정되는 경우에는 채권발생 이전의 법률행위라 할지라도 예외적으로 詐害意思가 인정되므로 詐害行爲로 볼 수 있게 되어 타당하다고 한다.[2)]

그러면서 위 소수견해는 다수견해에 대하여, 첫째, 취소채권자의 채권이 법률행위로 인하여 취득한 채권이 아닌 경우 즉 법정채권인 경우에는 타당하지 못하고, 둘째, 채무자의 無資力의 초래나 재산감소의 심화는 채권의 성립시기를 불문하고 모든 채권자에게 손해를 줄 수가 있으며, 셋째, 채무자가 詐害의 豫見을 하면서 채권성립에 선행하여 詐害行爲를 한 경우[3)]에는 채권자취소권을 행사할 수 없다는 점 등을 고려할 때 타당하지 않다고 비판한다.[4)]

(2) 詐害行爲 豫見可能性說에 對한 檢討

위 소수견해는, 채권자취소권에 있어 가장 중요한 요소는 詐害行爲 前段階로서의 詐害意思의 存在이다. 개인적으로는 단순한 인식설보다는 의도설이 타당하다고 보기

1) 金大貞, 전게서, 258면 · 259면.
2) 상게서, 259면.
3) 예를 들면 채권 성립 직전에 재력을 과시하여 믿게 한 후 이를 믿고 금원을 대여해 주겠다고 결정하자 차용 성립 직전에 몰래 재산을 처분한 후 금원을 차용한 경우나 살인을 계획하고 살인 후 불법행위로 인한 손해배상을 청구당할 것을 예견하고 재산을 미리 처분한 경우 등을 예상해 볼 수 있을 것이다.
4) 金旭坤, 전게 “채권자취소권의 요건론 재고”, 88면 · 89면; 金大貞, “채권자취소권의 피담보채권의 성립시기”, 한국민사법학회, 민사법학 제19호(1999.4), 379면.

때문에 위와 같은 詐害의 예견가능성이 있는 예외적인 경우에도 詐害行爲의 성립을 인정하는 것이 타당하다고 본다.

라. 證明責任

채권자취소권을 행사하는 채권자의 被保全債權의 성립시기와 채무자의 詐害行爲의 성립시기에 대한 주장 · 증명책임은 이의 증명을 통해 채권자취소의 이익을 갖는 채권자에게 있다. 즉 채권자는 채권자취소권을 행사함에 있어 被保全債權의 성립시기, 혹은 기초적 법률관계의 성립과 채권발생에 대한 고도의 개연성 존부 및 결과적으로 채권이 성립된 점에 관하여 구체적인 증거자료의 수집 · 제출책임을 진다고 하겠다.[1)]

물론 詐害의 豫見可能性에 대한 證明도 마찬가지라고 하겠다.

Ⅲ. 被保全債權의 種類

가. 原 則

취소채권자의 被保全債權이 원칙적으로 詐害行爲 이전에 발생하였거나 앞서의 기초적 법률관계가 성립되어 있는 경우이면 그 발생원인의 여하, 즉 약정채권이든 법정채권이든 상관없이 모두 채권자취소권의 被保全債權이 된다. 또한 위 詐害의 예견가능성이 인정되는 경우에도 예외적으로 인정된다.

그런데 채권자취소권의 성질과 관련하여, 기한부채권 또는 조건부채권처럼 행사에 제한을 받는 경우, 금전채권이 아닌 종류채권이나 특정물채권이 채권자취소권의 被保全債權이 될 수 있는가 등 몇 가지 문제가 되는 채권에 대한 학설 및 판례의 태도를 구체적으로 살펴보고자 한다.

---

1) 대법원 1997. 10. 28. 선고, 97다34334 판결.

나. 被保全債權의 辨濟期 到來 與否

(1) 辨濟期到來不必要說

채권자취소권을 행사하기 위해서 채권자의 被保全債權의 변제기가 도래하여야 하는가에 학설은 나누어져 있다. 변제기도래불필요설은, 채권자취소권이 채권자의 특정채권을 담보하기 위한 것이 아니라 모든 채권자의 채권에 대한 責任財産을 확보하는 것을 목적으로 하기 때문에 채권자취소권을 행사하는 채권자의 채권, 즉 被保全債權의 변제기가 이행기에 있음을 요하지 아니한다고 하며, 현재의 다수설이다.[1] 즉 우리 민법은 조건부 · 기한부권리의 보호를 위해 제148조와 제149조 및 제154조를 두고 있기 때문에 취소채권자의 被保全債權이 조건부권리이거나 기한부권리이더라도 채권자취소권을 인정하는 것이 타당하다고 한다.

참고로 프랑스 판례는, 被保全債權의 이행기가 도래할(exigible) 필요도 없으며,[2] 수액이 확정된(liquide) 것일 필요도 없다는 입장을 취하고 있다.[3] 또한 우리 판례가 被保全債權 발생의 고도의 개연성이 있는 경우에도 被保全債權性을 인정하는 것처럼, 프랑스의 판례 역시 주채무의 이행여부가 확정되지 않은 상태에서의 보증인의 행위도 詐害行爲가 될 수 있다는 점에서, 被保全債權이 확정적(certaine)일 필요도 없다는 입장을 취하고 있다.[4]

(2) 辨濟期到來必要說

소수설인 변제기도래필요설 중 첫 번째 견해는, 채권자는 被保全債權의 변제를 받기 위해 채권자취소권을 행사하는 것이기 때문에 변제기 전의 채권에 기하여 채권자

---

1) 郭潤直, 전게서, 146면; 金容漢, 전게서, 259면; 金疇洙, 전게서, 249면; 金曾漢 · 金學東, 전게서, 202면; 吳始暎, 전게서, 359면; 李太載, 전게서, 163면; 張庚鶴, 전게서, 309면; 玄勝鍾, 전게서, 210면; 梁彰洙, "채권자취소권의 보전채권과 詐害行爲", 고시계 제36권 제4호(1991, 4), 26면; 曺南大, "채권자취소권의 대상으로서의 詐害行爲에 관한 고찰", 사법논집 제28집, 대법원 법원행정처, 1997. 577면.
2) Cass. civ. 1re, 25 déc. 1981, Bull. civ. I, n° 69.
3) Cass. civ. 1re, 13 avril 1988, Bull. civ. I, n° 91.
4) Cass. civ. 1re, 17 jan. 1984, Bull. civ. I, n° 16.

취소의 소를 제기하는 것은 원칙적으로 허용되지 아니하고, 그 채권이 "변제기에 이르렀을 때 채무자의 責任財産이 부족할 것"이라는 것이 확실한 경우에 한하여 취소를 허용해야 한다는 것이고,[1] 두 번째 견해는, 被保全債權은 변제기가 도래한 경우에 비로소 이행을 제대로 받을 수 있을 것인지가 문제되는 것인데 변제기를 무시하고 언제라도 채권자취소권을 행사할 수 있다는 것은 우리 민법 제404조 제2항이 채권자대위권 행사와 관련하여 변제기 도래를 명문으로 규정하고 있는 것과 달리 채권자취소권에 관한 민법 제406조가 변제기 도래 여부에 대하여 규정하고 있지 않지만, 채권관계의 당사자가 아닌 제3자, 즉 수익자 또는 전득자의 재산을 침해하게 되는 채권자취소권의 경우 제3자에게 미치는 영향이 크기 때문에 무제한적으로 허용되어서는 안 된다고 하면서 조건부 · 기한부채권의 경우에는 채권자취소권을 행사할 수 없다[2]고 한다.

두 번째 견해는 위 첫 번째 견해가 주장하는 "변제기에 채무자의 責任財産이 부족할 것이라는 것"에 대한 평가는 미래에 대한 것으로 현실적으로 평가가 불가능하기 때문에 이를 고려해서는 안 된다고 주장한다. 다만 기한의 이익상실을 규정한 민법 제388조와 채무자회생법 제425조 등의 규정을 확대해석하여 채무자의 無資力을 기한의 이익상실사유로 보아 채권자가 이 기한의 이익을 상실시킴으로써 채권자취소권을 행사할 수 있도록 허용하는 것이 타당하다고 한다.

한편 조건부권리의 경우, 언제든지 채권자취소권을 행사할 수 있다는 다수설(변제기도래불필요설)을 비판하면서, 조건부권리에 대한 침해의 효과 역시 조건부로밖에 발생할 수 없으므로 조건부채권의 경우 특별한 제한 없이 채권자취소권을 행사할 수 있다고 하는 것은 균형을 잃은 해석으로 부당하므로, 조건성취의 효과를 규정하고 있는 민법 제147조의 해석상 해제조건부채권을 갖는 채권자는 이를 행사할 수 있다고 해석하는 것이 타당하지만,[3] 정지조건부채권을 갖는 채권자는 채권자취소권을 행사

1) 金相容, 전게서, 255면; 李銀榮, 전게서, 462면.
2) 金大貞, 전게서, 264면; 전게 주석채권총론(상), 491면(金旭坤 집필).
3) 金大貞, 전게서, 264면; 전게 주석채권총론(상), 491면(金旭坤 집필).

할 수 없다고 보는 것[1]이 타당하다고 주장하는 소수견해가 있다.

(3) 學說에 對한 檢討

개인적으로는 기한미도래 또는 조건미성취의 채권을 위해 채권자취소권을 행사하는 것은, 이행기에 이르렀을 때 責任財産이 확보될 수도 있을 것이므로 지나치다고 생각되는 바, 변제기도래필요설이 타당하다고 본다. 아직 변제기의 도래가 확정되지 아니한 채권은 가압류 또는 가처분 등의 채권보전절차가 강제집행법상 인정되고 있으므로 이 제도를 활용하여 責任財産을 보전하면 될 것이다. 따라서 기일미도래, 정지조건부 채권의 경우에는 채권자취소권을 행사할 수 없다고 보는 것이 타당하다고 생각한다. 다만 해제조건부법률행위의 경우에는 해제조건 성취시까지는 법률행위의 효력이 발생하고 있으므로 그 동안의 채권이 침해 될 경우에는 채권자취소권을 행사할 수 있다고 하겠다.

민사소송법 제251조도 사실심변론종결시를 기준으로 이행기가 미도래하였거나 조건이 미성취한 청구권의 경우에 비록 그 이행기의 도래 또는 조건의 성취가 실현된다고 하더라도 채무자의 임의적 이행을 기대하기 어려운 경우에 한하여 미리 소를 제기할 수 있다고 하여 장래이행의 소를 예외적으로 인정하는 등 기일미도래 채권에 대하여는 원칙적으로 현재이행의 소를 제기 할 수 없다고 규정하고 있다. 따라서 기일도래나 조건이 성취하더라도 상대방이 이를 부인하거나 이행을 거절할 것이 예상되는 예외적인 경우에 한하여 장래이행의 소를 제기할 수 있을 뿐, 無資力으로 인한 강제집행 곤란을 이유로 허용될 것은 아니므로[2] 채권자취소소송 또한 마찬가지로 허용되지 않는다고 보는 것이 타당할 것이다.

따라서 변제기가 미도래한 채권자로서는 가압류 또는 가처분 등의 責任財産 보전조치를 취하는 것으로 충분하다고 하겠다.

---

1) 프랑스민법 제1183조 제2항은 "해제조건은 채무의 이행을 정지시키지 아니한다"고 규정하고 있어 해제조건부 채권자는 채권자취소권을 행사할 수 있지만, 정지조건부채권자는 채권자취소권을 행사할 수 없다는 것이 프랑스 학설의 주류라고 한다(Gabriel Marty et Pierre Raynaud, Droit civil, t. 2, vol. 1, Les obligations, Sirey, 1962, n° 701.; Marcel Planiol et Georges Ripert, op. cit., n° 955).

2) 吳始暎, 전게 민사소송법, 299면; 대법원 2000. 8. 22. 선고, 2000다25576 판결.

다만 기한미도래 채권의 기한 도래나 조건미성취 권리의 조건 성취를 기다릴 경우 제척기간에 걸려 채권자취소권을 행사할 수 없게 될 경우라면 독일 현행 채권자취소법 제7조 제2항 및 우리 민사소송법 제251조에 의한 미리 청구할 필요가 인정된다 할 것이므로 채권자취소권을 허용하여야 할 것이다.

참고로 현행 독일 채권자취소법 제2조는 채권자취소권을 행사함에 있어 기한의 도래를 그 요건으로 하고 있다.

다. 特定物債權의 被保全債權 適格性

(1) 學 說

① 債權者取消權行使不許說

채권자취소권행사불허설은, 특정물채권에 대하여는 채권자취소권을 허용할 수 없다고 한다. 이 견해는, 부동산의 이중매매로 인한 제1매수인에 대한 이행불능은, 제2매매에 대하여 하자가 없어 매도인 앞으로 회복될 가능성이 없을 경우에 성립하게 되는데,[1] 이중매매를 詐害行爲라고 하여 취소를 허용하게 된다면 제1매수인에 대한 관계에서는 이행불능이라는 문제가 발생할 수 없으므로, 즉 채권자취소권의 責任財産의 부존재가 예상될 수 없고 그 채권이 손해배상채권으로 변환될 수도 없으며,[2] 우리 법제하에서의 채권자취소권은 단순히 詐害行爲를 취소하여 재산의 외형상의 소유명의를 채무자에게로 형식적으로 환원시킬 뿐 진정한 권리를 채무자에게 돌려주는 것

1) 대법원 1985. 9. 10. 선고, 85다카507 판결.

2) 전게 민법주해(IX), 810면(金能煥 집필); 이에 대하여 채권자취소권의 효력에 관하여 대법원판례가 취하고 있는 견해인 상대적 무효설에 의할 경우, 취소의 효과는 목적물의 반환에 필요한 범위 내에서 그 상대방에 대한 관계에서만 상대적 효력이 있을 뿐이고, 그 취소의 효과는 채무자에게 미치지 아니하고 채무자와 수익자 사이의 법률관계에도 아무런 영향을 미치지 아니한다는 것이어서, 취소채권자의 詐害行爲取消 및 원상회복에 의하여 채무자에게로 회복된 재산은 취소채권자 및 다른 채권자에 대한 관계에서 채무자의 責任財産으로 취급될 뿐 채무자가 직접 그 재산에 대한 어떤 권리를 취득하는 것은 아니므로 제1매수인과 채권자 사이의 매매계약은 여전히 이행불능상태에 있는 것이며 우선변제권이 인정되지 아니하여 채권자 자신에 대한 소유권이전등기청구권을 인정하지 아니하면 결국 제1매수인에 대한 매매계약은 여전히 이행불능 상태에 있을 수밖에 없으므로 위 견해가 맞지 않다는 비판이 있다(姜永虎, 전게 논문, 311면),

은 아니므로 손해배상채권으로 변환될 것을 전제로 채권자취소권에 의하여 제2의 매매계약을 취소한 제1매수인이 부동산의 소유 명의를 채무자 명의로 회복한 후 자기 앞으로 소유권이전등기를 경료해 버릴 경우 특정채권 본래의 목적을 달성하는 것을 막을 방법이 없다는 점 등을 고려할 때 제1매수인에게 채권자취소권을 인정할 수 없다고 한다.[1]

채권자취소권행사불허설은 특정물의 인도청구권 또는 등기청구권을 가지는 채권자는 특정채권으로서의 효력을 해한다는 이유로 채권자취소권을 행사할 수 없다는 견해로, 현재는 소수설이라 할 수 있다.[2]

② 債權者取消權行使許容說

채권자취소권행사허용설은, 특정물채권도 이의 불이행이 있으면 손해배상채권인 금전채권으로 바뀌게 되므로 채권자취소권의 행사를 허용해야 한다는 견해로,[3] 다수설[4]이다.

채권자취소권행사허용설은, 채권자취소권행사불허설이 내세운 주장 중에서, 채권자취소권에 의하여 제2의 매매계약을 취소한 제1매수인이 그 후 그 논리에 역행하여 부동산의 소유명의가 형식적이나마 채무자명의로 회복되어 있음을 이용하여 자기 앞으로 소유권이전등기를 마쳐 버린다면 취소채권자로서는 특정채권 본래의 목적을 달

1) 전게 민법주해(Ⅸ), 810면(金能煥 집필); 曺南大, 전게 논문, 567면(이에 대하여도 채권자취소권에 의하여 제1매수인이 부동산 소유명의를 채무자 명의로 회복한 후 자기 앞으로 소유권이전등기를 경료함으로써 특정채권의 본래의 목적을 달성하는 것을 막을 방법이 없다고 하여도 이러한 점은 금전채권에 대하여도 채권자가 직접 반환을 받아 상계 등의 방법으로 사실상 우선변제권을 확보하고 있어 이미 발생하는 것인데도 특정물채권에 관하여서만 이를 이유로 그 발생을 저지하는 것은 부당하다는 비판이 있다. 張熙錫, 전게 논문, 109면; 姜永虎, 전게 논문, 311면).

2) 郭潤直, 전게서, 145면; 金疇洙, 전게서, 248면; 李太載, 전게서, 164면; 玄勝鍾, 전게서, 208면 · 209면.

3) 姜永虎, 전게 논문, 311면; 張熙錫, 전게 논문, 109면.

4) 金大貞, 전게서, 259면; 金相容, 전게서, 256면; 金容漢, 전게서, 258면; 金疇洙, 전게서, 248면; 金曾漢 · 金學東, 전게서, 201면; 金亨培, 전게서, 400면; 吳始暎, 전게채권총칙, 358면; 尹喆洪, 전게서, 258면; 李銀榮, 전게서, 463면; 黃迪仁, 현대민법론 Ⅲ, 박영사, 1981, 171면; 高翔龍, "부동산의 이중매매와 제1매수인의 보호", 고시연구 제15권 제2호(1988. 2), 207면; 金旭坤, 전게 "채권자취소권의 요건론 재고", 91면; 張熙錫, 전게 논문, 110면; 姜永虎, 전게 논문, 331면; 韓允洙, "특정물채권자와 채권자취소권에 관한 고찰", 법조춘추 제108호(서울지방변호사회, 1973. 8), 34면 이하; 洪春義, "부동산의 이중매매와 제1매수인의 보호", 부동산법학의 제문제(김기수교수 화갑기념논문), 박영사, 1992, 245면; 尹眞秀, "부동산의 이중양도에 관한 연구 – 제일양수인의 원상회복 청구를 중심으로" 서울대학교대학원 법학박사학위논문, 1993, 197면.

성하는 셈이 되어 공동채권자들의 共同責任財産을 위해 존재하는 채권자취소권의 존재목적을 침해할 것이라는 주장에 대하여, 그러한 현상은 특정물채권이 아닌 금전채권의 경우에도 마찬가지이기 때문에 특정물채권에 대하여 채권자취소권의 행사를 불허해야 할 이유가 되지 않는다고 한다. 즉 취소채권자는 수익자 또는 전득자로부터 반환받은 목적물이 금전일 경우 그 금전을 채권자 자신에게 직접 지급해 줄 것을 요구할 수 있기 때문에 이를 받아 자기채권과 상계하여 버림으로써 사실상 다른 채권자보다 우선변제를 받는 현실이[1] 특정물채권의 詐害行爲를 취소하여 특정물을 반환받을 경우와 비교하면 결과적으로 동일한바 금전채권에 대하여는 이를 허용하면서도 특정물채권에 대하여는 이를 불허하는 것이 형평의 원칙에도 맞지 않다는 것이다.

따라서 특정물채권에 대한 채권자취소권행사불허설이 특정물채권에 대하여 취소채권자가 특정물을 단독으로 취득하는 것을 막아야 한다고 하지만, 금전채권의 경우에도 역시 취소채권자가 금전을 단독으로 교부받아 상계권을 행사함으로써 사실상 단독으로 취득하는 것이 일반적이기 때문에 그러한 논리로 채권자취소권을 특정물채권에 대해서 허용되지 않는다는 것은 논리적 근거가 약할 뿐만 아니라 부당하다고 하면서[2] 특정물채권에 대한 채권자취소권의 행사를 허용해야 한다고 한다.

(2) 判 例

우리 대법원은 특정물채권을 위한 채권자취소권은 허용될 수 없다는 입장을 취하고 있다. 판례는 "詐害行爲의 취소권은 채무자가 총채권자의 공동담보를 害하는 법률행위를 한 경우에 총채권자로 하여금 이익을 균점케 하기 위하여 법률상 인정된 채권자의 권리이므로 특정물의 인도 또는 그 소유권의 이전을 청구할 수 있는 채권자는 채무자가 동 특정물을 타에 이중으로 처분한 경우라도 이를 詐害行爲라고 주장할 수 없

1) 郭潤直, 전게서, 149면; 金大貞, 전게서, 289면; 金曾漢 · 金學東, 전게서, 206면; 金容漢, 전게서, 270면; 金疇洙, 전게서, 217면; 玄勝鍾, 전게서, 215면; 尹喆洪, 전게서, 272면; 李銀榮, 전게서, 488면; 林正平, 채권총론, 법지사, 1989, 241면; 張庚鶴, 전게서, 317면; 전게 주석채권총론(상), 446면(金旭坤 집필).
2) 張熙錫, 전게 논문, 110면.

는 것이다."라거나,[1] "채권자취소권은 특정물에 대한 소유권이전등기청구권의 보전을 위하여 행사하는 것이 허용되지 않으므로, 부동산의 제1양수인은 자신의 소유권이전등기청구권 보전을 위하여 양도인과 제3자 사이에서 이루어진 이중양도행위에 대한 채권자취소권을 행사할 수 없다."고 하여[2] 특정물채권에 대한 채권자취소권은 공동담보의 확보를 위한 채권자취소권의 목적에 어긋나기 때문에 허용할 수 없다고 한다.

(3) 外國 判例 및 學說

일본 최고재판소는 처음에는 우리 대법원 판례와 같이 특정물채권에 대한 채권자취소권의 행사를 허용하지 않았었다.[3] 그러나 그 후 태도를 바꾸어 이중매매의 경우에 제1매수인에게 채권자취소권을 허용하고 있다.[4] 일본 최고재판소는 "특정물인도청구권은 궁극적으로 손해배상채권으로 변경되는 것이므로, 채무자의 일반재산에 의하여 담보되지 아니하면 안 되는 점은 금전채권과 같으며, 그 목적물을 채무자가 처분하여 無資力하게 된 경우에 당해 특정물채권자가 위 처분행위를 詐害行爲로 취소할 수 있다고 하는 것은 당 재판소의 판례로 확립되었다고 할 것이다. 그렇지만, 채권자취소권은 궁극적으로 채무자의 일반재산에 의하여 가치적 만족을 얻기 위하여, 총채권자의 공동담보의 보전을 목적으로 하는 것이므로, 이와 같은 제도의 취지에 비추어, 특정물채권자는 목적물 자체를 자기채권의 변제에 충당할 수는 없다."고 하여 특정물

---

1) 대법원 1959. 10. 8. 선고, 4291민상432 판결.
2) 대법원 1999. 4. 27. 선고, 98다56690 판결.
3) 日本最高裁判所 大正 7(1918). 10. 26. 民集 제24卷. 2036面(동산인 목재에 대한 이중매매에 관한 사안으로, 최고재판소는 채권자가 취소권에 의하여 보전하려는 채권은 취소의 결과 채무자에게 귀속한 재산으로부터 평등하게 변제받아야 하는 것이므로, 취소권을 가진 자는 금전채권자에 한하여야 한다고 하였다. 이러한 판시태도에 대하여 특정물채권도 종국에는 채무자의 일반재산에 의하여 담보되는 금전채권과 다를 바 없고, 이중매매의 경우에 제1매수인 외에 다른 금전채권자가 있다면 그 자 역시 채권자취소권을 행사할 것이므로 결과적으로 제1매수인이 채권자취소권을 행사하는 것과 다를 바 없고, 제2매매의 경우에도 채무자인 매도인의 無資力이라는 요건과 詐害意思라는 주관적 요건을 갖추면 당연히 채권자취소권이 인정되어야 하는데도 이를 인정하지 않으려 하는 것은 부당한 차별이라며 비판하는 견해가 다수였다); 日本最高裁判所 大正 11(1922). 12. 8.; 日本最高裁判所 昭和 8(1933). 12. 26.
4) 日本最高裁判所 昭和 36(1961). 7. 19. 民集 第15卷 第7號, 1875面.

채권자에게 채권자취소권을 인정하여 이중매매의 취소를 인정하면서도, 그 반환받은 특정물을 모든 채권자들을 위한 共同責任財産化하여 그 목적물의 환가대금으로부터 취소채권자의 채권도 회수할 수 있다는 입장을 취하고 있다. 즉 특정물인도채권이 이행불능으로 손해배상채권인 금전채권으로 변경되었으므로 그 특정목적물을 직접 취득할 수 없지만, 경매처분한 매각대금으로부터 다른 채권자들과 함께 안분비례하여 배당받음으로써 취소채권자를 포함하여 모든 채권자들의 채권목적을 달성할 수 있다는 것이다.[1)]

또한 일본 최고재판소 판례[2)]는 보충의견을 통해, 특정물인도청구권은 채무자의 목적물처분행위로 인하여 손해배상채권으로 변하고, 동시에 채무자가 無資力하게 되어 위 금전채권이 침해되었다고 볼 수 있고, 또 이 손해배상채권은 특정물인도청구권과 동일성을 보유한다고 할 수 있으므로 被保全債權은 詐害行爲 이전에 존재하여야 한다는 요청에도 반하지 않는다고 하여, 소위 기초적 법률관계론에 근거하여 특정물채권에 대한 채권자취소권을 인정하고 있다.

일본의 다수견해[3)] 역시 위와 같은 최고재판소 판례 취지를 지지하고 있다.

(4) 學說 및 判例에 對한 檢討

개인적으로 우리 대법원 판례[4)]는 우리의 다수설 및 위 일본 최고재판소의 판례처럼 변경되어야 한다고 생각한다. 왜냐하면 채권자취소권은 채무자가 채권자를 해할 詐害意思를 가지고 자신의 無資力狀態를 초래하거나 심화시킴으로써 채권자를 해하는 경우에 채권자를 보호하기 위해 존재하는 제도이고, 결국 채무자의 責任財産의 감소

---

1) 日本最高裁判所 昭和 53(1978). 10. 5. 民集 第32卷 第7號, 1332面.
2) 日本最高裁判所 昭和 36(1961). 7. 19. 民集 第15卷 第7號, 1875面.
3) 鳩山秀夫, 日本債權法總論, 岩波書店, 1916, 207面 : 我妻榮, 債權總論民法講義Ⅳ, 岩波書店, 1948, 179面 ; 林良平 · 石田喜久夫 · 高木多喜男, 債權總論, 青林書院, 1981, 180面 ; 平井宜雄 債權總論, 弘文堂, 1987, 218面; 中井美雄, 債權總論講義, 有斐閣, 1996, 171面.
4) 조선고등법원판결 1917. 11. 6. 民集 제4권 922면; 조선고등법원판결 1925. 6. 9. 民集 제12권 228면; 대법원 1959. 10. 8. 선고, 4291민상432 판결; 대법원 1965. 1. 26. 선고, 64다848 판결; 대법원 1991. 7. 23. 선고, 91다6757 판결; 대법원 1999. 4. 27. 선고, 98다56690 판결; 대법원 2001. 12. 27. 선고, 2001다32236 판결.

로 인하여 모든 채권자들에 대한 共同責任財産이 감소하면 그 성립을 인정하여야 할 것이기 때문이다. 즉 채권자취소권의 被保全債權의 적격이 있느냐 여부는 공동담보의 감소 또는 소멸로 인하여 채권자가 詐害를 입었느냐에 의하여 판단하는 것이 타당하기 때문이다.

특정물채권에 대하여 채권자취소권을 행사할 수 없다는 대법원의 태도는 조선고등법원의 판례[1]로 거슬러 올라간다. 위 조선고등법원 판례의 취지를 대법원이 계속하여 따르고 있는 이유는, 민법 제407조가 "제406조의 規定에 依한 取消와 原狀回復은 모든 債權者의 利益을 爲하여 그 效力이 있다."고 규정하고 있는 字句에 너무 얽매이고 있기 때문이 아닌가 싶다.

그렇다면 우리 민법 제407조가 위와 같은 대법원의 판시태도를 유지하도록 하고 있는 규정인지 여부에 대해 검토한 후 대법원의 태도를 살펴보기로 한다. 우리 민법 제407조는 일본 민법 제425조를 계수한 것이다. 일본 민법 제425조가 "특정한 채권자가 받은 취소판결이 모든 채권자의 이익을 위하여 효력이 있다"고 규정한 일본 민법 초안 제363조에서 비롯되었음은 이미 살펴본 바 있다.[2] 위 일본 민법 초안을 작성한 Boissonade는 채권자취소권의 효력에 관해 당시 프랑스 소수설이던 절대적 효력설[3]을 지지하고 있었기 때문에 절대적 효력설의 주장대로 "채권자취소의 효력을 모든 채권자의 이익"을 위하여 효력이 있다고 일본 민법 초안 제363조를 입안하였었다.

---

1) 조선고등법원판결 1917. 11. 6. 民集 제4권 922면.

2) 金斗年, 전게 논문, 150면 이하(Boissonade는 취소의 이익을 그 취소채권자에게 귀속시킨다면 그 자에게만 과도한 이익을 주게 되고, 또한 채권자를 두 종류로 나누게 되어 이는 파산의 기본원칙에 반한다고 하면서 優先主義를 비판하고, 취소의 효과는 詐害行爲가 없었던 상태로 회복시키는 것이라고 주장한다. 따라서 채무자의 재산 중에 반환된 물건은 다른 모든 채권자의 이익이 되고 그 대가는 모든 채권자와의 사이에 분배되는 것이라고 하면서 평등주의적인 견해를 취하였다. 결국 Boissonade는 입법 당시 위 초안 제363조에 채권자취소권뿐만 아니라 파산법의 기능까지를 염두에 두고 입법한 것으로 보인다. 파산법-채무자회생법이 별도로 제정되어 있는 우리나라에서는 민법 제407조의 존재의의가 문제된다).

3) 姜永虎, 전게 논문, 323면(절대적 효력설은 채권자취소권을 채권의 집단적 청산방법으로 보고 1인의 채권자가 받은 취소판결의 효력은 다른 채권자에게도 미친다고 한다. 이 설은 채권자취소권을 총채권자의 공동담보인 責任財産을 보전하기 위한 제도로 보면서 취소판결의 효력이 원고 채권자에 대해서는 물론, 취소권을 행사할 수 있지만 현실적으로 행사하지 아니한 詐害行爲 以前의 채권자와 취소권을 행사할 수 없었던 詐害行爲 후의 채권자에 대하여도 미친다고 하는 견해이다. 이에 반하여 그 당시의 다수설이었고 현재의 프랑스의 통설 · 판례인 상대적 효력설은 채권자취소권을 총채권자의 공동담보인 責任財産을 보전하기 위한 권리가 아니라 채권자 개인의 권리로 이해하여, 취소판결의 효력은 취소채권자에게만 미치고 제3채권자에게는 그 효력이 미치지 않는다고 한다).

그런데 프랑스에서는 이러한 소수설이 받아들여지지 않아 일본 민법 제425조(우리 민법 제407조)에 해당하는 법조문이 프랑스 민법전에는 없다. 오히려 최근 2008년의 제안된 프랑스 민법 개정안에 따르면 취소채권자의 단독 권리를 강화하고 있다.

뿐만 아니라 독일 채권자취소법도 특정채권자의 채권 만족이 침해될 경우 그에 대한 구제수단으로 채권자취소권을 인정하고 있고, 총채권자의 責任財産保全을 위해서는 통합도산법상의 부인권으로 해결하고 있다. 독일 구채권자취소법 제1조는 "채무자의 법적 행위는 파산절차 외에서 특정채권자의 만족을 목적으로 그 채권자에 대하여 무효이므로 다음에 규정에 따라 취소할 수 있다."라고 하여, 채권자취소권의 존재의의를 특정채권자의 채권만족에 있음을 명백히 하였다.[1]

이처럼 일본 민법 제425조 및 우리 민법 제407조에 해당하는 법조문이 파울리아나 소권으로부터 채권자취소권을 계수한 독일법 및 프랑스법에는 없다. 다시 말해 이들 나라는 채권자취소권을 모든 채권자의 責任財産 確保를 위한 수단으로 운용하고 있는 것이 아니라 오히려 특정채권자의 채권만족수단으로 이용하고 있고, 모든 채권자들의 공동담보의 확보는 파산법상의 부인권제도를 통해 채권자평등의 원리를 실현하고 있어, 오히려 우리 대법원 판례와 반대의 입장을 취하고 있는 것이다. 이러한 논지에서 우리 민법 제407조를 폐지하는 것이 바람직하다는 주장[2]이 나오고 있음은 주목할 필요가 있다.

우리 대법원 판결[3]은 채권자취소권의 효력에 대하여 상대적 무효설의 입장에서 "詐害行爲取消判決의 기판력은 그 취소권을 행사한 채권자와 그 상대방인 수익자 또는 전득자와의 상대적인 관계에서만 미칠 뿐 그 소송에 참가하지 아니한 채무자 또는 채무자와 수익자 사이의 법률관계에는 미치지 아니한다."고 하고 있다. 이 논리에 따르

1) 현행 채권자취소법 제1조 제1항은 "채권자에게 불리한 채무자의 법적 행위는 도산절차 이외에도 다음의 규정들에 의해 취소될 수 있다."고 규정하고, 제2항은 "부작위에 의한 법적 행위 역시 동일하다."고 개정되었으나, 그 취지는 구채권자취소법 제1조와 동일하다고 보아야 할 것이다.

2) 姜永虎, 전게 논문, 319면.; 전게 주석채권총칙(상), 319면(金旭坤 집필); 金大貞, 전게서, 248면(상대적 무효설을 취하면 민법 제407조의 해석에 어려움이 생긴다고 하여 취소의 효력을 절대적인 것으로 보아야 한다는 논리는 본말이 전도되었다며 찬성하기 어렵다고 한다).

3) 대법원 1988. 2. 23. 선고, 87다카1989 판결.

게 되면, 취소채권자의 채권자취소권 행사, 즉 詐害行爲의 취소 및 原狀回復請求에 의하여 회복된 재산은 취소채권자 및 다른 모든 채권자들에 대한 관계에서 채무자의 責任財産으로 의제될 뿐 채무자는 그 반환된 재산에 대한 권리를 회복하여 직접 권리자가 될 수 없다.[1] 그렇다면 설령 채권자의 채권자취소권 행사를 통해 수익자 또는 전득자로부터 詐害行爲의 목적재산인 특정물이 채무자에게 반환되었다고 하더라도 여전히 채권자와 채무자 사이의 제1매매는 이행불능상태에 있다.[2] 따라서 그 금전채권의 침해, 즉 채무자의 이중매매로 인해 責任財産의 부존재인 無資力狀態에 있게 되고, 이는 다른 채권자들과 함께 반환된 목적물을 共同責任財産化하여 제1매수인의 손해배상채권을 회수할 수 있도록 도와줄 필요가 있다.

이에 덧붙여 앞서 우리 판례가 피담보채권의 성립시기와 관련하여 "기초적 법률관계론"을 일관되게 받아들이고 있음에 비추어 볼 때, 특정물채권에 대한 채권침해에 대한 채권자취소권의 행사를 불허하는 것은 더더욱 논리적으로 모순이 있다고 하지 않을 수 없다.

즉 기초적 법률관계론은 被保全債權의 성립시기와 관련하여, 詐害行爲 당시에 이미 채권성립의 기초가 되는 법률관계가 발생되어 있고, 가까운 장래에 그 법률관계에 기하여 채권이 성립되리라는 점에 대한 고도의 蓋然性이 있으며, 실제로 가까운 장래에 그 개연성이 현실화되어 채권이 성립된 경우에는 채권자취소권의 被保全債權이 될 수 있다는 입장을 확고히 취하고 있다.

그렇다면 특정물채권의 경우 채무자가 그 특정물을 詐害行爲를 통해 처분함으로써 채권자에 대하여 이행불능상태에 빠지게 되면, 당연히 채권자의 특정물인도청구권은

---

1) 대법원 1990. 10. 30. 선고, 89다카35421 판결(詐害行爲의 목적부동산에 수익자에 대한 채권자의 가압류등기가 경료된 후 채무자와 수익자 사이의 위 부동산에 관한 매매계약이 詐害行爲라는 이유로 취소되어 수익자 명의의 소유권이전등기가 말소되었다 하더라도 詐害行爲의 취소는 상대적 효력밖에 없어 특단의 사정이 없는 한 가압류의 효력이 당연히 소멸되는 것은 아니므로 채무자로부터 위 부동산을 전전하여 양도받은 자는 가압류의 부담이 있는 소유권을 취득하였다 할 것인바, 원심이 위 부동산에 관한 수익자 명의의 소유권이전등기가 원인무효라는 이유만으로 가압류채권자의 위 부동산에 대한 강제집행을 불허한 조치는 詐害行爲取消의 효력에 관한 법리를 오해한 위법이 있다).

2) 채무자의 소유로 환원되었다면 제1매수인이 소유자인 채무자로부터 소유권이전등기를 넘겨받을 수 있을 것이지만 채무자의 소유로 환원된 것이 아니므로 채권자(제1매수인)가 채무자로부터 소유권이전등기를 넘겨받을 수 없어 여전히 소유권이전등기청구권은 이행불능상태에 있게 되고, 결국 채권자의 소유권이전등기청구권은 이행불능을 원인으로 한 손해배상채권인 금전채권으로 채권의 성질 및 내용이 변경될 것이다.

채무불이행 또는 불법행위로 인한 손해배상채권(민법 제390조, 제750조), 즉 금전채권으로 변경되게 된다. 이 경우 채권자취소권을 행사하기 위한 요건이 성취된 이중매매 당시에는 이미 특정물인도청구권이라는, 장차 금전채권으로 변경될 기초적 법률관계가 존재하고 있다고 하지 않을 수 없다.

기초적 법률관계론이 적용되는 가장 대표적인 채권자침해사례는 변제기 미도래 채권이 있는 경우 및 조세채권처럼 장차 부과될 것이 확실히 예상되는 채권이 있는 경우에 채무자가 責任財産을 수익자 또는 전득자에게 처분하는 경우라고 할 수 있다. 조세채권에 대해 판례는 "詐害行爲 당시 아직 조세채권이 성립하지는 않았으나, 그 이전에 조세채무자가 실질적 대표자로 있는 회사에서 가공원가를 계상하였고, 과세관청이 위 가공원가를 조세채무자에 대한 인정상여로 소득처분하여 종합소득세 부과처분을 하였다면, 위 조세채권은 가공원가를 계상한 시점에 이미 그 기초적 법률관계가 발생하였고, 가까운 장래에 채권이 성립할 고도의 개연성이 있었으며, 그 개연성이 현실화되어 채권이 성립하였으므로 채권자취소권의 被保全債權이 될 수 있다."고 하였다.[1)]

그런데 대법원은 이중매매와 같은 특정물채권에 대하여는 이중매매의 경우 손해배상청구권의 성립시기가 詐害行爲보다 먼저 발생한 것이 아니라 동시에 생겼다는 이유로, 즉 제2매매행위시 비로소 이행불능으로 되어 손해배상채권으로 변경되었으므로 詐害行爲 이전에 생긴 채권이 아니므로 채권자취소권이 인정될 수 없다며 이를 배제하고 있다. 그러나 이때의 손해배상채권은 기존의 특정물채권에 대한 物上代位債權(민법 제342조)으로 그 동일성이 인정되는데도 채권자취소권을 인정하지 않겠다고 하고 있는바, 그러한 판례의 태도는 잘못되었다고 하지 않을 수 없다.

앞서 살펴본 바와 같이 일본 최고재판소가 이러한 비판들을 받아들여 종래 특정물채권에 대한 채권자취소권을 부정하던 태도를 바꾸어 채권자취소권을 인정하면서, 그 특정물이 채무자의 共同責任財産으로 될 뿐 채무자 소유로 환원되는 것은 아니라며 특정물채권

---

1) 대법원 2001. 3. 23. 선고, 2000다37821 판결.

자가 그 특정물에 대한 독점적 권리를 취득할 수는 없지만 다른 채권자들과 함께 채무자의 共同責任財産으로 삼아 채권의 일부라도 변제를 받을 수 있다고 한 것이야말로 채권자취소권에 대한 상대적 무효설을 인정하는 판례 및 학설의 태도에 부응한다고 할 것이다.

한편 개인적으로는 채권자취소권의 효력이 상대적 무효라는 법리는 절대적 무효로 수정될 필요성이 있다고 본다.

파울리아나 소권의 연혁을 통해 채권자취소권제도가 채무자의 채권자 詐害意思에 의한 특정재산처분에 대하여 채권자를 보호하겠다는 목적에서 생성되었음은 이미 살펴보았다. 그렇다면 특정물채권에 대한 채권자취소권을 인정하지 않는 우리 대법원의 태도는, 이러한 목적 달성을 위해 이를 계수한 프랑스 민법 및 독일 채권자취소법이 이를 허용하고 있음에 비추어볼 때, 잘못되었다고 하지 않을 수 없다. 또한 앞서 살펴본 일본 최고재판소 판례의 보충의견처럼 "특정물채권 성립 시에 이미 기초적 법률관계가 성립"되어 있음을 인정하는 것이 타당하고, 채권의 종류에 따라 채권자취소권의 인정 여부를 차별하는 것은 공평의 원칙에 반하고, 현재의 채권자보호를 위해 민사소송법 및 민사집행법상의 채권자의 채권확보방안의 강화에도 부합하므로 특정물채권의 침해에 대하여도 채권자취소권의 행사를 인정하는 것이 타당하다고 본다. 이를 불허한 대법원 판례는 오히려 詐害行爲 당사자인 채무자와 수익자 등을 역으로 보호함으로써 다른 판례와 배치되어 불공평하다고 하지 않을 수 없으므로 변경되는 것이 마땅하다고 하겠다.

라. 被保全債權의 金錢債權性

그렇다면 채권자취소권의 被保全債權은 반드시 금전채권이어야 하는가에 대하여 살펴보기로 한다.

우리 대법원은 처음에는 "詐害行爲取消權은 채무자가 일반 채권자의 공동담보를 해치는 법률행위를 한 경우에 일반 채권자를 구제함을 목적으로 하는 것이므로 詐害行爲取消權者는 금전지급을 목적으로 하는 채권을 가지는 자임을 요한다 할 것인바

본건에 있어 원심이 원고를 詐害行爲取消權者로 보고 피고와 소외인 사이의 본건 대지에 관한 매매행위를 詐害行爲로 판정하였음은 위에서 설시한 바에 배치되는 것으로서 원판결에는 법리오해의 위법이 있다."고 하여,[1] 금전채권이 아닌 대지에 관한 매매행위를 詐害行爲로 판정한 것은 잘못되었다고 판시하였었다.

그러나 이후 태도를 바꾸어 "민법 제406조에 의하여 詐害行爲取消權을 행사하는 채권자의 채권은 반드시 금전채권임을 요하지 않고 금전 이외의 물건의 급부를 목적으로 하는 채권이라도 그 물건이 특정물이 아닌 이상 채무자의 자력은 그 권리의 보전에 밀접한 관계가 있으므로 채무자가 詐害의 의사로써 無資力의 결과를 가져올 행위를 한 때에는 그 채권자는 詐害行爲取消權을 행사할 수 있다고 보아야 할 것이다."라고 하여,[2] 被保全債權이 특정물채권이 아니라면 금전적 가치를 가지고 있는 한 불특정물채권이거나 금전채권이거나 상관없이 채권자취소권의 피보전권리가 된다고 하였다.

이러한 대법원 판례의 태도는 타당하다고 본다.

참고로 독일 채권자취소법 제2조는 執行權原과 被保全債權이 이행기에 있어야 할 것을 채권자취소권행사 요건으로 규정하고 있기 때문에 금전채권에 한한다고 보고 있다. 프랑스 역시 금전채권이 아닌 경우에도 장차 금전채권으로 바뀌게 될 채권인 경우에는 채권자취소권의 被保全債權이 된다는 입장이다.[3] 일본의 경우에도 채권의 목적 여하를 불문하고 채무불이행을 원인으로 하여 손해배상채권, 즉 금전채권으로 변경될 채권이라면 채무자의 일반재산으로부터 담보될 수 있는 채권에 해당되므로 채권자취소권의 대상이 된다는 것이 다수설[4]이자 판례[5]의 입장이다.

---

1) 대법원 1961. 8. 10. 선고, 4293민상436 판결.
2) 대법원 1965. 6. 29. 선고, 65다477 판결.
3) Marcel Planiol et Georges Ripert, op. cit., n° 953. ; Gabriel Marty et Pierre Raynaud, op. cit., n° 699 · 700. ; Cass. civ., 10 avril 1948,, D., 1948, I, p. 421.
4) 我妻榮, 前揭 債權總論民法講義Ⅳ, 1948, 258面; 鳩山秀夫, 日本債權法(總論), 206面; 林良平 · 石田喜久夫 · 高木多喜男, 前揭書(1980), 180面 · 181面; 平井宜雄, 前揭 債權總論(1987). 218面; 中井美雄, 前揭書, 171面.
5) 日本最高裁判所 昭和 36(1961). 7. 29. 民集 第15卷 第6號, 1875面.

마. 擔保가 隨伴된 債權

(1) 序　說

담보가 수반되어 있는 채권의 보전을 위해 채권자취소권을 행사할 수 있는가 여부이다. 이 경우에는 원칙적으로 채권자취소권의 행사가 자제되는 것이 옳다. 왜냐하면 채권자는 그 담보로부터 우선변제권을 보장받고 있기 때문이다. 그렇지만 담보가 수반되어 있다고 하여 항시 채권의 만족을 얻을 수 있는 것은 아니기 때문에 구체적으로 나누어 살펴볼 필요성이 있다고 하겠다.

(2) 物的 擔保를 隨伴한 債權

① 取消權行使不許說

물적 담보가 수반되어 있다면 그 담보의 처분으로 우선변제권이 확보되어 있기 때문에 채권자취소권을 허용할 필요가 없다는 견해이다. 다만 물적 담보가 수반된 채권의 경우라도 被保全債權이 더 많은 경우, 즉 담보물의 가액을 초과하는 被保全債權에 대해서는 채권자취소권이 허용되어야 한다는 것이 다수설의 입장이다.[1] 왜냐하면, 被保全債權이 담보에 의하여 그 목적 달성이 보장되고 있기 때문에 그 부분에 대하여 구태여 채권자취소권을 행사할 이유가 없기 때문이다.

우리 판례는 "채권에 담보물권이 존재하는 경우에는 詐害行爲의 취소는 담보물로부터 우선하여 변제를 받을 수 있는 금액을 공제한 잔액의 범위에 한할 것이다. 그러므로 담보물이 채무자 소유이든 제3자 즉 물상보증인 소유이든 상관없다."고 하여,[2] 다수설인 취소권행사불허설의 견해를 따르고 있다.

---

1) 郭潤直, 전게서, 146면; 金相容, 전게서, 256면; 金曾漢 · 金學東, 전게서, 198면; 吳始暎, 전게서, 377면; 玄勝鍾, 전게서, 209면; 梁彰洙, 전게 논문, 30면; 曺南大, 전게 논문, 578면.
2) 조선고등법원판결, 1933. 2. 14. 民集 第20券, 51面.

② 取消權行使許容說

위와 같은 다수설에 대하여 소수설인 취소권행사허용설은, 담보물 제공자가 채무자인 경우에는 위 다수설과 견해를 같이 하지만, 담보물 제공자가 제3자 즉 물상보증인인 경우에는 피담보채권 전액에 대하여 채권자취소권을 행사할 수 있다고 한다.[1)]

왜냐하면 이 경우에 채권자는 물적 담보에 의해 우선권을 보장받지만, 물상보증인이 채무자에 대해 다시 구상권을 행사할 것이기 때문에 모든 채권자의 입장에서 볼 때 피담보채권액이 전체적으로 증가하게 되므로 채권자취소권이 共同責任財産 확보를 위해 구상권을 행사하게 될 물상보증인의 채권도 고려해야 하기 때문이라고 한다.

또 한편 채권자취소권제도는 주로 형평과 도덕적 고려에 기하여 채권의 공동담보를 보전함으로써 채권자를 가장 확실하고 신속하게 보호할 수 있는 특수한 제도일 뿐, 물적 담보제도가 있다 하더라도 채권자취소권제도의 유용성을 배제하는 제도는 아니기 때문에, 또 물적 담보를 수반하는 채권이라고 하더라도 담보물이 멸실되는 경우처럼 우선변제가 반드시 확보되어 있는 것도 아니기 때문에, 즉 담보권제도와 채권자취소권제도는 별개의 제도이므로 채권자취소권의 다른 요건이 갖추어진 경우 채권자는 채권자취소권을 행사할 수 있다고 보는 것이 타당하다는 주장도 있다.[2)]

우리 판례와 달리 프랑스에서는 저당권이나 질권 혹은 우선특권 같은 담보권이 수반된 채권의 경우에도 채권자취소권의 행사를 인정하고 있다.[3)] 일본 역시 프랑스와 같은 입장을 취함으로써,[4)] 우리 대법원 판례와 다른 입장을 취하고 있다.

③ 學說에 對한 檢討

개인적으로는 물적 담보를 갖춘 채권자로서는 독점적 · 우선적 권리가 그 담보물로부터 보장되기 때문에 거기에 추가하여 채권자취소권까지 행사하는 것은 권리남용이

---

1) 金疇洙, 전게서, 235면.
2) 金大貞, 전게서, 263면; 金旭坤, 전게 "채권자취소권의 요건론 재고", 95면 · 96면.
3) Marcel Planiol et Georges Ripert, op. cit., n° 954 ; Boris Starck, Henri Roland et Laurent Boyer, Obligations, t. 3, Régime géneral, 4e éd., Litec, 1992, n° 732 et s. ; Req., 18. fév. 1878, D.P., 1878. 1. p.291. ; Cass. civ, 27. juill. 1904, Gaz. pal., 1904, 2, p. 292.
4) 日本大審院 昭和 20(1945). 8. 30. 民集 第24卷, 61面.

고, 다른 채권자들에 대한 채권침해가 된다고 보아 채권자취소권의 행사를 불허하는 것이 타당하다고 생각한다. 다만 부족분이 있을 경우에는 그 부분에 대한 채권자취소권의 행사는 가능할 것이다.

한편 채권자취소권행사허용설이 내세우는 일부 논거에는 찬성하기 어려운 부분이 있다. 왜냐하면 물적 담보채권자는 그 물적 담보로부터 우선 변제를 받으면 되므로 물상보증인이 구상권을 행사할 것이라는 것까지 고려할 필요가 없기 때문이다. 즉 물적 담보채권자는 그 물상보증인의 구상권에 우선하므로 채권 확보에 지장이 없다.

채무자가 인적 보증을 선 경우라면 기초적 법률관계론에 입각하여 채권자에게 채권자취소권 행사를 인정할 여지가 있겠지만, 채권자가 물적 담보를 확보하고 있는 경우에는 채무자가 설령 재산 감소행위를 하더라도 그 물상보증인이 자신의 구상권이 침해될 것을 우려하여 그 감소행위를 취소하는 것은 別論으로 하고, 물적 담보채권자에게 채권자취소권을 인정할 실익은 없어 보인다. 더군다나 물적 담보가 멸실될 경우까지 예상하여 채권자취소권을 인정하게 되면 채무자의 관재행위를 전혀 불허하겠다는 것이 되어 오히려 채권자의 권리남용에 해당된다고 보는 것이 타당하다고 생각한다.

즉 취소권행사허용설에도 나름대로 타당성이 있지만, 물적 담보채권자의 입장에서 접근하지 않고, 장차 구상채권을 행사하게 될지도 모를 물상보증인의 입장에서 접근하고 있어 지나치다고 하지 않을 수 없다.

따라서 물적 담보를 갖춘 채권자는 그 담보 범위 내에서는 채권자취소권을 행사할 수 없다고 하는 것이 타당하고, 다만 물상보증인이 기초적 법률관계론을 근거로 채무자의 詐害行爲를 취소하겠다고 하는 것은 別論으로 논할 실익은 있다고 하겠다.

(3) 人的 擔保를 隨伴한 債權

被保全債權에 인적 담보가 있는 경우에 채무자의 詐害行爲에 대하여 취소권행사허용설과 취소권행사불허설로 나누어져 있다. 취소권행사허용설은 인적 담보, 즉 보증인에게 채무자의 채무를 변제할 충분한 責任財産이 있는 경우에도 채권자취소권을 행사할 수 있다는 것으로 현재의 통설이다.[1] 인적 담보가 있다 하더라도 채무자가 반드시 그들로부터 변제를 받아야 하는 것도 아니고, 또 그들의 責任財産에 대하여 채권자가 담보물권처럼 절대적 우선변제권을 가지고 있지 못하기 때문에 변제를 받지 못하는 경우를 배제할 수 없다는 것이다.

개인적으로는 취소권행사허용설에 반대한다. 채무자의 責任財産에는 자신이 직접 소유하고 있는 권리나 물건뿐만 아니라 인적 담보도 포함된다. 채권자로서는 채무자로부터 변제받지 못하면 보증인으로부터 변제받으면 된다.[2] 따라서 주채무자가 無資力이더라도 보증채무자의 責任財産이 충분하다면 채무자의 재산처분행위에 채권자가 관여할 필요는 없다고 하겠다.

제3자인 수익자 또는 전득자에게 예상치 못한 반환의무를 부과하는 채권자취소권의 행사는 가급적이면 자제되는 것이 좋다. 따라서 법률관계를 직접 맺고 있는 이해관계인, 즉 채권자와 채무자 및 보증인 사이에서 해결할 수 있으면 해결토록 하여 제3자인 수익자 또는 전득자의 법률행위에 취소채권자가 관여하지 않는 것이 가장 바람직하고 법적 안정성을 보장하는 방법이라고 할 것이기 때문에 보증인에게 責任財産이 있는 한 채권자취소권의 행사를 허용하지 않아야 한다고 생각한다.

다만 이 경우에도 앞서 물상보증인의 경우처럼 보증채무자는 주채무자의 자력을 믿고 보증을 섰다가 주채무자가 責任財産을 처분함으로써 보증채무자의 구상권이 침해받을 우려가 있을 경우에는 기초적 법률관계론에 근거하여 보증채무자가 주채무자의 詐害行爲를 취소하여 채무자의 재산 처분을 취소하는 것은 별론으로 가능하다고 하겠다.

즉 채권자에게 채권자취소권을 인정할 것이 아니라 보증채무자에게 주채무자의 詐

---

1) 郭潤直, 전게서, 146면; 金大貞, 전게서, 261면; 金相容, 전게서, 256면; 金錫宇, 전게서, 194면; 金容漢, 전게서, 259면; 金疇洙, 전게서, 249면; 金曾漢 · 金學東, 전게서, 199면; 尹喆洪, 전게서, 265면; 玄勝鍾, 전게서, 210면; 전게 민법주해(Ⅸ), 815면(金能煥 집필); 金旭坤, 전게 논문, 96면.

2) 주채무나 보증채무나 채권자의 입장에서는 동일한 채권이라고 할 것이므로 우열이 있다고 할 수 없다. 물론 보증채무자에게는 최고 및 검색의 항변권이 있으나, 주채무자가 無資力 상태가 되었다면 보증채무자의 최고 및 검색의 항변권은 실익이 없을 것이고, 이때 채권자는 보증채무자의 일반재산에 대하여 강제집행을 실시함으로써 주채무자에 대한 채권의 만족을 얻을 수 있을 것이다.

害行爲에 대한 채권자취소권을 인정하는 것이 해석상 타당하다고 본다.

Ⅳ. 取消의 對象이 되는 法律行爲에 對한 要件

가. 序 論

(1) 法律行爲의 意義

우리 민법 제406조 제1항은 債務者가 債權者를 害함을 알고 "財産權을 目的으로 한 法律行爲"를 한 때에는 債權者는 그 取消 및 原狀回復을 法院에 請求할 수 있다고 규정하고 있다.

그런데 독일 채권자취소법 제1조는 "채권자를 해하는 채무자의 법적 행위를 취소할 수 있다."고 규정하고 있고, 프랑스 민법 제1167조는 "채권자는 또한 자신의 권리에 대한 채무자의 詐害行爲를 자신의 이름으로 공격할 수 있다."고 규정하고 있고,[1] 일본 민법 제424조 제1항은 "채무자가 채권자를 해할 것을 알고 한 법률행위"를 취소할 수 있다고 규정하고 있고, 미국 統一詐害去來法 제1조는 "채무자의 행위가 채무자의 소유권의 남용에 해당되어 일반채권자의 정당한 기대를 파괴하는 결과를 발생시키는 경우 채권자의 양도행위를 무효화시킬 수 있다."고 규정하고 있다.

이처럼 우리 민법과 일본 민법은 채무자가 채권자를 해함을 알고 한 "법률행위"를 취소할 수 있다고 함에 대하여, 독일 채권자취소법은 "법적 행위"로 그 범위를 넓히고 있고, 프랑스 민법은 "채권자의 권리를 詐害하는 행위"라고 하여 포괄적으로 규정하고 있고, 미국 統一詐害去來法은 "채무자의 양도행위"를 취소할 수 있다고 하여 각각 다르게 규정하고 있다.

그런데 독일이나 프랑스의 경우 詐害行爲의 대상이 되는 법적 행위 내지 채권자를

---

1) Ils peuvent aussi, en leur nom personnel, attaquer les actes faits par leur débiteur en fraude de leurs droits.

해하는 詐害行爲의 개념을, 채권자취소권제도가 채무자의 詐害意思에 의한 재산 감소행위의 효력을 부정하여 일탈된 재산을 회복시킴으로써 총채권자의 공동담보를 보전시키기 위한 제도라는 점을 중시하여, 엄격한 의미의 법률행위에 국한시키지 않고 "채무자의 의사에 기인한 재산 감소행위"로 이해하고 있다.[1] 미국의 경우도 채무자의 양도행위의 개념을 법률행위에 국한하지 않고, 직접적 · 간접적, 조건부 · 무조건부, 임의적 · 강제적 여부를 불문하고 모든 형식의 재산 또는 재산상의 권리의 처분 또는 이전을 의미하는 것으로 해석하고 있다.[2]

우리 민법 제406조의 "詐害行爲로서의 법률행위"를 어떻게 해석할 것인가에 대하여는 위와 같은 외국의 입법례도 참고가 될 것으로 보인다. 엄밀한 의미에서의 법률행위는 하나 또는 둘 이상의 의사표시를 불가결의 요소로 하는 법률요건이라고 할 수 있고, 이에는 계약과 단독행위 및 합동행위가 있다. 따라서 채권행위이든 물권행위이든, 계약이든 단독행위이든 합동행위이든 관계없이 법률행위는 詐害行爲에 해당되면 채권자취소권의 대상행위가 된다는 데 대해서는 이설이 없다.[3]

그렇다면 詐害行爲의 대상을 법률행위에 국한된다고 할 것이냐 여부인데, 채권자취소권제도의 목적에 비추어 그렇게 좁게 해석할 것은 아니라 할 것이다. 즉 재산감소의 법률효과를 가져오는 채무자의 행위라면 법률행위에 국한하지 않고, 각종 催告(민법 제15조 제1항, 제131조 등) 및 채권양도의 통지나 승낙 또는 시효중단을 위한 채무의 승인과 같은 준법률행위도 채권자취소대상이 된다는 것이 다수설이다.[4] 더 나아가 적극적으로 법률행위를 하지 않았지만 한 것과 동일한 효과가 발생하는 법률상 추인(민법 제15조 제1항), 추인거절(민법 제131조), 법정추인(민법 제145조), 채무자의 의사표시에 갈음하는 재판(민법 제389조 제2항) 등의 경우도 채권자취소권의 대

1) Henri · Léon · Jean Mazeaud et François Chabas, op. cit., n° 982 ; Marcel Planiol et Georges Ripert, op. cit, n° 939 ; Gabriel Marty et Pierre Raynaud, op. cit.,, n° 733-735.

2) UFTA §1(12) 참조.

3) 郭潤直, 전게서, 143면; 金大貞, 전게서, 265면; 金相容, 전게서, 257면; 金錫宇, 전게서, 259면; 金容漢, 전게서, 259면; 金疇洙, 전게서, 240면; 金曾漢 · 金學東, 전게서 195면; 金亨培, 전게서, 401면; 張庚鶴, 전게서, 302면; 玄勝鍾, 전게서, 202면; 전게 민법주해(IX), 815면(金能煥 집필); 金旭坤, 전게 "채권자취소권의 요건론 재고", 97면.

4) 金旭坤, 전게 "채권자취소권의 요건론 재고", 97면.

상행위가 된다고 하겠다.[1] 그러나 사실행위나 불법행위 등은 원칙적으로 사해행위에 해당되지 않겠지만[2] 사해의사를 가지고 하는 고의적인 경우 등에는 해당이 된다고 하겠다. 참고로 독일 현행 채권자취소법 제1조 제2항은 "부작위에 의한 법적 행위 또한 동일하다."고 하여 부작위에 의한 법적 행위도 채권자취소권의 대상이 된다고 하였는바 우리도 동일하게 보아야 할 것이다.

한편 이러한 다수견해, 즉 재산 감소의 법률효과를 가져오는 채무자의 행위나 이와 동일한 효과가 주어지는 경우를 일률적으로 채권자취소권의 대상행위로 삼는 것은 채무자의 詐害意思를 요건으로 하는 현행법 체계에 맞지 않다며, 적어도 채권자취소권의 대상행위가 되기 위해서는, 엄격한 의미의 법률행위에 국한할 것은 아니지만, 재산 감소의 법률효과를 가져오는 채무자의 "의사에 기한 행위"로 제한하여 해석하는 것이 타당하다는 일부견해가 있다.[3]

개인적으로는 채권자취소권의 목적이 채무자의 詐害行爲에 의한 채권자의 責任財産 감소를 방지하겠다는데 있음을 고려할 때 적어도 채무자의 詐害行爲의 전제가 되기 위해서는 최소한도로 채무자의 의사가 관여되어 있어야 할 것이므로, 위 비판적 견해가 타당하다고 본다.

따라서 채무자의 의사에 기인한 행위이면 작위이든 부작위이든 상관없다고 하겠다. 다만 부작위와 관련하여 문제가 되는 것은, 증여에 대한 승낙을 하면 권리를 취득할 수 있는데도 승낙을 하지 않음으로써 재산권 취득의 기회를 포기하는 경우에 이를 채권자가 취소하여 증여를 받도록 할 수 있는가 여부이다. 이에 대하여는 증여를 승낙하지 않는 채무자의 행위는 단순한 부작위로 법률행위가 아니기 때문에 취소의 대상

1) 郭潤直, 전게서, 141면; 金大貞, 전게서, 265면; 金錫宇, 전게서, 190면 · 191면; 金容漢, 전게서, 259면 · 260면; 金疇洙, 전게서, 240면; 金曾漢 · 金學東, 전게서, 195면; 金亨培, 전게서, 401면: 吳始暎, 전게서, 362면; 尹喆洪, 전게서, 259면; 玄勝鍾, 전게서, 202면 · 203면; 金旭坤, 전게 "채권자취소권의 요건론 재고", 99면(민법 제15조의 추인, 민법 제131조의 추인거절은 채권자취소권의 대상이 되지만, 민법 제389조 제2항의 재판으로 채무자의 의사에 갈음하는 경우에는 채무자의 의사에 기인한 것이 아니라는 이유로 채권자취소권의 대상이 되지 않는다고 한다).

2) 金大貞, 전게서, 265면; 전게 민법주해Ⅸ, 815면(金能煥 집필); 曺南大, 전게 논문, 586면; 崔昌烈, "채권자취소권의 대상이 되는 법률행위에 대한 고찰", 성신법학 제1호, 성신여자대학교법학연구소, 130면.

3) 金旭坤, 전게 "채권자취소권의 요건론 재고", 98면.

이 되지 않는다고 보아야 한다는 견해[1]와 증여의 청약에 대한 승낙을 하지 않거나 거절하는 행위는 재산의 감소행위에 해당되고 적극적으로 재산이 증가되는 것을 회피하는 현상유지행위이기 때문에 취소의 대상이 된다고 보아야 한다는 견해[2]로 나누어져 있다.

개인적으로는, 채권자취소권제도는 채권자의 채권 성립 후 채무자의 責任財産이 감소하는 경우에 대한 구제제도라고 보아야 하므로, 추가재산의 증가기회를 포기하는 경우까지 포함하는 것은 채권자취소권 제도의 본질을 벗어난 과잉행위라고 하지 않을 수 없는 바, 대상이 되지 않는다는 전자의 견해가 타당하다고 본다.

(2) 無效인 法律行爲의 對象 與否

① 債權者代位權行使說

채권자취소권의 대상인 詐害行爲가 법률적으로 무효인 법률행위 또는 이에 준하는 경우에 채권자취소권의 대상이 되는지 여부이다. 예를 들어 비진의의사표시나 통정한 허위의 의사표시에 의한 무효의 법률행위의 경우이다. 대상행위에 법률적 무효사유가 있을 경우에는 누가 주장하지 않더라도 당연 무효이기 때문에 채무자의 재산감소가 없게 된다고 해석될 여지가 있다. 그렇다면 구태여 채권자취소권을 행사할 필요가 없다는 결론에 이르게 된다.

채권자대위권행사설은 위와 같은 논리에 충실하게 대상행위가 무효인 경우에는 채권자취소권의 대상이 되지 않는다며 채권자대위권을 행사하면 된다고 주장하며,[3] 현재 소수설에 속한다.

그러면서 위 견해는 통정허위표시에 의한 등기, 점유 이전 또는 채권증서의 배서

1) 郭潤直, 전게서, 141면; 金大貞, 전게서, 268면; 金相容, 전게서, 257면; 金錫宇, 전게서, 190면; 金容漢, 전게서, 259면; 金疇洙, 전게서, 241면; 金曾漢 · 金學東, 195면; 金亨培, 전게서 402면; 吳始暎, 전게서, 362면; 尹喆洪, 전게서, 261면; 玄勝鍾, 전게서, 202면.
2) 金旭坤, 전게 "채권자취소권의 요건론 재고", 98면.
3) 金基善, 전게서, 185면; 李太載, 전게서, 164면 · 165면; 玄勝鍾, 전게서, 203면.

등이 이루어진 경우에는 그 통정허위표시의 무효의 효과에 의해 채무자가 취득하게 된 등기말소청구권이나 점유의 반환청구권, 또는 배서의 말소청구권 같은 "외관제거행위"가 필요하게 되는데, 이는 민법 제404조에 의한 채권자대위권을 행사함으로써 그 목적을 달성할 수 있으므로 구태여 채권자취소권을 인정할 필요가 없다고 한다. 즉 무효인 채무자의 詐害行爲는 채권자취소권의 대상이 아니라 그 결과에 대한 원상회복을 채권자대위권을 행사하여 해결하면 된다는 것이다.

우리 판례 중에도 채권자대위권행사설처럼 "채무자가 그 소유의 재산을 제3자에게 가장매도하여 이를 인도한 경우에는 채무자는 그 제3자에 대하여 매매의 무효를 이유로 이를 반환할 것을 청구할 수 있다. 따라서 채권자는 자기의 채권을 보전하기 위하여 여사한 채무자의 제3자에 대한 재산반환청구권을 채무자를 대위하여 행사할 수 있음은 물론 해당 청구권에 관한 강제집행의 보전을 위하여 가압류 또는 가처분 명령의 신청도 이를 할 수 있을 것이다."라고 하여[1] 가장매매로 인도된 물건에 대한 반환청구권을 채권자대위권을 통해 행사할 수 있다고 한 경우가 있다.

채권자취소권행사를 부정하는 위 소수견해는 극히 예외적인 경우, 즉 수익자가 詐害行爲로 취득한 재산을 제3자에게 처분한 경우에 그 전득자가 통정허위행위에 대하여 선의라는 이유로 대항력을 갖게 될 경우(제108조 제2항) 반환받을 수 없으므로, 이 경우에는 예외적으로 그 전득자가 詐害行爲의 악의임을 주장하며 채권자취소권을 행사할 수 있다고 한다.

즉 그 전득자는 통정허위표시의 제3자에 해당되어 고유의 권리를 갖기 때문에 채무자에게 대항할 수 있지만(민법 제108조 제2항), 그렇더라도 채무자와 수익자의 詐害行爲에 대하여 악의이므로 채권자취소권에 복종해야 하는 이중적 지위에 놓이게 되는바, 전득자가 前者의 주장을 할 경우 선의의 제3자 보호규정에 의해 재산의 반환을 거절할 수 있어 채권자는 責任財産의 복원이 불가능하게 되어 손실을 보게 되므로, 채권자는 後者의 권리를 주장하며 악의의 전득자에게 詐害行爲로 취득한 재산의 반

1) 대법원 1958. 5. 29. 선고, 4290민상735 판결.

환을 청구할 수 있도록 채권자취소권의 행사가 예외적으로 허용된다고 한다.[1)]

② 債權者取消權行使說

채권자취소권행사설은, 채권자는 허위표시를 이유로 채권자취소권을 행사할 수는 없지만, 詐害行爲로서의 요건을 구비한 경우에는 그 통정허위표시의 취소를 청구할 수 있고, 이 경우에 수익자와 전득자는 그 행위가 허위표시인 것을 이유로 이를 저지하지 못한다고 한다.[2)] 현재의 다수설이라고 할 수 있다.

채권자취소권행사설의 주요논지는, 채권자대위권행사설이 이론적으로는 타당할지 몰라도 가장행위의 사회적 기능을 무시하고 지나치게 이론적 측면만을 강조하는 것으로 부당하다며, 무효 및 취소행위에 의하여 형성되어 있는 외관 즉 등기나 인도를 원상태로 환원할 필요성이 있고, 허위표시를 무효로 인정한 제도 및 채권자취소권제도는 공히 채무자의 責任財産을 원상회복시킴으로써 채무자와 법률상·재산상 이해관계를 가진 다수당사자의 이해를 조절하기 위한 제도라는 측면을 고려하면 양 제도의 존재목적은 다르지만 그 종국적 목적은 같다고 보아야 하기 때문에 채권자의 입장에서는 양자 중 어느 권리를 행사할 것인지 선택할 수 있도록 보장하는 것이 법률행위의 무효 및 취소의 이중효를 인정하고 있는 현행 법제 및 학설의 입장에 부합하다는 것이다.[3)]

③ 學說에 對한 檢討

실무상 채무자가 詐害行爲를 통하여 채권자의 채권을 침해하는 전형적인 형태는 통정허위의사표시에 의한 재산권처분행위라고 할 것이다. 채무자인 표의자와 상대방인 수익자 또는 전득자가 통정하여 가장법률행위를 하고, 그 결과를 이행함으로써 권리

---

1) 玄勝鍾, 전게서, 203면,; 金疇洙, 전게서, 240면.
2) 郭潤直, 전게서, 142면; 金大貞, 전게서, 266면; 金相容, 전게서, 258면. 金錫宇, 전게서, 191면; 金容漢, 전게서, 260면 · 261면; 金曾漢 · 金學東, 전게서 195면 · 196면; 金亨培, 전게서 402면; 吳始暎, 전게서, 362면; 尹喆洪, 전게서, 260면; 李銀榮, 전게서, 466면.
3) 郭潤直, 전게서, 142면; 金容漢, 전게서, 260면; 金曾漢 · 金學東, 전게서, 195면; 金亨培, 전게서, 402면; 李銀榮, 전게서, 467면; 高翔龍, "민법상 이른바 이중효의 의미", 민사법학의 제문제(소봉金容漢교수화갑기념), 소봉金容漢교수화갑기념논문집간행위원회, 1990, 1면 이하; 於保不二雄, 財産管理總論序說, 有信堂, 1954, 382面.

이전의 외양이 형성되면, 채무자와 그 상대방은 그 상태를 유지하려고 하기 때문에 채권자로서는 그러한 외양을 제거해야만 자신의 권리를 행사할 수 있게 된다.[1] 따라서 채권자로서는 통정허위표시임을 전제로 그 무효를 주장하면서 무효에 대한 권리회복절차를 방관하고 있는 채무자 즉 표의자를 대위하여 채권자대위권으로 원상회복을 청구할 수도 있고, 그러한 통모행위가 진정행위임을 전제로 채권자취소권의 행사요건을 갖추고 있다면 채권자취소권을 행사할 수도 있는, 즉 이중효를 인정하는 것이 타당하다고 본다.

개인적으로는 다수설의 논지가 타당하기 때문에 이중효의 법리에 의해 채권자취소권의 행사를 인정하는 것이 타당하다고 본다.

(3) 訴訟行爲의 對象 與否

한편 채무자의 작위 중 재판절차에서의 채무자의 재산감소행위, 즉 소송행위를 통해 채무자가 責任財産의 감소행위를 할 경우 이를 채권자취소권의 대상행위로 삼을 수 있느냐 여부이다. 이에 대하여 순수한 소송행위는 법률행위가 아니기 때문에 취소의 대상이 될 수 없지만 재판상화해나 청구의 포기 · 인낙과 같은 재판상의 법률행위는 소송행위일 뿐만 아니라 법률행위이기도 하므로 취소의 대상이 된다는 견해가 다수설을 차지하고 있다.[2]

재판상화해나 포기 및 인낙 등은 소송행위이면서 동시에 법률행위이다. 소송행위는 법률행위가 아니라는 견해가 있으나, 소송행위 중에는 실체법상의 법률효과를 가져오는 법률행위가 복합되어 나타나는 경우가 많이 있다. 예를 들어 소송절차에서 상계권을 행사하거나 계약의 해제권을 행사하는 경우, 또는 채무면제를 하는 경우에는 소송법상으로도 상계나 해제 또는 채무면제의 효과가 발생할 뿐만 아니라 실체법상으

---

1) 徐達周, 전게 논문, 44면.
2) 郭潤直, 전게서 141면; 金大貞, 전게서, 266면; 金容漢, 전게서, 259면; 金疇洙, 전게서, 240면; 金曾漢 · 金學東, 195면; 金錫宇, 전게서, 190면; 尹喆洪, 전게서, 259면; 黃迪仁, 전게서, 168면; 玄勝鍾, 전게서, 202면; 近藤英吉 · 柚木馨, 註釋日本民法債權篇總則(上), 巖松堂, 1934, 216面.

로도 상계나 해제 또는 채무면제의 효과가 발생하게 되는바, 이러한 경우가 그에 해당한다 하겠다.

그렇다면 소송절차에서 채무자의 법률행위 내지 의사에 기인한 행위에 의해 재산감소가 발생할 경우 이를 채권자취소권의 대상행위로 삼아 취소할 수 있을 것인가 여부이다. 왜냐하면 법원이 공적으로 판단한 사항에 대하여 개인이 채권자취소권을 행사하여 무효화시키는 것이 가능한가 하는 문제이기 때문이다.

소송절차에서 채무자의 소송행위에 이해관계를 가진 이해당사자에게는 보조참가(민사소송법 제71조), 공동소송적 보조참가(동법 제78조), 독립당사자참가(동법 제79조), 권리의무승계인의 소송참가(동법 제81조), 승계인의 소송인수(동법 제82조), 공동소송참가(제83조) 및 소송고지(동법 제84조) 등의 기회가 보장되어 있다. 집행절차에서도 청구이의의 소(민사집행법 제44조), 집행문부여에 대한 이의의 소(동법 제45조), 제3자이의의 소(동법 제48조) 등의 제도가 보장되어 있다.

그렇다면 채권자가 소송절차에서 채무자의 소송상의 詐害行爲를 적극적으로 취소할 수 있겠는가, 타인의 소송절차에 관여할 수 있겠는가 여부인데, 앞에서 살펴본 다수견해는 채권자취소권을 행사할 수 있다고 한다. 그렇지만 개인적으로는 실무상 채권자가 소송에 관여하여 행사하는 것이 사실상 불가능하기 때문에 행사할 수 없다고 보는 것이 타당하다고 생각한다.

왜냐하면 채권자가 보조참가나 독립당사자참가 등의 방법으로 소송절차에 관여한 경우에는, 프랑스의 詐害再審의 방법으로 詐害行爲를 방지할 수 있을지 모르지만, 위 기회를 놓치고 판결 또는 판결과 동일한 효력을 가진 재판상화해 · 청구의 포기 · 인낙조서 · 조정조서 등이 성립한 이후에는 판결의 기판력 때문에 채권자취소권의 대상이 되지 못한다고 보아야 하기 때문이다. 다만 代表訴訟과 再審의 訴에 의해 회사 또는 주주가 주주의 대표소송에 대하여 재심의 소를 제기할 수 있는 경우(상법 제406조)처럼 채권자가 재심의 소를 제기할 수 있는 경우는 별론으로 하고, 취소채권자로서는 민사소송법 제451조에 의한 재심 및 제461조의 준재심의 소[1]를 제기할 당사자적격이 없기 때문에 채권자가 채무자의 소송행위를 취소할 수 있는 방법이 현실적으로 없다.

소의 제기는 당사자만이 결정할 수 있는 일신전속적 권리라고 할것이므로 제3자인 채권자가 관여할 수 없다고 보아야 한다. 즉 소권의 행사는 당사자의 행사상 일신전속권에 해당하므로 채권자가 채권자취소권을 행사하면서 채무자의 소송에 무작정 관여할 수는 없다고 할 것이고, 이러한 소권은 채권자대위권에 의해서도 행사할 수 없다(민법 제404조 제1항 단서).[1)]

따라서 취소채권자는 재판절차에 소송참가하여 변론절차에서 다투지 않는 한 소송행위에 대하여 소송 종료 후에 채권자취소권을 행사할 수 없다고 하겠다.

참고로 프랑스의 경우 법원의 판결에 대하여, 법률행위는 아니나 그것이 채권자를 害하는 것인 경우에는, 프랑스 민사소송법 제582조에 근거하여 제3자 이의의 소(tierce opposition)를 제기할 수 있는데, 이러한 점에서는 채권자취소소송을 제기한 것과 유사한 결과를 가져올 수 있으나, 그렇다고 하여 법원의 판결이 채권자취소권의 대상이 된다고는 보지 않는다.[2)]

(4) 時效中斷行爲의 對象 與否

채무자가 다른 채권자의 채무를 승인하여 시효를 중단시킬 경우 채권자가 채권자취소권을 행사할 수 있을 것인가 여부이다. 이에 대하여는 채권자취소권의 대상이 된다는 긍정설과 그렇지 않다는 부정설이 대립하고 있다.

다수설[3)]은 소멸시효의 중단을 위해 채무자가 채무를 승인하더라도 이는 기존채무의 현상유지이지 責任財産의 감소를 가져오는 것은 아니기 때문에 채권자취소권을 행사할 수 없다는 부정설을 취하고 있다. 개인적으로는 부정설이 타당하다고 본다.

1-1) 이러한 소를 제기할 것인지 여부는 채무자가 혼자 결정해야 하는 일신전속적 권리이다.

1) 金旭坤, 전게 "채권자취소권의 요건론 재고", 98면.

2) Henri · Léon · Jean Mazeaud et François Chabas, Leçons de droit civil, op. cit., n° 982 ; François Terré, Philippe Simler et Yves Lequette, op. cit., n° 1068.

3) 郭潤直, 전게서, 142면; 金錫宇, 전게서, 190면; 金容漢, 전게서 260면; 金疇洙, 전게서, 240면; 金亨培, 전게서, 401면; 玄勝鍾, 전게서, 202면.

참고로 프랑스의 경우 채무자가 자신의 권리를 타인이 시효취득하는 것을 고의적으로 방치하는 경우와 같이 부작위에 의한 권리포기는 권리포기에 대한 채무자의 묵시적 의사표시가 있은 것으로 볼 수 있으므로, 詐害行爲取消訴訟을 제기할 수 있다고 한다.[1)]

나. 財産權을 目的으로 하는 法律行爲

(1) 財産權을 直接 目的으로 하는 法律行爲

재산권을 목적으로 하는 법률행위와 관련하여 검토하여야 할 사항은 직접 재산권에 영향을 미치는 법률행위, 직접 재산권에 영향을 미치지는 않지만 간접적으로 영향을 미치는 법률행위, 채무자에게 일신전속적인 권리의 처분행위가 과연 채권자취소권의 대상인 詐害行爲에 해당되느냐 여부이다.

우선 재산권을 직접 목적으로 하는 법률행위를 살펴보면, 우리 민법 제406조 제1항은 채권자취소권의 대상행위에 대하여 "재산권을 목적으로 하는 법률행위"라고 하여 재산권을 목적으로 하는 법률행위가 채권자취소권의 대상이 됨을 분명히 하고 있다.

판례도 "채무자의 재산처분행위가 詐害行爲가 되기 위해서는 그 행위로 말미암아 채무자의 총재산의 감소가 초래되어 채권의 공동담보에 부족이 생기게 되는 것, 즉 채무자의 소극재산이 적극재산보다 많아져야 하는 것"[2)]이라고 하여 채무자의 일반재산에 직접 증감의 변동을 일으키는 재산권을 목적으로 하는 법률행위여야 한다고 하였다.

따라서 직접 재산권을 목적으로 하는 채무자의 법률행위는 당연히 채권자취소권의 대상이 된다고 할 것이다.

참고로 프랑스의 경우, 모든 유형의 법률행위가 詐害行爲를 구성할 수 있으며, 따

---

1) Henri · Léon · Jean Mazeaud et François Chabas, Leçons de droit civil, op. cit., n° 982 ; François Terré, Philippe Simler et Yves Lequette, op. cit., n° 1062.
2) 대법원 2001. 4. 27. 선고, 2000다69026 판결.

라서 그 유형면에서는 일방적 행위 또는 합의로, 유상행위 또는 무상행위로, 권리창설적 행위 또는 권리소멸적 행위로, 의무부담행위 또는 의무면제행위로, 개인적 행위 또는 집단적 행위로 나타날 수 있다고 한다.[1)]

(2) 財産權을 間接 目的으로 하는 法律行爲

① 序

그렇다면 재산권을 직접 목적으로 하지는 않지만, 재산권에 간접적으로 영향을 미치는 법률행위의 경우, 예를 들어 혼인이나 이혼 같은 신분상의 법률행위를 하면서 재산분할이나 위자료 또는 부양료를 지급하는 행위, 적극재산을 상속받을 수 있는 기회가 있음에도 불구하고 상속의 승인이나 포기로 재산취득 및 감소에 영향을 미치는 행위, 직접 재산을 목적으로 하지는 않지만 노무를 무상으로 제공함으로써 재산취득을 할 수 있는 기회를 상실하는 행위, 증여나 유증을 받아 적극재산의 증가를 가져올 기회가 있음에도 이를 거절함으로써 재산증가를 방해한 행위 등의 경우에 대하여, 대체로 채권자취소권의 대상이 아니라는 입장이 다수설이라고 할 수 있다.[2)]

다만 혼인이나 이혼 등과 같이 일신전속적인 가족법상의 행위의 경우에도 그 행위가 채무자의 재산상에 영향을 미칠 수 있고 주로 채권자를 害하기 위한 목적으로 행해진 경우라면 그 詐害意思가 현저할 경우 채무자의 자유로운 의사를 존중할 필요가 없기 때문에 취소의 대상이 된다는 일부견해가 있다.[3)]

이를 개별적으로 나누어 검토해 보고자 한다.

---

1) Henri · Léon · Jean Mazeaud et François Chabas, Leçons de droit civil, op. cit., n° 982 ; François Terré, Philippe Simler et Yves Lequette, op. cit., n° 1062.
2) 郭潤直, 전게서, 143면; 金大貞, 전게서, 268면; 金相容, 전게서, 258면; 金錫宇, 전게서, 191면; 金容漢, 전게서, 261면; 金疇洙, 전게서, 241면; 金曾漢 · 金學東, 전게서 196면 · 196면; 吳始暎, 전게서, 362면; 尹喆洪, 전게서, 261면; 李銀榮, 전게서, 464면; 李太載, 전게서 166면; 張庚鶴, 전게서, 304면; 黃迪仁, 전게서, 168면; 전게 민법주해(IX), 818면(金能煥 집필).
3) 金旭坤, 전게 "채권자취소권의 요건론 재고", 102면.

② 相續財産의 協議分割과 抛棄 · 承認에 대하여

i) 相續財産協議分割

가) 學 說

채무자인 상속인이 상속재산협의분할을 통해 구체적 상속분에 미치지 못하게, 즉 법정상속분보다 적게 상속받기로 협의한 경우 그 차액 부분에 대한 협의분할행위를 詐害行爲로 취소할 수 있는가 여부이다. 이에 대하여 학설은 취소권행사불허설[1]과 취소권행사허용설[2]로 나누어져 있는데, 취소권행사허용설이 다수설이라 할 수 있다.

取消權行使不許說은, 상속재산의 분할로 인하여 취득하는 재산은 상속개시 시에 소급하여 효력이 있다는 통설의 입장으로 볼 때 상속재산의 분할로 각 상속인이 취득하는 재산은 상속개시 시로 소급하여 상속인이 피상속인으로부터 직접 취득하는 것일 뿐 다른 공동상속인으로부터 양도받은 것이 아니므로 그 재산은 詐害行爲의 취소의 목적물이 될 수 없고,[3] 또한 채권자취소권이 대상이 되는 법률행위는 이른바 재산 감소행위인데, 상속재산분할의 자유와 소급효를 인정하는 경우, 자신의 구체적 상속분에 미달되도록 상속재산을 포기하였다고 하더라도 상속인이 자기 재산에 대한 감소를 초래한 것도 아니므로채권자취소권의 대상이 되지 않는다고 보는 것이 타당하다는 것이다.

取消權行使許容說은, 일단 상속인이 상속을 승인한 상태이기 때문에 상속재산에 대한 권리를 취득하였다고 보아야 하고, 그 후 상속재산을 구체적 상속분에 부족하게 분할하였다면 그 부족 부분만큼 총채권자들의 責任財産을 감소시켰기 때문에[4] 채권

---

1) 全慶根, "상속재산의 분할과 채권자취소권", 가족법연구, 제15권 제1호, 한국가족법학회, 536면 · 537면.

2) 大島俊之, "遺産分割協議(事實上の 相續抛棄)와 債權者取消權", ジュリスト 第1179號(平成11年度 重要判例解釋), 2000(平成 12), 80面 · 81面; 吉田邦彦, "相續放棄と 詐害行爲取消權", 별책 ジュリスト NO 99 家族法判例百選(第4版), 1988, 205面.

3) 이에 대하여는 상속의 승인으로 상속인은 상속재산에 관하여 공동소유를 하는 것이 되며, 상속재산의 분할은 이러한 공동소유인 재산을 각 개인에게 확정적으로 귀속시키는 것으로서, 분할의 소급효를 인정하는 것은 법기술적인 것일 뿐이라는 비판이 있다(佐久間邦夫, "遺産分割協議と 詐害行爲取消權", ジュリスト 第1178號, 有斐閣, 2000, 85面; 尹眞秀, "가족법상의 법률행위와 채권자취소권–상속포기 및 상속재산 협의분할을 중심으로–", 사법연구 제6집, 한학문화, 2001. 12, 34면).

자취소권의 대상이 된다고 한다.

나) 判 例

처음에 우리 하급심 판결 중에는 상속재산분할협의에 대해 채권자취소권의 대상이 되지 않는다고 한 경우가 있었으나,[1] 그 후 대법원은 상속재산분할협의는 채권자취소권의 대상이 된다고 하였다.[2]

대법원 판례는 "상속재산의 분할협의는 상속이 개시되어 공동상속인 사이에 잠정적 공유가 된 상속재산에 대하여 그 전부 또는 일부를 각 상속인의 단독소유로 하거나 새로운 공유관계로 이행시킴으로써 상속재산의 귀속을 확정시키는 것으로 성질상 재산권을 목적으로 하는 법률행위이므로 채권자취소권 행사의 대상이 될 수 있다. 채무초과 상태에 있는 채무자가 상속재산의 분할협의를 하면서 상속재산에 관한 권리를 포기함으로써 결과적으로 일반 채권자에 대한 공동담보가 감소되었다 하더라도, 그 재산분할결과가 채무자의 구체적 상속분에 상당하는 정도에 미달하는 과소한 것이라고 인정되지 않는 한 詐害行爲로서 취소되어야 할 것은 아니고, 구체적 상속분에 상당하는 정도에 미달하는 과소한 경우에도 詐害行爲로서 취소되는 범위는 그 미달하는 부분에 한정하여야 한다."고 하여,[3] 상속재산의 분할협의를 통해 구체적 상속분

4) 尹眞秀, 전게 "가족법상의 법률행위와 채권자취소권-상속포기 및 상속재산 협의분할을 중심으로-", 33면(그러나 이러한 주장에 대하여 상속재산분할의 소급효를 규정한 민법 제1015조에 의하면, 상속재산의 분할로 인하여 상속인이 취득하게 되는 재산은 피상속인으로부터 직접 상속받는 것이지 다른 상속인들의 상속재산을 증여받은 것이 아니고, 상속재산의 분할과정에서 자신의 상속분을 포기하거나 다른 공동상속인에게 양도한 경우에도 그 상속인의 재산이 이전되는 것이 아니라 피상속인의 재산이 이전되는 것으로 詐害行爲에 해당되지 않는다고 보아야 한다는 비판이 있다. 金慶根, 전게 논문, 534면 · 535면); 우리 판례(대법원 1985. 10. 8. 선고, 85누70 판결)도 "공동상속인 상호간에 상속재산에 관하여 민법 제1013조의 규정에 의한 협의분할이 이루어짐으로써 공동상속인 중 1인이 고유의 상속분을 초과하는 재산을 취득하게 되었다고 하여도 이는 상속개시 당시에 피상속인으로부터 승계받은 것으로 보아야 하고 다른 공동상속인으로부터 증여받은 것으로 볼 것이 아니다."라고 하여 상속개시시에 소급하여 상속재산분할의 효과, 즉 피상속인으로부터 상속인에게 협의분할된 재산만이 상속되는 것으로 보아야 한다고 판시하고 있다.

1) 울산지방법원 1998. 5. 20. 선고, 97가합7901 판결(확정됨, 상속 인간의 협의에 의하여 법정상속분을 초과하여 상속재산을 취득한 상속인은 피상속인으로부터 직접 상속받은 것이지, 공동상속인으로부터 증여를 받은 것으로 보기는 어렵다고 할 것이므로, 이미 無資力 상태에 있는 채무자가 그의 유일한 재산이라고 할 수 있는 상속재산의 법정상속지분을 협의분할의 방식으로 포기함으로써 다른 상속인에게 그 법정상속지분을 초과하여 상속재산을 취득하게 하더라도, 그와 같은 협의분할행위는 신분법상의 법률행위일 뿐만 아니라 상속재산의 무상양도에 해당한다고 할 수 없어서 詐害行爲의 대상이 된다고 할 수 없다).

2) 대법원 2001. 2. 9. 선고, 2000다51797 판결.

3) 대법원 2001. 2. 9. 선고, 2000다51797 판결.

에 미달되는 상당액 범위 내에서 채권자취소권을 행사할 수 있다고 하여 이를 긍정하였다.

그리고 판례는[1] 공동상속인 상호 간에 상속재산에 관하여 민법 제1013조의 규정에 의한 협의분할이 이루어짐으로써 공동상속인 중 1인이 고유의 상속분을 초과하는 재산을 취득하게 되었다고 하여도 이는 상속개시 당시에 피상속인으로부터 승계받은 것일 뿐 다른 공동상속인으로부터 증여받은 것으로 볼 것이 아니라고 하여, 상속재산 협의분할에 의한 상속재산의 취득은 상속개시 시에 피상속인으로부터 직접 승계취득한 것이지 다른 공동상속인으로부터 증여받은 것이 아니라고 하였다.

한편 판례[2]는, 상속재산협의분할에 의하여 특정상속인 차남 명의로 소유권이전등기가 경료되어 버렸다면 그 협의분할 이전에 피상속인의 장남으로부터 토지를 매수하였을 뿐 소유권이전등기를 경료하지 아니한 자나 그 상속인들은 민법 제1015조 단서에서 말하는 "제3자"에 해당하지 아니하여 공동상속인 장남의 상속지분에 대한 협의분할을 무효로 주장할 수 없다고 하였다. 소유권이전등기청구권, 즉 채권적 청구권만을 가지고 있는 채권자는 상속재산협의분할의 무효를 주장할 수 있는 제3자에 해당하지 않는다는 것이다. 이는 단순한 매수인의 지위에 있는 것만으로는 "상속개시 시로부터 상속재산분할협의까지 사이의 제3자"에 해당되지 않으므로 "가압류 또는 가처분 등의 절차"를 밟았어야 한다는 취지이고, 그러한 절차를 밟지 않았다면 민법 제1015조 단서의 제3자에 해당되지 않으므로 상속개시 시로 소급하는 상속재산분합협의의 소급효에 복종해야 한다는 것이다.

그러면서도 또 다른 판례[3]는 "공동상속인 중 1인이 제3자에게 상속부동산을 매도한 뒤 그 앞으로 소유권이전등기가 경료되기 전에 그 매도인과 다른 공동상속인들 간에 그 부동산을 매도인 외의 다른 상속인 1인의 소유로 하는 내용의 상속재산협의분할이 이루어져 그 앞으로 소유권이전등기를 한 경우에, 그 상속재산 협의분할은 상속

1) 대법원 1985. 10. 8. 선고, 85누70 판결.
2) 대법원 1992. 11. 24. 선고, 92다31514 판결.
3) 대법원 1996. 4. 26. 선고, 95다54426 · 54433 판결.

개시 된 때에 소급하여 효력이 발생하고 등기를 경료하지 아니한 제3자는 민법 제1015조 단서 소정의 소급효가 제한되는 제3자에 해당하지 아니하지만, 이 경우 상속재산 협의분할로 부동산을 단독으로 상속한 자가 협의분할 이전에 공동상속인 중 1인이 그 부동산을 제3자에게 매도한 사실을 알면서도 상속재산 협의분할을 하였을 뿐 아니라, 그 매도인의 배임행위를 유인, 교사하거나 이에 협력하는 등 적극적으로 가담한 경우에는 그 상속재산 협의분할 중 그 매도인의 법정상속분에 관한 부분은 민법 제103조 소정의 반사회질서의 법률행위에 해당한다."고 하여, 상속재산협의분할에 가담한 모든 상속인들이 특정상속인의 처분행위를 알고도 협의분할을 하였다면 이는 반사회질서행위에 해당되어 무효라는 입장을 취하고 있다. 그러나 이는 채권자취소권의 문제와는 별개의 문제라고 할 것이다.

다) 外國 學說 및 判例

프랑스 민법 제882조[1]는 상속재산분할협의에 대하여 "공동분할자의 채권자들은, 상속재산분할로 인하여 자신들의 권리가 詐害되는 것을 방지하기 위하여, 자신들이 참가하지 않고 진행되는 분할에 대하여 이의를 제기할 수 있다. 채권자들은 자신의 비용으로 분할에 참가할 권리를 가진다. 그러나 채권자들은 완성된 분할에 대하여는 공격할 수 없다. 단, 채권자들이 제기한 이의가 무시되고, 그들이 배제된 상태에서 분할이 진행된 경우에는 그러하지 아니하다."고 하여, 채권자취소권에 관한 프랑스 민법 제1167조 제2항과 달리 상속재산분할협의에 대한 채권자취소권의 요건을 별도로 규정하여 예외적인 채권자취소권을 규정하고 있다.

프랑스 보통법(droit commun) 시대에는 상속재산분할에 대한 채권자취소권행사에 제한이 없었으나, 프랑스 민법은 제882조를 통하여 그 행사를 제한하였다. 즉 재산분할협의에 이의한 채권자의 참여 없이 채무자에 의해 상속재산분할이 이루어진 경우에 한하여 채권자취소권을 행사할 수 있도록 한 것이다. 이러한 입법태도는 상속

---

1) 제882조 원문은 "Les créanciers d' un copartageant, pour éviter que le partage ne soit fait en fraude de leurs droits, peuvent s' opposer á ce qu' il y soit procédé hors de leur présence : ils ont le droit d' y intervenir á leurs frais ; mais ils ne peuvent attaquer un partage consommé, á moins toutefois qu' il n' y ait été procédé sans eux et au préjudice d' une opposition qu' ils auraient formée."로 되어 있다.

재산의 분할이 매우 중요하고 복잡할 뿐만 아니라 많은 사람들의 이해관계에 영향이 크기 때문에 보통의 법률행위에 대한 채권자취소권 요건보다 강화된 절차에 의해 채권자가 채권자취소권을 엄격하게 행사하도록 하겠다는 취지로 평가되고 있다.[1]

프랑스 민법 제882조의 채권자취소권 행사는 채권자의 참여 없이 상속재산분할협의가 이루어진 경우에 할 수 있는 것이므로, 이의채권자의 참여 없는 재산분할협의는 그 자체만으로 詐害意思가 추정되고 채권자가 채무자의 詐害意思를 증명할 필요가 없다는 점에서 일반 채권자취소권과 다르다. 이러한 詐害意思의 추정은 반대 사실의 증명에 의하여 깨어지지 않는 강력한 추정이라고 한다.[2]

프랑스 판례는 공동상속분할자들이 채권자에게 이의할 기회를 주지 않기 위해 공동으로 詐害意思를 가지고 분할을 서두른 결과 채권자가 분할에 대하여 이의를 제기할 수 없는 상태에 빠지게 되었을 경우에는 민법 제882조가 적용되지 않는다."고 하여,[3] 언제든지 채권자취소권을 행사할 수 있도록 보장하여 협의분할절차에 참석하지 못한 채권자를 더 보호하고 있다.

한편 독일의 경우는 프랑스와 달리 상속재산분할이 채권자취소권의 대상이 되는지에 대하여 별로 논의되고 있지 않다. 즉 후술하는 바와 같이 독일은 상속의 포기에 대하여 채권자취소권의 대상이 되지 않는다고 보는 견해가 통설로, 상속재산분할협의에 대하여도 채권자취소권의 대상이 되지 않는다는 입장을 취하고 있다. 그런데 독일 현행 채권자취소법 제5조는 상속인이 유류분청구권, 처분권이나 부담 등을 충족시킨 경우에 상속재산청산절차에서 급부를 수령한 자보다 선순위이거나 동순위인 피상속인의 채권자는 상속인이 수령자에게 한 급부에 대해 무상증여를 채권자취소할 수 있는 것과 동일하게 채권자취소권을 행사할 수 있다고 하여, 피상속인의 채권자들에 의한 상속인의 상속재산 처분에 대한 채권자취소권의 행사를 인정하고 있다. 다만 이 조항은 피상속인의 채권자가 채권자취소권을 행사할 수 있는가의 문제로, 상속인

1) Henri · Léon · Jean Mazeaud et André Breton, Leçons de droit civil, t. 4, vol. 2, Successions Libéralités, 4e éd., Montchrestien, 1982, n° 1076.
2) Henri · Léon · Jean Mazeaud et André Breton, op. cit., n° 1780.
3) Req., 14 févr. 1870, D.P., 1871, I, p.21

의 채권자가 상속에 대하여 채권자취소권을 행사할 수 있는가의 문제와는 다른 문제라고 할 것이다.

라) 學說 및 判例에 對한 檢討

우리 민법에는 상속재산분할과 관련하여 위와 같은 프랑스 민법이나 독일 채권자취소법과 같은 규정이 없다.

상속재산분할협의의 법적 성격은 재산법적 효과를 가져오는 신분법상의 행위라고 할 수 있다. 이는 상속인의 일신전속적 권리이기 때문에 어느 누구도 상속인의 상속재산에 대한 포기 또는 분할협의를 강요하거나 대위할 수 없다. 상속재산분할협의는 "一身에 專屬한 權利는 대위하여 행사할 수 없다."고 한 민법 제404조 제1항 단서의 일신전속권에 해당되기 때문이다. 따라서 상속재산분할협의를 어떠한 방식과 내용으로 할 것인지는 상속인만이 결정할 수 있을 뿐 타인은 대위할 수 없다고 보는 것이 타당하다고 생각한다.

그런데 상속인의 채권자는 상속인의 固有財産을 責任財産으로 하여 채권관계를 맺은 자이다. 그런데 갑자기 채무자에게 재산상속이 이루어졌고, 채권자로서는 채무자가 이를 승인함으로써 잠정적으로 구체적 상속분에 대한 권리를 포괄승계하였다고 생각하고 있었는데, 채무자가 채권자의 기대에 어긋나게 상속재산분할협의를 통해 그 상속재산을 감소시켰다면 채무자의 責任財産이 감소되었다고 느끼게 되고, 이 경우 채권자취소권을 행사하고 싶을 것이다.

한편 민법 제1015조는 "相續財産의 分割은 相續開始된 때에 遡及하여 그 效力이 있다. 그러나 第三者의 權利를 害하지 못한다."라고 하여 상속재산분할협의의 효력을 상속개시 시로 소급하고 있다. 즉 상속재산분할협의가 이루어지기 전까지는 잠정적 권리취득상태일 뿐 확정적 권리취득상태가 아님을 분명히 하고 있다.

그러나 민법 제1015조 단서가 "그러나 제3자의 권리를 해하지 못한다."라고 규정하고 있는 취지에 주의할 필요가 있다. 앞의 판례[1]가 설시한 바대로, 상속이 승인되

1) 대법원 1992. 11. 24. 선고, 92다31514 판결.

면 "잠정적으로 상속인이 재산을 상속"하지만, 이는 잠정적인 상태에 불과하고 상속재산분할협의를 함으로써 비로소 상속재산의 범위 및 그 귀속이 확정적으로 결정되게 되며, 그 효력 또한 상속개시 시로 소급하여 그 협의내용대로 상속재산을 피상속인으로부터 상속받게 된다. 따라서 상속개시 시로부터 협의분할이 이루어지기까지의 기간 동안에 그 잠정적 권리귀속 상태를 신뢰하고 새로운 이해관계를 맺은 제3자가 있다면 그 제3자에 한하여 협의분할효력의 상속개시 시로의 소급효를 부정하겠다는 것이 민법 제1015조 단서의 취지이다.

여기의 제3자는 악의와 선의를 구별하지 않으며, 상속인으로부터 개별 상속재산의 지분을 양수받은 자 또는 담보로 제공받은 자 및 지분에 대하여 압류 또는 가압류 등의 보전조치를 취한 채권자 등이 해당된다.[1]

그러나 상속재산분할협의는 채무자의 責任財産을 감소하는 행위가 아니므로,[2] 민법 제1015조 단서의 규정대로 채권자가 잠정적 상태의 재산에 대한 보전처분인 가압류나 본압류 등을 하지 않은 이상 제3자에 해당하지 않는다고 보아야 하므로, 채권자에게 채권자취소권을 인정하는 것은 부당하다고 본다. 그것이 민법 제1015조 단서의 입법취지라는 것이 개인적 견해이다.

즉 상속인이 상속재산에 대해 협의분할을 통해 구체적 상속분에 부족한 감소행위를 하였다고 하더라도 채권자는 이를 채권자취소권으로 행사할 수 없다고 하겠다.

반대로 상속재산분할협의를 함에 있어 소극재산의 증가를 가져오는 상속재산분할협의를 한 경우 채권자가 이를 취소할 수 있을 것인가 인데, 이는 소극재산만 있는 상속의 승인과 동일한 문제가 된다고 하겠다. 채무자가 적극재산에 대한 상속은 받지 않고 소극재산만을 상속받아 기존의 채권자를 해할 의도를 가지고 있었다면 이는 상속재산분할협의를 가장한 반사회질서행위(민법 제103조)이고 소극재산의 증가행위

---

1) 金疇洙·李和淑, 주석상속법(상), 한국사법행정학회, 1996, 437면.

2) 원래부터 채무자의 재산이 아니었던 것이 상속이라는 예상치 못한 이유로 잠정적으로 채무자의 재산이 될 수 있는 상태에 있다가 일신전속적 권리인 협의분할을 통해 상속개시시로 소급하여 다시 부존재상태로 되돌아간 것일 뿐이므로 상속인의 責任財産減少行爲에 해당되지 않아 채권자취소권의 기본요건을 갖추지 못했다고 볼 수 있다.

에 해당되어 전체적으로 責任財産의 감소를 가져오므로 당연히 채권자취소권의 대상 詐害行爲가 된다고 볼 수도 있다.

그렇지만 이 경우에도 개인적으로는 채권자취소권의 대상이 되지 않는다고 본다. 왜냐하면 민법 제1045조 제1항이 "相續人의 債權者에게 相續開始된 날로부터 3月內에 相續財産과 相續人의 固有財産의 分離를 法院에 請求"할 수 있도록 보장하고 있고, 동조 제2항이 "相續人이 相續의 承認이나 抛棄를 하지 아니한 동안은 前項의 期間經過 後에도 財産의 分離를 法院에 請求"할 수 있도록 보장하고 있고, 민법 제1052조 제2항이 "相續人의 債權者는 相續人의 固有財産으로부터 피상속인의 채권자보다 優先辨濟를 받을 權利"가 있음을 규정하고 있기 때문이다.

즉 상속인의 채권자는 상속인이 소극재산을 상속받더라도 재산분리신청을 통해 채무자의 고유재산을 소극상속재산으로부터 분리할 수 있고, 그 고유재산으로부터 피상속인의 채권자보다 우선변제를 받을 수 있도록 보호하고 있는 것이다.

이 경우에 재산분리신청기간이 짧다는 점과 채권자가 채무자인 상속인의 상속승인이나 상속포기를 잘 알지 못하여 재산분리 등의 신청을 하지 못할 경우 채권자취소권의 제척기간보다 짧게 되어 불의의 피해를 볼 여지가 있으므로 채권자취소권의 행사를 허용해야 한다는 주장이 나올 수 있지만, 민법 제1045조 내지 제1052조의 상속재산의 분리규정은 모든 채권자에게 공평하게 적용되어야 할 것이지 취소채권자만을 특별히 우대해야 할 차별조항은 아니라고 할 것이고, 위의 재산분리 등의 규정에 의한 보호로 충분하다고 할 것이므로, 상속재산분할협의에 대하여는 적극재산의 증가이든 소극재산의 증가이든 채권자로서는 채권자취소권을 행사할 수 없다고 보는 것이 타당하다는 것이 개인적 견해이다.

그렇다면 상속개시 후 상속재산분할협의가 있기까지의 기간 동안, 즉 상속인의 잠정적 재산소유상태에서 이를 신뢰하고 새로이 채권을 취득한 채권자는 상속재산분할협의에 대하여 채권자취소권을 행사할 수 있을 것인가가 문제이다. 이 경우에도 민법 제1015조 단서에 의한 일정한 조치를 취하지 않았다면 역시 채권자취소권을 행사할 수 없다고 보아야 할 것이다.

ii) 相續財産의 拋棄 및 承認

가) 學說 및 判例

채무자인 상속인이 상속재산을 포기하거나 승인하는 것을 詐害行爲라며 취소할 수 있는가에 대하여 학설은 취소권행사불허설[1]과 취소권행사허용설[2]로 나누어져 있다. 현재 取消權行使不許說이 다수설이라고 할 수 있다. 한편 하급심 판결[3] 중에는 "재산상속 포기는 일신전속적 권리이므로 詐害行爲取消의 대상이 되는 권리가 아니다."라고 하여 상속재산분할협의에 대한 다수견해와 달리 상속재산 포기 및 승인에 대하여 채권자취소권의 행사를 불허한 경우가 있으나, 아직 우리 대법원 판례는 이에 대해 직접 언급한 경우는 없는 듯하다.

취소권행사불허설의 주요논지는, 상속의 승인이나 포기는 재산법적 성격이 강하지만 신분법적인 권리의 속성을 가지고 있는 신분행위이고, 이러한 신분행위는 일신전속적 권리이고, 상속승인을 전제로 한 재산분할과 달리 상속을 포기하는 것은 "잠정적으로라도 채무자의 재산상태로 된 적이 없었으므로" 이를 포기한다고 하여 채무자의 고유재산이 감소하는 것도 아니며, 상속인의 채권자가 당초에 기대한 채무자의 責任財産은 채무자인 상속인의 고유재산뿐이었고, 상속재산에 대해 채권자가 자기 채권의 확보를 위해 개입할 수는 없으며,[4] 상속의 승인이나 포기는 인격권적인 성질을 가진 권리이므로 타인의 의사가 개입하여서는 아니 되고, 간접적으로 재산에 영향을 미치지만 채무자의 자유의사에 맡겨 두어야 하는 영역이기 때문이다.

---

1) 郭潤直, 전게서, 143면; 金大貞, 전게서, 268면; 金容漢, 친족상속법론(전정4판), 박영사, 1981, 374면 · 375면; 金疇洙, 친족상속법(제5전정판), 법문사, 1998, 575면; 金曾漢 · 金學東, 전게서, 196면; 朴秉濠, 상속법, 서울대학교법과대학교재, 1995, 390면; 裵慶淑 · 崔錦淑, 친족상속법강의, 제일법규, 2000, 543면; 尹喆洪, 전게서, 263면; 全慶根, 전게 논문, 523면.

2) 尹眞秀, 전게 "가족법상의 법률행위와 채권자취소권-상속포기 및 상속재산 협의분할을 중심으로-", 37면.

3) 광주고등법원 1979. 6. 22. 선고, 78나79 제2민사부판결(채무자의 詐害行爲取消는 악의의 수익자 또는 전득자에 대한 관계에 있어서만 상대적으로 취소하는 것이므로 동 취소소송의 피고는 언제나 수익자 또는 전득자라고 할 것이고, 재산상속 포기는 일신전속적 권리이므로 사해행위취소의 대상이 되는 권리도 아니다).

4) 片智媛, "상속재산의 승인 및 포기와 채권자취소권", 가족법연구 제7호, 한국가족법학회, 1993, 145면 · 146면.

나) 外國 學說 및 判例

일본 판례[1] 및 다수학설[2]은 취소권행사불허설의 견해를 따르고 있다.

그런데 프랑스 민법 제779조[3] 제1항은 "채무자 즉 상속권자가 상속승인을 자제하거나 상속을 포기함으로써 자신의 권리를 침해당한 채권자는 법원의 허가를 얻어 채무자를 대위하여 채무자의 지위에서 상속을 승인할 수 있다."고 규정하고, 동조 제2항은 "상속승인은 채권자의 채권액을 한도로 하여 채권자를 위하여만 효력을 발생한다. 상속승인은 상속권자에 대하여는 다른 효력을 발생시키지 아니한다."고 하여, 채

---

1) 日本最高裁判所 昭和 49(1974). 9. 20. 民集 第28卷 第6號 1202面(상속의 포기와 같은 신분행위에 관하여는 민법 제424조(우리 민법 제406조)의 詐害行爲取消權行使의 대상이 되지 않는다고 해석함이 상당하다. 왜냐하면, 위 취소권 행사의 대상으로 되는 행위는, 적극적으로 채무자의 재산을 감소시키는 행위일 것을 요구하고, 소극적으로 그 증가를 방해하는데 지나지 않는 것을 포함하지 않는다고 해석되는 바, 상속의 포기는 상속인의 의사나 법률상의 효과에 있어서도 이를 기득재산을 적극적으로 감소시키는 행위라고 하기보다는 차라리 소극적으로 그 증가를 방해하는 행위에 지나지 않는다고 보는 것이 타당하다. 또한 상속의 포기와 같은 신분행위에 관하여는 타인의 의사에 의하여 이를 강제하여야 할 것은 아니라고 해석되는바, 가령 상속의 포기를 詐害行爲라고 하여 취소할 수 있다고 한다면 상속인에 대하여 상속의 승인을 강제하는 것과 같은 결과가 되어 그 부당함은 명백하다).

2) 千藤洋三, "遺産分割協議が 詐害行爲取消權行使의 對象とされた事例", 判例時報, 第1700號, 1999, 206面; 片山直也, "遺産分割協議と詐害行爲取消權" 別冊 ジュリスト 第160號, 民法判例百選Ⅱ(債權編), 2002, 42面·43面(본 판결(日本最高裁判所 昭和 49(1974). 9. 20. 民集 第28卷 第6號, 1202面)의 의의는, 일반채권자와의 관계에 있어서도 유산분할의 이전주의를 관철함을 분명히 한 점에 있다고 할 수 있다. 즉 개개의 상속재산은 채무자인 공동상속인의 지분의 범위에서 채권자의 責任財産을 구성한다. 그런 이유로 상속인의 채권자는 상속재산분할 전에 그 지분을 압류하는 것이 실체법상 가능하게 되고, 나아가 지분의 범위를 초과하여 이루어진 상속재산분할협의를 詐害行爲(責任財産減少行爲)로서 취소할 여지가 인정되는 것이다. 이에 대해서 상속포기의 詐害性은 적어도 현시점의 판례이론에 의한 한 기본적으로는 부정하게 된다. 그 점은 앞으로 상속자격의 소급적 소멸이라는 구성 자체가 재검토된다 하더라도, 상속인의 포기의 자유, 기간의 한정(일본민법 제915조) 등 상속재산분할과의 법구조상의 차이에 따라 시인되어야 할 것이다. 최근에는 판례이론에 비판적인 학설의 경향이 유력하나, 가령 상속포기를 詐害行爲取消의 논쟁 속에 올려놓더라도 양자의 詐害性 인정을 전부 동일한 기준으로 행하는 것은 타당하다고 생각되지 않는다. 상속포기에 대해서는 상속인의 포기의 의사가 존중되어 원칙적으로 詐害行爲로는 될 수 없고, 상속인의 채권자로부터의 추급을 면할 목적으로 공동상속인간에 공모하고 상속포기에 假託하여 혹은 포기를 위장하여 詐害的인 재산처분이 이루어졌다고 할 만한 경우에만 예외적으로 취소의 대상을 된다고 해석해야 할 것이다).

3) 동조 제1항은 "Les créanciers personnels de celui qui s' abstient d' accepter une succession ou qui renonce á une succession au préjudice de leurs droits peuvent être autorisés en justice á accepter la succession du chef de leur débiteur, en son lieu et place."이고, 제2항은 "L' acceptation n' a lieu qu' en faveur de ces créanciers et jusqu' á concurrence de leurs créances. Elle ne produit pas d' autre effet á l' égard de l' héritier."이다. 동조는 종래의 제788조가 2006년 6월 23일 법 제2006-728호(Loi n° 2006-728 du 23 juin 2006)에 의하여 상속편이 대폭 개정될 때 개정된 것이다. 종래 제788조 제1항은 "Les créanciers de celui qui renonce au préjudice de leurs droits, peuvent se faire autoriser en justice á accepter la succession du chef de leur débiteur, en son lieu et place(채무자의 상속포기로 인하여 자신의 권리를 침해당한 채권자는 법원의 허가를 얻어 채무자를 대위하여 채무자의 지위에서 상속을 승인할 수 있다.)이고, 동조 제2항은 "Dans ce cas, la renonciation n' est annulée qu' en faveur des créanciers, et jusqu' á concurrence de leurs créances : elle ne l' est pas au profit de l' héritier qui a renoncé(전항의 경우, 상속포기는 채권자의 채권액을 한도로 하여 채권자를 위하여만 취소된다(즉, 효력을 상실한다). (그럼에도 불구하고) 상속포기는 상속을 포기한 상속권자에 대하여는 효력을 상실하지 아니한다)."로 되어 있었다.

권자가 채무자를 대위하여 상속의 승인의 지체나 상속포기를 포기하는 결정을 법원으로부터 받을 수 있으며, 그 효과는 채권자에 대하여서만 그 채권액을 한도로 무효임을 규정하고 있다.

이에 대하여 프랑스 통설은 상속의 포기가 채권자취소권의 대상이 된다는 입장을 취하고 있다.[1] 통설은 프랑스 민법 제788조(현행 제779조 해당)가 채권자취소권 규정과 별도로 상속의 포기에 대한 규정을 둔 취지에 대하여, 과거 로마법 시대에 상속의 포기가 詐害行爲의 대상이 되지 않았던 것과 달리, 프랑스 민법은 채권자상속포기를 채권자취소권의 대상으로 삼고 있음을 명확히 하고자 함이라고 한다.[2]

프랑스 민법상 상속포기에 대해 채권자취소권을 행사할 수 있는 채권자는, 동법 제779조의 규정대로 상속인의 채권자 중에서 상속 포기 이전에 채권을 취득한 자에 한하고, 상속재산에 대한 채권자 즉 피상속인의 채권자는 상속의 포기를 취소할 수 없다.[3]

프랑스 민법 제788조(현행 제779조 해당)의 취지는 이탈리아, 스위스, 캐나다의 퀘벡 주, 미국의 루이지애나 주 등으로 계수되었다고 한다.[4]

그런데 독일의 학설은 프랑스법제와 달리 상속포기는 채권자취소권의 대상이 되지 않는다는데 일치하고 있다.[5] 그 주요 논지는, 상속의 승인과 포기는 재산법적 성격을 가지고 있지만 강한 인격적인 특징을 가지고 있는 권리이고, 분별력 있는 상속인은 금전적 이익에만 관심을 갖는 것이 아니라 피상속인과의 관계 및 자기가 상속을 포기할 경우에 상속재산이 귀속될 사람 등까지 고려하여 결정하기 때문이라는 것이다. 따라서 상속의 포기는 다른 상속인에 대한 증여가 아니며(독일 민법 제517조), 부부의 경우 배우자는 독자적으로 상속승인이나 포기 여부를 결정할 수 있고(독일 민법 제

---

1) Michel Grimaldi, Droit civil, Successions, 4e éd., Litec, 1996, n° 438. ; Henri · Léon · Jean Mazeaud et André Breton, op. cit., n° 1077.

2) 大島俊之, "相續放棄と 債權者取消權 1", 法律時報 第57卷 第8號, 1985, 119面 · 120面.

3) Henri · Léon · Jean Mazeaud et André Breton, op. cit., n° 1077.

4) 大島俊之, 前揭 論文, 118面 以下.

5) Theodor Kipp/Helmut Coing, Erbrecht, 14. Bearbeitung, 1990, §87 V. S. 487f.; Herman Lange/Kurt Kuchinke, Lehrbuch des Erbrechts, 4. Aufl., 1995, §8 Ⅳ 1. S. 188f.; Hans Brox, Erbrecht, 16. Aufl., 1996, Rn. 293. S. 197f.; Wilfried Schlüter, Erbrecht 13. Aufl., 1996, Rn. 450. S. 177f.; Julius Staudinger/ Gerhard Otte(2000), §1942, BGB, Rn, 11 u, 15.

1432조, 제1455조), 파산절차에서도 파산자는 단독으로 상속의 승인이나 포기를 결정할 수 있으며(독일 구파산법 제9조), 따라서 상속의 포기는 파산절차 내에서건 외에서건 증여로서 뿐만 아니라 다른 어떤 권원에 의하여서도 취소될 수 없다고 한다.

한편 독일 채권자취소법 주석서도 상속의 포기가 채권자취소권의 대상이 되지 않는다고 하였고, 그 이유로 상속의 포기로 재산의 감소가 있는 것이 아니라 청약에 대하여 승낙을 하지 않거나 증여를 받아들이지 않는 것과 같이 채무자의 재산을 증가시키지 않을 뿐이기 때문에 채권자취소권의 대상이 되지 않는다고 하였다.[1)]

다만 Hellwig는 상속의 포기에 대하여도 채권자취소권이 허용되어야 한다고 주장한다.[2)] 즉 상속인은 상속의 개시와 동시에 상속재산을 법률의 규정에 의해 포괄승계하므로 상속을 포기하는 것은 사실상의 責任財産의 감소에 해당되고, 독일 구파산법 제42조가 파산선고 후에 행해진 채무자의 유효한 법률행위에 대하여 파산관재인이 이를 취소할 수 있도록 규정하고 있기 때문에 구파산법 제9조가 파산선고 전에 파산자에게 귀속된 상속재산의 승인 또는 포기를 파산자만이 할 수 있도록 한 규정을 서로 비교할 때, 상속인이 이를 행사하여 상속을 포기하더라도 파산관재인이 동법 제42조에 의해 이를 취소할 수 있으므로 결국 채권자취소권의 대상이 된다는 것이다.

그러나 이러한 Hellwig의 견해에 대하여는, 독일 민사소송법 제778조 제2항이 상속을 승인하기 전에는 상속인의 채권자는 아직 상속재산에 대하여 강제집행할 수 없다고 규정하고 있으므로 상속의 포기는 責任財産의 감소에 해당되지 않으며, 독일 민법이유서 또한 상속의 포기가 있게 되면 전혀 상속인이 아니었던 것으로 취급한다고 적시하고 있기 때문에 상속포기 전에 상속인에게 상속재산이 이전된다는 것은 형식적인 의미일 뿐이고, 상속재산을 취득하기 위해서는 별도의 행위를 필요로 하고 있는 독일법제에서는 상속의 포기는 이미 취득한 재산을 포기하는 것이 아니라 취득하도록 제시된 재산을 받지 않겠다는 것과 동일한 의미일 뿐이며, 독일 민법상의 상속재

---

1) Joachim Kilger/Michael Huber, Anfechtungsgesetz, 8. Aufl., 1955, §1 Ⅲ 2.
2) Konrad Hellwig, Erbschaftsausschlagung und Gläubigeranfechtung, in: Festschrift der Berliner Juristichen Fakultät für F. v. Martity zum 50 jährigen Doktorjubiläum, 1911, S. 157ff.

산의 취득과 포기는 로마법상의 상속재산의 발생 및 상속 거절의 의사표시와 동일한 경제적 의미를 가지는 것으로 로마법은 이러한 상속 거절의 의사표시에 대하여서는 채권자취소권을 인정하지 않았으므로 독일 민법상으로도 상속의 포기에 대하여 채권자취소권을 인정할 수 없다는 비판이 가해지고 있다.[1]

다) 學說 및 判例에 對한 檢討

상속의 포기 및 승인과 관련하여 외국 및 우리의 학설과 판례에 대하여 살펴보았다. 개인적으로는 상속재산분할협의에 대하여 원칙적으로 채권자취소권의 행사가 허용되지 않는다고 본 것처럼, 상속재산포기 및 승인에 대하여도 같은 이유로 채권자취소권의 행사가 허용되지 않아야 한다고 본다. 채무자의 기존재산에 대한 감소행위로 볼 수 없고 상속의 승인 및 포기에 대한 권리는 일신전속적 권리에 해당되기 때문에 채권자가 행사할 수 있는 성질의 권리가 아니기 때문이다.

③ 離婚과 財産分割協議

i) 財産分割協議

가) 判 例

부부가 이혼하면서 재산분할협의를 한 경우 그 행위가 詐害行爲의 취소대상이 되는가에 대하여, 판례는 "통정에 의한 허위표시행위가 채권자취소권의 대상이 되는 점은 원판시와 같으나 위에서 본 바와 같이 배우자의 피고에 대한 재산분여행위가 통정에 의한 행위에 해당되지 아니하여 그것을 채권자인 원고를 해하는 소위 詐害行爲로 보려면 이혼에 따른 재산분여행위가 상당정도를 넘는 과대한 것인지, 그리고 배우자에 대한 잔류재산과 원고의 채권액을 비교하여 그 채권자취소권의 범위를 확정하여야 할 것"이라고 하거나,[2] "이혼에 따른 재산분할은 혼인 중 쌍방의 협력으로 형성된 공동재산의 청산이라는 성격에 상대방에 대한 부양적 성격이 가미된 제도임에 비추

---

1) Lothar von Seuffert, Erbschaftsausschlagung und Gläubigeranfechtung, in: Leipziger Zeitschrift für Handels-, Konkurs-, und Versicherungsrecht, 1912, S. 19ff.

2) 대법원 1984. 7. 24. 선고, 84다카68 판결.

어, 이미 채무초과 상태에 있는 채무자가 이혼을 하면서 배우자에게 재산분할로 일정한 재산을 양도함으로써 결과적으로 일반 채권자에 대한 공동담보를 감소시키는 결과로 되어도, 그 재산분할이 민법 제839조의2 제2항의 규정 취지에 따른 상당한 정도를 벗어나는 과대한 것이라고 인정할 만한 특별한 사정이 없는 한, 詐害行爲로서 취소되어야 할 것은 아니고, 다만 상당한 정도를 벗어나는 초과부분에 대하여는 적법한 재산분할이라고 할 수 없기 때문에 이는 詐害行爲에 해당하여 취소의 대상으로 될 수 있을 것이나, 이 경우에도 취소되는 범위는 그 상당한 정도를 초과하는 부분에 한정하여야 하고, 위와 같이 상당한 정도를 벗어나는 과대한 재산분할이라고 볼 만한 특별한 사정이 있다는 점에 관한 증명책임은 채권자에게 있다."고 하여,[1] 공동생활을 영위하던 부부가 이혼하면서 재산분할이 이루어졌다면, 설령 그것이 責任財産의 감소를 가져오는 경우라고 하더라도 원칙적으로는 채권자취소권의 대상이 되지 않는다고 한다. 다만 예외적으로 "상당한 정도를 벗어나는 초과부분에 대하여는 적법한 재산분할이라고 할 수 없기 때문에 이는 詐害行爲에 해당하여 취소의 대상"이 된다고 하면서도 "상당한 정도를 벗어나는 과대한 재산분할이라고 볼 만한 특별한 사정이 있다는 점에 관한 증명책임은 채권자"에게 있다고 하여, 재산분할을 받은 배우자의 악의추정은 되지 않는다는 입장을 취하고 있다.

나) 判例에 對한 檢討

이혼에 따른 부부재산분할과 관련하여 판례는, 첫째. 이미 채무초과 상태에 있어서 재산분할로 공동담보의 추가감소가 있어도 원칙적으로 詐害行爲가 아니며, 둘째, 다만 상당한 정도를 벗어나는 과대한 것이라고 인정할 만한 특별한 사정이 있으면 그 해당 초과부분에 한하여 詐害行爲가 되며, 셋째, 상당한 정도를 벗어나는 과대한 재산분할이라고 볼 만한 특별한 사정이 있다는 점에 관한 증명책임은 채권자에게 있다고 하였는바, 보통의 채권자취소권과 달리 그 요건을 보다 엄격히 해석하고 있음을

1) 대법원 2000. 9. 29. 선고, 2000다25569 판결; 대법원 2000. 9. 29. 선고, 2000다25569 판결; 대법원 2001. 5. 8. 선고, 2000다58804 판결; 대법원 2005. 1. 28. 선고, 2004다58963 판결; 대법원 2006. 6. 29. 선고, 2005다73105 판결.

알 수 있다. 즉 통상적인 채권자취소소송에서는 상당한 매매대금이 지급된 매매계약에 대하여도 채권자취소를 인정하면서 이혼시 재산분할은 이미 채무초과상태에 있는 자가 배우자에게 무상으로 재산분할을 하였음에도 채권자취소권의 대상이 아니라고 하고 있는 점, 전부취소가 아닌 상당 정도 초과부분에 대한 일부취소가 허용된다고 하고 있는 점, 증명책임의 문제를 채권자에게 부담지우고 있는 점 등은 일반 채권자취소권 요건과 달리 하고 있어 채권자취소권 성립요건의 불평등성이 문제가 될 수 있다고 생각한다.

이러한 판례의 태도는 채무초과상태의 채무자로 하여금 재산도피를 위해 가장이혼을 부추길 우려가 크다 하지 않을 수 없고, 이미 채무초과상태라고 한다면 부부가 혼인 중 공동으로 형성한 재산이 존재하지 않는다는 것을 의미하는데 이 점을 도외시하고 있다는 지적을 받을 수 있다. 즉 이혼에 따른 재산분할은 부부가 공동으로 형성한 적극재산이 있는 경우에 이를 분할하겠다는 것으로 이혼 시 부부별산제의 구체적 실현이라고 할 것이다. 그렇지만 부부의 공동재산이 채무초과 상태에 있다면 부부가 혼인기간 중 공동으로 형성한 재산이 존재하지 않음을 의미하고, 그렇다면 분할할 공동재산 자체가 없는 데도 재산분할을 허용하는 것은 온정주의에 의한 법적 불안정을 가져오는 문제가 발생할 수도 있다.

법원은 채권자취소권 인정에 대하여 엄격한 판결을 선고하여 수익자 또는 전득자의 반환의무를 부과하면서 취소채권자를 보호하고 있다. 그런데 이혼 시의 재산분할에 대하여는 배우자 및 자녀들의 주거 및 양육비 등 사회보장적 측면을 고려하고 있음을 십분 이해한다 하더라도 지나치게 온정주의에 흐르고 있고, 채권자의 증명책임도 다른 채권자취소권의 경우보다 강하게 요구하고 있어 문제이다.

보통의 詐害行爲의 수익자 또는 전득자보다 이혼 시 재산분할의배우자는 詐害意思가 더 강한 경우가 일반적이라 할 수 있다. 배우자의 재산상태에 대한 파악이 다른 제3자에 비해 용이하기 때문이다. 그렇다면 공모 가능성이 높은 것이 현실인데도 불구하고 이를 외면한 채 일반채권자취소권의 수익자 또는 전득자보다 훨씬 더 유리한 지위를 이혼하는 부부에게 인정하겠다는 것은 법 적용의 통일성에서 많은 문제가 있다고 보인다. 따라서 이혼 시의 재산분할과 관련된 채권자취소권의 행사에도 채권자취소권에 관한 민법 제406조의 일반원칙에 의해 판결하는 것이 타당하다고 본다.

ii) 財産分割請求權保全을 위한 債權者取消權

민법 제839조의3(재산분할청구권보전을 위한 詐害行爲取消權)이 2007년 12월 21일 법률 제8720호로 개정되어 공포일부터 시행되게 되었다. 그런데 동조 제1항은 "부부의 일방이 다른 일방의 재산분할청구권 행사를 해함을 알면서도 재산권을 목적으로 하는 법률행위를 한 때에는 다른 일방은 제406조 제1항을 준용하여 그 취소 및 원상회복을 가정법원에 청구"할 수 있도록 하고 있고, 동조 제2항은 "제1항의 소는 제406조 제2항의 기간 내에 제기"하도록 하여 부부 사이에도 재산분할청구권을 보전하기 위한 詐害行爲取消權을 인정하고 있다.

우리 민법이 부부별산제를 취하고 있지만, 실제로 부부가 공동으로 형성한 재산을 부부 중 일방 단독 명의로 하는 경우가 많은데, 이 경우 명의자가 일방적으로 재산을 처분함으로써 상대방의 이혼을 전제로 한 재산분할청구권의 행사를 사실상 불가능하게 하는 경우가 많았다.

이러한 점을 고려하여 이혼소송을 제기하기 전이라도 부부의 일방이 자기 명의의 재산을 부부별산제라는 제도를 악용하여 일방처분하는 것을 취소할 수 있도록 함으로써 이혼과 관련한 재산분할청구권의 보전을 가능하도록 하였다.

④ 會社設立行爲

채무자가 자기의 재산을 투자하여 회사를 설립하는 경우에는 재산출연을 요소로 하는 행위이기 때문에 채권자취소권의 취소 대상이 된다고 할 것이다.[1] 상법 제185조는 社員이 그 債權者를 害할 것을 알고 合名會社를 設立한 때에는 債權者는 그 社員과 會社에 對한 訴로 會社의 設立取消를 請求할 수 있도록 명문으로 규정하고 있고, 이를 합자회사 및 유한회사에 준용하도록 하고 있다(상법 제269조 · 제552조).

---

1) 郭潤直, 전게서, 141면; 金相容, 전게서, 258면; 金容漢, 전게 채권총론, 261면; 金疇洙, 전게 채권총론, 241면; 金曾漢 · 金學東, 전게서, 196면; 金亨培, 전게서, 403면; 李銀榮, 전게서, 471면; 李太載, 전게서, 166면; 玄勝鍾, 전게서, 202면.

⑤ 債權者代位權과의 關係

민법 제404조 제1항 단서는 채무자의 一身에 專屬한 權利에 대하여 債權者代位權을 행사할 수 없다고 규정하고 있으나, 채권자취소권에는 그러한 규정을 두고 있지 않다. 그렇다면 채권자대위권을 행사할 수 없는 채무자의 일신전속권에 대하여 채권자가 채권자취소권을 행사할 수 있을 것인가가 문제된다.

개인적으로는, 일신전속권에 관한 권리에 대하여 채권자취소권을 행사할 수 없다고 생각한다. 이에 대하여는 채무자의 소멸시효 항변권을 수익자 또는 전득자가 원용할 수 있는가를 중심으로 후술하고자 한다.[1] 참고로 프랑스 민법은 채권자대위권에 관하여 제1166조에서 일신전속권이 채권자대위권의 피대위채권이 될 수 없음을 규정하고 있으나, 채권자취소권에 관한 제1167조에서는 이와 같은 제한 규정을 두고 있지 않다. 따라서 일신전속권의 행사가 詐害行爲를 구성할 수 있는지에 대하여 견해가 대립되어 있다. 채권자대위권이나 채권자취소권이 모두 채권자의 일반적 담보권을 보전하기 위한 것이므로, 제1166조에서의 예외를 제1167조에서 적용하지 못할 바가 없다는 견해[2]가 있는가 하면, 詐害行爲는 채권의 불행사 같은 단순한 부주의에 비해 비난가능성이 큰 행위이므로 詐害行爲에 대한 제재의 필요성이 있는 경우에는 채권자대위권을 행사할 수 없는 경우와 달리 보아야 할 필요가 있다는 견해[3]도 있다.

판례상으로는 이와 관련한 사례가 흔한 것은 아니나, 夫가 妻의 권리행사를 승인한 행위가 詐害行爲로 될 수 있다고 함으로써 後者의 견해에 입각한 것으로 평가될 수 있는 사례[4]가 있다. 따라서 채권자대위권의 객체가 되지 않는 행위라도 채권자취소권의 객체로는 될 수 있는 경우가 있다는 점에서 채권자취소권의 적용범위가 채권자

---

1) 제5장 제2절 Ⅳ에서 살펴보기로 한다.

2) Henri · Léon · Jean Mazeaud et François Chabas, Leçons de droit civil, op. cit., n° 983. 그리고 판례상으로도 이러한 입장을 취한 것으로 볼 수 있는 사례로는, 부부간의 증여에 대하여 채권자들이 제1166조 및 제1167조에 근거하여 당해 증여행위의 취소를 청구한 사안에서 이를 기각한 사례(Cass. civ. 1re, 19 avril 1988, Bull. civ. I, n° 101)를 들 수 있다.

3) Boris Starck, Henri Roland et Laurent Boyer, op. cit., n° 715.

4) Cass. civ., 29 juil. 1902, D.P., 1903, 1, p. 383. 사안에서는 부부의 공동재산으로 편입될 수 있는 妻에 대한 증여에 대하여 妻의 증여포기를 夫가 승인하였는데, 이러한 夫의 승인이 夫의 채권자에 대하여는 詐害行爲가 된다고 하였다.

대위권의 그것보다 다소 크다고 할 수 있다.

그러나 채무자에게 주어진 선택권의 행사와 같은 일정한 특권의 행사가 비록 채권자대위권의 대상이 아니면서 채권자취소권의 객체가 될 수 있다고 하더라도, 그러한 경우들은 채권자취소권행사의 실익이 없는 경우가 대부분이라고 할 것이다. 예를 들어 채무자가 정신적 손해에 대한 배상금지급의 수령을 포기하거나 부양료청구권을 포기한 경우, 비록 채권자취소권의 행사를 통하여 이러한 행위들을 취소하였다고 하더라도 그 이후에 취소채권자가 채권자대위권을 행사할 수 없어 결과적으로 채권자에게 실익이 없다.[1] 마찬가지로 압류가 금지된 권리를 채무자가 처분하였다고 하더라도 채권자취소권의 대상이 되지 않는다고 이해함이 일반적이다.[2]

이처럼 프랑스 다수견해는 양 제도가 채권의 공동담보를 보전하기 위한 목적에서는 같지만, 채권자대위권제도는 채무자가 단순히 자신의 권리행사를 해태하여 責任財産이 증가되는 것을 방치함으로써 사실상 責任財産을 감소시키는 행위를 방지하기 위한 제도인데 반하여, 채권자취소권제도는 채무자의 적극적인 詐害行爲를 취소함으로써 채무자의 비도덕적 행위를 규율하려는 제도로, 서로 목적이 다른 제도이기 때문에 비록 일신전속권에 관한 행위여서 채권자대위권을 행사할 수 없는 행위이더라도 도덕적으로 이를 용인하면 안 되기 때문에 채권자취소권의 요건을 갖춘 경우에는 채권자취소권을 행사할 수 있다고 한다.[3]

위와 같은 프랑스의 학설 및 판례의 태도는 우리에게도 일신전속적 권리에 대한 채권자대위권의 해석에 참고가 될 수 있을 것이다.

---

1) Henri · Léon · Jean Mazeaud et François Chabas, Leçons de droit civil, op. cit., n° 983. ; François Terré, Philippe Simler et Yves Lequette, op. cit., n° 1065. 단, 채무자가 과도한 손해배상금이나 부양료를 지급하기로 한 경우, 이러한 권리는 일신전속권의 행사로 볼 수 없고, 따라서 채무자의 채권자에 대하여는 詐害行爲를 구성한다고 할 것이다 : Henri · Léon · Jean Mazeaud et François Chabas, Leçons de droit civil, op. cit., n° 983.

2) François Terré, Philippe Simler et Yves Lequette, op. cit., n° 1065; Henri · Léon · Jean Mazeaud et François Chabas, Leçons de droit civil, op. cit., n° 983.

3) Marcel Planiol et Georges Ripert, op. cit, n° 947; Gabriel Marty et Pierre Raynaud op. cit., n° 706; Boris Starck, Henri Roland et Laurent Boyer, op. cit., n° 725.

⑥ 其 他

재산권에 관한 법률행위이더라도 채권자취소권을 행사할 수 없는 경우가 있다. 민사집행법 제246조(압류금지채권)가 부양료 및 유족 부조료, 병사의 급료, 연금 · 봉급 · 상여금 · 퇴직연금 등의 2분의 1에 해당하는 금액[1] 등에 대하여 압류를 금지토록 하고 있는바, 압류금지된 재산은 채권자들의 강제집행이 불허되기 때문에 채권자취소권의 대상이 되지 않는다고 하겠다.[2]

다. 債權者를 害하는 法律行爲

(1) 序 說

채권자취소권의 대상행위는 채무자의 詐害行爲이다. 이러한 詐害行爲는 채무자가 責任財産을 감소시킴으로써 그 결과 채무자의 적극재산이 채권자들의 채권총액보다 적게 됨으로써 채권자들의 채권에 대한 공동담보에 부족이 생겨 총채권자에게 완전한 변제를 할 수 없게 되는 채무자의 행위를 말한다고 하겠다.[3]

우리 판례도 詐害行爲에 대하여 "채권자취소권의 대상이 되는 법률행위는 채권자를 해하는 행위로, 채권자를 해한다 함은 채무자의 재산행위로 말미암아 채무자의 적극재산이 채무의 총액보다 적게 되는 경우"를 의미한다고 정의하고 있다.[4]

채무자의 詐害行爲를 판단함에 있어 어떠한 행태의 행위를 詐害行爲로 볼 것인가의

---

1) 다만 그 금액이 국민기초생활보장법에 의한 최저생계비를 감안하여 대통령령이 정하는 금액에 미치지 못하는 경우 또는 표준적인 가구의 생계비를 감안하여 대통령령이 정하는 금액을 초과하는 경우에는 각각 당해 대통령령이 정하는 금액으로 한정된다.

2) 郭潤直, 전게서, 143면; 金大貞, 전게서, 269면; 金相容, 전게서, 259면; 金容漢, 전게서, 261면; 金疇洙, 전게서, 241면; 金曾漢 · 金學東, 전게서, 196면; 金亨培, 전게서, 403면; 李太載, 전게서, 166면; 張庚鶴, 전게서, 304면; 玄勝鍾, 전게서, 202면; 전게 민법주해(IX), 819면(金能煥 집필); 金旭坤, 전게 "채권자취소권의 요건론 재고", 102면.

3) 郭潤直, 전게서, 143면; 金大貞, 전게서, 269면; 金相容, 전게서, 259면; 金錫宇, 전게서, 194면; 金容漢, 전게서, 261면; 金疇洙, 전게서, 241면; 金曾漢 · 金學東, 전게서, 196면; 金亨培, 전게서, 403면 · 404면; 吳始暎, 전게서, 364면; 李太載, 전게서, 166면; 李好珽, 채권법총론, 한국방송통신대학, 1993, 158면; 玄勝鍾, 전게서, 204면; 전게 민법주해(IX), 819면 · 820면(金能煥 집필); 金旭坤, 전게 "채권자취소권의 요건론 재고", 102면.

4) 대법원 1962. 11. 15. 선고, 62다634 판결; 대법원 1982. 5. 25. 선고, 80다1403 판결.

문제, 어느 시점을 기준으로 판단할 것인가의 문제, 無資力의 판단기준 등이 주요한 판단기준이 될 것으로 보이는바, 이를 유형화하여 차례대로 살펴보기로 한다.

(2) 詐害行爲의 類型

① 辨 濟

채권은 물권과 달리 채권자평등의 원칙이 적용된다. 이는 채권이 특정인이 다른 특정인에게 특정한 행위를 요구할 수 있을 뿐 우선권이 보장되어 있지 않음을 의미한다. 그러나 이러한 채권자평등의 원칙은 파산의 경우와 강제집행을 통한 배당참가의 경우에만 엄격하게 적용될 뿐 실제 운영은 그러하지 아니하다. 즉 그 이외의 경우에는 선행주의가 적용되기 때문에 어느 채권자이든 채무자로부터 우선변제를 받으면 이는 정당한 권리의 행사로 인정되어 유효한 변제를 받은 것이 된다.

이러한 선행주의 때문에 채권자는 자기 채권의 만족을 얻기 위하여 채무자의 責任財産을 탐색하여 강제집행을 실시하거나, 채무의 변제를 종용하는 등 실질적인 채권만족을 얻기 위하여 법이 허용하는 한도에서 최선을 다 하고 있다. 따라서 채무자가 특정채권자에게 우선변제를 함으로써 다른 채권자의 責任財産이 감소하게 되어 다른 채권자의 채권을 침해하는 결과를 가져오는 경우가 발생할 수 있다.

그렇다면 선행주의를 악용한 채무자의 특정채권자에 대한 변제로 인해 채무자의 責任財産이 감소할 경우 다른 채권자가 그 변제에 대한 채권자취소권을 행사할 수 있을 것인가가 문제가 된다.

이에 대하여 종래에는 채권자평등의 원칙을 중시하여 채권자취소권의 대상이 된다고 한 경우도 있었으나, 현재는 정상적 변제인 경우에는 채권자취소권의 대상행위인 詐害行爲가 되지 않는다는 것이 통설[1] 및 판례[2]의 입장이다. 즉 기존채무의 변제는 적극재산이 감소되지만 동시에 소극재산도 감소되므로 전체적으로 채무자의 責任財

1) 郭潤直, 전게서, 144면; 金大貞, 전게서, 271면; 金相容, 전게서, 260면; 金錫宇, 전게서, 196면; 金容漢, 전게서, 262면; 金疇洙, 전게서, 244면; 金曾漢 · 金學東, 전게서, 198면; 金亨培, 전게서, 412면; 吳始暎, 전게서, 366면; 尹喆洪, 전게서, 264면; 李銀榮, 전게서, 469면; 玄勝鍾, 전게서, 205면.

産에는 증감이 없으며, 변제는 채무자의 채무이행행위에 불과하고, 채권자의 변제 수령 역시 채권자의 권리행사에 불과할 뿐 새로운 이해관계를 맺는 것은 아니기 때문에 詐害行爲가 되지 않는다는 것이다.

판례도 "채무자가 채무초과 상태에서 자신의 재산을 타인에게 증여하였다면 특별한 사정이 없는 한 이러한 행위는 詐害行爲가 된다고 할 것이나, 채무자가 채무초과의 상태에서 특정채권자에게 채무의 본지에 따른 변제를 함으로써 다른 채권자의 공동담보가 감소하는 결과가 되는 경우, 그 변제는 채무자가 특히 일부의 채권자와 통모하여 다른 채권자를 害할 의사를 가지고 변제를 한 경우가 아닌 한 원칙적으로 詐害行爲가 되는 것이 아니다. 그런데 詐害行爲의 취소를 구하는 채권자가 채무자의 수익자에 대한 금전지급행위를 증여라고 주장함에 대하여, 수익자는 이를 기존 채무에 대한 변제로서 받은 것이라고 다투고 있는 경우, 이는 채권자의 주장사실에 대한 否認에 해당할 뿐 아니라, 위 법리에서 보는 바와 같이 채무자의 금전지급행위가 증여인지, 변제인지에 따라 채권자가 주장·입증하여야 할 내용이 크게 다르게 되므로, 결국 위 금전지급행위가 詐害行爲로 인정되기 위하여서는 그 금전지급행위가 증여에 해당한다는 사실이 입증되거나 변제에 해당하지만 채권자를 해할 의사 등 앞서 본 특별한 사정이 있음이 입증되어야 할 것이고, 그에 대한 증명책임은 詐害行爲를 주장하는 측에 있다고 할 것이다."라고 하여,[1] 기존채무의 변제는 원칙적으로 詐害行爲가 되지 않는다고 하고 있다.

2) 대법원 1967. 4. 25. 선고, 67다75 판결(채무자가 기존채무를 변제하는 것은 채무자의 총재산에 증감을 가져오는 것은 아니며, 채권자평등의 원칙도 채무자의 사이에 따른 자유스러운 변제까지를 제한하는 것은 아니므로, 이와 같은 변제로, 딴 채권자에 대한 변제자력이 없게 되었다고 하더라도, 채무자가 채권자를 해할 것을 알고 한 법률행위 즉 詐害行爲가 성립된다고는 볼 수 없다고 할 것이고, 채무자가 자기의 채무의 변제로서, 본래의 급부에 대신하여 다른 급부를 한 경우에 그 당시 그 대신 급부한 것이 상당한 가격으로 평가되었을 때에도 같다고 할 것이다); 대법원 2001. 4. 10. 선고, 2000다66034 판결; 대법원 2005. 3. 25. 선고, 2004다10985·10992 판결; 대법원 2005. 3. 25. 선고, 2004다10985·10992 판결(채권자가 채무의 변제를 구하는 것은 그의 당연한 권리행사로서 다른 채권자가 존재한다는 이유로 이것이 방해받아서는 아니 되고, 채무자도 채무의 본지에 따라 채무를 이행할 의무를 부담하고 있어 다른 채권자가 있다는 이유로 그 채무이행을 거절하지는 못하므로, 채무자가 채무초과의 상태에서 특정채권자에게 채무의 본지에 따른 변제를 함으로써 다른 채권자의 공동담보가 감소하는 결과가 되는 경우에도 그 변제는 채무자가 특히 일부의 채권자와 통모하여 다른 채권자를 해할 의사를 가지고 변제를 한 경우가 아닌 한 원칙적으로 詐害行爲가 되는 것은 아니다).

1) 대법원 2007. 5. 31. 선고, 2005다28686 판결; 대법원 1998. 5. 12. 선고, 97다57320 판결; 대법원 2006. 5. 11. 선고, 2006다11494 판결; 대법원 2006. 6. 15. 선고, 2005다62167 판결.

그런데 위 판례는 "채무자가 특히 일부의 채권자와 통모하여 다른 채권자를 해할 의사를 가지고 변제를 한 경우"에는 詐害行爲가 된다는 반대해석을 가능하게 하고 있어 문제이다. 그렇다면 기존 채권이 존재하여 이에 대한 변제를 하였는데, 즉 변제는 진실 되고 합법적인 것이나 다만 그 특정채권자와 공모하여 우선변제를 함으로써 다른 채권자를 害한 경우 과연 이를 詐害行爲로 취급하는 것이 타당한가라는 의문이 남게 된다.

참고로 프랑스 파기원은 유사한 사안에 대해 1945년 7월 17일 판결에서 "다른 채권자들에게 불법적인 손해(préjudice illégitime)를 주기 위한 목적으로 채무자가 일부 채권자와 통정하여 변제한 경우"에 詐害行爲가 된다고 하여[1] 우리 대법원 판결과 같은 입장을 취하고 있다.

그러나 위 판결에 대하여 프랑스 학설은 변제에 있어서 채무자의 의사나 목적을 고려하는 것은 변제를 다른 법률행위와 동일시하는 것으로서 변제 본래의 성질을 무시하는 것이며, 또 일부 채권자와 통정하여 다른 채권자를 해할 의사로써 행해지는 변제의 경우란 하나의 가정적 전제에 불과할 뿐이므로 詐害行爲가 되지 않는다며 비판하고 있다.[2]

이러한 비판은 우리나라의 경우에도 그대로 해당된다고 하겠다. 즉 변제의 법적 성질에 대하여 법률행위설이라는 견해가 없는 것은 아니나, 현재의 다수설[3]인 준법률행위설 내지 사실행위설은 변제를 법률행위가 아닌 것으로 이해한다. 그렇다면 파산절차나 경매절차가 아닌 한 변제의 선행주의는 채권자평등의 원칙에 우선하는 것이 당연하다. 왜냐하면 정당하게 성립되어 있는 기존채권을 변제받기 위하여 모든 채권자들은 법이 허용하는 범위 내에서 적극적으로 권리행사를 하게 되고 또 그러한 행위는 보장되고 인정되어야 하기 때문이다. 위 판례는 통모하였다고 판시하여 마치 민법 제108조의 허위표시의 통모를 연상케 하나, 변제행위는 사실행위 또는 준법률행위에

---

1) Cass. civ., 17 juil. 1945, Gaz. Pal., 1945, 2, p. 143.
2) Marcel Planiol et Georges Ripert, op. cit, n° 948. ; Gabriel Marty et Pierre Raynaud, op. cit., n° 706.
3) 金相容, 전게서, 437면; 金曾漢 · 金學東, 전게서, 338면; 金亨培, 전게서, 646면.

불과하여 법률행위인 허위표시와 다르다 할 것이고 그러한 통모, 즉 합의는 사전변제의 요구 및 변제에 대한 수령의 합의 이상도 이하도 아니다. 따라서 이를 채권자취소권의 취소대상행위로 인정하는 것은 문제가 있다고 하지 않을 수 없다.

따라서 채무 변제의 경우에는 설령 특정채권자와 채무자가 통모하였다고 하더라도 그 통모가 반사회질서에 해당하는 특별한 사정, 예를 들어 責任財產이 없는 채권을 의도적으로 낮은 가격으로 채권양도받아 상계권을 행사하는 경우와 같은 경우가 아닌 한 원칙적으로 채권자취소권의 취소대상행위가 되지 않는다고 하겠다. 왜냐하면 채권과 채무가 대등액에서 감소하기 때문에 責任財產의 감소가 발생하는 것이 아니고, 변제의 선행주의는 보호되어야 하기 때문이다.

우리 판례는 채권자취소권의 요건 중 주관적 요건으로서의 詐害行爲나 객관적 요건으로서의 責任財產의 감소가 있게 되면 서로의 요건에 영향을 미쳐 채권자취소권을 인정하는 듯한 태도를 보이고 있는데, 이는 잘못되었다고 하겠다. 즉 채권자취소권의 모든 요건을 갖춘 경우에만 그 행사를 인정하여야 할 것이다. 위 통모한 채권의 변제의 경우에 주관적 요건인 詐害意思가 설령 있다고 하더라도 객관적 요건인 責任財產의 감소는 전체적으로 볼 때 없기 때문에 채권자취소권의 요건을 갖추고 있지 않으므로 이를 인정해서는 안 된다는 것이 개인적 견해이다.

② 代物辨濟

i) 學 說

대물변제라 함은, 채무자가 채권자의 승낙을 얻어 본래의 급부에 갈음하여 다른 급부를 하는 것을 말한다.[1] 대물변제의 법적 성격은 요물계약이라는 것이 다수설이다.[2] 따라서 대물변제는 사실행위인 통상적인 변제와 달리 재산처분을 목적으로 하는 법률행위에 속한다. 그렇다면 재산권 처분을 목적으로 하는 법률행위에 해당된다는 이유로 대물변제가 채권자취소권의 취소대상행위에 해당되느냐 여부가 논의될 수 있다.

---

1) 吳始暎, 전게 민법강의, 1215면.
2) 郭潤直, 전게서, 502면; 金相容, 전게서, 490면; 金容漢, 전게서, 555면.

현재의 통설[1]은 상당한 가격에 의한 대물변제 역시 변제의 한 유형에 불과하고, 기존채무를 소멸시킴으로써 변제와 동일한 효력이 인정될 뿐으로 채무자의 적극재산 및 소극재산이 동시에 상당한 금액으로 감소하게 되어 채무자의 責任財産의 감소를 가져오는 것은 아니므로 채권자취소권의 취소대상행위에 해당되지 않는다는 입장이다. 그러나 채권액 이상의 가치 있는 것으로써 하는 대물변제는 詐害行爲가 되며, 특정채권자와 통모하여 대물변제를 함으로써 채권자의 공동담보를 감소케 하는 것도 詐害行爲가 된다는 견해가 다수설의 입장이다.[2]

ii) 判　例

판례도 "채무자가 어느 채권자로부터 압류당할 가능성이 있다고 판단하여 계쟁 부동산을 다른 채권자에게 매매형식으로 양도했다 하여도 그것이 기존채무의 이행을 위하여 상당한 가격으로 평가되었을 때에는 詐害意思가 없었다 할 것이다."라고 하여[3] 詐害行爲性을 부정하였다.

그러면서도 판례는 대물변제가 통상의 변제와 달리 채권자와 채무자 사이에 통정이 이루어질 가능성이 높기 때문에 "대물변제는 채무자가 부담하는 급부에 대신하여 다른 급부를 함으로써 변제와 같은 효력을 가지는 것으로서 채무의 본지에 따른 이행이 아니며, 채무자가 대물변제를 하고 안 하고는 자유이므로, 만일 채무자가 채권자를 해할 줄 알면서 또는 어느 특정채권자와 통정하여 대물변제를 함으로 인하여 채무자의 일반담보를 감소하게 한다면 이는 詐害行爲가 된다."고 하거나,[4] "채무자의 재산

---

1) 郭潤直, 전게서, 144면; 金大貞, 전게서, 273면; 金錫宇, 전게서, 197면; 金容漢, 전게서, 263면; 金疇洙, 전게서, 244면; 金曾漢 · 金學東, 전게서, 198면; 金亨培, 전게서, 412면; 吳始暎, 전게 채권총칙, 366면; 尹喆洪, 전게서, 264면; 李太載, 전게서, 167면; 玄勝鍾, 전게서, 206면.

2) 郭潤直, 전게서, 144면; 金錫宇, 전게서, 197면; 金容漢, 전게서, 263면; 金疇洙, 전게서, 244면; 金曾漢 · 金學東, 전게서, 198면; 金亨培, 전게서, 412면; 吳始暎, 전게서, 366면; 尹喆洪, 전게서, 264면; 李好珽, 전게서, 159면; 玄勝鍾, 전게서, 206면; 반대견해로 李銀榮, 전게서, 469면 참조.

3) 대법원 1981. 7. 7. 선고, 80다2613 판결; 대법원 2008. 2. 14. 선고, 2006다33357 판결(채무자의 재산이 채무의 전부를 변제하기에 부족한 경우에 채무자가 그의 유일한 재산을 어느 특정 채권자에게 대물변제로 제공하는 행위는 다른 특별한 사정이 없는 한 다른 채권자들에 대한 관계에서 詐害行爲가 되지만, 채권자들의 공동담보가 되는 채무자의 총재산에 대하여 다른 채권자에 우선하여 변제를 받을 수 있는 권리를 가지는 채권자는 처음부터 채무자의 재산에 대한 환가절차에서 다른 채권자에 우선하여 배당을 받을 수 있는 지위에 있으므로, 그와 같은 우선변제권 있는 채권자에 대한 대물변제의 제공행위는 특별한 사정이 없는 한 다른 채권자들의 이익을 해한다고 볼 수 없어 詐害行爲가 되지 않는다).

4) 대법원 1966. 10. 18. 선고, 66다1447 판결.

이 채무의 전부를 변제하기에 부족한 경우에 채무자가 그의 유일한 재산을 어느 특정 채권자에게 대물변제로 제공하여 양도하였다면 그 채권자는 다른 채권자에 우선하여 채권의 만족을 얻는 반면 그 범위 내에서 공동담보가 감소됨에 따라 다른 채권자는 종전보다 더 불리한 지위에 놓이게 되므로 이는 곧 다른 채권자의 이익을 해하는 것으로 보아야 하고, 따라서 채무자가 그의 유일한 재산을 채권자들 가운데 어느 한 사람에게 대물변제로 제공하는 행위는 다른 특별한 사정이 없는 한 다른 채권자들에 대한 관계에서 詐害行爲가 된다."고 한 경우도 있다.[1]

ⅲ) 학설 및 판례에 대한 검토

개인적으로 대물변제의 경우에도 채권자와 채무자가 통모하였는지 여부와 상관없이 대등액에서의 대물변제가 이루어졌다면 그 대물변제는 유효한 변제라고 보아 채권자취소권의 대상행위가 되지 않는다고 생각한다. 왜냐하면 대물변제를 통해 대등액에서 채권액과 채무액이 동시에 감소하였으므로 채무자의 責任財産에는 변동이 없어 채권자취소권의 객관적 요건이 충족되지 않았기 때문이다.

그리고 채권액을 초과하여 대물변제가 이루어진 경우에도 전부를 취소할 것이 아니라 민법 제137조(법률행위의 일부무효), 第607條(代物返還의 豫約) 및 제608조(借主에 不利益한 約定의 禁止)를 유추하여 "초과액 부분만 취소"하면 될 것이므로 채권자취소권의 취소대상범위를 그 초과액에 한하여 일부취소토록 하는 것이 타당하다고 생각한다.

이러한 저자의 견해는 앞서 이혼과 관련한 재산분할관련 판례가 "다만 상당한 정도를 벗어나는 초과부분에 대하여는 적법한 재산분할이라고 할 수 없기 때문에 이는 詐害行爲에 해당하여 취소의 대상으로 될 수 있을 것이나, 이 경우에도 취소되는 범위는 그 상당한 정도를 초과하는 부분에 한정"하여야 한다고 한 것[2]과 이론적 궤를 같이 한다고 하겠다.

---

1) 대법원 2005. 11. 10. 선고, 2004다7873 판결.
2) 대법원 2000. 9. 29. 선고, 2000다25569 판결; 대법원 2000. 9. 29. 선고, 2000다25569 판결; 대법원 2001. 5. 8. 선고, 2000다58804 판결; 대법원 2005. 1. 28. 선고, 2004다58963 판결; 대법원 2006. 6. 29. 선고, 2005다73105 판결.

③ 物的 擔保의 提供

i) 學 說

특정채권자를 위하여 저당권 설정과 같은 물적 담보를 제공하는 채무자의 담보제공행위를 채권자취소할 수 있는가에 대하여 학설은 취소권행사허용설과 취소권행사불허설[1]로 나누어져 있고, 취소권행사불허설이 다수설이라고 할 수 있다.

취소권행사불허설은, 변제나 대물변의 경우에도 詐害行爲의 성립을 원칙적으로 부정하는 것이 판례 및 다수설의 입장인데, 그 전단계에 불과한 물적 담보의 제공은 더더군다나 詐害行爲로 볼 수 없고, 취소권행사허용설이 주장하는 채권자평등의 원칙에 반한다는 주장 역시 적극적 권리행사를 통해 권리 실현을 도모하는 채권자가 채무변제나 대물변제를 받으면 유효하듯 사전에 담보제공을 요구하여 이를 통해 자기 채권의 우선변제권을 확보하는 것은 당연한 채권의 행사이므로 詐害行爲에 해당되지 않는다고 한다.

취소권행사허용설은, 취소권행사불허설이 비판하는 것과 같이 특정채권자에 대하여 우선변제권이 보장되는 물적 담보를 제공하는 것은 다른 채권자의 責任財産을 감소시키는 것이 되어 결국 詐害行爲가 된다는 것이다.[2]

ii) 判 例

판례는 취소권행사허용설의 입장에서 "채무자의 재산이 全債權을 변제하기에 부족한 경우에 채권자 중 1인에 대하여 그 채권의 담보로 부동산을 신탁양도하는 소위 매매담보가 채무자의 詐害行爲임은 다언을 요하지 않는다."라고 하여,[3] 특정채권자에 대한 물적 담보의 제공은 다른 채권자에게 詐害行爲가 된다고 하였으며, "이미 채무초과 상태에 빠져있는 채무자가 그의 유일한 재산인 부동산을 채권자 중의 어느 한 사람에게 채권담보로 제공하는 행위는 다른 특별한 사정이 없는 한 다른 채권자들에

---

1) 郭潤直, 전게서, 144면; 金錫宇, 전게서, 197면; 金容漢, 전게서, 263면; 金曾漢·金學東, 전게서, 198면; 吳始暎, 전게서, 368면; 尹喆洪, 전게서, 265면; 玄勝鍾, 전게서, 206면.
2) 金基善, 전게서, 198면; 金疇洙, 전게서, 245면; 金亨培, 전게서, 412면.
3) 대법원 1956. 10. 27. 선고, 4289민상208 판결.

대한 관계에서 詐害行爲가 되는 것이고, 이러한 법리는 담보채권자가 최고액 채권자이고 부동산의 시가가 담보채권자의 채권액에 미치지 못하는 경우에도 마찬가지이다."라고 하여,[1] 특정채권자에 대한 우선변제권이 인정되는 물적 담보를 제공하는 행위도 詐害行爲가 된다고 하였다.

결국 판례의 취지는 물적 담보를 제공한 채무자의 동기가 단순히 특정 채권자의 이익을 효과적으로 보호하기 위한 목적에 있는지 아니면 다른 채권자들을 해하기 위한 목적에 있는가에 따라서 詐害行爲의 성립여부를 결정하고 있다고 하겠다.[2]

ⅲ) 學說 및 判例에 대한 檢討

개인적으로 취소권행사허용설을 취하고 있는 판례의 태도는 대단히 모순되었다고 생각한다. 앞서 詐害意思를 판단함에 있어 의도설과 인식설의 대립이 있었고, 우리 판례는 일관되게 인식설의 입장을 취하고 있다. 그렇다면 왜 채무변제 및 대물변제 또는 저당권설정 등의 담보물권설정행위에 대하여는 인식을 초과하여 "다른 채권자를 해하기 위한 적극적인 의도"를 요구하는지 판례는 그 근거를 제대로 설명하고 있지 아니하다. 이는 채무자의 주관적 의도에 의해 詐害行爲의 성립 여부를 좌지우지할 수 있게 되어 수익자 또는 전득자의 법적 지위가 대단히 불안해지게 된다.

변제의 경우 판례는 특정채권자에 대한 채무자의 변제 및 채권자의 변제수령은 정당한 채권의 행사의 한 내용에 해당한다면서 이러한 경우에는 채권자취소권의 대상이 될 수 없다고 하였다. 그렇다면 변제의 前段階인 물적 담보의 제공 역시 변제를 위한 수단으로서 당연히 그 유효성을 인정하는 것이 논리적으로 일관성을 인정할 수 있다. 변제를 위한 담보제공이 있다고 하여 채무자의 責任財産이 감소하는 것도 아니고, 나중에 경매가 진행되어 그 우선순위에 따라 배당이 이루어지면 마치 임의변제와 동일한 효과가 발생하게 된다.

채권자취소권은 그 행사가 남용되면 채무자의 모든 재산권 처분행위를 취소하게 됨

---

1) 대법원 1986. 9. 23. 선고, 86다카83 판결.
2) Marcel Planiol et Georges Ripert, op. cit, n° 950. ; 金旭坤, 전게 "채권자취소권의 요건론 재고", 108면.

으로써 채권자 각자가 가지고 있는 채권을 절대권처럼 행사할 수 있게 되어 물권과 채권의 관계를 부정하는 결과를 가져올 수 있다. 그리고 채권자취소권의 행사로 채권자가 물권자의 물권을 무력화시키고 채권의 속성이 아닌 우선변제권을 인정받게 되어 법적 안정성을 침해할 우려도 있다.

그러므로 특정채권자에 대한 물적 담보의 제공은 기존 채권이 존재하고 있는 상태였다면 채권자취소권의 대상이 되지 않는다고 하겠다.

④ 人的 擔保의 提供

인적 담보의 제공, 즉 채무자가 다른 주채무자의 보증인이 되는 것은 소극재산의 증가이므로 이 역시 詐害行爲가 된다는 것이 다수설[1]의 입장이다. 다만 통상의 보증인에게는 최고 · 검색의 항변권이 있기 때문에 주채무자에게 충분한 자력이 있다는 사실을 주장 · 증명하면 詐害行爲의 취소대상이 되지 않는다고 할 것이나[2] 실제 채무자가 이를 증명하는 것이 쉽지 않을 것이므로 채권자취소권의 대상행위가 된다고 한다.

그리고 연대채무행위를 한 경우에는 보증채무가 아니라 주채무이고, 최고 · 검색의 항변권이 없을 뿐만 아니라 다른 연대채무자들의 자력이 있다 하더라도 채권자의 청구를 거절할 수 없기 때문에 소극재산의 증가로 보아 이 역시 채권자취소권의 행사가 가능하다는 것이 다수설이다.[3]

반면에 연대채무자에게는 각자의 부담 부분이 있고, 자기 부담 부분을 초과하여 변제한 경우에는 다른 연대채무자에게 구상권을 행사할 수 있기 때문에 다른 연대채무자에 대한 구상권으로 전보받을 수 있음을 증명한다면 그 범위 내에서는 채권자취소권을 행사할 수 없다고 보는 것이 타당하다는 소수견해가 있다.[4] 그러나 이러한 소수

---

1) 郭潤直, 전게서, 145면; 金大貞, 전게서, 274면; 金相容, 전게서, 261면; 金容漢, 전게서, 263면; 金亨培, 전게서, 413면; 李銀榮, 전게서, 471면; 張庚鶴, 전게서, 305면; 玄勝鍾, 전게서, 204면.
2) 郭潤直, 전게서, 145면; 金大貞, 전게서, 274면; 金相容, 전게서, 261면; 金容漢, 전게서, 263면; 金亨培, 전게서, 413면; 李銀榮, 전게서, 471면; 張庚鶴, 전게서, 305면; 玄勝鍾, 전게서, 204면.
3) 郭潤直, 전게서, 145면; 金大貞, 전게서, 276면; 金相容, 전게서, 261면; 金容漢, 전게서, 263면 · 264면; 金疇洙, 전게서, 245면; 金曾漢 · 金學東, 전게서, 199면; 尹喆洪, 전게서, 199면; 玄勝鍾, 전게서, 207면.
4) 金旭坤, 전게 "채권자취소권의 요건론 재고", 109면.

견해는 지나치게 기교적이고, 구체적인 사안에 따라 결과가 다르게 되어 법적 불안정을 가져올 수 있다.

채무자가 타인의 인적 보증, 즉 보증채무를 부담한 경우 그 주채무자의 자력이 충분한 경우에는 채권자취소권을 행사할 수 없다고 보는 것이 타당하고, 그렇지 않은 경우로 채무자의 責任財産이 부족한 경우에 한하여 채권자취소권의 행사를 인정하는 것이 타당하다고 본다.

⑤ 不動産 等의 賣却

ⅰ) 學 說

부동산이나 중요한 고가의 동산이나 권리 등을 무상증여하거나 부당히 저렴한 가격으로 매도하는 경우는 적극재산의 감소가 적극재산의 증가보다 커 전체적으로 채무자의 責任財産이 감소되기 때문에 채권자취소권의 취소대상행위가 된다는 것이 다수설[1)]과 판례[2)]의 입장이다.

그렇다면 채무자가 부동산 등의 물건이나 권리를 정당한 반대급부를 받고 처분한 경우 채권자취소권의 취소대상행위가 될 것이냐 여부이다. 이에 대해 학설은 취소권행사허용설과 취소권행사불허설로 나누어져 있다.

취소권행사불허설[3)]은, 채무자 재산의 구성요소가 부동산에서 현금으로 바뀌었을 뿐 채무자의 責任財産 총액에는 변함이 없으므로 채권자취소권의 취소대상행위가 되지 않는다고 한다. 현재 다수설의 위치를 점하고 있는 취소권행사불허설은, 만일 이러한 경우까지 채권자취소권을 행사할 수 있다고 한다면, 매매의 상대방인 수익자 또

---

1) 郭潤直, 전게서, 145면; 金大貞, 전게서, 277면; 金容漢, 전게서, 263면; 金疇洙, 전게서, 246면; 金曾漢 · 金學東, 전게서, 199면; 金亨培, 전게서, 411면; 尹喆洪, 전게서, 263면; 李好珽, 전게서, 159면.
2) 대법원 1998. 5. 12. 선고, 97다57320 판결(채권자취소권의 주관적 요건인 채무자가 채권자를 해함을 안다는 이른바 채무자의 악의, 즉 詐害意思는 채무자의 재산처분행위에 의하여 그 재산이 감소되어 채권의 공동담보에 부족이 생기거나 이미 부족 상태에 있는 공동담보가 한층 더 부족하게 됨으로써 채권자의 채권을 완전하게 만족시킬 수 없게 된다는 사실을 인식하는 것을 의미하고, 그러한 인식은 일반 채권자에 대한 관계에서 있으면 충분하고 특정의 채권자를 害한다는 인식이 있어야 하는 것은 아니다. 채무자의 재산이 채무의 전부를 변제하기에 부족한 경우에 채무자가 그의 유일한 재산인 부동산을 무상양도하거나 일부 채권자에게 대물변제로 제공하였다면, 특별한 사정이 없는 한 이러한 행위는 詐害行爲가 된다).
3) 郭潤直, 전게서, 145면; 金錫宇, 전게서, 198면; 金容漢, 전게서, 264면; 金曾漢 · 金學東, 전게서, 200면; 李好珽, 전게서, 159면; 李太載, 전게서, 166면; 玄勝鍾, 전게서, 207면.

는 전득자로서는 전혀 알지 못한 채무자의 매각대금사용용도에 따라 채권자취소의 대상이 되기도 하고 되지 않기도 하여 수익자 또는 전득자의 법적 안정성이 침해되고, 채무자 역시 재산처분대금을 활용하여 새로운 사업을 하거나 경제적 활동을 하여 수익을 높임으로써 기존 채무의 변제 등에 활용할 수 있는 기회를 보장받아야 하는데, 변제 이외에는 다른 투자를 할 수 없게 되어 부당하다는 것이다.

그러나 채권자취소권허용설[1]은, 정당한 대가를 받고 한 부동산 등의 매각의 경우에 채권자취소권의 취소대상행위가 되지 않는다고 보는 취소권행사불허설의 논지는 지나치게 형식논리적이고 순진한 생각이라며, 당연히 채권자취소권의 취소대상행위가 된다고 한다. 왜냐하면 총액으로는 채무자의 재산에 변동이 없는 것처럼 보이지만, 책임담보로서의 기능을 확실히 하는 부동산이 은닉되거나 소비하기 쉬운 현금으로 바뀌는 것은 사실상 채무자에게 재산권 행사를 일임하는 것이 되어 사실상의 재산 감소행위와 다를 바 없기 때문이라는 것이다.[2] 그러면서 취소권행사허용설은, 취소권행사불허설이 취소권행사허용설을 취하게 되면 채무자의 경제적 활동을 불가능하게 만들어 거래의 안전을 해하게 된다고 비판하는 것에 대하여, 채권자취소권을 행사하기 위해서는 객관적 요건인 재산 감소행위뿐만 아니라 주관적 요건으로서의 채무자와 수익자 또는 전득자의 詐害意思를 그 요건으로 하기 때문에 그러한 요건에 해당하지 않으면 채권자취소권의 취소대상행위가 되지 않아 보호받을 수 있지만, 그렇지 않다면 대가가 교부된 매매계약도 채권자취소권의 대상이 된다고 한다. 그러면서 위와 같은 매각행위는 전면적으로 채권자취소권의 취소대상행위가 된다거나, 채무자의 유일한 재산인 부동산을 처분하는 경우에만 채권자취소권의 취소대상행위가 된다거나, 가장매매의 의심이 강한 경우에만 채권자취소권의 취소대상행위가 된다는 등 다양한 주장들을 하고 있다.

ii) 判 例

이와 관련하여 舊民法 당시 판례는 "부동산 이외의 자력이 없는 채무자가 그 부동

1) 金大貞, 전게서, 277면; 金疇洙, 전게서, 246면; 金亨培, 전게서, 411면; 李銀榮, 전게서, 468면.
2) 金旭坤, 전게 "채권자취소권의 요건론 재고", 110면.

산을 매각하여 소비 또는 은닉하기 쉬운 금전으로 대체하는 것은 채권담보의 효력을 감소시키는 것으로, 그 매매가격이 상당한 것이든 아니든 간에 채권자를 해하는 것"이라고 하여,[1] 부동산 이외의 다른 재산이 없는 즉 無資力이 될 경우에는 채무자의 부동산처분행위가 반대급부를 취득하여 전체적으로 責任財産의 변동이 없더라도 무조건 詐害行爲가 된다고 하였다.

그러나 그 후 태도를 바꾸어, "채무자가 이행기가 도래한 다른 채무의 변제자금을 준비하기 위해서, 또는 각종 세금 등을 내기 위한 재원을 마련하기 위하여 부동산 등을 처분한 경우에는 의무이행에 필요한 행위를 하기 위해 그 전제로 한 행위이므로 詐害行爲가 되지 않는다."고 하여,[2] 부동산 등을 처분한 채무자가 그 매매대금으로 무엇을 하였는가라는 점을 고려하여 詐害行爲 여부를 판단하고 있다. 이는 채무자의 주관적 의사, 즉 詐害意思의 존재 여부에 따라 채권자취소권의 취소대상행위가 되는지 여부를 평가하여야 한다는 입장으로 바뀐 것이라 할 수 있다.

그런데 우리 대법원은 종래 "채무자가 어느 채권자로부터 압류 당할 가능성이 있다고 판단하여 계쟁 부동산을 다른 채권자에게 양도하였다고 하여도 그것이 기존채무의 이행을 위하여 상당한 가격으로 평가되었을 때에는 詐害意思가 없었다고 할 것이다."라고 하여 詐害行爲의 취소대상행위에서 배제하였으나,[3] 이를 변경하여 "채무자가 자기의 유일한 재산인 부동산을 매각하여 소비하기 쉬운 금전으로 바꾸는 행위로 그 매각이 일부 채권자에 대한 정당한 변제에 충당하기 위하여 상당한 매각으로 이루어졌다던가 하는 특별한 사정이 없는 한 詐害意思는 추정되는 것이고 이를 매수한 수익자에게 악의가 없었다는 사실에 대한 증명책임은 그 수익자 자신에게 있다."고 하여,[4] 그 매각대금을 정당하게 사용한 사실을 수익자가 증명할 경우에 한하여 채권자취소권의 취소대상행위가 되지 않는다고 하였다.

---

1) 조선고등법원판결 1918. 4. 16. 民集 제5권, 282면; 조선고등법원판결 1921. 11. 22. 民集 제8권, 440면.
2) 조선고등법원판결 1918. 11. 8. 民集 제5권, 844면; 조선고등법원판결 1937. 1. 23. 民集 제18권, 11면.
3) 대법원 1981. 7. 7. 선고, 80다2613 판결.

iii) 外國의 事例

참고로 프랑스의 경우에 채무자의 재산권 관련 법률행위가 유상행위인 경우에는 詐害의 적극적인 의도를 필요로 한다고 하여,[1] 상당한 가격으로 매각하는 경우와 다른 채권자에 대한 채무의 변제 등의 경우 및 채권자의 채권성립 이전에 행해진 행위의 경우에는 원칙적으로 詐害意圖가 없다고 하고 있다.[2] 한편 독일 현행 채권자취소법 제3조가 구채권자취소법 제3조의 "의도(Absicht)"를 "고의(Vorsatz)"로 변경하여 채무자의 적극적인 詐害意思를 채권자취소권의 요건으로 강화한 것은 그러한 의도를 가진 경우라면 "유상행위"를 하지 않을 것이라는 입법태도의 변화를 의미한다고 하겠다.

일본의 경우도 파산법 제161조를 "파산자가 그가 가진 재산을 처분하는 행위를 하는 경우에 있어서 그 행위의 상대방으로부터 상당한 대가를 취득한 때에는 그 행위는 다음 요건의 어느 것에 해당하는 경우에 한하여 파산절차개시 후 파산재단을 위하여 부인할 수 있다."로 개정하여, 상당한 대가를 취득한 경우 부인권의 행사를 제한하도록 하였는바, 일본의 채권자취소권에 대해서 많은 변화가 예상되고 있다.[3]

미국의 統一詐害去來法 제4조 및 제5조도 채무자의 詐害行爲가 취소되는 경우에 채권자 · 채무자에 대하여 제3자일 수밖에 없는 수익자 또는 전득자의 합법적인 이익을 보호하기 위하여 채무자의 행위 및 그 동기뿐만 아니라 그 詐害行爲 과정에서 행

---

4) 대법원 1966. 10. 4. 선고, 66다1535 판결; 대법원 1997. 5. 9. 선고, 96다2606 · 2613 판결(채무자가 유일한 재산인 부동산을 매각하여 소비하기 쉬운 금전으로 바꾸는 것은 특별한 사정이 없는 한 詐害行爲가 되는 것이고, 詐害行爲의 주관적인 요건인 채무자의 詐害의 의사는 채권의 공동담보에 부족이 생기는 것을 인식하는 것을 말하는 것으로서 채권자를 해할 것을 기도하거나 의욕하는 것을 요하지 아니하며, 채무자가 유일한 재산인 부동산을 매각하여 소비하기 쉬운 금전으로 바꾸는 경우에는 채무자의 詐害의 의사는 추정된다 할 것이므로, 채무자가 유일한 재산인 부동산을 매도한 경우 그러한 사실을 채권자가 알게 된 때에 채권자가 채무자에게 당해 부동산 이외에는 별다른 재산이 없다는 사실을 알고 있었다면 그 때 채권자는 채무자가 채권자를 해함을 알면서 詐害行爲를 한 사실을 알게 되었다고 할 것이다): 대법원 2001. 4. 24. 선고, 2000다41875 판결; 대법원 2005. 7. 22. 선고, 2004다43909 판결.

1) Jacques Ghestin, "La fraude paulienne", Mélanges dédiées á Gabriel Marty, Univ. des sciences sociales de Toulouse, 1978, n° 5 et s.

2) Charles Aubry et Charles Frédéric Rau, Doit civil français, t. 3, Servitudes, hypothéques, 7e éd., Librairies techniques, 1968, §313, n° 18.; Henri · Léon · Jean Mazeaud et François Chabas, op. cit., n° 994.

3) 林采雄, 전게 논문, 365면 · 366면 참조.

한 수익자 또는 전득자의 역할 등도 함께 심사하여, 양수인이 선의이고 채무자에게 정당한 가치를 제공하였다면 채무자의 詐害行爲가 인정된다고 하더라도 이를 무효화할 수 없도록 하고 있다.[1]

ⅳ) 學說 및 判例에 對한 檢討

개인적으로는 정당한 반대급부가 주어진 매매라면 수익자 또는 전득자로서는 채무자의 재산이 감소될 것이라는 인식이 없었다고 보아야 하므로 취소권행사불허설이 타당하다고 본다. 우선 채무자가 부동산 등을 처분하였더라도 상당한 대가를 받고 한 경우에는 당연히 매매대금을 지급받았을 것이므로 채무자의 責任財産에는 변동이 없다. 즉 채권자취소권의 취소대상행위인 매매행위를 할 당시에 責任財産의 감소가 전혀 없는 것이다. 매매대금을 받은 후에 채무자가 그 돈을 채권자를 해할 의도로 사용한 경우라면 그 후행행위를 채권자취소권을 행사하여 취소하는 것은 모르겠으나, 아무런 責任財産 감소가 따르지 않는 정당한 매매대금에 의한 부동산 등의 처분행위를 채권자취소권의 취소대상행위로 규율하는 것은 논리적으로 모순이다. 또 다른 심각한 문제는 앞서 살펴본 바와 같이 판례가 일관되게 피고인 수익자로 하여금 소외인의 지위에 있는 채무자의 자금사용처가 詐害行爲에 해당되는지 해당되지 않는지 여부, 즉 채무자의 선의 또는 악의를 증명하라고 하고 있다는 점이다. 이는 수익자가 배우자 또는 특별한 친인척관계에 있는 자와 같이 채무자의 재산상태에 대하여 잘 알고 있으면 모르겠으나 그렇지 않은 제3자라면 그 제3자가 일정한 대가를 지급하고 이루어진 정상적 거래행위인 부동산 매매 등은 매도인과 매수인이 평생 동안 단 1회의 거래를 하고 마는 것이 일반적 거래실정이라고 할 것인데, 그러한 단 1회의 거래를 맺은 수익자 또는 전득자로 하여금 매도인인 채무자의 재산상황 및 매각대금 사용처를 추궁하여 채무변제 등에만 사용하라고 요구하면서 그 자금 사용처를 밝혀 詐害行爲인지 아닌지를 증명하라는 것은 부당하다고 하지 않을 수 없다.

한편 매매대금의 사용용도가 고려되어야 한다는 위 판례[1] 역시 잘못되었다고 생각

---

1) 李在烈, 전게 논문, 28면.

한다. 왜냐하면 매수인인 수익자 또는 전득자로서는 채무자의 매매대금 사용용도라는 주관적 의도에 의해 대단히 불안한 지위에 놓이게 되어 부당하기 때문이다. 즉 매도인인 채무자가 매매대금으로 다른 채무를 변제한 경우에는 詐害行爲가 되지 않아 채권자취소권의 행사가 허용되지 않고, 반대로 그 돈을 은닉하거나 타 용도에 낭비한 경우에는 채권자취소권의 행사가 허용된다는 것이니, 수익자 또는 전득자로서는 동일한 매매를 한 것인데도 매도인의 事後行爲인 매매대금의 사용용도에 의하여 그 법적 지위가 완전 반대가 될 수 있다는 것은 부당하다고 하지 않을 수 없다. 이는 앞서의 의도설과 인식설에 대한 비판, 즉 일반적으로 인식설의 입장을 취하고 있는 판례가 왜 채권자의 이익을 도모하기 위해서는 의도설을 취하는지 그 근거를 제대로 설명하지 못하는 잘못이 있다는 비판을 받게 된다.

한편 매매대금에 대한 채무자의 사용용도에 대한 증명책임을 수익자 또는 전득자에게 전가하고 있는 위 나중 판례[2] 역시 부당하다고 하겠다. 즉 수익자로 하여금 수익자가 취득한 부동산 등의 매각대금으로 채무자에게 지급한 돈의 용도, 즉 채무자가 매각대금의 사용용도를 증명토록 하여 채권자취소권의 취소대상행위 여부를 판단하겠다는 것은 현실에 맞지 않다. 왜냐하면 이 경우에 채무자가 수익자에게 협조적이지 않을 것이어서 수익자가 이를 증명한다는 것이 사실상 불가능하고, 매수인으로 하여금 매도인의 매매대금 사용 용도를 매매계약 종결 후에도 계속 감시하고 기존 다른 채무의 변제에 사용할 것을 요구하게 하는 것은 현실적으로 불가능한 행위를 전제로 하고 있기 때문이다. 한편 채권자가 채권자취소소송을 제기할 단계에 이르면 채무자는 대부분 無資力狀態인 경우가 일반적이고, 이 경우 채무자에게 반환한 수익자 또는 전득자 역시 채무자를 상대로 부당이득반환청구 등 추탈담보책임을 법적으로 묻을 수는 있으나 실제로 이행을 받기는 사실상 불가능하다. 이때 채무자로서는 채권자에게 지급하거나 수익자 또는 전득자에게 반환하거나 어차피 매 한 가지이기 때문에 채권자와 수익자 사이의 채권자취소소송에 증인으로 출석하려고도 하지 않을 것이며

---

1) 조선고등법원판결 1918. 11. 8. 民集 제5권, 844면; 조선고등법원판결 1937. 1. 23. 民集 제18권, 11면.
2) 대법원 1966. 10. 4. 선고, 66다1535 판결; 대법원 1997. 5. 9. 선고, 96다2606 · 2613 판결.

출석한다고 하더라도 수익자 또는 전득자를 위하여 올바른 매각대금의 사용처 등을 증언할 리도 만무하고, 어차피 채권자의 채무를 변제하지 못한 채무자로서는 채권자에게도 적대적이지 않을 것이고, 한편으로는 수익자 또는 전득자에게도 우호적이지 않을 것이다. 결국 수익자 또는 전득자는 채무자의 매각대금 사용처를 제대로 증명하지 못하게 되어 악의로 추정됨으로써 패소하게 되어 반환의 불이익을 입게 된다. 이러한 역불공평은 수익자 또는 전득자에게는 사법불신으로 연결되고 법적 안정성이 침해되는 심각한 사회문제가 될 수도 있다.

뿐만 아니라 우리 판례가 "詐害行爲 당시에 채무자가 은닉하였거나 채권자가 쉽게 찾아내어 강제집행에 착수할 수 없는 사정에 있던 재산은 無資力을 정하는 데에 적극재산에서 제외된다고 할 수 없다."고 한 것[1]과도 정면으로 배치된다. 즉 채무자의 적극재산에는 채무자가 은닉한 재산이나 채권자가 쉽게 찾아낼 수 없어 강제집행에 착수할 수 없었던 재산도 포함된다는 것인바, 그렇다면 매매대금을 채무자가 은닉하는 방법으로 감추어둠으로써 설령 채권자의 강제집행이 용이하지 않게 되었다고 하더라도 채무자의 적극재산에 포함하여 계산하여야 할 것이기 때문이다.

따라서 상당한 매각대금으로 매매가 이루어진 경우에는 채권자취소권을 행사할 수 없다고 보는 것이 타당하다. 채무자가 그 매각대금으로 다른 행위를 할 경우 그 다른 행위에 대하여 채권자취소권의 행사여부를 어떻게 할 것인지 결정하면 될 것이기 때문이다.

그렇다면 상당하지 않은 낮은 염가로 매도한 경우에는 어떻게 할 것인가 여부이다. 이에 대하여도 역시 대가성이 인정되는 범위 내에서는 유효성을 인정하고 부동산의 정당한 시가와 염가의 매매대금과의 차액 상당액에 대하여만 채권자취소권을 일부 행사토록 하는 것, 즉 일부취소(민법 제137조)의 법리에 의해 채권자가 수익자 또는 전득자로부터 정당한 매각대금과의 차액 상당액을 반환받도록 하는 것이 타당하다고 본다. 다만 이 경우에도 고가의 물건을 저가로도 살 수 있는 것이 거래실정이기 때문

---

1) 대법원 1976. 2. 24. 선고, 74다1947 판결.

에 현저하게 낮은 가격이 아닌 한 상당한 정도의 차액에 불과한 경우에는 설령 낮은 가격으로 매매가 이루어졌다고 하더라도 채권자취소권의 행사는 허용되지 않아야 한다고 본다. 앞서 살펴본 미국 統一詐害去來法 제4조의 입법취지도 이와 같다.

詐害行爲 일부취소의 법리와 관련하여 우리 판례가 "주채무자 또는 제3자 소유의 부동산에 대하여 채권자 앞으로 근저당권이 설정되어 있고, 그 부동산의 가액 및 채권최고액이 당해 채무액을 초과하여 채무 전액에 대하여 채권자에게 우선변제권이 확보되어 있다면, 그 범위 내에서는 채무자의 재산처분행위는 채권자를 해하지 아니하므로 연대보증인이 비록 유일한 재산을 처분하는 법률행위를 하더라도 채권자에 대하여 詐害行爲가 성립되지 않는다고 보아야 할 것이고, 당해 채무액이 그 부동산의 가액 및 채권최고액을 초과하는 경우에는 그 담보물로부터 우선변제받을 금액을 공제한 나머지 채권액에 대하여만 채권자취소권이 인정된다고 할 것이다."라고 하여,[1] 채권자취소권의 행사에 일부취소의 법리를 인정하고 있는바, 위 매매의 경우 상당한 가액과의 차액 부분에 대한 일부취소의 법리도 인정되지 못할 바 아니라고 하겠다.

물론 증여와 같이 무상행위로 수익자가 부동산 등을 취득한 경우에는 당연히 채권자취소권의 취소대상행위가 되는 것이 공평의 원칙에 부합하다고 하겠다.

앞서 살펴본 바와 같이 외국의 입법 선례는 점차 詐害意思의 요건을 강화하고 있고, 유상행위의 경우 채권자취소권의 적용을 배제하려는 입법적 변화를 보이고 있다. 그렇다면 우리 대법원이 매매, 변제, 대물변제, 담보제공 등과 같은 유상계약에 대한 채권자취소권을 인정하고 있는 태도는 비교법적으로 볼 때에도 상당 정도 변경될 필요가 있다고 본다.

즉 채무자의 법률행위가 유상행위라면 수익자 또는 전득자의 詐害行爲의 가담 정도가 2중매매 시 배임죄 성립과 같은 무효사유가 없는 한. 다시 말해 비난가능성의 정도가 높지 않은 한 채권자취소권의 객관적 요건 중 責任財産의 감소요건이 충족되지 않았다고 보아 채권자취소권의 성립을 부정하는 것이 타당하다고 본다. 왜냐하면 채

---

1) 대법원 2007. 1. 11. 선고, 2006다59182 판결; 대법원 2002. 11. 8. 선고, 2002다41589 판결.

무자 역시 수익자 또는 전득자로부터 유상행위에 대한 동등한 대가를 이행받았기 때문에 채무자의 責任財産이 감소한 것도 아니고,[1] 채무자를 알지 못하는 전득자에게 詐害行爲에 대한 인식이 있다고도 볼 수 없기 때문이다. 전득자가 채무자와의 법률행위가 詐害行爲라는 사실을 인식하였다면 채권자취소권의 행사를 예상할 것이기 때문에 결코 채무자와 어떠한 법률행위도 하지 않았을 것이고, 그 대가를 지급하지도 않았을 것이므로, 이를 무시하고 수익자 또는 전득자의 詐害行爲性을 인정할 수는 없다고 하겠다.

Ⅴ. 債務者의 無資力

가. 無資力의 意義

(1) 無資力의 算定方法

채권자취소권의 가장 중요한 성립요건은 "채무자의 無資力"이다. 일반적으로 無資力은 채무자의 적극재산의 총액이 소극재산의 총액보다 적을 경우, 즉 채무자의 責任財産이 채무자의 채무액에 부족할 경우를 말한다.

판례도 "채권자취소권의 대상이 되는 법률행위는 채권자를 해하는 것이라야 하며, 채권자를 해한다 함은 채무자의 재산행위로 말미암아 채권자의 적극재산이 채무의 총액보다 적게 되는 경우"를 의미한다고 하였다.[2] 또한 "詐害行爲 당시에 채무자가 은닉하였거나 채권자가 쉽게 찾아내어 강제집행에 착수할 수 없는 사정에 있던 재산"도 채무자의 적극재산에 포함되므로 그러한 은닉재산이 있는 경우에는 채무자는 無資力이 아니다.[3] 따라서 채권자가 알고 있는 주관적 사정과 상관없이 채무자가 객

1) 단지 물건이 돈으로 환가되어 은닉이 용이해졌을 뿐이다. 그러나 채무자의 責任財産이 총량에서 감소한 것은 아니다.
2) 대법원 1962. 11. 15. 선고, 62다634 판결.
3) 대법원 1976. 2. 24. 선고, 74다1947 판결.

관적으로 가지고 있는 재산 전부가 無資力 판단의 기초가 된다고 하겠다.

(2) 債務者의 積極財産

채무자의 적극재산이란 경제적 실질 가치를 가지고 있어 채권의 공동담보로서의 역할을 할 수 있는 재산을 말한다. 따라서 실질적으로 재산적 가치가 없어 채권의 공동담보로서의 역할을 할 수 없는 재산은 제외된다.[1] 행사상의 일신전속권이나 압류금지재산은 공동담보가 될 수 없으므로 적극재산에 포함되지 않는다.[2] 이와 같이 압류금지재산이 제외되는 것은 채권자취소권제도가 강제집행의 준비절차로서 기능하기 때문이다.[3]

적극재산의 발견가능성, 즉 쉽게 발견할 수 없는 채무자의 재산이나 외국에 있는 물건들은 채권자로 하여금 강제집행 실현을 사실상 불가능하게 할 것이므로 적극재산에 산입되지 않는다고 할 것이나,[4] 판례는 "詐害行爲 당시에 채무자가 은닉하였거나 채권자가 쉽게 찾아내어 강제집행에 착수할 수 없는 사정이 있는 재산도 無資力을 산정하는 데에 적극재산에서 제외할 것은 아니다."고 하여[5] 은닉재산도 적극재산으로 평가하여야 한다고 하였다.

판례는, 채무자가 무기명양도성예금증서를 발행받은 후 그 양도성예금증서를 채무자가 아닌 제3자에게 소지시켰다가 다른 사람에게 처분한 경우, 그 정기예금은 양도성예금증서의 소지인에게 지급될 것이므로 채무자의 적극재산으로 보기 어렵고, 그 양도성예금증서도 채권자들이 그 존재를 쉽게 파악하고 이를 집행의 대상으로 삼을 수 있었다는 특별한 사정이 있는 경우라야만 그 양도성예금증서가 표창하는 예금채권 상당액을 위 채무자의 적극재산으로 볼 수 있다고 하여,[6] 무기명 양도성예금증서에 대하여는 그 처분의 용이성에 비추어 발견가능성이 있을 경우에만 적극재산에 포

1) 대법원 2001. 10. 12. 선고, 2001다32533 판결; 대법원 2006. 2. 10. 선고, 2004다2564 판결.
2) 대법원 2005. 1. 28. 선고, 2004다58963 판결.
3) 李銀榮, "채권자취소권의 효과", 사법행정 제357호(1999. 9), 한국사법행정학회, 28면.
4) 전게 주석채권총론(상), 421면(金旭坤 집필).
5) 대법원 1976. 2. 24. 선고, 74다1947 판결.
6) 대법원 2006. 2. 10. 선고, 2004다2564 판결.

함된다고 하였다.

(3) 債務者의 消極財産

채무자의 소극재산은 강제집행의 목적에 부합할 수 있는지 여부에 의하여 판단하되, 실질적으로 변제의무를 지는 채무를 기준으로 하여야 한다.[1] 기초적 원인관계가 인정되는 채무도 소극재산에 포함된다고 하겠다.

나. 無資力 判斷時期

(1) 詐害行爲時와 事實審辯論終結時

채무자의 責任財産이 총채권액에 부족하여 責任財産이 부족한 상태, 즉 無資力狀態가 되는 경우는 두 시기를 기준으로 판단한다. 하나는 詐害行爲를 한 시점에서 채무자의 責任財産이 無資力인 경우이고, 다른 하나는 채권자취소권을 행사하는 시점에서 채무자의 責任財産이 無資力인 경우이다.

채무자와 수익자 또는 전득자의 詐害行爲 당시 채무자의 無資力이 인정되면 채권자는 당연히 채권자취소권을 행사할 수 있다. 詐害行爲 당시를 기준으로 하여 責任財産의 無資力 여부를 판단하여야 한다는 詐害行爲時說이 통설[2] 및 판례[3]의 입장이다. 왜냐하면 채무자의 행위 당시 채무자의 責任財産에 부족함이 없다면 그 후에 부동산이나 주식 등의 가격이 하락하였다고 하더라도 詐害行爲 당시 無資力이 아니었으므로 채권자취소권의 행사를 인정하는 것이 부당하기 때문이다.

---

1) 대법원 2006. 2. 10. 선고, 2004다2564 판결.

2) 郭潤直, 전게서, 144면; 金大貞, 전게서, 271면; 金錫宇, 전게서, 196면; 金容漢, 전게서, 262면; 金疇洙, 전게서, 243면; 金曾漢 · 金學東, 전게서, 198면; 金顯泰, 전게서, 171면; 金亨培, 전게서, 406면; 尹喆洪, 전게서, 258면; 張庚鶴, 전게서, 306면; 玄勝鍾, 전게서, 204면; 전게 민법주해(IX), 840면(金能煥 집필); 전게 주석민법(채권총칙 2), 95면(李相京 집필).

3) 조선고등법원판결 1918. 7. 29. 民集 제5권 688면; 조선고등법원판결 1921. 11. 22. 民集 제8권, 440면; 대법원 1998. 3. 10. 선고, 97다51919 판결; 대법원 2001. 7. 27. 선고, 2000다73377 판결.

다음으로 채권자취소권 행사 당시, 즉 사실심변론종결 당시 채무자의 責任財産이 총채권액에 비해 부족하면 채권자취소권을 행사할 수 있다는 것 역시 통설[1] 및 판례[2]의 입장이다. 이는 채권자취소권 행사 시점에서 채무자의 責任財産이 채권자의 채권보다 많다고 한다면 그 責任財産으로부터 채권자가 채권을 회수하는데 부족함이 없어 설령 詐害行爲 당시 責任財産이 부족하였더라도 구태여 채권자취소권을 행사할 필요가 없기 때문이다. 그런데 채무자회생법 소정의 부인권과 관련하여 판례는 "채무자의 詐害行爲 당시 無資力 상태에 있지 아니하였더라도 장래 無資力狀態에 빠질 위험과 그 개연성이 존재한다면 부인권 행사를 긍정"할 수 있다고 하여 無資力 판단에 대하여 완화된 자세를 보이고 있다.[3]

(2) 中間에 有資力이었다가 다시 無資力으로 된 경우

그렇다면 詐害行爲 당시에는 責任財産이 부족하였으나 도중에 부족하지 않게 되었다가 채권자취소권 행사 당시에 다시 부족하게 된 경우, 예를 들어 부동산가격이나 주식가격이 상승하여 詐害行爲時點과 채권자취소권 행사시점의 중간지점에서 責任財産이 충분하였는데 다시 가격이 하락하여 채권자취소권 행사 시점에서 責任財産이 부족한 경우에는 어떻게 할 것이냐 여부이다.

이 경우에 대하여 학설은 항변권성립설과 취소권소멸설로 나누어져 있다. 항변권성립설[4]은 수익자 또는 전득자가 채권자에 대하여 責任財産이 충분하였다는 사실을 가지고 채권자취소권의 행사를 거절하는 항변권을 행사할 수 있다고 하고, 취소권소멸설[5]은 채권자의 채권자취소권이 아예 소멸한다고 본다. 항변권성립설은 항변권을 주

---

1) 郭潤直, 전게서, 143면; 金大貞, 전게서, 271면; 金錫宇, 전게서, 196면; 金容漢, 전게서, 262면; 金疇洙, 전게서, 244면; 金曾漢 · 金學東, 전게서, 198면; 金亨培, 전게서, 406면; 尹喆洪, 전게서, 263면; 李好珽, 전게서, 159면; 張庚鶴, 전게서, 306면; 玄勝鍾, 전게서, 204면.
2) 조선고등법원판결 1921. 11. 22. 民集 제8권 440면(채권자를 해하느냐 않느냐는 詐害行爲 당시의 사정에 의하여 결정할 것이지만, 이미 詐害行爲가 성립한 이상 채권자의 손해를 구제함에 족한지 아닌지는 취소 당시의 부동산의 가액을 표준으로 할 것이고 詐害行爲 당시의 부동산의 가액을 표준으로 할 것이 아니다); 대구고등법원 1985. 5. 8. 선고, 84나1219 판결(채무자의 법률행위가 詐害行爲가 되기 위해서는 이로 말미암아 채무자가 無資力에 빠져야 하고, 그 상태가 사실심의 구두변론종결시까지 계속 유지되어야 한다).
3) 대법원 2005. 11. 10. 선고, 2003다271 판결.
4) 平野裕之, 前揭書, 332面.
5) 我妻榮, 前揭 債權總論民法講義Ⅳ, 1964, 184面; 郭潤直, 채권총론(재전정판), 박영사, 1983, 238면.

장하는 도중에 재산의 가격 하락 등으로 責任財産이 부족하게 되면 항변권을 행사할 수 없게 될 것이므로 채권자취소권이 인정될 것이고, 취소권소멸설은 일단 責任財産이 총채권을 담보할 수 있게 되면 그 순간 채권자의 채권자취소권은 소멸하기 때문에 나중에 담보 가치가 하락하더라도 다시는 채권자취소권을 행사할 수 없게 된다는 차이가 있다.

(3) 判 例

우리 하급심 판례[1] 중에 "채무자의 법률행위가 詐害行爲가 되기 위해서는 이로 말미암아 채무자가 無資力에 빠져야 하고, 그 상태가 사실심변론종결시까지 계속 유지되어야 하므로, 채무가 詐害行爲로 일시 無資力狀態에 빠졌으나, 그 후 채무자의 자력이 회복된 때에는 채권자는 더 이상 채무자의 無資力을 이유로 채권자취소권을 행사할 수 없다."고 하여 취소권소멸설을 취한 경우가 있다.[2]

(4) 學說 및 판례에 對한 檢討

개인적으로는 채권자취소권을 행사할 수 없다는 취소권소멸설이 타당하다고 본다. 왜냐하면 詐害行爲 이후 어느 시점에서 채무자의 責任財産이 채권자의 채권액을 충분히 담보할 정도로 회복되었다고 한다면 그 시점에 채권자가 채권을 추심하여 채권의 목적을 달성할 수 있었을 것이기 때문이다. 만일 그 시점에 채권자취소소송을 제기하였다면 채무자의 자력이 있음을 근거로 수익자 또는 전득자에 대한 취소채권자의 채권자취소권행사는 기각될 것이다. 그럼에도 불구하고 채권자가 강제집행절차 등을 해태하여 다시 責任財産의 시가가 하락하여 채무자가 無資力狀態로 되어 채권

---

1) 대구고등법원 1985. 5. 8. 선고, 84나1219 판결.

2) 이 사안은 이혼을 원인으로 재산을 분여받은 수익자에 대하여 채권자가 詐害行爲取消權을 행사해 온 것으로, 채무자가 재산분여당시 無資力이었다가 그 후 재산이 증가하여 責任財産이 확보되었으나 채권자취소권 행사 당시 다시 無資力상태로 되돌아간 사건이다. 다만 사실관계에 대한 법원의 판단은, 채권자의 채무자에 대한 채권이 존재하지 않음을 확정하여 채권자취소권을 부인하였다. 다만 가사 채권이 존재한다고 하더라도 詐害行爲 후 責任財産의 변동이 있을 경우 위와 같이 판단하는 것이 타당하다고 가정설시한 것이다.

을 회수할 수 없었다면 이는 채권자가 단독으로 책임져야 할 것이지 수익자 또는 전득자에게 채권자취소권을 행사할 것은 아니라고 보기 때문이다.

詐害行爲時와 채권자취소권 행사시 사이에 責任財産이 부족하지 않았다는 사실에 대한 증명책임은 수익자 또는 전득자에게 있다고 할 것이다.[1)]

다. 債務者의 無資力에 對한 判斷

(1) 積極財産의 算定

채무자의 적극재산에서 소극재산을 공제할 경우 재산이 총채권액에 비해 부족하게 되면 채무자가 無資力이 된다. 채권자가 채무자의 재산에 물상담보권을 가지고 있는 경우에는 우선변제권이 인정되는 범위에서 담보제공된 가치만큼 소극재산에서도 공제하고 적극재산에서도 공제하여 無資力 여부를 판단하여야 한다.[2)] 그러나 채권자가 제3자인 물상보증인의 재산에 물적 담보를 가지고 있는 경우에는 채무자에 대한 담보채권자의 채권전액이 소극재산으로 산정되어야 한다. 왜냐하면 이 경우에 채권자의 채권이 타인의 물상보증에 의하여 만족을 얻고 소멸한다 하더라도 물상보증인은 채무자에게 구상권을 행사할 것이어서 채무자의 소극재산이 늘어나게 되기 때문이다.[3)] 이는 결국 기초적 법률관계론에 근거한 주장으로 물상보증인의 담보설정행위 당시 구상권채권의 성립 개연성이 이루어져 있다고 할 것이므로 그 타당성이 인정된다고 하겠다.

채무자의 적극재산에는 유형의 재산은 물론이고, 채무자의 고객이나 신용과 같은 무형의 재산도 평가해서 산입되며, 채무자가 가지는 조건부채권 또는 기한부채권도 이를 평가하여 산입되어야 한다.[4)]

---

1) 李在烈, 전계 논문 195면.
2) 대법원 1970. 9. 17. 선고, 70다1324 판결.
3) 金疇洙, 전게서, 242면; 金亨培, 전게서, 405면; 전게 민법주해(IX), 821면(金能煥 집필).
4) 郭潤直, 전게서, 143면; 金大貞, 전게서, 270면; 金相容, 전게서, 259면; 金容漢, 전게서, 262면; 金疇洙, 전게서, 242면; 金曾漢 · 金學東, 전게서, 197면; 尹喆洪, 전게서, 199면; 張庚鶴, 전게서, 305면; 玄勝鍾, 전게서, 204면.

(2) 消極財産의 算定

채무자가 다른 채권자에 대하여 인적 담보, 즉 보증채무나 연대채무를 부담한 경우에 이를 채무자의 소극재산의 증가로 산정할 것인가 여부인데, 이를 나누어 살펴보기로 한다. 보증채무의 경우 주채무자가 변제하지 않을 경우 보증인이 변제책임을 지게 되고 결국 이는 채무자(보증인)의 責任財産으로 변제하여야 하므로 보증채무는 원칙적으로 채무자의 소극재산에 산입하여야 하지만, 보증채무는 주채무의 보충적 성질을 가지고 있기 때문에 주된 채무자가 충분한 변제자력을 가지고 있으면 채권자가 보증인에게 청구하지 않을 것이어서 보증채무가 구체적으로 이행되지 않을 것이므로 보증채무액을 소극재산에 산입할 것이 아니라는 것이 통설적 입장이다.[1)]

한편 연대채무의 경우는 보증채무와 달리 최고 및 검색의 항변권이 없을 뿐만 아니라 다른 연대채무자에게 변제자력이 있다고 하여 채권자의 이행청구를 거절할 수 없으므로, 그 연대채무 전액을 소극재산에 산입하여야 한다는 것이 다수설이다.[2)] 반면에 연대채무에는 연대채무자별로 내부적으로 부담부분이 있기 때문에 그 부담부분을 초과하여 변제할 경우에는 다른 연대채무자에게 구상권을 행사할 수 있으므로 연대채무액 전액을 소극재산으로 산입할 것이 아니라 채무자의 부담부분에 한하여 소극재산에 산입하는 것이 타당하다거나,[3)] 부담부분만을 소극재산에 산입하는 경우는 다른 연대채무자들의 구상채무에 대한 변제의 확실성, 즉 다른 연대채무자들에게 각자의 責任財産이 있다고 인정될 경우에 한하여 채무자의 연대채무액 중 내부 부담부분만을 소극재산에 산입하는 것이 타당하다는 견해[4)] 등으로 나누어져 있다.

---

1) 郭潤直, 전게서, 144면; 金大貞, 전게서, 276면; 金相容, 전게서, 261면; 金容漢, 전게서, 263면; 金疇洙, 전게서, 245면; 金亨培, 전게서, 405면; 尹喆洪, 전게서, 258면; 李銀榮, 전게서, 472면. 張庚鶴, 전게서, 305면; 玄勝鍾, 전게서, 204면;
2) 郭潤直, 전게서. 145면; 金大貞, 전게서, 276면; 金相容, 전게서, 261면; 金容漢, 전게서, 263면 · 264면; 金疇洙, 전게서, 245면; 金曾漢 · 金學東, 전게서, 199면; 尹喆洪, 전게서, 265면; 玄勝鍾, 전게서, 207면.
3) 張庚鶴, 전게서, 305면; 金亨培, 전게서, 406면.
4) 金旭坤, 전게 "채권자취소권의 요건론 재고", 104면.

(3) 純財産의 算定

결국 無資力인지 여부는 채무자의 순재산이 적극인지 아니면 소극인지에 의해 결정된다고 하겠다. 위에서 소극재산을 계산하는 방식은 마지막 소수견해가 타당하다고 본다. 하지만 마지막 소수견해를 따를 경우 실무상 채권자취소소송의 진행절차는 대단히 복잡하게 되는 문제점이 있다. 우선 채권자가 수익자 또는 전득자와의 채권자취소소송에서 소송 외에 방치되어 있는 채무자에게 연대채무가 있음을 증명하여야 하고, 이에 대해 수익자 또는 전득자가 채무자의 다른 연대채무자에 대한 구상권이 있음과 다른 연대채무자의 責任財産이 충분하다는 사실을 증명하여야 하는데, 이러한 절차를 수익자 또는 전득자에게 증명하도록 요구하는 것은 소송실무상 거의 불가능에 가깝다고 하지 않을 수 없다.

따라서 증명책임전환을 하지 않고 현재의 판례 태도를 유지하는 한 수익자 또는 전득자로서는 위와 같은 사실상의 증명책임을 이행할 수 없게 되어 채권자에 대하여 무한책임을 지게 되는 결과에 이르게 될 가능성이 크다고 하지 않을 수 없다.

채무자의 無資力에 대한 증명책임과 관련하여, 채무자의 無資力 사실에 대한 증명책임은 채권자에게 있다고 하겠다. 그렇지만 無資力을 증명할 수는 없기 때문에 채권자는 無資力을 주장하는 것으로 충분하고, 결국 채권자의 無資力 주장을 부정하고자 하는 수익자 또는 전득자가 구체적으로 채무자의 재산을 주장 · 증명할 수밖에 없다.[1]

이러한 다수견해와 달리 채무자가 다른 연대채무자에 대하여 부담하고 있는 연대채무액을 일정한 한도 내에서 소극재산에 산입하지 않기 위하여 다른 연대채무자에 대한 구상권 행사로 인한 회수가 확실하다는 것을 증명할 책임은 채무자에게 있으나, 보증채무에 관하여서는 그 보증채무를 소극재산에 산입하기 위하여 주채무자에게 변제자력이 없다는 사실을 취소채권자가 증명하여야 한다는 일부견해가 있다.[2]

한편 보증채무나 연대채무를 구별함이 없이 채권자취소권을 행사하는 취소채권자

---

1) 조선고등법원판결 1934. 6. 15. 民集 제21권, 219면.
2) 金錫宇, 전게서, 195면.

는 채무자가 일정액의 보증채무나 연대채무를 부담하고 있다는 사실을 증명함으로써 이를 소극재산에 산입할 것을 주장할 수 있고, 그 채무액을 소극재산에 산입하는 것이 부당하므로 산입하지 말아야 된다는 사실[1]에 대한 주장 · 증명책임이 수익자 또는 전득자에게 있다는 견해[2] 도 있다.

개인적으로는, 보증채무에 대하여는 채권자가 보증채무액을 주장 · 증명함으로써 채무자의 소극재산에 산입하여 줄 것을 요구할 수 있고, 이에 대해 수익자 또는 전득자는 채무자(보증인)의 최고 · 검색권을 주장하며 주채무자의 변제자력이 있다는 사실 및 집행이 용이한 사실을 증명함으로써 채무자의 소극재산에서 공제할 것을 주장할 수 있다고 본다.

한편 연대채무에 대하여는 민법 제424조에 의해 連帶債務者의 負擔部分은 均等한 것으로 推定되기 때문에 채권자가 특별히 연대채무자(채권자취소권 행사에 있어서의 채무자)의 부담부분을 알고 있는 경우에는 그 금액 상당을 증명하거나 부담부분을 알지 못한 경우에는 위 규정에 의해 추정되는 연대채무자(채무자)의 부담부분을 주장 · 증명함으로써 소극재산에 산입하여 줄 것을 요구할 수 있다고 하겠다. 이에 대해 수익자 또는 전득자는 연대채무자(채권자취소권 행사에 있어서의 채무자)의 내부 부담부분이 다른 연대채무자와의 균등액보다 적거나 없을 경우에는 이의 주장 및 증명, 그리고 다른 연대채무자에 대한 구상권의 확실성, 즉 다른 연대채무자에게 각자의 부담부분에 대한 責任財産이 충분하여 변제에 지장이 없을 것이라는 사실을 주장 · 증명함으로써 채무자의 부담부분을 초과하는 부분에 대하여 소극재산에 산입하지 말 것을 주장할 수 있다고 보는 것이 타당하다고 본다.

---

1) 수익자 또는 전득자는, 보증채무의 경우 보증을 선 채무자가 주채무자의 자력과 강제집행이 용이함을 최고 · 검색의 항변권으로 주장하여 보증을 선 채무자에게 변제책임이 돌아가지 않을 것임을 주장 · 증명함으로써 채권자취소권의 행사를 배제할 수 있도록 보장되어야 하고, 연대채무의 경우 연대채무자가 된 채무자의 내부 부담부분을 초과한 부분에 대하여 다른 연대채무자의 責任財産이 충분하여 채무자가 구상권을 행사하여 責任財産을 회수하는데 아무 지장이 없으므로 그 부분만큼은 채무자의 자력이 부족하지 않다는 사실을 주장하여 채권자취소권의 행사를 배제할 수 있도록 보장되어야 한다.

2) 金旭坤, 전게 "채권자취소권의 요건론 재고", 제104면 · 105면.

Ⅵ. 行爲當事者에 對한 要件

가. 序 論

채권자취소권이 연혁적으로 로마법의 파울리아나 소권에서 비롯되었음은 이미 살펴보았다. 위 파울리아나 소권은 특정채권자에게 집행되어야 할 특정계쟁물을 채무자가 제3자에게 처분하여 버림으로써 채권자가 채권의 만족을 얻지 못할 경우 그에 대한 제재로 형사처벌 및 責任財産의 회수에 중점을 두었던 제도라고 할 수 있다.

인적 집행에서 물적 집행으로 집행제도가 발전하는 과정에서 채권자취소권은 채무자의 詐害意思에 의한 詐害行爲를 취소함으로써 모든 채권자의 責任財産을 확보하는 제도로 변하게 되었다. 그런데 앞서 살펴본 바와 같이 프랑스와 독일에서는 여전히 채권자취소권을 특정물채권에 대한 취소에 의미를 두고 있는데 반하여 우리나라(민법 제407조)와 일본(민법 제425조)의 경우는 채권자취소권의 효력을 모든 채권자의 責任財産 확보에 둠으로써 서로 다르게 시행하고 있다.

이하에서는 채권자취소권의 행위당사자에 대한 요건인 채무자의 詐害意思와 수익자 또는 전득자의 詐害意思를 중심으로 하여 살펴보기로 한다.

나. 債務者의 詐害意思

(1) 詐害意思의 意味

① 序

우리 민법 제406조 제1항은 "채무자가 채권자를 해함을 알고 재산권을 목적으로 하는 법률행위"를 한 때 채권자취소권을 행사할 수 있다고 규정하고 있다. 그렇다면, 채권자를 해하는 행위, 즉 詐害行爲의 전제가 되는 詐害意思를 어떻게 해석할 것인가가 문제된다. 원래 詐害意思는 정신적 · 심리적 내부의사라고 할 수 있다. 그렇다면 과연 그러한 詐害意思를 판단함에 있어 채무자가 채권자를 해하기 위한 적극적 의사를 가지고 있어야 한다고 할 것인지, 아니면 단순히 자신의 행위로 인하여 채권자가 손해를 보게 될 것이라는 인식 정도로 충분하다고 할 것인지 여부가 문제가 된다고 하겠다.

② 認識說

詐害意思에 대하여 다수견해는 "詐害意思는 적극적인 의욕일 필요까지는 없어도 소극적인 인식, 즉 채무자가 자신의 재산권을 목적으로 하는 법률행위를 통해 責任財産이 감소하여 모든 채권자의 공동담보가 부족하게 된다는 사실에 대한 인식"이 있으면 된다고 하여 인식설을 취하고 있다.[1]

詐害意思에 대한 법원의 태도는, 처음에는 단순히 "채권자를 해함을 알고"라고 하여[2] 채무자가 자신의 재산권에 관한 법률행위로 인해 責任財産이 감소한다는 사실에 대한 인식만 있으면 詐害行爲가 된다고 하였다. 그러면서도 詐害意思의 존재 여부에 대하여 다툼이 있는 경우, 예를 들어 상당한 대가의 지급이 수반된 부동산매매, 허위의사표시가 의심되는 매매나 대물변제 등의 詐害行爲性을 판단할 때는, 당해 행위가 채무자의 주관적 요건인 詐害意思와 직접 상관관계가 있음을 중시하여 "채무자가 詐害의 의사로써 無資力의 결과를 가져올 행위를 한 때"라고 하거나,[3] "채무자가 채권자를 해할 목적"이라고 하거나,[4] "채무자가 채무가 재산을 초과하는 상태에서 채권

---

1) 郭潤直, 전게서, 147면; 金大貞, 전게서, 278면; 金相容, 전게서, 261면; 金錫宇, 전게서, 199면; 金容漢, 전게서, 264면; 金疇洙, 전게서, 249면; 金曾漢 · 金學東, 전게서, 202면 · 203면; 尹喆洪, 전게서, 267면; 李銀榮, 전게서, 473면; 李太載, 전게서, 167면; 玄勝鍾, 전게서, 210면; 曺南大, 전게 논문, 580면; 조선고등법원판결 1917. 6. 15. 民集 제4권, 507면.

2) 대법원 1960. 7. 7. 선고, 4292민상786 판결; 대법원 1960. 8. 18. 선고, 4293민상86 판결; 대법원 1966. 10. 18. 선고, 66다1447 판결; 대법원 1977. 6. 28. 선고, 77다 105 판결; 대법원 1989. 9. 12. 선고, 88다카26745 판결; 대법원 1995. 7. 25. 선고, 95다8393 판결; 대법원 1998. 5. 12. 선고, 97다57320 판결; 대법원 2004. 7. 9. 선고, 2004다12004 판결(채권자취소권의 주관적 요건인 채무자가 채권자를 해함을 안다는 이른바 채무자의 악의, 즉 詐害意思는 채무자의 재산처분 행위에 의하여 그 재산이 감소되어 채권의 공동담보에 부족이 생기거나 이미 부족 상태에 있는 공동담보가 한층 더 부족하게 됨으로써 채권자의 채권을 완전하게 만족시킬 수 없게 된다는 사실을 인식하는 것을 의미하고, 그러한 인식은 일반 채권자에 대한 관계에서 있으면 충분하고 특정의 채권자를 해한다는 인식이 있어야 하는 것은 아니다).

3) 대법원 1965. 6. 29. 선고, 65다477 판결.

4) 대법원 1977. 2. 8. 선고, 76다2659 판결.

자 중 한 사람과 통모하여, 그 채권자만 우선적으로 채권의 만족을 얻도록 할 의도로 채무자 소유의 부동산을 그 채권자에게 매각하고 위 매매대금채권과 그 채권자의 채무자에 대한 채권을 상계하는 약정을 하였다면 가사 매매가격이 상당한 가격이거나 상당한 가격을 초과한다고 할지라도, 채무자의 매각행위는 다른 채권자를 해할 의사로 한 법률행위에 해당한다."고 하여[1] 적극적으로 채권자를 해할 의도를 가진 채무자의 행위를 詐害行爲라고 한 경우도 있다.

이러한 後者의 판시태도는 판례가 적극적으로 詐害意思의 존재에 대하여 "無資力을 의욕하거나 채권자를 해할 의사를 가져야 한다는 것"을 의미하였다기보다는 변론절차에서 詐害意思 존재를 원고와 피고가 주요쟁점으로 삼아 다투었기 때문에 이를 규명하는 과정에서 "이러이러한 정도의 의사가 있다면 詐害意思가 있는 것"으로 판단된다는 것을 설시한 것으로 보인다.

즉 판례 및 다수설은 詐害意思를 적극적인 채권자에 대한 가해의사로 보지 않고 소극적으로 "責任財産이 감소한다는 사실에 대한 인식" 정도이면 충분하다는 입장을 취하고 있다고 하겠다.

③ 意圖說

이에 대하여 의도설은, 채권자취소권에서 채무자의 詐害意思는, 모든 채권자의 공동담보의 보전과 채무자의 자유로운 재산처분활동의 조화를 이루어야 하기 때문에, 채무자가 채권자를 해한다는 것에 대한 단순한 인식만으로는 부족하고 그 외에 성실의무를 위반한 것에 대한 인식까지 필요하다고 하며, 현재는 소수설이라고 할 수 있다.[2]

④ 學說에 對한 檢討

詐害意思를 판단함에 있어, 다수설과 판례처럼 "채권자를 해한다는 단순한 詐害認識"으로 충분한가, 아니면 "채권자를 해하기 위한 적극적인 詐害意圖"가 있어야 할

---

2) 대법원 1994. 6. 14. 선고, 94다2961 · 94다2978 판결.
3) 松坂佐一, 民法提要(債權總論), 有斐閣, 1982, 127面.

것인가가 주요쟁점이라 하겠다. 이에 대해 앞에서 살펴본 바와 같이 우리 판례 및 다수설은 "詐害認識"으로 충분하다고 한다. 이는 우리 민법 제406조 제1항의 "債務者가 債權者를 害함을 알고"의 의미를 위와 같이 "인식"이라고 해석하기 때문이다.

그렇다면 반대로 "모르고" 재산권에 관련된 법률행위를 한 경우, 예를 들어 주식가격이 폭등할 것을 예상하면서 재산권에 관련된 법률행위를 하였으나 결과적으로 주식가격이 폭락하여 재산 감소된 경우처럼 詐害認識이 없었던 경우에 詐害行爲의 성립을 부정할 수 있을 것인가가 문제된다. 그렇지만 이 경우에도 詐害行爲에 대한 인식이 있었다고 보아야 할 것이다. 왜냐하면 詐害意思, 즉 詐害行爲에 대한 인식은 재산 감소라는 결과를 가져오는 행위를 객관적으로 판단하는 것이지 채무자의 주관적 의도에 의하여 판단할 사항은 아니라고 보기 때문이다. 그런 의미에서 詐害意思를 이원화시켜 대물변제나 매매 등의 경우에 詐害行爲의 성립 여부를 판단함에 있어 매매대금의 사용처가 기존 채무의 변제인지, 아닌지에 따라 채권자취소권의 성립 여부를 구분하는 판례[1]의 태도가 잘못 되었음은 이미 살펴보았다.

한편 詐害意思와 관련하여 인간의 이성과 의지는 복합적이기 때문에 詐害認識을 하는 자와 詐害意圖를 갖는 자는 결국 동일한 채무자이고, 詐害認識이 외부에 구체적으로 표출될 때는 詐害意圖에 의해 표출되는 것이기 때문에 위 "알고"의 의미를 문언에 얽매여 詐害認識으로 좁게 해석할 것이 아니라 "채권자를 해할 의도 내지는 의욕"으로 해석하는 것이 타당하고, 그러한 인식이 있으면서 그러한 행위를 할 경우라면 그러한 의도가 있는 것이 일반적이므로 채무자의 詐害認識의 증명으로 詐害意圖는 추정되는 것이라는 견해가 있는바,[2] 타당하다고 본다. 이러한 詐害意思는 재산 감소행위 당시에 있어야 한다. 재산 감소행위 당시 현실적으로 詐害意思를 결한 경우에는 채권자취소권은 성립하지 않는다 할 것이고,[3] 詐害意思를 결한 것이 채무자가 그러한 재산 감소행위를 함으로써 생길 공동담보의 상태가 어떻게 될 것인가에 대한 승인

---

1) 金旭坤, 대법원 1981. 7. 7. 선고, 80다2613 판결.
2) 金旭坤, 전게 "채권자취소권의 요건론 재고", 113면 · 114면.
3) 金旭坤, 상게 논문, 114면.

을 과실로 인하여 그르쳤을 경우라도 상관없다.[1)]

따라서 재산 감소행위를 한 후 그에 대한 승인을 하게 되더라도 역시 詐害意思는 성립하지 않는다.[2)]

참고로 詐害意思와 관련하여 일본의 학설[3)] 및 판례[4)]의 태도는 우리나라와 비슷하다. 그러나 독일 현행 채권자취소법 제3조는 "고의로 채권자를 침해하는 법적 행위를 제3자가 그 行爲時에 알고 있었던 때"라고 하여 채무자가 채권자를 해할 고의로 법적 행위를 한 경우를 詐害意思가 있는 때로 보고 있다. 이는 구채권자취소법 제3조의 "의도(Absicht)"를 "고의(Vorsatz)"로 개정한 것으로 詐害意思를 단순한 의도에서 해할 고의로 강화한 것이라고 할 수 있다. 이는 독일 통합도산법 제133조와 궤를 같이한 것이라 할 수 있다. 한편 수익자에 대해서는 수익자가 채무자에게 詐害意思가 있음을 알고 있어야 수익자의 詐害意思를 인정한다고 하고(동법 제3조 제1항), 전득자에 대해서는 前權利者(수익자)의 취득에 취소원인이 있는 것에 대해 안 경우에 한하여 채권자취소권을 행사할 수 있다고 하여[5)] 그 요건을 강화하였음은 주목할 사항이다.

프랑스의 경우에도 우리처럼 채무자의 詐害意思를 채무자의 재산 감소행위로 채권자에게 해를 준다는 것에 대한 인식으로 이해하고 있으며,[6)] 더러는 우리 판례처럼 채권자들을 해하려는 진정한 의도(véritable intention de nuire)가 있어야 한다[7)]고 한 경우도 있다. 즉 종래 판례상으로 이를 채권자를 해할 의사(intention de nuire)로 이해하기도 하였으나[8)], 현재에는 채무자가 자신의 행위로 인하여 無資力이 되거

---

1) 金旭坤, 상게 논문, 114면.

2) 대법원 1960. 8. 18. 선고, 4293민상86 판결(채무자의 詐害意思有無 결정은 詐害行爲 성립의 때를 기준으로 할 것이지 그로 인한 소유권이전등기의 때를 기준으로 할 것은 아니다).

3) 我妻榮, 前揭 債權總論民法講義Ⅳ, 1964, 272面; 於保不二雄, 前揭書, 194面; 林良平 · 石田喜久夫 · 高木多喜男, 前揭書(1980), 182面.

4) 日本最高裁判所 昭和 35(1960). 4. 26. 民集 第14卷 第6號, 1046面.

5) 飯原一乘, 前揭 詐害行爲取消訴訟, 346面.

6) Ambroise Colin et Henri Capitant, Cours élémentaire de droit civil français, t. 2, Dalloz, 1953, n° 441; Cass. civ., 23. juin 1847, D., 1847, I, p. 242; Cass. civ. 18. déc. 1893, D., 1894. I. p. 263; Cass. civ., 30. jan. 1900, D., 1900, I, p. 166; Cass. civ., 26. oct. 1942, D.A., 1943, p. 18.

7) Georges Ripert et Jean Boulanger, op. cit., n° 1411; Req., 18. jan. 1887, S., 1887. I, p. 255; Req., 14. avril 1930, S., 1930, I, p. 142.

나 변제자력을 감소시킴으로 인하여 채권자를 해친다는 인식(connaissance du préjudice)만으로도 족하다고 한다.[1] 그리고 이러한 詐害意思는 채무자가 無資力이 되는 날을 기준으로 판단한다.[2] 프랑스에서 詐害意思의 전체적인 취지는, 채무자의 재산권 관련 법률행위가 유상행위인 경우에는 詐害의 적극적인 의도를 필요로 하지만 무상행위인 경우에는 단순한 詐害의 인식만 있으면 충분하다는 것이고,[3] 상당한 가격으로 매각하는 경우와 다른 채권자에 대한 채무변제 등의 경우 및 채권자의 채권성립 이전에 행해진 행위의 경우에는 원칙적으로 詐害意圖가 없다고 할 것이지만 예외적으로 적극적인 詐害意圖가 있는 경우에는 채권자취소권의 대상이 되며,[4] 채권자를 해할 의도인 詐害는 채권자취소권제도에 있어서 본질적이고 특징적 요소로서 채권자를 해한다는 것에 대한 승인(acceptation)에 의한 채무자의 재산 감소행위에 의해 추정되는 것이고, 다른 정당한 동기의 증명으로 번복될 수 있다고 한다.[5]

위와 같이 외국의 입법례가 점차 詐害意思의 정도를 단순한 인식 정도에서 詐害意思의 적극적 의도, 즉 고의가 인정될 경우로 제한하려는 경향을 보이고 있는바, 우리로서도 이러한 세계적 추세를 고려한 새로운 해석이 필요하다고 하겠다.

(2) 詐害意思의 證明責任

詐害意思에 대한 증명책임은 취소권을 행사하는 채권자에게 있다. 채권자의 입증정도는 채무자의 자산상태, 재산 감소행위의 종류나 대가, 혹은 재산 감소행위의 상대방 등에 대한 구체적 사정의 증명으로 채권자를 해한다는 것에 대한 인식의 존재에 대한 증명을 요한다고 하겠다.[6]

---

8) Cass. civ. 1re, 18 fév. 1971, Bull. civ. I, n° 56.
1) Cass. civ. 1re, 13 jan. 1993, Bull. civ. I, n° 5.
2) Cass. civ. 1re, 17 déc. 1996, Bull. civ. I, n° 448.
3) Jacques Ghestin. op. cit., n° 5 et s.
4) Charles Aubry et Charles Frédéric Rau, op. cit., §313, n° 18. ; Henri · Léon · Jean Mazeaud et François Chabas, op. cit., n° 994.
5) Gabriel Marty et Pierre Raynaud, op. cit., n° 711. ; Louis Josserand, Les mobiles dans les actes juridiques du droit privé, Ed. du Centre national de la recherche scientifique, 1984. n° 191. ; Marcel Planiol et Georges Ripert, op, cit., n° 930.

판례는 無資力의 채무자가 유일한 재산을 매각하는 경우에 특별한 사정이 없는 한 채무자의 악의가 추정된다고 하였다.[1]

반대로 채무자가 정당한 의도나 목적으로 재산 감소행위를 하였다는 점에 대한 증명책임은 피고 즉 수익자 또는 전득자에게 있다. 그런데 수익자 또는 전득자로서는 그러한 증명이 사실상 거의 불가능하다. 물론 소송절차에서 수익자 또는 전득자는 채무자를 증인으로 출석시켜 증인신문 등을 통해 채무자의 자력 있음에 대한 증명을 시도하겠지만 소송 외에 방치되어 있는 채무자가 수익자 또는 전득자에게 협력하려고 하지 않을 것이어서 채무자에 대한 악의가 증명될 경우 수익자 또는 전득자의 악의가 추정됨으로써 불이익을 입을 가능성이 높다.

다. 受益者나 轉得者의 詐害意思

(1) 序　說

민법 제406조 제1항 단서는 "그러나 그 行爲로 因하여 利益을 받은 者나 轉得한 者가 그 行爲 또는 轉得當時에 債權者를 害함을 알지 못한 境遇에는 그러하지 아니하다."고 하여 수익자 또는 전득자가 詐害行爲 당시 채권자를 해함을 알지 못한 경우 채권자는 채무자의 詐害行爲를 이유로 채권자취소권을 행사할 수 없다고 규정하고 있다. 그렇다면 이 규정을 어떻게 해석할 것인지에 대하여 살펴보기로 한다.

(2) 受益者나 轉得者의 詐害意思의 意味

① 學　說

6) 郭潤直, 전게서, 147면; 金大貞, 전게서, 280면; 金相容, 전게서, 261면; 金容漢, 전게서, 265면; 金疇洙, 전게서, 249면; 金曾漢 · 金學東, 전게서, 203면; 金亨培, 전게서, 408면; 尹喆洪, 전게서, 268면; 李太載, 전게서, 167면.

1) 대법원 1989. 2. 28. 선고, 87다카1489 판결.

수익자나 전득자의 詐害意思에 대하여 학설은 대체적으로 수익자 또는 전득자가 詐害行爲의 상대방으로서 채무자의 재산권 처분에 대한 법률행위 당시 채권자를 해하는 것에 대한 인식이 있는 것으로 충분하고 詐害의 의도 내지 의욕까지는 필요하지 않다고 한다.[1] 즉 수익자 또는 전득자의 詐害意思 역시 인식설을 원칙으로 하고 있다. 일반적으로 수익자 또는 전득자의 이러한 詐害意思를 수익자 또는 전득자의 악의라고 표현하고 있다.

수익자 또는 전득자의 詐害意思는 채무자가 詐害意思로써 재산 감소행위를 한다는 사실을 알면서 그 재산 감소행위의 당사자로 가담 혹은 참여하는 것, 즉 채무자의 詐害意思에 가담하는 의사라고 하겠다.[2]

한편 신탁법 제8조와 채무자회생법 제391조 제4호 및 제403조 제1항 제3호는 유상행위와 무상행위의 효과를 구분하고 있는바, 민법 제406조도 유상행위와 무상행위를 구별하여 프랑스 민법상의 채권자취소권 행사 규정이나 독일 채권자취소법상의 채권자취소권 행사 규정과 같이 채권자취소권의 행사 요건을 달리 규정하는 것이 형평의 견지에서 입법상 더 타당하다는 견해가 있다.[3]

② 判 例

판례도 "채무자가 채권자를 해할 것을 알고 한 법률행위는 상대방인 수익자 또는 전득자가 그 정을 알고 한 것으로 일응 추정되므로 수익자 또는 전득자는 선의의 증명책임이 있다."거나,[4] "수익자 또는 전득자의 선의 또는 악의"라거나,[5] "詐害行爲取消訴訟에 있어서 채무자가 악의라는 점에 대하여는 그 취소를 주장하는 채권자에게 증명책임이 있으나, 수익자 또는 전득자가 악의라는 점에 관하여는 채권자에게 증명책임이 있는 것이 아니라 수익자 또는 전득자 자신에게 선의라는 사실을 입증할 책임

---

1) 郭潤直, 전게서, 147면; 金大貞, 전게서, 280면; 金相容, 전게서, 262면; 金錫宇, 전게서, 200면; 金容漢, 전게서, 265면; 金疇洙, 전게서, 250면; 金曾漢·金學東, 전게서, 203면; 金亨培, 전게서, 409면; 尹喆洪, 전게서, 268면; 李銀榮, 전게서, 473면; 李太載, 전게서, 167면; 玄勝鍾, 전게서, 211면.
2) 金旭坤, 전게 "채권자취소권의 요건론 재고", 115면.
3) 金旭坤, 상게 논문, 116면.
4) 대법원 1960. 7. 7. 선고, 4292민상786·787 판결.
5) 조선고등법원판결 1917. 6. 15. 民集 제4권 507면; 대법원 1964. 6. 23. 선고, 63다978 판결.

이 있다고 할 것이다."라고 하여[1] 채무자의 詐害意思가 증명되면 수익자 또는 전득자의 詐害意思는 추정되므로, 수익자 또는 전득자가 자신이 선의라는 사실을 증명하도록 하고 있다. 그런데 우리 판례는 채무자의 詐害意思가 인정되면 수익자 또는 전득자의 악의를 무조건으로 추정하고 있어 아래에서 보듯 독일과 다르다.

판례는 더 나아가 채무자의 詐害行爲에 가담하려는 수익자 또는 전득자의 詐害意思는 수익행위 또는 전득행위 당시 "채무자의 無資力, 즉 채무자의 재산 감소행위가 채권자를 해하게 된다는 사실에 대한 인식의 입증"으로 추정되는 것이고, 이러한 추정은 다른 정당한 동기나 목적이 증명될 때 번복될 수 있는 것이라고 한다. 그러면서 수익자나 전득자가 수익행위나 전득행위 당시 詐害意思가 없으면 비록 그것이 과실로 인한 것이라 하더라도 채권자취소권은 성립하지 아니한다고 한다.[2]

③ 外國의 事例

프랑스 민법은 채권자취소권에 대한 수익자 또는 전득자의 詐害意思는 "채무자의 詐害意思에 대한 가담 혹은 참여(complicité de fraude ou participation á la fraude de débiteur)"라고 하여 수익자 또는 전득자의 詐害行爲에 보다 더 적극적인 의미를 부여하고 있다. 그러나 이 경우에도 채무자의 詐害意思를 어떻게 해석할 것인가에 관한 앞서의 견해들이 그대로 논의될 수 있다고 하겠다. 프랑스의 채권자취소권도 채무자의 악의 이외에 수익자의 악의도 요건[3]으로 하고 있음은 우리와 같으나, 詐害行爲가 무상행위인 경우에는 수익자의 악의를 요건으로 하지 않는다는 점[4]이 우리와 다르다. 한편 수익자의 악의에 대하여는 취소채권자에게 증명책임이 있고,[5] 목적물이 유상으로 전전유통된 경우에는, 수익자뿐만 아니라 전득자의 악의도

---

1) 대법원 2007. 7. 12. 선고, 2007다18218 판결; 대법원 1991. 2. 12. 선고, 90다16276 판결; 대법원 1997. 5. 23. 선고, 95다51908 판결; 대법원 2006. 9. 28. 선고, 2004다35465 판결.

2) 郭潤直, 전게서, 147면; 金相容, 전게서, 262면; 金錫宇, 전게서, 200면; 金容漢, 전게서, 265면; 金疇洙, 전게서, 250면; 金曾漢 · 金學東, 전게서, 203면; 李銀榮, 전게서, 473면; 玄勝鍾, 전게서, 211면; 전게 민법주해(Ⅸ), 827면(金能煥 집필); 金旭坤, 전게 논문, 115면 · 116면.

3) Cass. civ. 3e, 25 jan. 1983, Bull. civ. I, n° 25.

4) Cass. civ. 1re, 23 avril 1981, Bull. civ. I, n° 130.

5) Req., 24 jan. 1900, D.P., 1900, I, p. 207 ; Cass. civ. 1re, 27 juin 1984, Bull. civ. I, n° 211 ; Cass. civ. 3e, 19 déc. 1990, Bull. civ. I, n° 266.

요건으로 하고 있고,[1] 수익자는 선의이나 전득자가 악의인 경우 전득자를 상대로 채권자취소권을 행사할 수 있고,[2] 전득자가 선의라 하더라도 수익자가 악의인 경우에는 그 악의의 수익자에 대하여 취소소송을 제기할 수 있다.[3] 그러는 한편 무상행위에 의해 재산을 취득한 수익자 또는 전득자의 경우에는 詐害意思가 없는 경우에도 채권자취소권의 성립을 인정하는 것이 로마법 이래 각국의 태도라며, 무상행위에 의한 수익자 또는 전득자는 무상으로 수익한 이익을 보존하기 위하여 대항하는 자에 불과하므로(certat de lucro captando) 무상행위의 수익자 또는 전득자를 보호하는 것보다는 채권자를 보호하기 위해 채권자취소권을 인정하는 것이 보다 더 형평에 맞다고 한다.[4]

독일 현행 채권자취소법 제3조 제1항은 수익자 또는 전득자의 詐害意思를 둘로 나누어 달리 취급하고 있다. 즉 동항 전문은 "채무자가 고의로 채권자를 침해하는 법적 행위를 한 사실을 제3자(수익자 또는 전득자)가 그 행위 시에 알고 있었던 때에는 이를 그 제3자에 대하여도 취소할 수 있다."고 하여, 수익자 또는 전득자가 적극적으로 채무자의 고의에 의한 詐害行爲를 알고서 수익행위 또는 전득행위를 한 경우에만 채권자취소권을 행사할 수 있다고 제한하고 있고, 동항 후문은 "제3자가 채무자의 채무불능의 위험이 있음을 알았거나 채권자를 해하는 행위를 하고 있음을 알았을 경우에는 詐害意思의 고의가 있음을 추정한다."고 하여 수익자 또는 전득자가 채무자의 채무불능의 위험과 채권자를 해하려는 채무자의 행위를 알았던 경우에 한하여 악의추정을 하도록 하여, 채권자의 증명책임과 악의추정에 의한 수익자 또는 전득자의 선의 증명책임을 이원화하였다.

④ 學說 및 判例에 對한 檢討

개인적으로 수익자 또는 전득자의 詐害意思를 인식설의 입장에서 판단하는 것은 부

---

1) Cass. civ. 3e, 25 jan. 1983, Bull. civ. III, n° 25 ; Cass. civ. 3e, 19 déc. 1990, Bull. civ. III, n° 266, etc.
2) Philippe Malaurie, Laurent Aynés et Philippe Stoffel-Munck, op. cit. n° 1147.
3) Cass. com., 14 mai 1996, Bull. civ. IV, n° 134.
4) 金旭坤, 전게 "채권자취소권의 요건론 재고", 116면.

당하다고 생각한다.[1] 왜냐하면 채무자는 채권자와의 직접적인 채권관계의 한쪽 당사자이기 때문에 채무자의 詐害意思의 인식으로 채권자를 해할 의도가 있었음을 인정할 수 있지만, 채무자와 채권자 사이의 채권관계에 대한 정보를 전혀 가지고 있지 못한 수익자 또는 전득자로서는 단순히 제3자의 지위에서 자신의 법률행위를 하는 자에 불과하여 채권자를 해할 의사를 일반적으로 갖지 않기 때문이다. 즉 채무자의 재산 감소행위에 대한 가담, 다시 말해 채권자를 해할 의도로 詐害行爲에 가담한다는 인식 자체가 없는 것이 일반적일 것이기 때문이다. 따라서 수익자 또는 전득자의 詐害意思는 의도설에 입각하여 판단하는 것이 옳다고 본다. 즉 수익자 또는 전득자가 채무자의 詐害行爲에 대한 가담을 적극적으로 의도하였거나, 알았거나 알 수 있었음에도 불구하고 주의를 게을리 하여 알지 못한 과실이 있는 경우에만 비난가능성이 있다고 할 것이고, 이 경우에도 채권자취소권은 과실상계의 범위 내에서만 인정되어야 한다고 본다.

이러한 의도설에 대하여, 인식설을 지지하는 입장에서는, 의도설을 취할 경우 채권자취소권의 인정범위가 현저히 축소되고,[2] 수익자의 詐害意思와 전득자의 詐害意思를 동일하게 보게 되면 수익자와 법률행위를 할 뿐인 전득자가 채무자의 詐害意思에 가담하는 경우가 거의 없어 전득자에게 채권자취소권이 적용될 경우가 없게 되어 부당한 결과가 나올 수 있으므로 수익자의 詐害意思와 전득자의 詐害意思를 달리 볼 필요성이 있고, 수익행위 또는 전득행위 당시 채무자의 無資力에 대한 인식의 증명으로 채권자를 해하게 된다는 사실이 추정되는데 이러한 추정은 다른 정당한 동기나 목적의 증명으로 전복될 수 있겠지만[3] 詐害認識이 증명되었다고 하여 詐害意圖가 추정되는 근거를 분명하게 밝힐 수 없다는 비판[4]이 따르고 있다.

그렇지만 개인적으로는 수익자 또는 전득자에게 詐害意思가 추정되려면, 채권자의 채무자에 대한 被保全債權의 존재, 詐害意思에 의한 채무자의 詐害行爲, 責任財産의

1) 吳始暎, 전게 채권총칙, 372면.
3) 李在烈, 전게 논문, 205면.
3) 金旭坤, 전게 "채권자취소권의 요건론 재고", 115면.
4) 李在烈, 전게 논문, 206면.

부족에 대한 인식, 채무자의 재산처분행위에 대한 수익자 또는 전득자의 詐害意思에 의한 가담 또는 참가가 있어야만 수익자 또는 전득자의 악의가 인정된다고 할 것인데, 채무자의 詐害意思 인정시 수익자 또는 전득자가 그러한 요건에 대한 인식이 없는데도 사해의사의 악의가 당연히 추정된다는 판례의 태도는 잘못되었다고 본다. 따라서 수익자 또는 전득자의 詐害意思는 채무자의 詐害意思와는 달리 인식설이 아닌 의도설의 입장에서 수익자 또는 전득자에 대한 악의 존재의 증명책임이 채권자에게 있다고 생각한다. 위 비판이 우려하는 채권자취소권의 축소 적용문제는 축소될수록 좋다고 생각한다.

(3) 受益者의 詐害意思와 轉得者의 詐害意思의 關係

채권자취소권의 취소대상행위의 결과 수익자만 관련되는 경우와 수익자가 다시 이를 처분하여 전득자가 관련되는 경우가 있을 수 있다. 이 경우 채권자가 수익자 또는 전득자를 상대로 하여 채권자취소권을 행사하기 위하여서는 수익자와 전득자 모두에게 詐害意思가 있어야 하는가, 아니면 어느 한 쪽에 있는 것으로 충분한가, 누구를 상대로 채권자취소권을 어떻게 행사할 것인가 하는 문제가 대두하게 된다. 이는 채권자취소권의 본질 및 효과를 어떻게 볼 것인가에 의해 결정된다고 하겠다.

채권자취소권의 행사를 통해 詐害行爲의 효력을 절대적으로 소멸시킨다고 보는 절대적 효력설 내지 신형성권설에 의하면 수익자와 전득자 양자에게 모두 詐害意思가 있어야만 채권자취소권이 인용될 것이다.

반면에 채권설 내지 책임설처럼 채권자취소권의 본질을 詐害行爲로 일탈한 재산의 반환청구에 목적을 둘 뿐 채무자와 수익자 사이의 詐害行爲 자체의 효력을 무효로 할 필요가 없다는 견해에 의하면 상대적 무효설의 입장에서 수익자와 전득자 중 詐害意思가 있는 자에 대하여 채권자취소권을 개별적으로 행사할 수 있게 된다.[1] 만일 수익

1) 郭潤直, 전게서, 148면; 金大貞, 전게서, 284면; 金容漢, 전게서, 266면; 金曾漢 · 金學東, 전게서, 203면; 李太載, 전게서, 168면; 玄勝鍾, 전게서, 211면.

자와 전득자 모두에게 詐害意思가 있으면 채권자는 수익자를 상대로 가액배상을 청구할 수도 있고, 전득자를 상대로 일탈된 재산의 반환 등 원상회복을 청구할 수도 있다. 즉 선택적으로 행사할 수 있다.

현재의 다수설 및 판례는 상대적 무효설의 입장에서 詐害意思가 있는 수익자 또는 전득자에게 詐害行爲의 취소 및 원상회복을 청구할 수 있고, 양자에게 모두 詐害意思가 있을 경우에는 선택적으로 수익자 또는 전득자에게 청구할 수 있다고 한다.

그러나 저자가 주장하는 형성청구권설에 의하면, 수익자가 선의인 한 전득자가 설령 악의라고 하더라도 주관적 인과관계의 단절이 있다고 보아 악의의 전득자에게 채권자취소권을 행사할 수 없게 된다. 왜냐하면 수익자가 선의로 채무자와 법률행위를 하였다면 채권자가 이를 취소할 수 없어 채권자취소권이 소멸하였기 때문이다. 즉 선의인 수익자로서는 채권자의 채권자취소권에 복종해야 할 의무가 없는데도 불구하고 우연히 후에 개입한 전득자가 악의라는 사실 때문에 전득자가 채권자의 채권자취소권에 복종하게 됨으로써 전득자가 前者인 수익자를 상대로 매도인의 담보책임을 물어 해제권 또는 감액청구권을 행사하거나 부당이득반환청구권을 행사하여 추급하게 되면 결국 선의의 수익자는 전득자에 대한 매도인의 지위에서 이에 복종하여야 하므로 악의의 전득자의 우연한 개입 내지 채무자와 악의의 전득자의 공모에 의한 사후개입에 의해 당초 부담하지 않아도 될 채권자취소권에 대한 책임을 져야 하는 문제가 발생하게 되어 예상치 못한 피해를 보기 때문이다.[1] 따라서 수익자가 선의인 한 그로써 채권자의 채권자취소권의 행사는 단절되었다고 보아야 하고, 그 이후의 악의의 전득자의 개입이 있더라도 채권자의 채권자취소권이 배척되어야 한다고 본다.

(4) 詐害意思의 證明責任

① 學 說

수익자 또는 전득자의 詐害意思, 즉 악의 여부는 채권자에게 증명책임이 있지 않

1) 李銀榮, 전게서, 474면; 池元林, 전게서, 987면; 前田達明, 前揭 口述債權總論(第3版), 283面.

고, 수익자 또는 전득자가 詐害意思가 없었다는 즉 선의였다는 사실에 대한 증명책임을 져야 한다는 것이 다수설[1]의 일관된 입장이다.

이러한 다수설 및 판례[2]의 태도에 대하여, 수익자 또는 전득자의 詐害意思를 추정하는 것은 증명책임의 기본원칙에도 어긋나며 거래의 안전을 해칠 뿐만 아니라 민법 제406조 제1항 단서는 증명책임을 전환한 규정이 아니라 수익자나 전득자의 악의가 채권자취소권의 요건임을 규정한 것으로 보아야 한다면서 취소채권자가 수익자 또는 전득자의 악의를 증명할 책임이 있다며 비판하는 견해가 있다.[3]

또 다른 비판적 견해는 채무자가 악의인 경우에 수익자의 악의가 추정되는 것은 무방하지만, 선의의 수익자의 상대방인 전득자의 악의 추정은 타당하지 않다며[4] 수익자와 전득자를 나누어 증명책임을 분리하는 것이 타당하다고 한다.

② 判 例

판례[5]는 일관되게 수익자 또는 전득자에게 詐害意思가 없었다는 즉 선의였다는 사실에 대한 증명책임이 있다고 한다.

판례는 "채무자가 채권자를 해할 것을 알고 한 법률행위는 상대방인 수익자 또는 전득자도 그 정을 알고 한 것으로 일응 추정되므로 수익자 또는 전득자에게 선의의

---

1) 郭潤直, 전게서, 147면; 金容漢, 전게서, 250면; 金疇洙, 전게서, 250면; 金曾漢·金學東, 전게서, 203면; 尹喆洪, 전게서, 268면; 李太載, 전게서, 167면; 李好珽, 전게서, 159면; 張庚鶴, 전게서, 312면; 玄勝鍾, 전게서, 211면.
2) 대법원 1962. 2. 8. 선고, 4294민상722 판결; 대법원 1964. 6. 23. 선고, 63다978 판결; 대법원 1966. 10. 4. 선고, 66다1535 판결; 대법원 1969. 1. 28. 선고, 68다2022 판결; 대법원 1988. 4. 25. 선고, 87다카1380 판결; 대법원 1991. 2. 12. 선고, 90다16276 판결; 대법원 1998. 2. 13. 선고, 97다6711 판결; 대법원 1998. 4. 14. 선고, 97다54420 판결; 대법원 2005. 10. 14. 선고, 2003다60891 판결; 대법원 2007. 7. 12. 선고, 2007다18218 판결(詐害行爲取消訴訟에 있어서 채무자가 악의라는 점에 대하여는 그 취소를 주장하는 채권자에게 증명책임이 있으나 수익자 또는 전득자가 악의라는 점에 관하여는 채권자에게 증명책임이 있는 것이 아니라 수익자 또는 전득자 자신에게 선의라는 사실을 입증할 책임이 있다고 할 것이다).
3) 金大貞, 전게서, 282면; 李銀榮, 전게서, 473면; 曺南大, 전게서, 582면.
4) 金亨培, 전게서, 409면.
5) 대법원 1962. 2. 8. 선고, 4294민상722 판결; 대법원 1964. 6. 23. 선고, 63다978 판결; 대법원 1966. 10. 4. 선고, 66다1535 판결; 대법원 1969. 1. 28. 선고, 68다2022 판결; 대법원 1988. 4. 25. 선고, 87다카1380 판결; 대법원 1991. 2. 12. 선고, 90다16276 판결; 대법원 1998. 2. 13. 선고, 97다6711 판결; 대법원 1998. 4. 14. 선고, 97다54420 판결; 대법원 2005. 10. 14. 선고, 2003다60891 판결; 대법원 2007. 7. 12. 선고, 2007다18218 판결(詐害行爲取消訴訟에 있어서 채무자가 악의라는 점에 대하여는 그 취소를 주장하는 채권자에게 증명책임이 있으나 수익자 또는 전득자가 악의라는 점에 관하여는 채권자에게 증명책임이 있는 것이 아니라 수익자 또는 전득자 자신에게 선의라는 사실을 입증할 책임이 있다고 할 것이다).

증명책임이 있다."거나,[1] 채권자취소권에 관한 법조문이 채무자가 채권자를 해함을 알고 법률행위를 한 때에는 이의 취소 및 원상회복을 청구할 수 있으나 "수익자나 전득자가 선의인 때에는 그러하지 아니하다."고 하여 단서 형식으로 되어 있는 체제로 볼 때 "선의의 증명책임은 수익자나 전득자에게 있다고 해석된다."는 것이다.[2] 이처럼 우리 대법원 판결은 일관되게 "詐害行爲 취소소송에 있어서 채무자의 악의의 유무에 대하여는 그 취소를 주장하는 채권자에게 증명책임이 있으나, 수익자 또는 전득자가 악의라는 점에 대하여는 채권자에게 증명책임이 있는 것이 아니고 그 수익자 또는 전득자에게 자신이 선의라는 사실을 증명할 책임이 있다."고 하고 있다.[3]

③ 善意의 第三者에 대한 證明責任에 對한 檢討

우리 민법은 비진의의사표시(제107조) 및 통정허위의 의사표시(제108조)로 인하여 무효가 되는 경우에 새로운 이해관계를 맺게 된 선의의 제3자 보호규정과 관련하여, 선의의 제3자는 동조 각 제2항에 의해 대항력을 취득하게 되어 표의자와 상대방 사이의 법률행위의 무효에 대항할 수 있다.

그런데 이 경우 선의의 제3자에 대한 악의의 증명책임은 이를 주장하는 자에게 있다는 것이 확립된 판례[4]의 입장이다. 즉 판례는 "민법 제108조 제1항에서 상대방과 통정한 허위의 의사표시를 무효로 규정하고, 제2항에서 그 의사표시의 무효는 선의의 제3자에게 대항하지 못한다고 규정하고 있는데, 여기에서 제3자는 특별한 사정이 없는 한 선의로 추정할 것이므로, 제3자가 악의라는 사실에 관한 주장·증명책임은 그 허위표시의 무효를 주장하는 자에게 있다."고 하여[5] 이를 주장하는 자에게 제3자의 악의 증명책임을 부과하고 있다.

또한 같은 판례는 "민법 제108조 제2항에 규정된 통정허위표시에 있어서의 제3자

1) 대법원 1960. 8. 18. 선고, 4293민상86 판결.
2) 대법원 1962. 1. 25. 선고, 4294민상529 판결.
3) 대법원 1969. 1. 28. 선고, 68다2022 판결; 대법원 1988. 4. 25. 선고, 87다카1380판결; 대법원 1991. 2. 12. 선고, 90다16276 판결; 대법원 1998. 4. 14. 선고, 97다54420 판결; 대법원 2006. 9. 28. 선고, 2004다35465 판결; 대법원 2007. 7. 12. 선고, 2007다18218 판결 등.
4) 대법원 1978. 12. 26. 선고, 77다907 판결.
5) 대법원 2006. 3. 10. 선고, 2002다1321 판결; 대법원 1970. 9. 29. 선고, 70다466 판결; 대법원 1978. 12. 26. 선고, 77다907 판결; 대법원 2003. 12. 26. 선고, 2003다50078·50085 판결 등.

는 그 선의 여부가 문제이지 이에 관한 과실 유무를 따질 것이 아니다."라고 하여 통정허위표시에 있어서의 제3자는 선의 여부만 문제될 뿐 과실 유무는 문제 삼을 것이 아니라는 입장을 취하고 있다.[1)]

민법 제108조 제1항과 제406조 제1항 본문을 비교 검토해 보면, 민법 제108조 제1항은 "相對方과 通情한 虛僞의 意思表示는 無效로 한다."라고 되어 있고, 민법 제406조 제1항 본문은 "債務者가 債權者를 害함을 알고 財産權을 目的으로 한 法律行爲를 한 때에는 債權者는 그 取消 및 原狀回復을 法院에 請求할 수 있다."라고 규정하고 있다. 즉 전자는 통정행위는 무효이며 그 무효의 효과로 표의자와 상대방 사이에는 원상회복의 의무가 각각 생긴다는 것을 규정하고 있고, 後者는 詐害行爲의 취소와 그 재산의 반환을 통해 원상회복과 동일한 부당이득반환에 대하여 규정하고 있다. 전자는 무효임을 선언함으로써 해석을 통해 원상회복의무가 부과되는 구조이고, 後者는 직접 소송을 통해 詐害行爲의 취소를 선언함과 동시에 재산의 반환을 명령하는 구조로써 결론적으로 양 법조문은 같은 내용을 규정하고 있다고 하겠다.

한편 민법 제108조 제2항은 "前項의 意思表示의 無效는 善意의 第三者에게 對抗하지 못한다."라고 되어 있고, 민법 제406조 제1항 단서는 "그러나 그 行爲로 因하여 利益을 받은 者나 轉得한 者가 그 行爲 또는 轉得當時에 債權者를 害함을 알지 못한 境遇에는 그러하지 아니하다."라고 규정하고 있다. 즉 전자는 무효인 법률행위로 인해 표의자의 상대방으로부터 권리를 전득한 선의의 제3자는 표의자에게 대항력을 갖게 되어 표의자[2)]에게 유효를 주장할 수 있고, 後者는 수익자 또는 전득자가 "그 행위 또는 전득 당시에 채권자를 해함을 알지 못한 경우[3)]에는 "그러하지 아니하다."라고 하여 역시 채권자취소권을 행사할 수 없다고 하여 양자는 논리적 구조를 같이 한다.

다시 말해 전자는 동조 제2항처럼 본문 형식을 빌어 별도의 조항으로 되어 있고, 後者는 동조 제1항 단서의 형식으로 같은 항에 규정되어 있을 뿐 결국 그 형식구조는

1) 대법원 2004. 5. 28. 선고, 2003다70041 판결 참조.
2) 채권자취소권소송에서는 채권자에 해당한다고 할 것이다.
3) 이는 채권자취소권 관련 판례들이 사용하는 선의의 수익자 또는 전득자라는 다른 표현이라고 하겠다.

같은 것이라고 보아야 한다는 것이 개인적 견해이다.

④ 學說 및 判例에 對한 檢討

다수설 및 판례의 태도가 타당한 것인가 하는 점에 대하여 살펴보기로 한다. 다만 그 전에 우선 몇 가지 논점에 대해 사전 검토하고자 한다. 즉 수익자 또는 전득자에 대한 채권자의 채권자취소권이 인정되려면 첫째, 채권자와 채무자 사이의 채권의 존재 및 그 범위에 대한 수익자 또는 전득자의 인식이 있어야 하고, 둘째, 채무자의 재산권 처분행위로 인하여 채무자의 責任財産이 감소하여 채권자의 권리를 침해하게 된다는 사실에 대한 인식이 있어야 하고, 셋째, 위와 같은 사정을 잘 알면서도 수익자 또는 전득자가 감히 그러한 행위에 가담하거나 참여하였다는 점이 인정되어야 한다.

채권자로부터 채권자취소권을 행사당하는 수익자 또는 전득자로서는 왜 채권자취소권을 행사당해야 하는지, 자신의 어떠한 행위에 대하여 채권자로부터 비난을 받아야 하며 재산적 · 법률적 책임을 추궁당하는 이유가 있어야 한다. 그러기 위해서는 수익자 또는 전득자가 최소한 위의 첫 번째 내지 세 번째 사실에 대한 인식을 하면서 감히 채무자의 詐害行爲에 가담 또는 참여함으로써, 그에 대한 책임추궁을 받는 것이 채권자취소권의 행사에 복종하는 것이라고 수긍이 되어야 한다.

또한 민법 제406조 제1항 단서의 구조를 다수설 및 판례의 입장처럼 통상적인 법조문의 "원칙과 예외"로 해석하는 것이 과연 타당한가라는 의문이다. 즉 단순형식논리에 의할 것 같으면 동항 본문은 "債務者가 債權者를 害함을 알고 財産權을 目的으로 한 法律行爲를 한 때에는 債權者는 그 取消 및 原狀回復을 法院에 請求할 수 있다."라고 하여 채권자취소권을 행사하는 채권자가 채무자의 詐害行爲를 증명하여야 하는 것으로 해석이 되어지는 한편, 동항 단서는 "그러나 그 行爲로 因하여 利益을 받은 者나 轉得한 者가 그 行爲 또는 轉得當時에 債權者를 害함을 알지 못한 境遇에는 그러하지 아니하다."라고 하여 마치 수익자 또는 전득자가 그 행위 당시 채권자를 해함을 알지 못하였다는, 즉 선의라는 사실을 증명하여야만 책임을 면할 수 있는 것처럼 되어 있다.

다수설 및 판례는 위와 같이 원칙과 예외의 법리로 민법 제406조 제1항의 본문과 단서를 해석함으로써 "채무자의 詐害行爲에 대한 수익자 또는 전득자의 악의가 추정되며, 수익자 또는 전득자는 자신들의 선의에 대한 증명책임이 있다."는 입장을 취하고 있다.

그렇다면 민법 제406조 제1항 본문과 단서의 관계를 증명책임의 분배에 대한 통설적 지위에 있는 법률요건분류설, 즉 규범설에 입장에서 어떻게 해석할 것인가이다. 법률요건분류설에 의할 때 권리근거규정 즉 권리성립규정에 대한 주장책임 및 증명책임은 이를 주장하는 권리자에게 있다. 이에 대한 반대규정, 즉 권리장애규정, 권리저지규정, 권리소멸규정의 주장 및 증명책임은 채무자에게 있다.

그렇다면 채권자취소권을 행사하는 채권자에게는 채권자취소권이라는 권리의 성립에 대한 근거를 주장하고 증명할 책임이 있다. 다수설 및 판례는 공히 채권자취소권의 요건사실로 첫째, 채무자에 대한 채권의 존재, 둘째, 채무자의 詐害意思에 의한 詐害行爲, 셋째, 채무자의 責任財産의 부족, 넷째 수익자 및 전득자의 詐害行爲를 통한 재산권의 취득 등을 들고 있다.[1] 그렇다면 채권자취소권을 행사하는 채권자는 위 요건사실 모두를 주장하고 증명하여야만 한다.

그런데 민법 제406조 제1항 단서의 "그러나 그 行爲로 因하여 利益을 받은 者나 轉得한 者가 그 行爲 또는 轉得當時에 債權者를 害함을 알지 못한 境遇에는 그러하지 아니하다."라는 의미는, 채권자취소권의 행사에 대해 수익자 또는 전득자에게 그 예외사유인 권리장애사실, 즉 詐害意思가 없었다는 선의라는 사실에 대한 증명책임을 지우는 규정이 아니라, 취소채권자가 채권자취소권을 행사하기 위해서는 수익자 또는 전득자가 詐害意思를 가지고 채무자의 재산권 처분행위에 가담하거나 참여하였다는 요건사실을 증명하지 못하면 채권자취소권을 행사할 수 없다는 수익자 또는 전득자의 악의 존재 증명을 요구하는 규정으로 해석하는 것이 타당하다.

1) 金旭坤, 전게 "채권자취소권의 요건론 재고", 117면.

형식적으로는 위 단서가 원칙에 대한 예외처럼 되어 있지만 근본적으로는 채권자취소권의 성립 요건 중의 하나를 규정한 것이라 할 것이다.[1] 즉 위 네 가지 요건 중 네 번째 요건의 존재를 원고인 취소채권자가 증명할 책임을 지는 것이지, 그 부존재를 피고인 수익자 또는 전득자가 증명할 책임을 지는 것이 아니라는 것이다. 이렇게 해석하는 것이 법률요건분류설의 취지에 부합한다는 것이 개인적 견해이다. 그런데 판례는 법률요건설을 취하면서도 위 네 번째 요건을 제외한 첫 번째 내지 세 번째 요건만을 취소채권자에게 증명책임을 지우고 있어 법률요건분류설의 해석을 잘못 하고 있어 부당하다는 것이 개인적 견해이다.

그리고 다수설 및 판례가 지지하는 詐害行爲의 취소에는 고려되어야 할 점이 있다. 즉 수익자 또는 전득자에게 詐害意思가 인식되기 위해서는 자신이 취득하는 채무자의 재산으로 인하여 채무자의 責任財産이 감소하였다는 사실에 대한 인식이 있어야 한다. 그렇지만 수익자 또는 전득자는 채무자와의 행위 사이에서 취득한 물건에 대한 대가로 일정한 금원이나 물건을 지급하였기 때문에 채무자의 責任財産이 감소할 것이라는 인식 자체가 없는 것이 일반적이다. 물론 채무자와 수익자 또는 전득자가 공모하여 적극적으로 채권자의 강제집행을 면하기 위한 재산처분의 경우에는 그러하지 아니하다.

예를 들어 매매에 대하여 채권자취소권을 인정하는 견해에 따르면,[2] 물건과 금전 및 권리를 차별하고 있다. 즉 채무자가 責任財産 중 현금으로 물건을 매수하는 경우에는 물건에 대한 권리를 취득하고 대가로 지급한 현금에 대한 권리를 상실하게 되지만, 채무자의 責任財産의 총량에 변함이 없다. 반대로 채무자가 물건을 매도하고 매매대금을 반대급부로 받는 경우에도 채무자의 責任財産의 총량에는 변함이 없다. 그런데도 판례 및 다수설은 後者의 경우에만 채권자취소권의 대상이 되는 責任財産의 감소에 해당한다고 판시하고 있는데, 물물교환시대가 아닌 화폐경제사회에서 이러한 논리는 부당하다.

---

1) 李銀榮, 전게서, 473면; 曺南大, 전게 논문, 582면.
2) 대법원 1997. 5. 19. 선고, 96다2606 · 2613 판결.

따라서 채무자가 詐害行爲의 목적에 대한 대가를 반대급부로 수익자로부터 받았다면 채무자의 總責任財産에는 변동이 없는 것이고, 대가를 지급하고 물건의 권리를 취득한 수익자 또는 전득자 역시 責任財産의 감소를 가져오는 행위에 가담하거나 참여한다는 인식 자체가 없어서 詐害行爲를 추단해 낼 수 없다.

그런데 판례는 앞서 살펴본 바와 같이, 허위표시의 경우에는 "악의의 증명책임"을 "그 주장하는 자 즉 표의자"에게 부과하는 반면, 채권자취소권의 경우에는 "선의의 증명책임"을 "그 주장을 받는 상대방에게 부과하고 있어 서로 반대로 판시하고 있어 불일치하고 있다.

민법 제108조의 통정한 허위표시의 당사자 구조는 표의자, 상대방, 제3자 또는 전득자의 삼각 내지 사각구도이고, 제406조의 채권자취소권의 당사자 구조는 채권자, 상대방, 수익자 또는 전득자의 삼각 내지 사각구도로동일하다고 할 수 있다. 허위표시의 표의자는 상대방과 직접 허위통정의 의사표시를 한 표의자로서 채권자취소권의 채권자와 다른 구조를 이루고 있는 것처럼 보이지만, 실상은 같은 지위에 있는 자라고 보아야 한다. 즉 표의자는 허위표시라는 법률행위를 통해 상대방과 연결고리를 맺고 있는 데 대하여, 채권자와 채무자는 권리관계를 둘러싼 責任財産 내지 법정책임으로 연결고리를 맺고 있다.

따라서 허위표시의 제3자가 악의라는 사실에 대한 증명책임이 무효를 주장하는 표의자에게 있다는 것이 판례[1)]의 일관된 입장인 것처럼 채권자취소권에서 채권자에게 제3자에 해당하는 수익자 또는 전득자가 악의라는 사실에 대한 증명책임 역시 채권자취소를 주장하는 채권자에게 있다고 보는 것이 법률요건분류설 내지 규범설에 더 부합하다.

더군다나 채권자취소권에 관해 판례는 "채권자취소권의 주관적 요건인 채무자가 채권자를 해함을 안다는 이른바 채무자의 악의, 즉 詐害意思는 채무자의 재산처분행위에 의하여 그 재산이 감소되어 채권의 공동담보에 부족이 생기거나 이미 부족 상태

1) 대법원 1992. 5. 22. 선고, 92다2295 판결.

에 있는 공동담보가 한층 더 부족하게 됨으로써 채권자의 채권을 완전하게 만족시킬 수 없게 된다는 사실을 인식하는 것을 의미하고, 그러한 인식은 일반 채권자에 대한 관계에서 있으면 충분하고 특정의 채권자를 해한다는 인식이 있어야 하는 것은 아니다."라고 하면서,[1] "위 매매행위는 채권자의 강제집행을 면탈할 의도로서 한 詐害行爲임이 분명하다 할 것이고 이 건 동산의 양수인인 원고 또한 악의로 이를 매수한 것으로 추정된다 할 것이고 그 선의였음을 위 전득자인 원고가 입증하여야 한다."고 하여[2] 채권자취소권의 요건으로서의 詐害意思에 대하여 지나치게 막연히 "악의의 추정"을 인정하고 있다.

무엇보다도 채권자취소권이 채무자와 수익자 또는 전득자 사이에 채권자를 해할 적극적 의사하에서 빚어진 詐害行爲에 대해 개입하는 것은 당연하지만, 채무자와 수익자 또는 전득자 사이에서 정당한 대가가 반대급부로 주어진 매매나 교환, 또는 소극적 의미의 반대급부의 교부가 있다고 볼 수 있는 변제나 대물변제 등의 경우에는 자제되는 것이 마땅하다고 하지 않을 수 없다.

채권자취소권은, 권리의 목적에 대한 지배력 내지 배타적 독점권을 가지고 있지 않은 채권자에게 수익자 또는 전득자가 취득한 소유권이나 저당권 같은 물권을 취소시킴으로써 채권자의 채권의 목적을 실현시키려는 제도이기 때문에 이의 행사는 엄격해야 한다. 마치 재심의 소가 인정되는 경우처럼 극히 예외적인 경우에 한하여 채권자취소권의 행사가 허용되는 것이 바람직하다고 생각한다.

그런데 판례는 증명책임이 있는 요건사실 중 "수익자 또는 전득자의 악의"에 대한 증명책임을 채권자가 아닌 수익자 또는 전득자에게 전환시키고 있어, 예를 들어 매매목적물에 대한 반대급부를 지급하고 목적물 등을 취득한 수익자 또는 전득자로서는 詐害意思의 악의 추정을 번복시키지 못함으로써 불이익을 받게 되는 경우가 많다.

---

1) 대법원 2004. 7. 9. 선고, 2004다12004 판결; 대법원 1998. 5. 12. 선고, 97다57320 판결.

2) 대구고등법원 1974. 6. 20. 선고, 73나435?436 제2민사부판결(상고기각으로 확정); 대법원 1997. 5. 23. 선고, 95다51908 판결(詐害行爲取消訴訟에 있어서 채무자의 악의의 점에 대하여는 그 취소를 주장하는 채권자에게 증명책임이 있으나 수익자 또는 전득자가 악의라는 점에 관하여는 증명책임이 채권자에게 있는 것이 아니고 수익자 또는 전득자 자신에게 선의라는 사실을 입증할 책임이 있다).

따라서 채권자취소권 요건사실 중 네 번째 사실에 대한 부존재의 증명책임을 수익자 또는 전득자에게 전가하고 있는 판례의 태도는 잘못되었다고 할 것이어서, 변경되어야 할 것이다.

5 債權者取消權의 行使와 效果

고 향

박 영 하

그릇이다
하루 일용할 양식을 담은 그릇
어디에 머물듯
살아 움직이는 동안
그릇 안에 나는 살고 있다
사발 속에는
영원한 내 고향이 담겨 있다

제1절 序 論

본장에서는 채권자취소권의 행사와 그 효과 및 소멸에 대하여 살펴보기로 한다. 채권자취소권을 행사함에 있어, 누가 누구를 상대로, 어떠한 방법으로 어느 정도의 범위까지 행사할 수 있는 것인지 차례대로 살펴보고, 또한 행사의 효과가 어떻게 발생하는지, 채권자, 채무자, 수익자 또는 전득자에게 어떠한 효과가 발생하는 것인지에 대하여도 차례대로 살펴보기로 한다.

제2절 債權者取消權의 行使

Ⅰ. 債權者取消權의 當事者

가. 取消權者

채권자취소권자는 채무자의 詐害行爲로 인하여 責任財産이 감소됨으로써 채권의 만족을 얻지 못하게 된 채권자이다. 채권자취소권도 채권자대위권의 대상이 되기 때문에 채권자의 채권자도 채권자취소권을 채권자대위할 수 있다.[1]

채권자취소소송은 이행의 소와 형성의 소의 결합이므로 이행의 소를 제기할 수 있는 자, 즉 그러한 청구권이 있다고 주장하는 자이면 모두 원고적격이 인정된다. 따라서 법원은 사건을 심리함에 있어, 첫째, 원고에게 채무자에 대한 被保全債權이 있는지, 둘째, 채무자와 수익자 또는 전득자 사이의 詐害行爲가 취소의 대상적격이 되는지를 판단하여야 한다.

첫째 요건인 채권자에게 채무자에 대한 채권이 없는 사실이 증명된 경우에 채권자취소권의 소제기 요건을 갖추지 못하였다는 이유로 소각하 판결을 하여야 한다는 견해가 없는 것은 아니지만,[2] 채권자의 채무자에 대한 채권의 존재는 당사자적격의 소송실시권인 소송요건이 아니라 채권자취소권 발생의 법률요건 해당사실로 보아야 하므로 청구를 기각하여야 할 것이다.[3]

반면에 채권자대위소송에서 채권자가 채무자에 대한 被保全債權이 없음이 판명된 경우에는 채권자대위소송의 당사자적격의 흠결에 해당되기 때문에 청구기각 판결을

---

1) 편집대표 郭潤直, 민법주해(Ⅸ), 833면(金能煥 집필).
2) 상게서, 833면.
3) 전게 주석민법(채권총칙 2), 86면(李相京 집필).

할 것이 아니라 소각하 판결을 하여야 한다.[1)]

나. 相對方

(1) 學 說

채권자취소소송에서 누가 채권자취소권의 상대방이 되느냐는 문제는, 채권자취소권의 법적 성질을 어떻게 이해하느냐에 따라 다르게 된다.

청구권설, 절충설, 책임설, 소권설은 재산반환 또는 강제집행수인의무를 부담하는 수익자 또는 전득자가 피고가 된다고 한다. 즉 이러한 견해는 채무자와 수익자 또는 전득자 사이의 詐害行爲의 효력을 그대로 유지시키더라도 상관이 없다고 보기 때문에 구태여 채무자를 공동피고로 할 필요가 없다는 것이다.

그러나 형성권설, 신형성권설 및 필자가 주장하는 형성청구권설에 의하게 되면, 채무자와 수익자 또는 전득자 모두를 공동피고로 하여야 한다. 왜냐하면 채무자와 수익자 또는 전득자 사이의 詐害行爲의 효력을 절대적으로 취소시킨 후 수익자 또는 전득자로부터 詐害行爲의 목적물을 반환받아야 하기 때문이다.

(2) 判 例

대법원은 수익자 또는 전득자만이 피고가 될 수 있다고 하여,[2)] 상대적 무효설의 입장을 취하고 있으며, 채무자를 상대로 한 채권자취소소송은 당사자적격이 없다는 이유로 부적법하다[3)]고 판시하고 있다.

---

1) 대법원 1993. 2. 12. 선고, 92다25151 판결; 이 경우에도 청구기각판결을 하여야 한다는 견해가 있다(胡文赫, "채권자대위소송에 있어서의 被保全債權과 당사자적격", 민사판례연구 제12권, 1990. 4. 22면).

2) 대법원 1961. 11. 9. 선고, 4292민상263 판결; 대법원 1967. 12. 26. 선고, 67다1839 판결(詐害行爲의 취소는 악의의 수익자나 전득자에게 대하여서만 할 수 있다).

3) 대법원 2004. 8. 30. 선고, 2004다21923 판결(채권자가 채권자취소권을 행사하려면 詐害行爲로 인하여 이익을 받은 자나 전득한 자를 상대로 그 법률행위의 취소를 청구하는 소송을 제기하여야 되는 것으로서 채무자를 상대로 그 소송을 제기할 수는 없다).

이 경우에 채무자는 피고는 아니지만, 채권자와 수익자 또는 전득자 사이에서 성립한 채권자취소소송의 결과에 의하여 수익자 또는 전득자로부터 부당이득반환채무의 구상권을 강제당할 염려가 있으므로 채권자취소소송의 법률상 이해관계인의 지위에 있기 때문에 보조참가할 수 있다(민사소송법 제71조)고 하겠다.[1)]

또한 판례는 "채권자의 詐害行爲取消 및 原狀回復請求가 인정되면, 수익자 또는 전득자는 원상회복으로서 詐害行爲의 목적물을 채무자에게 반환할 의무를 지게 되고, 원물반환이 불가능하거나 현저히 곤란한 경우에는 원상회복의무의 이행으로서 詐害行爲 목적물의 가액 상당을 배상하여야 하는바, 원래 채권자와 아무런 채권 · 채무관계가 없던 수익자가 채권자취소에 의하여 원상회복의무를 부담하는 것은 형평의 견지에서 법이 특별히 인정한 것이므로, 그 가액배상의 의무는 목적물의 반환이 불가능하거나 현저히 곤란하게 됨으로써 성립하고, 그 외에 그와 같이 불가능하게 된 데에 상대방인 수익자 등의 고의나 과실을 요하는 것은 아니다. 원물반환이 불가능하거나 현저히 곤란한 경우라 함은 원물반환이 단순히 절대적, 물리적으로 불능한 경우가 아니라 사회생활상의 경험법칙 또는 거래상의 관념에 비추어 채권자가 수익자나 전득자로부터 이행의 실현을 기대할 수 없는 경우를 말하고, 詐害行爲의 목적물이 수익자로부터 전득자로 이전되어 그 등기까지 경료되었다면 후일 채권자가 전득자를 상대로 소송을 통하여 구제받을 수 있는지 여부에 관계없이, 수익자가 전득자로부터 목적물의 소유권을 회복하여 이를 다시 채권자에게 이전하여 줄 수 있는 특별한 사정이 없는 한 그로써 채권자에 대한 목적물의 원상회복의무는 법률상 이행불능의 상태에 있다고 봄이 상당하다."고 하여,[2)] 원물반환이 불가능한 수익자를 피고로 하여 가액반환을 구하거나 전득자를 상대로 하여 원물반환을 구할 수도 있다고 한다. 즉 채권자는수익자와 전득자 중에서 선택적으로 청구할 수 있다.

참고로 日本大審院의 경우도 우리 대법원 판례와 같은 취지로 판시하고 있다.[3)] 그

---

1) 日本大審院 昭和 17(1942). 6. 23. 民集 第21卷, 716面.
2) 대법원 1998. 5. 15. 선고, 97다58316 판결.
3) 日本大審院(連合部) 明治 44(1911). 3. 24. 民錄 第17集 第5號, 117面.

리고 일본 판례 중에는 수익자 또는 전득자가 선의이더라도 轉轉得者가 악의인 경우에는 악의의 轉轉得者에 대한 채권자의 재산반환청구를 인정한 경우도 있지만,[1] 우리 대법원 판례[2]는 이 경우 채권자취소권의 성립을 부정하고 있다.

다. 學說 및 判例에 對한 檢討

저자가 지지하는 신형성권설 또는 형성청구권설의 입장에서는 판결의 효력을 절대적으로 무효화시킬 필요가 있기 때문에 당연히 채무자와 수익자 또는 전득자 모두를 공동피고로 삼아야 한다. 그렇다면 상대적 무효설을 취하는 판례의 태도는 바뀌는 것이 타당하다고 본다.

구체적으로 살펴보기로 한다. 채권자취소소송의 결과 채권자는 수익자 또는 전득자로부터 責任財産의 반환을 얻어낼 수 있으나, 그 판결만으로는 채무자의 재산에 대하여 강제집행을 직접 실시할 수 없다. 왜냐하면 우리 법체계는 독일의 경우와는 달리 强制執行受忍의 訴가 인정되고 있지 않기 때문이다.

따라서 채권자는 채무자에 대한 執行權原을 확보하기 위하여 채무자를 상대로 別訴를 제기하거나, 수익자 또는 전득자에 대한 채권자취소소송을 제기하면서 채무자를 공동피고로 하여 원래의 채권에 대한 이행청구의 소를 병합하여 제기하여야 한다(민사소송법 제65조).

형성권설, 신형성권설, 형성청구권설 등의 입장에서는 채무자와 수익자 또는 전득자 모두를 공동피고로 하여, 판결의 합일·확정을 통해 분쟁의 일회적 해결을 도모하는 것이 타당하다고 보기 때문에 이해관계인 모두를 공동피고로 하여 소송을 제기하여야 하고, 이 경우 소송은 필수적 공동소송이 되며 판결의 결과는 합일·확정되어야 한다고 한다.[3]

---

1) 日本最高裁判所 昭和 49(1974). 12. 12. 民集 第1卷 第2號, 713面.
2) 대법원 1956. 10. 4. 선고, 4289민상373 판결(張庚鶴, 전게서, 314면은 이 경우에 재산반환을 당한 전전득자가 선의이었던 수익자 또는 전득자에 대하여 담보책임을 물을 수 있는지의 여부가 문제 된다고 한다).
3) 李銀榮, 전게서, 482면.

또한 수익자 또는 전득자에 대한 채권자취소권의 행사는 채무자에 대해 권리를 행사한 것이 아니기 때문에 채권자의 채무자에 대한 被保全債權에 대한 소멸시효 중단의 효력이 없다는 것이 판례의 입장이다.[1] 따라서 채권자로서도 분쟁의 1회적 해결을 위해 채무자를 공동피고로 하여 被保全債權에 대한 이행의 소를 병합하여 제기하는 것이 유리한 경우도 있고, 수익자 또는 전득자 역시 공동피고인 채무자의 변론을 통해 유리한 소송자료를 얻을 수도 있으므로 채권자가 채무자를 상대로 하여 이행청구를 함께 제기하는 것이 바람직하다.

한편 채무자의 詐害行爲가 단독행위인 경우, 예를 들어 채무면제 같은 법률행위인 경우에는 수익자 또는 전득자는 전혀 의사표시를 한 바 없이 수동적으로 채무자의 채무면제를 수령하였을 뿐인데 이 경우에 채권자취소소송의 피고를 누구로 할 것이냐이다. 이에 대하여 단독행위를 한 채무자만이 피고적격자라고 볼 수도 있지만, 통설[2]은 이 경우에도 수익자 또는 전득자만을 피고로 하여야 한다고 한다.

그렇다면 전득자가 있는 경우 채권자가 채권자취소권을 행사함에 있어 수익자와 전득자 중 누구를 피고로 삼아야 할 것이냐 이다. 이 경우에 수익자와 전득자가 모두 악의인 경우라면 채권자는 수익자를 상대방으로 하여 詐害行爲取消의 소송을 제기할 수도 있고,[3] 전득자를 상대로 원물반환을 구할 수도 있다. 즉 상대방선택의 자유가 주어진다고 하겠다.[4]

그런데 채권자취소소송에서 피고가 되는 수익자의 의미를 어떻게 볼 것이냐에 대하여, 다수설은 수익자를 채무자의 詐害行爲를 통해 이익을 받은 자로 보는데 반하여, 소수설은 수익자를 채무자의 법률행위의 상대방으로 이해한다.[5] 예를 들어 제3자를

---

1) 日本最高裁判所 昭和 37(1962). 10. 12. 民集 第16卷 第10號, 2130面.
2) 郭潤直, 전게서, 148면; 金大貞, 전게서, 284면; 金容漢, 전게서, 267면; 金曾漢 · 金學東, 전게서, 204면; 金疇洙, 전게서, 215면; 金亨培, 전게서, 415면; 尹喆洪, 전게서, 269면; 林正平, 전게서, 240면; 張庚鶴, 전게서, 313면; 玄勝鍾, 전게서, 212면.
3) 이 경우에는 詐害行爲의 목적이 전득자에게 이전된 이후이기 때문에 원물반환이 불가능하므로 수익자에게 가액반환을 청구하게 된다.
4) 郭潤直, 전게서, 148면; 金基善, 전게서, 192면; 金大貞, 전게서, 284면; 金容漢, 전게서, 267면; 林正平, 전게서, 240면; 金疇洙, 전게서, 215면; 金曾漢 · 金學東, 전게서, 127면; 金亨培, 전게서, 415면; 李太載, 전게서, 168면; 玄勝鍾, 전게서, 212면; 전게 주석민법(채권총칙 2), 835면(李相京 집필).
5) 전게 민법주해 Ⅸ 채권총론(2), 826면(金能煥 집필).

위한 계약의 경우, 詐害行爲로 직접 이익을 얻은 자와 채무자의 詐害行爲의 상대방은 서로 분리된다. 이 경우 要約者, 즉 채무자의 상대방이 재산의 양수인으로서 그 선의·악의 여부에 따라 채권자취소권 행사가능성을 판단해야 한다는 견해[1]와 제3자를 위한 계약에 있어서의 수익자가 채권자취소권의 행사에 있어서의 수익자라는 견해[2]로 나누어져 있다.

詐欺와 관련하여 민법 제110조 제2항이 相對方 있는 意思表示에 關하여 第三者가 詐欺나 强迫을 行한 境遇에는 相對方이 그 事實을 알았거나 알 수 있었을 境遇에 限하여 그 意思表示를 取消할 수 있도록 하고 있는바, 詐害行爲를 한 채무자의 상대방이 사기를 행하였음을 제3자, 즉 직접 이익을 얻은 자가 알았거나 알 수 있었을 경우에 그 제3자를 수익자로 보는 것이 타당하므로 후설이 옳다고 생각한다.

그리고 채무자의 권리포기 같은 상대방 없는 단독행위의 경우에는 채무자의 권리포기로 이익을 얻게 되는 자를 수익자로 보면 될 것이다.

한편 부동산매매의 경우처럼 채무자로부터 수익자, 전득자에게 순차 이전등기된 경우, 채권자로서는 채권자취소소송의 목적을 달성하기 위해 수익자 및 전득자 모두를 피고로 하여 각각 소유권이전등기말소판결을 받거나, 전득자로부터 직접 채무자에게 이전등기를 넘겨받지 않으면 원물반환의 목적을 달성할 수 없다.

이때 수익자와 전득자 모두가 악의인 경우를 먼저 살펴보면, 판례[3]는 수익자와 전득자를 공동피고로 하여 그 각 등기명의의 말소를 구하는 것이 원칙이라는 입장이다. 그런데 이 경우에 채권자가 수익자만을 피고로 하였다면, 수익자가 그 소송에서 전득

---

1) 姜仁崖, “국세징수법상 詐害行爲의 취소”, 형사학과 법학의 제문제, 凡集閔建植檢事정년기념, 박영사, 1991, 672면.
2) 梅謙次郎, 民法要義 第3卷 債權編, 有斐閣, 1909, 84面; 松坂佐一, “債權者取消權”, 綜合判例研究叢書(民法 7), 有斐閣, 1957, 208面.
3) 대법원 2005. 6. 9. 선고, 2004다17535 판결(채권자가 전득자를 상대로 민법 제406조 제1항에 의한 채권자취소권을 행사하기 위해서는, 같은 조 제2항에서 정한 기간 안에 채무자와 수익자 사이의 詐害行爲의 취소를 소송상 공격방법의 주장이 아닌 법원에 소를 제기하는 방법으로 청구하여야 하는 것이고, 비록 채권자가 수익자를 상대로 詐害行爲의 취소를 구하는 소를 이미 제기하여 채무자와 수익자 사이의 법률행위를 취소하는 내용의 판결을 선고받아 확정되었더라도 그 판결의 효력은 그 소송의 피고가 아닌 전득자에게는 미칠 수 없는 것이므로, 채권자가 그 소송과는 별도로 전득자에 대하여 채권자취소권을 행사하여 원상회복을 구하기 위해서는 위에서 본 법리에 따라 민법 제406조 제2항에서 정한 기간 안에 전득자에 대한 관계에 있어서 채무자와 수익자 사이의 詐害行爲를 취소하는 청구를 하지 않으면 아니 된다).

자의 선의를 증명하지 못하는 한 전득자의 전득행위를 악의로 추정하여 전득자 명의가 事後 別訴에 의해 말소될 것을 전제로 수익자 명의의 등기를 말소하라는 인용판결을 할 수 있다고 한다.[1] 따라서 채권자는 별도로 전득자를 상대로 한 別訴에서 말소 또는 이전판결을 받아 앞서의 판결과 결합하여 원물반환의 목적을 달성하게 된다.

그러나 만일 別訴에서 전득자가 선의임이 증명되어 채권자가 패소하게 되면 원물반환의 목적을 달성할 수 없게 된다.[2]

이러한 대법원의 조건부 판시태도와 달리, 일본의 판례는, 수익자만을 상대로 한 소송에서 가액배상을 명하는 것은 別論으로 하고, 원물반환에 의한 원상회복을 위하여 소송의 상대방이 아닌 전득자의 악의를 미리 추정하여 조건부로 수익자 명의의 등기를 말소하라고 판결하는 것은 허용되지 않는다고 한다.[3] 그러면서도 채무자에게로의 명의 회복의 방법으로는 말소등기의 방식도 가능하고 이전등기의 방식도 가능하다는 입장을 취하고 있다.[4]

우리 학설은 명의회복의 방법에 대하여, 말소등기 이외에도 진정명의회복을 위한 이전등기의 청구가 허용된다고 한다.[5] 우리 판례도 학설과 마찬가지로 "자기 앞으로 소유권을 표상하는 등기가 되어 있었거나 법률에 의하여 소유권을 취득한 자가 진정한 등기명의를 회복하기 위한 방법으로는 그 등기의 말소를 구하는 외에 현재의 등기명의인을 상대로 직접 소유권이전등기절차의 이행을 구하는 것도 허용되어야 하는바, 이러한 법리는 詐害行爲 취소소송에 있어서 취소 목적 부동산의 등기명의를 수익

---

1) 대법원 1962. 1. 25. 선고, 4294민상529 판결; 대법원 1984. 11. 24. 자, 84마610 결정; 金能煥, "채권자취소권의 행사방법 : 부동산이 전전양도된 경우를 중심으로", 민사재판의 제문제 제6권, 한국사법행정학회, 1991, 41면.

2) 대법원 2005. 6. 9. 선고, 2004다17535 판결(채권자가 전득자를 상대로 민법 제406조 제1항에 의한 채권자취소권을 행사하기 위해서는, 같은 조 제2항에서 정한 기간 안에 채무자와 수익자 사이의 詐害行爲의 취소를 소송상 공격방법의 주장이 아닌 법원에 소를 제기하는 방법으로 청구하여야 하는 것이고, 비록 채권자가 수익자를 상대로 詐害行爲의 취소를 구하는 소를 이미 제기하여 채무자와 수익자 사이의 법률행위를 취소하는 내용의 판결을 선고받아 확정되었더라도 그 판결의 효력은 그 소송의 피고가 아닌 전득자에게는 미칠 수 없는 것이므로, 채권자가 그 소송과는 별도로 전득자에 대하여 채권자취소권을 행사하여 원상회복을 구하기 위해서는 위에서 본 법리에 따라 민법 제406조 제2항에서 정한 기간 안에 전득자에 대한 관계에 있어서 채무자와 수익자 사이의 詐害行爲를 취소하는 청구를 하지 않으면 아니 된다).

3) 日本大審院 大正 9(1920). 5. 29. 民錄 第26卷, 776面; 日本大審院 昭和 7(1932). 9. 15. 民集 第11卷, 1841面.

4) 日本最高裁判所 昭和 39(1964). 7. 10. 民集 第18卷, 1078面.

5) 金能煥, 전게 논문, 31면.

자로부터 채무자 앞으로 복귀시키고자 하는 경우에도 그대로 적용될 수 있다고 할 것이다. 따라서 채권자는 詐害行爲의 취소로 인한 원상회복 방법으로 수익자 명의의 등기말소를 구하는 대신 수익자를 상대로 채무자 앞으로 직접 소유권이전등기절차를 이행할 것을 구할 수도 있다."고 하였다.[1]

한편 수익자가 악의이고 전득자가 선의인 경우에는 전득자는 채권자취소소송에서 승소할 것이기 때문에 채권자는 수익자만을 상대방으로 하여 원상회복에 갈음한 가액배상을 소구하거나 전득자에게 영향을 미치지 않는 범위 내에서 원상회복을 소구하여야 할 것이다. 예를 들어 부동산이 수익자에게로 이전된 후 선의의 전득자에게 저당권이 설정되었다면, 채권자는 수익자를 피고로 하여 詐害行爲의 취소를 주장하여 소유권이전등기의 말소를 구하거나 채무자 명의로의 소유권이전등기를 구할 수 있으나 저당권의 말소를 요구할 수는 없다. 즉 저당권이 수반된 채로 소유권의 반환을 구할 수 있을 뿐이다.[2] 이 경우에 선의의 전득자가 설정한 저당권의 피담보채권액을 공제한 부동산의 가액이 전혀 남지 않을 경우에는 등기명의가 채무자에게로 회복되더라도 채권자로서는 전혀 실익이 없으므로 가액배상을 구하는 방법을 취하여야 할 것이고,[3] 일부 부족할 경우에는 일부 원상회복 및 일부 가액배상을 구하는 방법으로 소구하여야 할 것이다.

반대로 수익자가 선의이고 전득자가 악의인 경우 및 선의의 전득자로부터 다시 전득한 자가 악의인 경우에, 통설은 악의인 전득자에 대하여 채권자취소권을 행사할 수 있다고 한다.[4]

---

1) 대법원 2000. 2. 25. 선고, 99다53704 판결; 대법원 2001. 2. 9. 선고, 2000다57139 판결.
2) 日本大審院 大正 6(1917). 10. 3. 民錄 第23卷, 1383面. 다만 이 경우에도 현행 부동산등기법 제171조(이해관계 있는 제3자가 있을 때)가 등기의 말소를 신청하는 경우에 그 말소에 대하여 등기상 이해관계 있는 제3자가 있을 때에는 신청서에 그 승낙서 또는 이에 대항할 수 있는 재판의 등본을 첨부하도록 하고 있는바, 전득자인 저당권자의 승낙 없이 수익자 명의의 등기를 말소할 수 없으므로, 채권자로서는 진정명의회복을 원인으로 한 이전등기청구를 구하는 것이 타당하다고 하겠다.
3) 編輯代表 奧田昌道, 日本註釋民法(10), 有斐閣, 1987, 837面..
4) 郭潤直, 전게서, 148면; 金基善, 전게서, 192면; 金大貞, 전게서, 284면; 金容漢, 전게서, 266면; 金疇洙, 전게서, 215면; 金曾漢 · 金學東, 전게서, 128면; 金亨培, 전게서, 416면; 玄勝鍾, 전게서, 213면; 林正平, 전게서, 240면; 李太載, 전게서, 168면(채무자와 수익자 사이의 법률행위를 취소할 것이 아니라 수익자와 전득자 사이의 법률행위를 취소하여야 한다고 한다); 張庚鶴, 전게서, 314면.

Ⅱ. 取消權의 行使方法

가. 債權者의 이름으로 行使

채권자취소권은 민법 제406조에 근거한 실체법상의 권리로서 채권자의 고유한 권리이다. 따라서 채권자는 모든 채권자들의 공동담보를 확보하기 위하여 고유의 채권자취소권을 가진다 할 것이며, 채무자는 이러한 권리를 가지지 못한다. 그러므로 채권자취소권을 행사하는 채권자는 자기의 이름으로 직접 행사하는 것이지, 채무자의 이름으로 행사하는 것이 아니고, 채무자의 대리인(민법 제114조)으로서 행사하는 것도 아니며, 채무자의 권리를 대위(민법 제404조)하여 행사하는 것도 아니다.

문제는 채권자가 고유의 실체법(민법 제406조)상의 권리로 채권자취소권을 행사하지만, 그 취소의 결과 생기는 수익자 또는 전득자로부터 재산을 반환받는 권리는 누구의 권리를 행사하는 것으로 보아야 할 것이냐라는 점이다.

이는 채권자취소권의 법적 성질론에 따라 다르게 된다. 즉 형성권설, 신형성권설에 의할 경우 詐害行爲가 취소되면 채무자와 수익자 사이의 詐害行爲가 절대적 무효가 되기 때문에, 詐害行爲 취소에 따른 원물반환청구권 또는 가액반환청구권이나 금전에 대한 반환청구권은 詐害行爲의 당사자인 채무자가 취득한다. 따라서 이 경우에는 채무자에게 반환하는 것이 원칙이다. 다만 채무자가 반환을 받지 않을 경우에는 채권자가 채권자대위권에 의하여 채무자의 위 청구권을 대위행사하여 반환받게 된다.

반면에 청구권설이나 절충설에 의할 경우, 채무자와 수익자 또는 전득자 사이의 詐害行爲는 여전히 유효하기 때문에, 채권자취소권의 행사 결과 채무자는 아무런 권리를 취득하지 못한다. 따라서 채무자는 原狀回復請求權을 행사할 수 없고, 오직 채권자취소판결에 의해 상대적으로 무효를 주장할 수 있는 채권자가 수익자 또는 전득자에 대하여 위 판결의 기판력 및 집행력에 의해 原狀回復請求權을 고유의 권리로 취득하게 된다.

그리고 책임설이나 소권설에 의할 경우, 채권자와 수익자 사이의 詐害行爲가 취소되는 것이 아니기 때문에 여전히 詐害行爲의 목적물에 대한 권리는 수익자 또는 전득자의 권리로 남아 있으면서 그 중 채무자의 責任財産으로서의 효력만이 환원되는 것이므로 채무자 또는 채권자에게로의 원상회복 없는 현재 상태에서 채권자는 곧바로 수익자 또는 전득자의 責任財産에 대하여 직접 강제집행을 하게 된다. 그러나 책임설이나 소권설은 우리 민사소송법이 强制執行受忍의 訴나 책임의 소와 같은 제도를 두고 있지 않기 때문에 현실적으로 수익자 또는 전득자의 소유로 형식적 명의가 되어 있는 한 현행 민사집행법상 강제집행을 할 수 있는 방법이 없다.

필자가 주장하는 형성청구권설에 의하게 되면, 채권자가 채무자와 수익자 또는 전득자 사이의 詐害行爲를 절대적으로 취소할 수 있게 되므로, 그 결과 채무자와 수익자 또는 전득자 사이의 詐害行爲는 무효가 되고, 무효인 법률행위의 효과, 즉 원상회복의무에 의하여 수익자 또는 전득자가 채무자에게 원상회복하게 되는 권리를 채권자가 대위행사하는 것이 된다고 하겠다.

나. 裁判上 請求

민법 제406조(債權者取消權) 제1항은 "債權者는 그 取消 및 原狀回復을 法院에 請求할 수 있다."고 하여 채권자취소권의 행사를 재판상 청구하도록 제한하고 있다. 이처럼 재판상 청구하도록 강제하고 있는 이유는, 채권자취소권의 행사 결과 채무자 이외의 제3자인 수익자 또는 전득자의 재산권에 중대한 영향을 미치기 때문에, 법원으로 하여금 그 행사요건을 엄격히 판단하도록 함과 동시에 다른 채권자들의 공동담보로 기능하게 될 채권자취소권의 판결결과를 어느 정도 공시하도록 하기 위해서라고 할 수 있다.

그렇다면 "법원에 청구"한다는 의미를 어떻게 해석할 것이냐 인데, 통설[1]은 소제기의 방법, 즉 청구취지를 詐害行爲의 취소 및 원상회복을 명하는 방법으로 제기하는

---

1) 金相容, 전게서, 263면; 金曾漢 · 金學東, 204면; 金亨培, 전게서, 414면; 편집대표 郭潤直, 전게 민법주해(IX), 833면(金能煥 집필).

것으로 이해한다.

판례도 "채무자가 채권자를 해함을 알고 재산권을 목적으로 한 법률행위를 한 경우, 채권자는 詐害行爲의 취소를 법원에 소를 제기하는 방법으로 청구할 수 있을 뿐 소송상의 공격방어방법으로 주장할 수 없다."고 하여[1] 통설과 같은 입장을 취하고 있다. 일본 판례[2]도 마찬가지이다.

그런데 이러한 통설 및 판례의 태도에 대하여, 채권자취소권에 관한 규정은 詐害行爲라는 불안한 법률행위를 조속히 안정시켜 거래안전보장을 위한 규정으로 해석하여야 한다면서 재판 외에서도 신속하게 행사할 수 있으며, 다만 그 결과로 생기는 原狀回復請求權 기타의 법률관계에 대하여 민법 제406조 제2항의 기간 내에 소송계속이 되도록 하면 된다고 주장하는 견해[3]가 있다. 이 견해는 소송절차에서 청구취지가 아닌 항변으로 행사되어도 무방하다고 한다.[4]

채권자취소소송의 청구취지는 채권자취소소송의 구조론에 따라 달라지게 된다. 현재의 통설적 지위에 있는 형성의 소와 이행의 소의 결합이라고 보는 견해에 따르면, 먼저 채무자와 수익자 또는 전득자 사이의 詐害行爲를 취소할 것을 구하는 청구취지와 취소의 결과에 의한 원상회복을 명할 것을 구하는 청구취지를 객관적 병합의 형태로 제기하는 것이 일반적이고, 판결주문 역시 이에 맞춰 내려지고 있다. 다만 詐害行爲만 있을 뿐 이행이 아직 이루어지지 않은 경우라면 詐害行爲의 취소를 구하는 것만이 청구취지가 된다.

그런데 소의 구조를 위와 같이 보면서도 형성권설, 신형성권설, 형성청구권설의 입장에서는 절대적 무효설을 지지하기 때문에 채무자와 수익자 사이의 詐害行爲의 취소를 구한 결과 채권자, 채무자, 수익자 또는 전득자 사이의 詐害行爲가 절대적으로 무효가 된다고 한다. 한편 채권설이나 절충설의 입장에서는 채무자와 수익자 사이의

---

1) 대법원 1995. 7. 25. 선고, 95다8393 판결; 대법원 1998. 3. 13. 선고, 95다48599 · 48605 판결.
2) 日本最高裁判所 昭和 39(1964). 6. 12. 民集 第18卷 第5號, 764面.
3) 이러한 견해를 취하는 입장은 위 기간을 제척기간으로 보지 않고 시효기간으로 본다.
4) 兼子一, 實體法と訴訟法, 有斐閣, 1963, 89面; 加藤正治, 破産法研究 Ⅳ, 有斐閣, 1923, 249面; 飯原一乘, "詐害行爲取消權と行使方法", ヅュリスト 第821號(1984. 9), 有斐閣, 93面; 李時潤, 전게서, 171면; 鄭東潤, 전게서, 67면; 新堂幸司, 新民事訴訟法, 弘文堂, 2000, 145면.

詐害行爲의 취소를 구하는 점에서는 형성권설 또는 신형성권설의 입장과 같으면서도 그 판결 결과는 채권자와 수익자 또는 전득자 사이에서만 상대적으로 무효가 된다고 한다. 그리고 책임설 또는 소권설의 입장에서는, 수익자 또는 전득자에 대하여 詐害行爲의 취소를 구하는 형성의 소로 제기한다는 점에서는 앞의 학설들과 같지만, 그 효과는 채무자와 수익자 또는 전득자 사이의 詐害行爲가 무효로 되는 것은 아니라고 하면서 수익자 또는 전득자에게 귀속된 詐害行爲의 목적물이 채권자의 채무자에 대한 執行權原에 복종해야 하는 채무자의 責任財産으로 환원될 뿐이라고 한다. 따라서 채권자는 채권자취소판결 이후에 별도의 강제집행인용판결을 받아 이에 근거하여 수익자의 위 재산에 대하여 곧바로 강제집행할 수 있다고 한다.

한편 채권자의 채권자취소소송이 제기된 사실이 채무자에게 고지 또는 통지된 경우 민법 제176조에 준하여 채권자의 채무자에 대한 채권에 대하여 소멸시효중단의 효력이 발생하는가에 대하여 긍정설[1]과 부정설[2]로 나누어져 있는데, 상대적 무효설의 입장에서는 부정되어야 할 것이다.

그러나 절대적 무효설을 취하는 신형성권설이나 형성청구권설에 의하면 채무자도 피고로 되어 소송의 당사자가 되므로 그 판결의 기판력이 미치기 때문에 당연히 시효가 중단된다고 하겠다.

Ⅲ. 債權者取消訴訟의 競合

가. 許容 與否

그렇다면 채권자취소소송의 경합을 인정할 것인가, 즉 여러 명의 채권자가 각자 채권자취소소송을 제기할 수 있는가 여부이다.

---

1) 於保不二雄, 債權總論(新版), 有斐閣, 1977, 202面.
2) 日本最高裁判所 昭和 37(1962). 10. 12. 民集 第16卷, 10면; 李在烈, 전게 논문, 73면.

각 채권자는 고유한 권리로서 독립하여 채권자취소소송을 제기할 수 있다. 채권자취소권은 채권자대위권과 다르기 때문에 채권자대위소송이 경합되었을 때와는 달리 중복소송에 해당되지 않는다.[1] 바람직한 것은 다수의 채권자가 공동으로 하나의 채권자취소소송을 제기하여 공동담보를 확보함으로써 채권분배면에서도 공평성을 보장받으면 좋겠지만, 현실적으로 이를 기대할 수는 없다. 따라서 채권자들은 각자 채권자취소권을 행사하여 別訴를 제기할 수 있다. 다만 이 경우 법원은 한 재판부로 하여금 사실상 변론을 병합토록 하여 재판토록 하는 것이 바람직하다고 하겠다.

나. 競合訴訟의 處理

문제는 어느 한 채권자의 채권자취소소송이 인용되어 어느 채권자가 수익자 또는 전득자로부터 일탈재산의 회복 또는 가액배상을 받은 경우 다른 채권자의 취소소송이 어떻게 되느냐이다. 이에 대하여 한 채권자의 취소판결로 다른 채권자도 공동담보의 목적을 달성하였으므로 보전의 필요성이 없어짐으로써 채권자취소권을 행사할 수 없다고 할 것이어서 앞의 판결에 의하여 회복된 재산에 대한 강제집행절차에서 배당요구만이 허용된다는 견해가 있다.[2]

개인적으로는 이러한 견해를 무조건 찬성하기 어렵다고 본다. 왜냐하면 모든 채권자취소소송을 병합하여 한 재판부에서 심리한다면 모르겠으나, 재판부가 각각 다를 경우 각 채권자가 주장하는 총채권액이 다를 수밖에 없기 때문에 취소될 詐害行爲의 범위, 즉 반환재산(責任財産)의 범위도 덩달아 달라질 수밖에 없으므로, 한 채권자의 채권자취소판결이 있다고 하더라도 다른 채권자들의 취소소송을 무조건 각하하거나 취하할 수는 없다고 하겠다.

따라서 각 재판부는 채권자의 취소소송별로 사실심변론종결 시까지 주장된 채무자의 적극재산과 소극재산을 산정하고, 채권자의 총채권액을 산정하여 이를 비교함으

---

1) 吳始暎, 전게 민사소송법, 367면; 李在烈, 전게 논문, 59면; 奧田昌道, 전게 債權總論(增補版), 316면.
2) 전게 주석민법(채권총칙 2), 92면(李相京 집필); 전게 민법주해(IX), 838면(金能煥 집필).

로써 채권자취소소송의 취소 범위를 확대할 것인지 여부를 개별적으로 판단하여야 할 것이다.

이론적으로는 채권자취소소송이 총채권자들의 채권총액을 공동담보하기 위해 제기되는 것이라고 하지만, 채권자취소권을 주장하는 채권자도 채무자의 총소극재산과 총적극재산을 알 수 없고, 피고인 수익자 또는 전득자 역시 제3자인 채무자의 위의 내용을 알 수 없는 것이 일반적이기 때문에 전체적이고 종합적인 재판이 이루어질 수 없는 것이 현실이다. 따라서 구체적이고 개별적으로 각 채권자별로 채권자취소소송의 취소의 범위를 심리하는 것이 타당하다고 하겠다.

판례도 "채권자취소권의 요건을 갖춘 각 채권자는 고유의 권리로서 채무자의 재산처분 행위를 취소하고 그 원상회복을 구할 수 있는 것이므로 여러 명의 채권자가 동시에 또는 시기를 달리하여 詐害行爲取消 및 原狀回復請求의 소를 제기한 경우 이들 소가 중복제소에 해당하지 아니할 뿐만 아니라, 어느 한 채권자가 동일한 詐害行爲에 관하여 詐害行爲取消 및 原狀回復請求를 하여 승소판결을 받아 그 판결이 확정되었다는 것만으로는 그 후에 제기된 다른 채권자의 동일한 청구가 권리보호의 이익이 없게 되는 것은 아니고, 그에 기하여 재산이나 가액의 회복을 마친 경우에 비로소 다른 채권자의 詐害行爲取消 및 原狀回復請求는 그와 중첩되는 범위 내에서 권리보호의 이익이 없게 된다. 여러 명의 채권자가 詐害行爲取消 및 原狀回復請求의 소를 제기하여 여러 개의 소송이 계속 중인 경우에는 각 소송에서 채권자의 청구에 따라 詐害行爲의 취소 및 원상회복을 명하는 판결을 선고하여야 하고, 수익자(전득자를 포함한다)가 가액배상을 하여야 할 경우에도 수익자가 반환하여야 할 가액을 채권자의 채권액에 비례하여 채권자별로 안분한 범위 내에서 반환을 명할 것이 아니라, 수익자가 반환하여야 할 가액 범위 내에서 각 채권자의 被保全債權額 전액의 반환을 명하여야 한다."[1]고 하여 각 채권자취소소송에 대한 판결을 필요로 한다고 하고 있다.

다만 이 경우 전소의 기판력 범위 내에서 後訴의 訴益은 없다고 할 것인데, 후소의 이익을 판단하는 시점을 언제로 볼 것이냐 여부에 대하여 전소의 판결확정시설[2]과 확정된 취소판결에 따른 재산이나 가액의 회복시설[3]이 대립하고 있다.

前訴의 판결확정시설을 따르면 민법 제407조의 취지를 잘 따르게 되는 장점이 있고, 가액의 회복시설을 따르면 구체적 타당성을 기할 수 있는 장점이 있다. 개인적으로는, 수익자 또는 전득자가 채무자 또는 채권자에게 구체적으로 반환하였느냐에 의하여 따지게 되면 판결확정 후에도 적극재산과 소극재산의 확정이 유동적이 되어 안정적이지 못하기 때문에, 상소 등으로 확정시기가 늦추어지는 문제점 등이 있음에도 불구하고 전소의 판결확정시설이 타당하다고 생각한다.

그런데 위 판례는 "어느 한 채권자가 동일한 詐害行爲에 관하여 詐害行爲取消 및 原狀回復請求를 하여 승소판결을 받아 그 판결이 '확정'되었다는 것만으로는 그 후에 제기된 다른 채권자의 동일한 청구가 권리보호의 이익이 없게 되는 것은 아니고, 그에 기하여 '재산이나 가액의 회복'을 마친 경우에 비로소 다른 채권자의 詐害行爲取消 및 原狀回復請求는 그와 중첩되는 범위 내에서 권리보호의 이익이 없게 된다." 고 하여 판결확정시설이 아닌 "財産이나 價額의 回復時說"을 취하고 있다.

그러나 위 판례의 취지를 따르게 되면, 수익자 또는 전득자는 자기가 부담하고 있는 반환액 이상을 반환하라는 이중판결을 받게 되어 문제이다. 즉 채권자 갑에게 일정 가액을 반환하라는 판결을 받은 후 아직 그에게 가액반환을 안 했다는 이유로 채권자 을에게도 일정 가액을 반환하라는 이중판결을 받게 되어, 강제집행을 이중으로 당할 우려가 있게 된다. 만일 갑과 을 두 채권자 모두가 각각 강제집행을 해 온다면,

---

1) 대법원 2005. 11. 25. 선고, 2005다51457 판결; 대법원 2008. 6. 12. 선고, 2008다8690 · 8706 판결(채권자취소권의 요건을 갖춘 각 채권자는 고유의 권리로서 채무자의 재산처분 행위를 취소하고 그 원상회복을 구할 수 있으므로 여러 명의 채권자가 詐害行爲取消 및 原狀回復請求의 소를 제기하여 여러 개의 소송이 계속 중인 경우에는 각 소송에서 채권자의 청구에 따라 詐害行爲의 취소 및 원상회복을 명하는 판결을 선고하여야 하고, 수익자 또는 전득자가 가액배상을 하여야 할 경우에도 수익자 등이 반환하여야 할 가액을 채권자의 채권액에 비례하여 채권자별로 안분한 범위 내에서 반환을 명할 것이 아니라, 수익자 등이 반환하여야 할 가액 범위 내에서 각 채권자의 被保全債權액 전액의 반환을 명하여야 한다. 이와 같은 법리는 여러 명의 채권자들이 제기한 각 詐害行爲取消 및 原狀回復請求의 소가 민사소송법 제141조에 의하여 병합되어 하나의 소송절차에서 심판을 받는 경우에도 마찬가지이다).

2) 吳泳俊, "詐害行爲取消權과 채권자평등주의", 사법논집 제32집, 법원도서관 2001, 178면 · 179면(회복시설은 채권자취소의 효력이 모든 채권자를 위하여 효력이 있다는 민법 제407조의 취지에 반한다며 전소의 판결확정시가 타당하다고 한다); 林采雄, "채권자취소권의 행사범위에 관한 연구", 인권과 정의 제292호, 대한변호사협회, 2002. 12, 133면.

3) 尹瓊, 전게 논문, 13면 · 138면; 李在烈, 전게 논문, 60면.

기판력과 집행력의 주관적 범위가 각각 다르기 때문에, 갑에 대한 반환으로 을에 대한 집행을 거절할 수 없게 되어 이중으로 반환해야 하는 문제가 발생하게 된다. 따라서 가액회복시설을 취하는 대법원의 태도는 현실적으로 문제가 있다고 하지 않을 수 없다.

한편 채권자가 詐害行爲의 취소와 원상회복을 동시에 청구하지 아니하고 전자만을 청구할 수 있느냐에 대하여, 일본 판례는 이를 허용한다.[1] 그런데 우리 하급심 판결 중에는 선의의 전득자 명의로 이전된 부동산 등기 명의를 詐害行爲로 취소할 수 없게 되자 악의의 수익자에 대한 詐害行爲의 취소만을 인정하고 선의의 전득자를 상대로 한 이전등기의 말소는 불가능하다는 이유로 수익자 명의의 등기의 말소를 불허한 판결이 있다.[2]

이를 분리하여 허용하더라도 무방하리라 본다. 후소에서 이행의 소를 제기하면 될 것이다.

Ⅳ. 受益者 또는 轉得者의 債務者의 消滅時效 抗辯權 援用 與否

가. 學 說

채권자취소소송을 제기당한 수익자 또는 전득자가 취소소송을 제기한 채권자의 채무자에 대한 被保全債權의 소멸시효 완성에 대한 항변권, 즉 채무자의 채권자에 대한 소멸시효 항변권을 원용할 수 있느냐 여부이다.

원용권부정설은, 소멸시효를 주장할 것인지 여부는 채무자의 고유권한으로 채무자가 소멸시효 완성된 채권의 변제를 승인하거나 소멸시효 이익을 포기할 수도 있는 것

1) 日本大審院(連合部) 明治 44(1911). 3. 24. 民錄 第17集 第5號, 117面.

2) 서울고등법원 1980. 3. 7. 선고, 79나2018 제2민사부판결(詐害行爲의 목적인 부동산의 전득자가 선의여서 그 명의의 소유권이전등기의 말소를 구할 수 없는 경우에 수익자가 악의라고 하여도 채무자와 수익자 사이의 매매의 취소를 구하는 이외에 수익자명의의 등기의 말소를 구할 수는 없다).

이므로 이를 제3자인 수익자나 전득자가 원용하는 것은 부당하다고 한다.[1)]

원용권긍정설[2)]은 채권자취소소송에서 수익자 또는 전득자가 채무자의 시효항변권을 원용할 수 없어 패소하여 詐害行爲의 취소 및 원상회복의 판결이 났는데, 그 후 채권자와 채무자의 별도 소송에서 채무자가 시효항변을 주장하여 채권자의 청구가 받아들여지지 않으면 被保全債權이 부존재한 것으로 판결이 났음에도 채권자취소권은 기왕에 인용되어 양 판결의 결과가 다르게 됨으로써 문제가 되므로 이를 긍정하여야 한다고 한다.

다수설인 원용권긍정설은 우리 민법이 일본 민법 제145조와 달리 실체법상의 시효원용제도를 채택하고 있지 않기 때문에 소멸시효가 완성되면 그 권리는 소멸시효완성과 동시에 확정적 · 절대적으로 소멸한다고 보기 때문에, 일본 민법처럼 시효완성의 효과가 상대적으로 소멸하고 원용에 의하여 비로소 절대적으로 소멸하는 것으로 볼 것은 아니라는 이유로 被保全債權의 소멸시효 완성의 항변권을 원용할 수 있다고 한다.[3)] 우리 판례의 입장이기도 하다.[4)] 따라서 소송절차에서 수익자 또는 전득자가 소멸시효 완성으로 이미 절대적으로 소멸한 채권자의 채무자에 대한 권리에 대하여 소멸시효 항변을 할 경우 법원은 曆의 계산만으로 소멸시효 완성여부를 판단할 수 있으므로 그 항변을 배척할 수 없고, 被保全債權이 시효로 소멸하였다면 이미 채권자취소권은 그 보전의 필요성이 없게 되었으므로 수익자 또는 전득자에 의한 채무자의 소멸시효 완성의 항변의 원용을 긍정하여야 한다고 한다.[5)]

그러나 소멸시효 완성의 효과에 대한 상대적 소멸설[6)]의 입장에서는 소멸시효 완성으로 채권자의 채무자에 대한 被保全債權이 당연히 소멸하는 것이 아니라 채무자가

---

1) 日本大審院 昭和 3(1928). 11. 8. 民集 第7券, 980面.
2) 郭潤直, 민법총칙, 박영사, 1989, 582면; 金基善, 한국민법총칙, 법문사, 1985, 369면; 金疇洙, 민법총칙(제4판), 삼영사, 1996, 538면; 金曾漢, 민법총칙(민법강의1), 박영사, 1981, 479면; 方順元, 민법총칙, 한일문화사, 1959, 321면; 李英燮, 민법총칙, 박영사, 1959, 420면; 張庚鶴, 민법총칙, 법문사, 1989, 735면; 李銀榮, 민법총칙(제3판), 박영사, 2004, 778면; 상대적 소멸설을 지지하는 견해; 金容漢, 민법총칙론(전정판), 박영사, 1989, 489면; 我妻榮, 前揭 債權總論民法講義Ⅳ, 1964, 208面.
3) 전게 주석민법(채권총칙 2), 94면 · 95면(李相京 집필).
4) 대법원 1966. 1. 31. 선고, 65다2445 판결.
5) 전게 주석민법(채권총칙 2), 95면(李相京 집필).
6)金容漢, 전게 민법총칙, 489면; 金顯泰, 민법총칙, 교문사, 173, 735면.

그 항변권을 행사하여야만 그때 비로소 소멸하는 것이므로 수익자 또는 전득자 역시 채무자의 위 항변권을 채권자취소소송에서 항변하여야 한다고 한다.

나. 判 例

채권자취소권에 대한 소멸시효의 항변권 원용에 대하여 우리 판례는 최근 들어 "소멸시효를 원용할 수 있는 사람은 권리의 소멸에 의하여 직접 이익을 받는 자에 한정되는바, 詐害行爲取消訴訟의 상대방이 된 詐害行爲의 수익자는, 詐害行爲가 취소되면 詐害行爲에 의하여 얻은 이익을 상실하고 詐害行爲取消權을 행사하는 채권자의 채권이 소멸하면 그와 같은 이익의 상실을 면하는 지위에 있으므로, 그 채권의 소멸에 의하여 직접 이익을 받는 자에 해당하는 것으로 보아야 한다."고 하여 원용권을 인정하였다.[1] 그런데 일본 판례는 수익자 또는 전득자의 채무자의 채권자에 대한 소멸시효 항변권의 원용을 부정하고 있다.[2]

위 대법원 판례가 나오기 전에는 채권자대위권 행사에 대한 소송절차에서 제3채무자가 채무자의 채권자에 대한 채권의 소멸시효 항변의 원용권을 행사할 수 있는가에 대하여 판례[3]는 채권의 소멸시효가 완성된 경우 이를 원용할 수 있는 자는 원칙적으로는 시효이익을 직접 받는 자뿐이므로 채권자대위소송의 제3채무자는 이를 행사할 수 없으며, 단지 채무자가 다른 별소에서 소멸시효항변을 주장한 것이 소송에 반영된 경우에 한하여 원용할 수 있다고 하였다.

다. 學說 및 判例에 對한 檢討

위와 같이 채권자취소권과 채권자대위권에 있어 채무자의 소멸시효 항변권을 원용

---

1) 대법원 2007. 11. 29. 선고, 2007다54849 판결.
2) 日本大審院 昭和 3(1928). 11. 8. 民集 第7卷, 980面; 新井英夫, 判例民事法 有斐閣, 1928, 469面 參照.
3) 대법원 2004. 2. 12. 선고, 2001다10151 판결; 대법원 2008. 1. 31. 선고, 2007다64471 판결; 대법원 2004. 2. 12. 선고, 2001다10151 판결; 대법원 2000. 5. 26. 선고, 98다40695 판결.

할 수 있는가에 대하여 판례가 엇갈리고 있으나, 개인적으로는 그러한 견해에 찬성한다.

왜냐하면 채권자의 채권자취소권행사는 타인의 권리를 대위하여 행사하는 것이 아니라 자신의 고유의 권리를 직접 행사하는 것이고, 채권자의 채무자에 대한 권리가 소멸시효의 완성으로 채권자취소권의 요건인 被保全債權의 존재가 부인되면 채권자는 수익자 또는 전득자를 상대로 "어떠한 취소 및 이행청구를 할 권리"가 없어, 수익자 또는 전득자로서는 채권자취소권의 행사를 배척하기 위해 채무자의 채권자에 대한 소멸시효 항변권을 원용할 이익이 있기 때문이다. 다시 말해 채권자대위권의 경우 채권자가 채무자에 대한 被保全債權이 없어 패소하였더라도[1] 나중에 채무자는 제3채무자에 대해 자신의 채권을 근거로 이행의 소를 제기할 경우 제3채무자는 채무자에게 변제하여야 한다. 즉 제3채무자로서는 채권자대위소송에서 채무자의 채권자에 대한 소멸시효 항변을 적극적으로 행사하여 채권자에게 승소하더라도, 채무자가 제3채무자를 상대로 한 후소에서 패소하게 되어 결국 변제하여야 하기 때문에 채권자대위권소송에서의 채권자에 대한 채무자의 소멸시효 항변의 원용이 종국적으로 實效를 거둘 수 없게 되지만, 채권자취소권의 경우는 채권자의 채무자에 대한 被保全債權이 소멸시효 완성으로 소멸하였다고 인정되게 되면 채권자취소권의 被保全債權이 존재하지 않으므로 취소채권자는 수익자 또는 전득자를 상대로 더 이상 채권자취소권을 행사할 수 없게 된다. 이는 수익자 또는 전득자의 입장에서 볼 때 채권자의 채무자에 대한 被保全債權의 존재가 소멸시효 완성으로 부인되면 채권자에 대하여 아무런 책임을 지지 않게 되어 채권자취소권의 영향에서 벗어나는 실익이 있다.

따라서 수익자 또는 전득자는 채무자의 채권자에 대한 시효완성의 항변권을 행사함으로써 자신과 채무자의 이익을 보호할 수 있으므로[2] 채무자의 채권자에 대한 소멸시효완성의 항변권을 원용한 위 대법원 판례는 타당하다고 하겠다.

---

1) 제3채무자는 채권자대위권의 행사로 인하여 채권자에게 반환할 의무가 없다.

2) 만일 수익자가 채권자취소송소송에서 패소하게 되면 채권자에게 반환한 詐害行爲의 목적만큼 채무자에게 추급권을 행사하게 되어,채무자가 부당이득반환채무를 새로이 부담하게 되는데, 수익자가 채무자의 시효완성항변권을 원용하여 채권자취소소송에서 승소하면 이를 면할 수 있어 채무자에게도 유리하다.

뿐만 아니라 채권자대위소송의 제3채무자는 채무자에게 지급할 채무가 있지만, 채권자취소소송의 수익자 또는 전득자는 채무자와의 詐害行爲가 정상적인 유상행위인 경우라면 채무자의 채권자에 대한 소멸시효 완성의 항변권의 원용을 인정할 실익이 크다. 따라서 소멸시효의 효력에 대한 견해가 절대적 소멸설의 입장이든 상대적 소멸설의 입장이든 채무자의 채권자에 대한 소멸시효항변권의 원용을 수익자 또는 전득자에게 인정하여 채권자의 채무자에 대한 권리의 소멸을 인정하여, 그 결과 수익자 또는 전득자가 채권자취소권에서 벗어나도록 하는 것이 타당하다고 본다. 나아가 채권자의 채무자에 대한 권리가 소멸시효로 완성될 정도라면 상당기간 동안 권리행사를 해태하였다는 것을 의미하는바 그 기간 동안에 가압류 또는 가처분 등 채권보전절차를 취할 충분한 시간적 여유가 있었을 것임에도 불구하고 이를 행사하지 않고 있다가 수익자 또는 전득자에 대하여 채권자취소권을 행사하는 것은 법적 안정성을 침해할 우려가 있고, 채권자취소소송에서 패소하게 된 수익자 또는 전득자가 다시 채무자를 상대로 부당이득반환청구권을 취득하게 되어 채무자로서도 전혀 이익 될 바가 없다.

채권자취소소송에서 수익자 또는 전득자가 시효항변권을 원용 행사하였다면, 채무자의 이에 반한 항변권의 포기나 시효이익의 포기 등의 행사는 債務者가 채권자대위권행사의 通知를 받은 後에는 그 權利를 處分하여도 이로써 債權者에게 대항하지 못하도록 되어 있는 민법 제405조 제2항을 유추하여 채권자취소권에서도 마찬가지라고 하겠다.

따라서 채권자취소소송의 피고인 수익자나 전득자는 채무자의 소멸시효 완성의 항변권을 원용할 수 있다고 한 위 대법원 판례는 타당하다고 본다.

Ⅴ. 破産宣告와의 關係

채권자취소소송 중에 채무자가 파산선고를 받을 경우 채무자회생법 제406조는 파산절차가 해지되거나 파산관재인이 수계할 때까지 채권자취소소송절차를 중단하도록 하고 있다.

그런데 이 경우에 파산관재인의 소송수계는 의무사항이 아니기 때문에 파산관재인은 소송수계를 하지 않고(동법 제347조) 동법상의 부인권을 행사할 수 있다.[1] 다만 채권자취소소송을 제기하기 전에 채무자가 파산선고를 받은 경우에는 채권자는 채권자취소소송을 제기할 수 없고, 파산관재인은 채무자회생 및 파산에 관한 법률에 의해 부인권을 행사할 수 있다.[2]

Ⅵ. 第三者異議의 訴와의 關係

채권자의 수익자 또는 전득자에 대한 채권자취소소송과 수익자 또는 전득자의 소유권에 기한 채권자에 대한 제3자이의의 소가 충돌하는 경우가 발생할 수 있다.

예를 들어 채무자가 수익자 또는 전득자로부터 금원차용시 자기 소유 동산을 양도담보로 제공한 후 여전히 그 동산을 점유하여 사용하고 있는데,[3] 채권자가 그 동산을 채무자 소유로 알고 강제집행을 실시하는 경우에, 양도담보권자인 수익자 또는 전득자는 자신이 소유자(양도담보권자)임을 내세우며 제3자이의의 소를 본소로 제기하는 경우이다.

이때 채권자가 채무자와 수익자 또는 전득자 사이의 양도담보설정계약이 詐害行爲라며 反訴로 채권자취소소송을 제기하게 되면 양소가 충돌하게 된다.

이 경우에 대해 일본 판례는, 詐害行爲임이 인정될 경우에는 채권자취소소송을 인용하고 제3자이의의 소를 기각하여야 한다고 하였다.[4] 반면에 본소와 반소로 병합하

1) 飯原乘一, 前揭 "判例を中心とした詐害行爲取消權の硏究", 7面; 전게 민법주해(Ⅸ), 838면(金能煥 집필); 전게 주석민법(채권총칙 2), 93면(李相京 집필).
2) 日本大審院 昭和 4(1929). 10. 23. 民集 第8卷, 787面.
3) 신탁적 소유권설에 의하게 되면 소유권은 양도담보받은 수익자 또는 전득자에게 있다.
4) 日本最高裁判所 昭和 40(1965). 3. 26. 民集 第19卷 第2號, 508面.

여 제기되지 않고 別訴로 제기된 경우에는 詐害行爲의 성립을 이유로 제3자이의의 소를 기각할 수 없다고 하여 상호 모순된 듯이 판시하고 있다.[1)]

가등기담보등에관한법률이 제정된 이후 양도담보의 법적 성질을 담보물권으로 보는 담보물권설[2)]이 다수설이 되었는바, 양도담보의 속성을 특수한 담보물권으로 이해하게 되면, 형식적으로 소유권이 채권자에게 이전되었다고 하더라도 채권의 회수를 위해서 정산 절차를 밟아야 할 뿐만 아니라 특정채권자를 위한 물적 담보의 제공 역시 채권자취소권의 대상[3)]이 되기 때문에 양도담보설정계약은 채권자취소권의 대상행위가 된다고 볼 것이므로, 제3자이의의 소가 제기되더라도 채권자취소소송이 인용될 수 있다고 하겠다.

---

1) 日本最高裁判所 昭和 43(1968). 11. 15. 民集 第22卷 第12號, 2659面.
2) 郭潤直, 물권법(제7판), 박영사, 2004, 387면; 金相容, 물권법(전정증보판), 2003, 804면; 張庚鶴, 물권법, 법문사, 1987, 868면; 黃迪仁, 현대민법론, 삼지원, 1986, 387면.
3) 대법원 1986. 9. 23. 선고, 86다카83 판결.

제3절 債權者取消權의 行使範圍

Ⅰ. 一般的 基準

가. 學 說

채권자취소권의 행사범위에 대하여, 상대적 무효설의 입장 및 판례[1]는 詐害行爲의 일부만을 취소하는 것으로 責任財産의 회복이 가능하다면 취소의 범위는 그 일부에 그쳐야 하고, 이를 초과하는 부분에 대하여서까지 인용할 것은 아니라고 한다.

그렇다면 채권자취소권을 행사하는 채권자가 취소의 범위를 결정할 때 자신의 채권액만을 표준으로 할 것인지, 채권자취소권을 행사하고 있지 아니한 다른 채권자의 채권액까지 감안하여 결정할 것인지가 문제이다.

이에 대하여는 총채권액기준설[2]과 취소채권자채권액기준설[3]로 나눌 수 있다. 총채권액기준설은, 민법 제407조가 "제406조의 規定에 依한 取消와 原狀回復은 모든 債權者의 利益을 爲하여 그 效力이 있다."라고 규정하고 있음을 근거로 총채권자의 채

1) 조선고등법원판결 1927. 7. 29. 民集 제11권 146면; 대법원 1984. 7. 24. 선고, 84다카68 판결; 대법원 2002. 11. 8. 선고, 2002다41589 판결(채권자의 채권원리금이 그 우선변제권에 의하여 전액 담보되지 아니하는 경우에는 변제충당의 법리를 유추적용하여 詐害行爲 시점에서는 이자채권이 원금채권에 우선하여 우선변제권에 의하여 담보되고 있다고 볼 것이므로 담보되지 아니하는 부분 가운데에는 원금에 해당하는 금원이 포함되어 남아 있게 될 것이고, 따라서 채권자가 채권자취소권을 행사할 수 있는 범위는 그 이후 담보권의 실행 등으로 소멸한 부분을 제외하고 난 다음 실제로 남은 미회수 원리금 전부가 아니라 詐害行爲 당시 채권최고액 및 담보부동산의 가액을 초과하는 부분에 해당하는 채무원리금 및 그 중 원금 부분에 대한 사실심변론종결시점까지 발생한 지연이자 상당의 금원이 이에 해당한다).

2) 李太載, 전게서, 285면.

3) 郭潤直, 전게 채권총론, 149면; 金基善, 전게 한국채권법총론, 192면; 金大貞, 전게서, 286면; 金容漢, 전게 채권총론, 268면; 金疇洙, 전게 채권총론, 216면; 金曾漢 · 金學東, 전게 채권총론, 129면; 金亨培, 전게 채권총론, 418면; 尹喆洪, 전게서, 270면; 李銀榮, 전게 채권총론, 475면; 林正平, 전게서, 240면; 張庚鶴, 전게 채권총론, 315면; 玄勝鍾, 전게서, 214면; 전게 민법주해(Ⅸ), 839면 · 840면(金能煥 집필); 전게 주석민법(채권총칙 2), 95면(李相京 집필); 池元林, 전게서, 1051면.

권액을 표준으로 하여 취소 범위를 결정하여야 한다고 한다. 이에 대해 취소채권자채권액기준설은, 채권자취소권은 개개의 채권자에 대한 責任財産의 보존을 목적으로 하는 것이지 채무자회생법상의 부인권처럼 총채권자에 대한 평등변제를 목적으로 하는 포괄적 집행행위가 아니므로 다른 채권자가 분배요구를 해올 것이 확실한 경우이거나 목적물이 불가분인 경우와 같이 특별한 사정이 있는 경우를 제외하고는 취소채권자의 채권액만을 기준으로 하여 범위를 정하면 된다는 것으로, 현재의 다수설이다.

나. 判 例

대법원 판례는 다수설인 취소채권자채권액기준설을 따르고 있다.[1]

판례는 "채권자취소권에 의하여 일탈한 재산의 처분행위를 취소함에 있어 그 취소의 범위는 채권자의 채권의 구제에 필요한 한도에서 취소하여야 함은 논지와 같으나 이 건에 있어서는 대지와 건물이 동일인 소유이므로 대지의 가격만으로도 채권자의 채권액보다 다액이라 하여 대지와 건물 중 그 일방만을 취소하게 되면 건물의 소유자와 대지의 소유자가 다르게 되어 그 가격과 효용을 현저히 감소시킬 것이므로 이 건의 경우에는 경제적으로 불가분의 관계에 있으므로 이를 전부 취소함이 정당하다." 고 하여 취소채권자의 채권액을 기준으로 하여 행사하여야 한다고 한다.[2]

다. 學說 및 判例에 對한 檢討

민법 제407조의 문언에 충실하자면 총채권액을 표준으로 하여야 한다는 총채권액기준설이 옳다. 그런데 취소채권자채권액기준설은 민법 제407조를 "취소한 결과 복귀한 재산에 대하여 취소채권자에게 독점적 우선권이 보장되지 않음"을 소극적으로 선언한 것으로 해석하면 충분하다고 하면서, 취소채권자만의 채권액을 기준으로 하

1) 조선고등법원판결 1927. 7. 29. 民集 제11권 146면.
2) 대법원 1975. 2. 25. 선고, 74다2114 판결.

여 결정하면 된다고 한다.

그런데 이러한 취소채권자채권액기준설 및 판례는 실무상 많은 문제점이 있다. 채무자의 詐害行爲性을 인정하기 위해서는 채무자의 재산상황을 알아야 한다. 즉 채무자의 責任財産이 부족한지 여부는 채권자취소권을 행사하는 채권자의 채권액만을 기준으로 삼아서는 안 되고 총채권자의 채권액을 기준으로 판단하여야 한다. 물론 채무자의 재산이 全無한 경우에는 상관이 없겠지만,[1] 일부라도 재산이 있다면 다른 채권자들의 채권액을 알지 못한 상태에서는 責任財産이 얼마 부족한지 판단할 수 없다. 다수설 및 위 판례의 취지에 따라 취소채권자의 채권액을 기준으로 취소권을 행사하여 일부만 취소한 후 다른 채권자들이 분배청구를 해올 경우 다시 責任財産이 부족하게 된다. 그렇다면 다시 다른 채권자[2]가 채권자취소권을 행사해야 하는 문제가 반복적으로 발생하게 된다. 이처럼 채권자취소권이 반복하여 행사되게 되면, 법적 안정성을 침해하는 심각한 문제가 발생하게 된다. 이는 소송경제에 반할 뿐만 아니라 이에 응소해야 하는 수익자 또는 전득자에게는 또 다른 고통이라고 하지 않을 수 없고, 그들 또한 채무자에 대한 부당이득반환청구권의 행사를 채권자취소소송의 판결이 추가되는 만큼 반복해서 추가로 행사하여야 하는 번거로움이 있게 된다.

현실적으로 어려움이 있더라도 변론절차에 현출된 채무자의 총적극재산과 총소극재산을 기준으로 전자의 경우처럼 채권자취소권의 성립 여부를 판단하는 것이 타당하다고 하겠다.

개인적으로는, 채권자취소권에 의해 취소될 범위는 채권자취소소송의 제소 시를 기준으로 판단할 것이 아니라, 사실심변론종결 시를 기준으로 하는 대법원 판례[3]의 견해가 타당하다고 본다. 왜냐하면 사실심변론종결 시에 법원에 현출된 모든 주장과 증거를 통해 채무자의 총적극재산과 총소극재산이 확정되게 되고, 그에 따라 責任財産의 부족 여부가 최종 판단될 수 있기 때문이다.

---

1) 이 경우에도 집행단계에서 분배청구권의 행사에 의한 責任財産의 부족문제는 동일하게 발생한다.
2) 채권자취소권을 행사한 채권자도 채권만족이 안분비례에 의해 부족하게 되므로 다시 채권자취소권을 행사하여야 하는 경우가 발생할 수 있다
3) 대법원 2003. 7. 11. 선고, 2003다19752 판결.

참고로 일본 판례는, 다른 채권자가 있다는 사실만으로는 취소채권자가 그의 채권액을 넘어서 취소권을 행사할 수 없다고 하면서도,[1] 취소채권자에게 우선변제권이 보장된 것은 아니므로 다른 채권자가 배당요구를 할 것이 명백한 경우에는 안분비례를 하여야 하기 때문에 그 범위 내에서 취소채권자가 그의 채권액을 초과하여 취소권을 행사할 수 있다고 한다.[2] 그리고 이 경우에도 취소의 범위는 다른 채권자의 채권액과 안분비례하여 취소채권자가 취득할 가액의 범위로 제한되는 것이 아니라 그 채권액을 합한 총채권액을 표준으로 하여 취소의 범위를 정하여야 한다[3]고 하였다.

이에 대해 우리 대법원 판례는 "채무초과 상태에 있는 채무자가 그 소유의 부동산을 채권자 중의 어느 한 사람에게 채권담보로 제공하는 행위는 특별한 사정이 없는 한 다른 채권자들에 대한 관계에서 詐害行爲에 해당한다. 詐害行爲 취소의 범위는 다른 채권자가 배당요구를 할 것이 명백하거나 목적물이 불가분인 경우와 같이 특별한 사정이 있는 경우에는 취소채권자의 채권액을 넘어서까지도 취소를 구할 수 있다."고 하였다.[4]

개인적으로는, 총채권자의 채권액을 기준으로 취소의 범위를 결정하는 총채권액기준설이 타당하다고 하겠다.

Ⅱ. 目的物이 不可分인 境遇

詐害行爲의 목적물이 가분인 경우에는 채권자취소권의 행사도 가분적으로 할 수 있다. 예를 들어 여러 필지의 토지를 詐害行爲로 매도하였는데 그 중 일부 필지에 대한 詐害行爲의 취소만으로 채권자의 채권의 목적을 달성할 수 있으면 그 일부 필지에 대해서만 채권자취소를 하면 된다고 하겠다.[5]

---

1) 日本大審院 大正 9(1920). 12. 24. 民錄 第26卷, 2024面.
2) 日本大審院 大正 5(1916). 12. 6. 民錄 第22卷, 2370面.
3) 日本大審院 昭和 16(1941). 2. 10. 民集 第20卷, 79面.
4) 대법원 1997. 9. 9. 선고, 97다10864 판결.

그런데 목적물이 불가분물인 경우에 대해 학설은 전부취소설[1]과 일부취소 및 가액반환설[2]로 나누어져 있다.

현재의 통설적 지위에 있는 전부취소설은 채권자의 채권액이 불가분물인 詐害行爲의 목적물의 가격에 비해 적더라도 목적물이 불가분물인 경우에는 전부를 취소할 수 있다고 한다. 전부취소설은 우리 대법원 판례[3] 및 일본 판례[4]의 입장이기도 하다.

우리 판례는 불가분물의 판단기준을 물리적 기준으로만 판단하지 않고, 사회경제적 가치로서의 단일성의 유무 또는 거래의 실정 등도 고려하여 판단하여야 한다고 하여, 토지 위에 존재하는 건물의 경우 토지와 건물이 통상 공동으로 거래되고 있는 실정을 감안할 때 건물의 가격만으로 채권자의 責任財産으로 충분하다고 하더라도 토지와 건물에 대한 매매계약 전체를 취소할 수 있다고 하였음은 이미 앞에서 살펴보았다.[5]

개인적으로는 일부취소 및 가액반환하는 것이 타당하다고 본다. 왜냐하면 채권자취소권에 의해 취소되는 범위는 가급적 적을수록 수익자 또는 전득자에게 유리하기 때문이다. 물론 이 경우 가액 상당액을 준비해야 하는 부담을 안게 되어 수익자 또는 전득자가 불리하게 되는 점이 없는 것은 아니나, 전부취소되어 경매가 진행되든, 일부취소되어 가액을 반환하지 못하여 경매가 진행되든 수익자 또는 전득자로서는 동일한 불이익 상태에 놓이게 되고, 자금을 마련할 수 있다면 일부취소 및 가액배상이 더 유리할 것이므로 일부취소 및 가액반환이 타당하다고 본다.

---

5) 日本大審院 大正 7(1918). 5. 18. 民錄 第24卷, 993面.

1) 郭潤直, 전게서, 149면; 金大貞, 전게서, 287면; 金容漢, 전게서, 269면; 金曾漢 · 金學東, 전게서, 205면; 金亨培, 전게서, 417면; 金疇洙, 전게서, 216면; 林正平, 전게서, 241면; 張庚鶴, 전게서, 316면; 金洪奎, 전게서, 215면.

2) 松坂佐一, 前揭 債權者取消權の研究, 130面; 尹喆洪, 전게서, 270면; 李銀榮, 전게서, 476면.

3) 대법원 1997. 9. 9. 선고, 97다10864 판결(詐害行爲取消의 범위는 다른 채권자가 배당요구를 할 것이 명백하거나 목적물이 불가분인 경우와 같이 특별한 사정이 있는 경우에는 취소채권자의 채권액을 넘어서까지도 취소를 구할 수 있다).

4) 日本最高裁判所 昭和 30(1955). 10. 11. 民集 第9卷 第11號, 1626面.

5) 대법원 1975. 2. 25. 선고, 74다2114 판결; 대법원 1997. 9. 9. 선고, 97다10864 판결: 대법원 2006. 6. 29. 선고, 2004다5822 판결.

Ⅲ. 詐害行爲가 部分的으로만 成立하는 境遇

詐害行爲가 부분적으로만 성립하는 경우, 예를 들어 저당권이 설정되어 있는 부동산을 저당권자 이외의 제3자에게 詐害行爲로 양도한 경우 이미 저당권이 설정되어 있는 부분만큼은 저당권자에게 우선변제권이 있기 때문에 부동산의 가액에서 저당권의 피담보채권액을 공제한 나머지 부분만큼만 詐害行爲가 된다.

이 경우에 원상회복의 방법으로는 가액배상의 방법이나, 수익자명의등기를 말소하거나 저당권이 설정된 채로 채무자에게로 소유권이전등기를 명하는 방법 등이 이용될 수 있다.[1]

그런데 판례는 "체납자 소유의 부동산에 대한 체납처분이 개시될 무렵 국세채권에 우선하는 근저당권으로 담보되는 채무액이 부동산의 시가를 상회하고 있는 경우라도 그 부동산에 대한 체납처분 자체가 불가능한 것은 아니고, 그 피담보채무의 채무자가 체납자가 아닌 제3자인 경우에는 일차적인 변제의무가 있는 제3자의 변제 여부에 따라 장차 그 채무액이 변동 · 감소하는 것이어서 피담보채무액이 부동산의 시가를 상회한다는 점만으로는 그 부동산에 대한 체납처분의 결과 종국적으로 국세의 만족을 받을 수 없다고 단정할 수는 없으므로, 그와 같은 경우에도 체납자가 체납처분에 의한 압류를 면하고자 고의로 그 재산을 양도하고 양수인도 그 정을 알면서 양수한 것이라면 이는 국세징수법 제30조 소정의 詐害行爲에 해당한다."고 하였다.[2]

그러나 위 판례는, 부동산 시가보다 더 많은 근저당권이 설정되어 있는 부동산의 처분행위에 대하여 채무자, 즉 부동산 소유자가 주채무자 아닌 물상보증인인 경우, 주채무자가 정상적으로 변제하게 되면 물상보증인인 부동산 소유자는 책임을 면하게 되므로[3] 그 처분행위가 詐害行爲가 된다고 판시하고 있는바, 이는 너무 지나친 가정적 조건들을 전제로 한 판결로서 타당하지 않다.[4] 세무당국이 이러한 가능성을 이유

1) 日本最高裁判所 昭和 54(1979). 1. 25. 民集 第33卷 第1號, 12面.
2) 대법원 1996. 10. 11. 선고, 95다3442 판결.
3) 저당권이 말소될 수 있으므로 그 경우에는 責任財産으로서의 실질이 회복될 수 있다.
4) 전게 주석민법(채권총칙 2), 97면(李相京 집필).

로 채권자취소소송을 제기하여 소유권을 환원한다 하더라도 이 경우 주채무자가 이를 변제하여 담보제공된 위 부동산의 실질적 가치를 회복시키리라는 것은 사실상 기대하기 어렵기 때문이다.

저당권이 설정된 상태의 부동산을 저당권자에게 양도하거나 대물변제하여 저당권이 혼동의 법리에 의하여 말소된 이후에 채권자취소권이 행사된 경우,[1] 詐害行爲一部成立理論에 의해 원물반환이 불가능하므로 가액배상을 할 수밖에 없다는 것이 일본 판례 입장이다.[2]

그러나 이 경우에 부동산의 양도 또는 대물변제 자체가 詐害行爲이므로 이를 취소하고 부동산의 반환을 명함과 동시에 말소된 저당권의 회복등기를 명하는 방법으로 원물반환이 가능하다는 소수견해가 있다.[3]

개인적으로는, 위 경우 일본 판례가 취하는 가액배상을 따르게 되면 가액배상에 따른 복잡한 이행의 문제 등이 발생할 가능성이 높고, 원물반환에 의한 채권자취소소송 판결이 실무상 불가능한 것도 아닐 뿐만 아니라 해당 목적물을 돌려받게되어 직접적 효력을 가져올 수 있으므로 이미 말소된 저당권의 회복등기를 명하는 방법인 위 소수견해가 더 타당하다고 본다.

그런데 대법원 판례[4]는, 저당권이 설정된 부동산을 제3자에게 매도하고 받은 매매

---

1) 말소된 저당권 상당액의 責任財産이 증가하게 되어 그대로 반환하면 詐害行爲보다 더 큰 이익을 채권자가 얻게 되어 부당하다.

2) 日本最高裁判所 昭和 36(1961). 7. 19. 民集 第15卷 第7號, 1875面.

3) 我妻榮, 前揭 債權總論民法講義Ⅳ, 1964, 195面; 전게 주석민법(채권총칙 2), 98면(李相京 집필).).

4) 대법원 1996. 10. 29. 선고, 96다23207 판결(어느 부동산의 매매계약이 詐害行爲에 해당하는 경우에는 원칙적으로 그 매매계약을 취소하고 그 소유권이전등기의 말소 등 부동산 자체의 회복을 명하여야 하지만, 그 詐害行爲가 저당권이 설정되어 있는 부동산에 관하여 당해 저당권자 이외의 자와의 사이에 이루어지고 그 후 변제 등에 의하여 저당권설정등기가 말소된 때에는, 매매계약 전부를 취소하여 그 부동산 자체의 회복을 명하는 것은 당초 담보로 되어 있지 아니하던 부분까지 회복시키는 것이 되어 공평에 반하는 결과가 되므로, 그 부동산의 가액에서 저당권의 피담보채권액을 공제한 잔액의 한도에서 그 매매계약의 일부 취소와 그 가액의 배상을 구할 수 있을 뿐 부동산 자체의 회복을 구할 수는 없다); 대법원 2007. 7. 12. 선고, 2005다65197 판결(판결詐害行爲의 목적인 부동산에 수개의 저당권이 설정되어 있다가 詐害行爲 후 그 중 일부 저당권만이 말소된 경우, 詐害行爲의 취소에 따른 원상회복은 가액배상의 방법에 의할 수밖에 없을 것이고, 그 경우 배상하여야 할 가액은 그 부동산의 가액에서 말소된 저당권의 피담보채권액과 말소되지 아니한 저당권의 피담보채권액을 모두 공제하여 산정하여야 한다. 詐害行爲 후 1, 2순위 근저당권이 말소되고, 3순위 근저당권의 피담보채권 중 일부가 채무자의 재산에 대한 공매절차를 통하여 변제됨으로써 법원이 詐害行爲取消로 인한 원상회복으로 가액배상을 명하는 경우, 부동산의 시가에서 공제할 3순위 근저당권의 피담보채권액은 공매절차를 통하여 일부 변제된 후가 아닌 詐害行爲 당시의 피담보채권액이다).

대금으로 그 저당권의 피담보채무를 변제하고 저당권을 말소한 후 매수인에게 그 부동산의 소유권이전등기를 경료하여 주었는데 그 매매행위가 詐害行爲에 해당된다며 채권자취소소송이 제기된 사안에서, 수익자나 매수인 같은 제3자 또는 그로부터 권리를 이전받은 전득자를 상대로 한 채권자취소소송에서 그 제3자 또는 전득자 명의의 등기를 말소하거나 채무자에로의 이전등기를 명하는 것은 당초부터 채무자의 공동담보를 이루지 아니하던 부분, 즉 말소된 저당권 상당액까지 채권자의 責任財産에 편입시키는 결과가 되어 오히려 詐害行爲 이전보다 더 유리하게 하는 것이 되므로 부당하다는 이유로 가액배상에 의하여야지 원물반환을 명할 것은 아니라고 하였다.

그리고 예를 들어 채무자의 재산상태가 적극재산이 1억 원이고 소극재산이 6천만 원인 상태에서 채무자가 적극재산 중 7천만 원을 무상증여하였다면, 적극재산은 3천만 원으로 줄어들게 된다. 이 경우 소극재산이 6천만 원이기 때문에 責任財産은 3천만 원이 부족하게 되므로, 채권자는 위 증여행위를 詐害行爲라며 취소할 수 있다. 이 경우에 무상증여한 7천만 원 전부를 취소할 것인지, 아니면 부족액 3천만 원에 대하여만 일부취소를 할 것인지가 문제된다. 이 경우는 詐害行爲의 일부성립의 문제라기보다는 목적물이 가분인 경우에 어떻게 할 것인지의 문제라고 할 수 있다.

이에 대하여 채권자의 피담보채권이 7천만 원을 넘을 경우[1]에는 증여액 7천만 원 전부를 취소할 수 있고, 7천만 원 미만일 때에는 그 채권액의 범위 내에서 취소할 수 있다고 보아야 한다는 견해가 있다.[2] 이 견해에 의하면, 취소권 행사 당시 남아 있는 채무자의 責任財産 3천만 원도 언제까지 남아 있다고 보장되지 않고, 또한 불상당한 가격으로 처분하거나 또는 무상으로 증여한 부동산처분행위의 詐害성은 차액의 범위 내에서 취소권이 성립하는 것이 아니라 전부에 대하여 취소권이 생기는 것이기 때문에 증여액 7천만 원 전부를 취소할 수 있다고 한다.

그러나 개인적으로는 소극재산이 6천만 원이라면, 채무자의 責任財産도 6천만 원

1) 위 사례에서는 6천만 원의 소극재산이 있으므로 채권자의 채권액이 많아야 6천만 원을 넘어설 수 없을 것이지만, 예를 들어 소극재산이 8천만 원이라고 한다면 증여액 7천만 원을 넘을 수도 있을 것이다.
2) 전게 민법주해(IX), 842면(金能煥 집필); 전게 주석민법(채권총칙 2), 97면(李相京 집필).

만 확보되면 채권자의 채권이 침해될 우려는 없을 것이므로, 위 증여액 7천만 원 중 4천만 원 부분에 대하여는 채권자취소권을 행사할 수 없고 3천만 원의 범위에서만 취소하더라도 채무자의 실질재산 6천만 원이 확보되므로 채권자의 채권이 침해될 우려는 없다고 할 것이므로 증여부분 중 3천만 원의 범위에서 취소할 수 있다고 보는 것이 타당하다고 생각한다. 7천만 원 전부를 취소할 수 있다는 위 견해는 채권자취소권의 남용으로 부당하다고 하겠다.

Ⅳ. 原狀回復義務

가. 序 說

채권자취소권의 효력에 대하여 현재의 통설 및 판례[1]는 상대적 무효설의 입장을 취하고 있음은 이미 살펴보았다. 이는 채권자취소소송의 당사자인 원고와 피고 사이에서만 기판력의 효력이 발생하여 그 詐害行爲가 무효로 취급된다는 것이다.

이는 달리 말하면 소송의 당사자가 아닌 채무자와 수익자 사이에서는 그 詐害行爲의 효력이 그대로 유효하고,[2] 전득자를 피고로 한 경우에도 취소되어 무효로 되는 것은 채무자와 수익자 사이의 詐害行爲일 뿐 수익자와 전득자 사이에서 이루어진 전득행위는 무효가 되는 것이 아니며,[3]채무자는 채권자취소판결의 효력에 의해 아무런

1) 대법원 2005. 11. 10. 선고, 2004다49532 판결(詐害行爲의 취소는 취소소송의 당사자 사이에서 상대적으로 취소의 효력이 있는 것으로 당사자 이외의 제3자는 다른 특별한 사정이 없는 이상 취소로 인하여 그 법률관계에 영향을 받지 않는다); 대법원 2004. 8. 30. 선고, 2004다21923 판결(채권자가 전득자를 상대로 하여 詐害行爲의 취소와 함께 責任財産의 회복을 구하는 詐害行爲取消의 訴를 제기한 경우에 그 취소의 효과는 채권자와 전득자 사이의 상대적인 관계에서만 생기는 것이고 채무자 또는 채무자와 수익자 사이의 법률관계에는 미치지 않는 것이므로, 이 경우 취소의 대상이 되는 詐害行爲는 채무자와 수익자 사이에서 행하여진 법률행위에 국한되고, 수익자와 전득자 사이의 법률행위는 취소의 대상이 되지 않는다).

2) 日本大審院 大正 8(1919). 4. 11. 民錄 第25集, 808面; 대법원 1990. 10. 30. 선고, 89다카35421 판결; 대법원 2001. 5. 29. 선고, 99다9011 판결.

3) 日本大審院 大正 5(1916). 3. 30. 民錄 22集, 671面; 대법원 1984. 11. 24. 선고, 84마610 판결; 대법원 1988. 2. 23. 87다카1989 판결; 대법원 2001. 5. 29. 선고, 99다9011 판결; 대법원 2004. 8. 30. 선고, 2004다21923 판결.

권리도 취득하지 못한다[1]는 것이다.

이러한 태도가 과연 타당한 것인지 이하에서 살펴보기로 한다.

나. 受益者 또는 轉得者의 責任

채권자취소판결로 채권자가 취득하는 권리는 원칙적으로 원물에 대한 반환청구권이다. 다만 그것이 불가능 또는 현저히 곤란할 경우에만 예외적으로 가액배상을 받을 수 있다.[2] 따라서 원물이 부동산인 경우 원물반환을 할 것인지, 아니면 가액배상을 할 것인지는 결국 구체적으로 결정될 수밖에 없다.

이를 정하는 일반적인 기준으로는, 채권자의 被保全債權額, 부동산의 가격, 부동산이 가분물인지 불가분물인지 여부, 저당권 등 제한물건이 詐害行爲 후 채권자취소권의 행사 사이에 추가되었는지 여부, 저당권 등 제한물권이 詐害行爲 후 채권자취소권 행사 사이에 소멸되었는지 여부 등으로, 이러한 요소들을 종합적으로 고려하여 사회통념에 따라 결정하여야 한다.[3]

원물반환이 가능할 때는 가액배상은 허용되지 않는다.[4] 원물반환이 불가능하거나 현저히 곤란한 경우란 원물반환이 단순히 절대적 · 물리적으로 불가능한 경우뿐만 아니라 사회생활상의 경험법칙 또는 구체적 상황에 따라 판단하여야 할 것이다.

채무자가 재산을 타인에게 양도하였다고 하더라도 재산반환의무가 면제되는 것은 아니며, 그 이익의 현존 여부도 불문한다.[5]

---

1) 宋德洙, 전게서, 886면.

2) 日本大審院 昭和 7(1932). 9. 15. 民集 第11卷, 1841面; 대법원 1998. 5. 15. 선고, 97다58316 판결; 대법원 2003. 12. 12. 선고, 2003다40286 판결; 대법원 2006. 12. 7. 선고, 2006다43620 판결; 대법원 2007. 7. 26. 선고, 2007다29119 판결(어느 부동산에 관한 법률행위가 詐害行爲에 해당하는 경우에는 원칙적으로 그 詐害行爲를 취소하고 소유권이전등기의 말소 등 부동산 자체의 회복을 명하여야 하는 것이나, 다만 원물반환이 불가능하거나 현저히 곤란한 경우에는 원상회복의무의 이행으로서 詐害行爲 목적물 가액 상당의 배상을 명하여야 하는 것이고, 이러한 가액배상에 있어서는 일반 채권자들의 공동담보로 되어 있어 詐害行爲가 성립하는 범위 내의 가액배상을 명하여야 하는 것이다).

3) 李相京, “채권자취소소송에 있어서 원상회복방법 및 채권의 만족방법”, 인권과 정의 제246호(1997. 2). 대한변호사협회, 1997, 94면.

4) 中舍寛樹, “詐害行爲取消の效果”, 法學教室 第137號(1993.10), 有斐閣, 45面.

5) 日本最高裁判所 昭和 35(1960). 4. 26. 民集 第14卷, 6面.

다. 返還目的物이 動産 또는 金錢인 境遇

원상회복되는 목적물이 동산 또는 금전인 경우, 원칙적으로 채권자는 수익자 또는 전득자로 하여금 채무자에게 동산 또는 금전을 인도할 것을 청구하여야 한다.[1)]

다만 채무자가 수령을 거절하거나 수령할 수 없는 사유가 있는 경우에는 공탁하여야 한다는 견해[2)]와 채권자가 직접 자기에게 인도 또는 지급할 것을 청구할 수 있다는 견해[3)]로 나누어져 있다. 後者가 다수설이라고 할 수 있다.

우리 판례도 "민법 제406조에 의한 詐害行爲의 취소에 따른 원상회복은 원칙적으로 그 목적물 자체의 반환에 의하여야 하는바, 이때 詐害行爲의 목적물이 동산이고 그 현물반환이 가능한 경우에는 취소채권자는 직접 자기에게 그 목적물의 인도를 청구할 수 있다."고 하여[4)] 금전이나 동산 또는 가액반환의 경우 특별한 사정이 없어도 채권자가 직접 자기에게 지급 또는 인도할 것을 청구할 수 있다고 한다.

이 경우 채권자가 직접 지급 또는 인도받은 금전 또는 동산으로부터 채권자가 자기의 채권을 회수하는 방법에 대하여는 채권자취소권의 효과에서 후술하기로 한다.[5)]

참고로 일본 판례는, 수익자가 받은 이익 또는 재산을 "채권자가 혼자만 변제 받을 목적으로는 직접 이를 청구할 수 없지만, 다른 채권자와 공동으로 함께 변제를 받기 위하여서 채권자에게 직접 지급 또는 인도할 것을 청구할 수 있다."고 하였다.[6)]

라. 返還目的物이 債權인 境遇

(1) 債權讓渡의 境遇

---

1) 日本大審院　大正 6(1917). 3. 31. 民錄 第23卷, 596面.
2) 李銀榮, 전게 논문, 306면(채권자가 직접 청구하는 것은 민법 제407조의 취지에 어긋난다).
3) 郭潤直, 전게서, 149면; 金錫宇, 전게서, 204면; 金容漢, 전게서, 270면; 金疇洙, 전게서, 217면; 金曾漢 · 金學東, 전게서, 206면; 金亨培, 전게서, 421면; 玄勝鍾, 전게서, 216면; 전게 주민법주해(Ⅸ), 843면(金能煥 집필).
4) 대법원 1999. 8. 24. 선고, 99다23468 · 23475 판결.
5) 제5장 Ⅳ. 다. (3)에서 살펴보기로 한다.
6) 日本大審院　大正 10(1921). 6. 18. 民錄 第27卷, 1168面; 日本最高裁判所 昭和 39(1964). 1. 23. 民集 第18卷 第1號, 76面.

① 學 說

詐害行爲의 목적물이 채권인 경우에는 채권에 대한 채권양도 및 채무면제나 상계가 성립한 경우에 詐害行爲成立 여부가 문제가 될 수 있다. 원칙적으로 채무자는 제3채무자에 대한 자기 채권을 수익자 또는 전득자에게 채권양도할 수 있다. 이때 채권을 양도받은 수익자는 채권양수인의 지위에서 채무자인 양도인의 채무자로부터 채권을 추심할 수 있다. 그런데 그 목적물이 금전인 경우 수익자 또는 전득자 즉 채권양수인이 이를 추심하였다면, 채권자취소권을 행사하는 채권자로서는 양도된 채권이 양수인의 추심으로 이미 소멸하였기 때문에 수익자 또는 전득자에 대하여 그 추심한 금원을 채무자 또는 채권자에게 지급할 것을 요구할 수 있을 것이다.[1] 이 경우에 채권자는 자기에게 직접 지급할 것을 수익자 또는 전득자에게 요구하여 수령하여 상계권 등을 행사하여 사실상의 우선변제를 받게 된다.

문제는 수익자 또는 전득자인 채권양수인이 아직 채권을 추심하지 않은 상태, 즉 채권 상태로 남아 있을 때 원상회복을 어떤 방법으로 할 것이냐이다. 이에 대하여는 직접 청구하는 방법과 취소 후 채권에 대한 강제집행의 방법으로 할 수 있다고 견해가 나누어져 있는바, 이에 대하여는 후술하기로 한다.[2]

② 日本 判例의 境遇

이 경우 일본 판례에 좋은 사례가 있는바, 이에 대하여 간단히 살펴보기로 한다. 첫 번째 일본 판례[3]는, 채권자는 채무자의 수익자에 대한 詐害行爲인 채권양도행위를 취소하고, 제3채무자에게 직접 자기 또는 채무자에게 채무를 이행할 것을 청구할 수 있다고 한다. 이 경우 취소채권자는 채무자의 제3채무자에 대한 권리를 일본 민법 제423조 제1항의 채권자대위권에 의해서 행사하는 것이 아니라, 일본 민법 제424조 제1항의 "법률행위를 취소"하도록 한 규정[4]에 의해서 채권자의 이름으로 제3채무자

---

1) 日本最高裁判所 昭和 29(1954). 4. 2. 民集 第8卷 第4號, 745面; 日本最高裁判所 昭和 48(1973). 11. 30. 民集 第27卷 第10號, 1491面.
2) 제5장 Ⅳ. 다. (3)에서 살펴보기로 한다.
3) 日本東京地方裁判所 昭和 60(1985). 9. 19. 金商 第751券, 30面.

를 상대로 이행의 소, 즉 채권자취소소송을 제기할 수 있다는 것이다.

이 견해는 채권자가 채권자취소권의 행사에 의하여 지급 또는 인도받은 금전 또는 물건에 대한 수령 및 이에 대한 상계 등의 방법에 의해 사실상의 우선변제권을 보장받고 있는 현실을 그대로 반영하여 채권자가 제3채무자에게 직접 청구하면 된다고 한다.

그러나 이 판례는, 채권자취소소송에 있어서의 수익자 또는 전득자는 채권양수인이지 그 대상채무의 채무자(제3채무자에 해당)가 아니라는 점을 간과한 잘못이 있다고 하지 않을 수 없다.

두 번째 일본 판례[1]는, 채권자는 채권자취소권을 행사하여 채무자(채권양도인)가 수익자(채권양수인)에게 한 詐害行爲(채권양도행위)를 취소하고, 수익자로 하여금 채권양도가 취소되었음을 제3채무자에게 통지할 것을 청구할 수 있을 뿐이라고 한다. 이 판례에 따르면 채권자는 제3채무자에 대하여 직접 채권의 이행을 청구하는 소송을 제기할 수 없고, 채무자와 수익자 또는 전득자 사이에 이루어진 채권양도계약이 채권자취소권의 행사에 의해 취소되었음을 통지한 후, 일본 민법 제423조의 채권자대위권에 의해 채권자가 채무자를 대위하여 제3채무자에게 채무의 이행을 구하거나, 제3채무자에 대한 채무자의 채권을 가압류하여 責任財産을 보전한 뒤 채권자가 채무자를 상대로 한 이행판결을 받아 그 執行權原에 근거하여 제3채무자에 대한 채권압류 및 추심명령이나 전부명령을 받아 강제집행을 하면 된다는 것이다.[2]

後者를 지지하는 견해에 의하면, 채권양도행위를 취소하는 것은 부동산등기명의를 말소하는 것과 같다고 한다. 즉 詐害行爲로 이전된 등기가 말소된 후에 부동산에 대한 강제집행이 이루어지는 것처럼, 취소채권자는 제3채무자에 대한 별도의 강제집행절차[3]를 필요로 한다는 것이다. 따라서 채권자로서는 취소된 채권양도에 의해 채무

---

4) 이에 대하여 일본은 詐害行爲의 취소 및 원상회복으로 해석하는데 이설이 없다(日本大審院 平成 3(1991). 3. 24. 聯合部判決, 大審院民事判決錄 第17集, 117面).

1) 日本東京高等裁判所 昭和 61(1986). 11. 27. 金商 第772巻, 31面.

2) 이 판례를 지지하는 견해로는 野村豊弘, "詐害行爲となる債權讓渡の取消(東京高等裁判所 昭和 61(1986). 11. 27. 判決(民法硏究69號)", ツュリツと 第901號, 有斐閣, 1988, 96面.

자에게 환원된 제3채무자에 대한 권리를 직접 행사하여 채권의 변제를 자기에게 이행할 것을 청구할 수 없다는 것이다.

그렇게 해석하는 것이 詐害行爲 취소의 효과가 모든 채권자의 이익을 위해 생긴다는 일본 민법 제425조의 취지에 부합하고,[1] 반환되는 것이 채무자의 제3채무자에 대한 채권이기 때문에 관념적으로 존재하는 채권을 채무자가 수령거절하는 것도 있을 수 없으므로 채무자가 채권자취소의 결과 반환될 목적물에 대한 수령을 거절할 경우에 예외적으로 생기는 취소채권자의 직접 청구권이 생길 경우가 있을 수 없고, 수익자 즉 채권양수인과 채권자 사이에서만 기판력이 생기는 채권자취소판결의 상대적 무효에 의해 소송의 당사자가 아닌 제3채무자에게 채권자취소판결의 효과가 당연히 생기는 것도 아니기 때문에 수익자 즉 채권양수인으로 하여금 채권양도계약이 취소되었음을 제3채무자에게 통지하라고 이행을 명하는 판결로 충분하다고 한다.

개인적으로는 일본 판례 중 두 번째 판례가 우리 민법 제406조 및 제407조의 취지에 더 타당하다고 본다. 왜냐하면 채권자취소권의 행사로 원상회복상태가 되면 되므로, 채무자의 채권양도행위를 취소하여 채무자를 채권자 상태로 환원시킴으로써 責任財産이 확보되고, 취소채권자는 채무자의 제3채무자에 대한 채권을 채권자대위권을 행사하여 회수하는 것으로 충분하기 때문이다.

後者의 입장을 취하는 견해 중에는 마치 제3채무자를 피고로 하여 소송을 진행하는 것처럼 설명하고 있는 경우[2]가 있으나, 詐害行爲로 양도된 채권의 제3채무자는 채권자취소소송에서 피고가 아니며 수익자에 해당하는 채권양수인만이 피고가 되므로 그러한 주장은 맞지 않다고 하겠다.

그러나 이러한 설명은 채권의 내용이 동산인도청구채권인 경우에는 부합하나, 채권의 내용이 부동산인도청구채권인 경우에는 직접청구가 불가능하다고 할 것이다.

---

3) 취소채권자는 채무자를 상대로 별도의 소송에서 執行權原을 확보한 후 그를 근거로 채권양도가 취소되어 채무자에게로 환원된 채권에 대한 압류 및 추심명령 또는 전부명령의 집행절차를 밟거나 채권자대위권에 의한 대위권 행사를 하여야 한다.

1) 만일 직접적인 이행청구권을 인정하게 되면 이를 수령한 채권자가 독점적 우선권을 확보하게 되어 채권자취소권의 공동담보 확보라는 본질에도 반한다.

2) 三和一博, 法律時報, 第60卷 第8號, 日本評論社, 1988, 74面.

(2) 債務免除와 相計의 境遇

① 債務免除

채무자의 詐害行爲가 채무면제나 상계와 같은 단독행위인 경우에 대하여 살펴보기로 한다. 그 중 우선 채무면제에 대하여 살펴보기로 한다.

채권자가 채권자취소권을 행사하여 채무자의 수익자[1]에 대한 채무면제행위, 즉 채권소멸행위를 취소하는 것에 대하여는 별 異論이 없다. 채무면제는 무상행위로, 채권자취소소송의 채무자[2]인 채무자의 일방적 의사표시에 의해 이루어지기 때문이다.

문제는 채권자가 채권자취소권을 행사하여 채무면제로 소멸했던 채권이 다시 부활하게 된 경우, 그 부활된 채권에 대한 반환을 어떻게 받을 것인가 여부이다. 이는 앞의 채권양도의 경우와는 조금 다르다. 앞의 채권양도의 경우에는 채권자, 채무자(채권양도인), 수익자(채권양수인), 제3채무자(채무자의 채무자) 등 4자간의 법률문제였는데 비하여, 채무면제의 사안은 채권자, 채무자, 수익자(채무자의 채무자, 채권자에 대하여 제3채무자) 사이의 법률문제이기 때문이다.

여기에서 채무면제를 통한 수익으로 수익자가 된 채무자의 채무자는 취소채권자 입장에서 볼 때는 곧바로 제3채무자에 해당한다. 통상적인 경우라면, 첫째 방법으로, 채권자는 채무자를 대위하여 제3채무자에게 이행의 청구를 구하거나(민법 제404조), 둘째 방법으로 채권자가 채무자를 상대로 執行權原을 확보하여 제3채무자에 대하여 채권압류 및 추심명령 또는 전부명령을 받아 채권을 추심하게 된다. 그렇다면 채권자취소소송을 이용하여 채권자대위권이나 별도의 執行權原을 받아 강제집행하는 방법을 취하는 위 두 가지 방법을 취하지 않고, 세 번째 방법으로 채권자가 곧바로 "채권자취소권의 반환청구권"을 제3채무자인 수익자에게 행사하여 채권자인 자신에게 직접 이행할 것을 구할 수 있느냐 여부이다.

이에 대하여 세 번째 방법은 허용되지 않는다는 견해[3]와 채무자가 면제한 채권이

1) 채무자의 채무자, 즉 취소채권자에 대하여 제3채무자의 지위에 있는 자이다.
2) 채무면제 대상 채권의 채권자에 해당한다.
3) 전게 민법주해(IX), 843면(金能煥 집필).

금전채권인 경우에는 가능하다는 견해[1]로 나누어져 있다. 전자의 입장은 특별히 설명할 것이 없으나, 직접추심이 가능하다는 後者의 경우는 채무자의 수익자에 대한 채권이 금전채권일 경우 그 금전채권의 목적인 금전(목적물)은 그 점유의 이전만으로 소유권 귀속의 변동이 생기는 특수한 동산이기 때문에 그 특수성 때문에 채권자취소권의 행사를 통한 반환청구는 특정금전채권에 기한 반환채권이 아닌 한 동액 상당의 금전반환을 청구할 수 있는 것과 동일하게 보면 된다는 것이다. 따라서 채권자는 채권자대위권을 행사함이 없이 제3채무자에 해당되는 수익자에게 직접 청구할 수 있는데, 그 근거는 그러한 직접 반환청구권이야말로 채권자취소권이라는 권리의 권능에 속한다거나[2] 취소채권자가 총채권자의 법정관리자의 입장에서 부활된 채권자, 즉 취소채권자의 채무자의 권리를 직접 행사하는 것이라는 견해 등이 있다.

개인적으로는 직접 청구권을 인정하지 않는 부정설이 타당하다고 본다. 왜냐하면, 필자가 주장하는 형성청구권설에 의하면 채무자의 채무면제행위를 詐害行爲라며 취소하면 詐害行爲로 소멸한 채권이 다시 부활하게 되는데, 그것만으로 채권자의 責任財産은 확보되었기 때문이다. 즉 채무자가 채권을 양도하기 전 상태로 복귀되었으므로 취소채권자의 責任財産 감소가 존재하지 않게 된다. 이처럼 채무면제의 경우에는 채무면제로 채권이 소멸되었을 뿐 재산의 이전이 이루어지지 않았기 때문에 소멸된 채권이 부활하는 것으로 원상회복되었다고 볼 수 있다.

그런데 문제는 상대적 효력설에서 위 세 번째 방법의 행사가 가능하다고 하고 있다는 점이다. 상대적 효력설에 의하면 채무자의 채무면제행위는 그대로 유효하다.[3] 그렇다면 채무면제로 채무자의 제3채무자에 대한 채권은 소멸하였다고 보아야 한다. 다시 말해 채권이 소멸하고 없는데 어떻게 “채권의 부활을 전제로 하여 취소채권자의 제3채무자에 대한 반환청구권”의 행사가 가능한지에 대한 설명이 가능해야 한다.

---

1) 전게 주석민법(채권총칙 2), 102면(李相京 집필): 飯原一乘, 前偈 “判例を中心とした詐害行爲取消權の硏究”, 185面.

2) 日本大審院 大正 10(1921). 6. 28. 民錄 第27卷, 1168面: 전게 주석민법(채권총칙 2), 102면(李相京 집필).

3) 상대적 무효설에 의하게 되면, 채무자와 수익자 사이의 채무면제 행위는 그대로 유효하므로 소멸한 채권이 부활되지 않는다. 따라서 이를 전제로 한 취소채권자의 지급청구권도 인정될 수 없고, 새로이 원상회복을 구하는 범위 상당액의 새로운 청구권이 생긴다고 보아야 한다.

그런데 그에 대한 설명을 제대로 하지 않은 채 막연히 반환청구할 수 있다고 하는 것은 논리의 비약일 뿐 이론적으로는 합당하지 않다.

채권자취소권과 채권자대위권은 그 요건 및 효과가 엄격하게 다르다고 할 것인데, 채권자취소권의 행사를 통해 채권자대위권이 당연히 행사된다고 하는 것은 양 제도의 차별성에 비추어 타당하지 않고, 앞서 살펴본 바와 같이 채무면제의 취소를 하게 되면 그것만으로 원상회복이 되었다[1]고 보아야 한다.[2]

그런데 여기에서 더 나아가 취소채권자가 제3채무자로부터 채권을 직접 추심하는 것은 원상회복된 재산의 분배문제에 해당한다. 즉 세 번째 방법이 가능하다는 견해는 채권자취소권의 행사에 의한 원상회복과 그 후에 진행되는 공동채권자에 대한 분배의 문제를 동일시한 잘못이 있다고 하지 않을 수 없다. 따라서 첫 번째 방법인 채권자대위권행사에 의한 추심의 방법 또는 執行權原 확보 후 민사집행법에 의한 채권추심 즉 추심명령이나 전부명령의 채권집행방법에 의하는 것이 타당하다.

② 相 計

상계의 경우에도 채무면제의 경우와 동일하게 취급하여야 한다고 생각할 수 있지만, 개인적으로는 상계의 경우에는 채권자취소권의 행사가 허용되지 않아야 한다고 본다.

상계적상에 있으면 자동채권의 채권자[3]는 채무자[4]에 대해 대등한 금액에서 상계의 의사표시를 함으로써 자동채권과 수동채권을 대등액에서 소멸시킬 수 있다. 즉 취소채권자의 채무자가 상계적상에 의한 상계를 하였는데, 이를 채권자가 채권자취소하여 기존의 채무자[5]의 지위를 부활시켜 상대채무자에 대한 채권추심을 하여 사실상

---

1) 詐害行爲 以前으로의 원상회복은 채무자의 제3채무자에 대한 채권의 존재 상태로의 회복이다.

2) 이러한 견해는 신형성권설이나 필자가 주장하는 형성청구권설의 입장을 취할 때 가능하게 된다. 반면에 상대적 무효설에 의하게 되면 소멸했던 채권이 부활하는 것이 아니라 새로운 반환청구권이 생기게 되는바, 소멸했던 채권이 부활한다고 설명하는 것은 자체적으로 모순된다.

3) 취소채권자의 채무자에 해당한다.

4) 취소채권자의 수익자에 해당한다.

5) 취소채권자의 채무자의 채무자이기도 하고, 취소채권자의 채무자에 대한 채권자이기도 한 이중적 지위를 가지고 있다.

우선변제를 받겠다는 것은상계권을 행사할 수 있는 채무자와 그 반대채무자[1]를 해하는 것이 되고, 그 채무자의 반대채무자 역시 채권자취소권을 행사할 수 있는 기존의 채권자라는 사실을 도외시한 것으로, 상계권의 행사야말로 채권의 목적 달성을 위한 가장 전형적이고 정상적인 권리행사라고 보아야 할 것이므로 상계의 경우에는 채권자취소권이 허용되어서는 안 된다고 하겠다.

마. 目的物이 不動産인 境遇

(1) 抹消登記 또는 移轉登記

채권자취소권의 취소대상행위의 목적이 부동산인 경우에는 부동산등기가 채무자 명의로 환원되면, 詐害行爲는 원상회복되었다고 할 것이다. 취소채권자는 채권자취소소송을 통해 詐害行爲의 취소 및 수익자 또는 전득자로 변경된 명의를 채무자에게 도로 환원, 즉 이전등기나 말소등기를 명하는 승소판결을 받으면, 단독으로 명의변경 등기신청을 할 수 있다.

취소채권자는 이와 같이 채무자 명의로 회복된 부동산등기부등본을 첨부(부동산등기법 제40조 제3항, 제52조)하여 강제집행을 신청하여 강제집행절차(민사집행법 제81조)를 통해 채권을 회수하면 되기 때문에 채권자는 부동산 명의를 자기 명의로 해줄 것을 구태여 요구할 필요가 없다.

부동산 등기명의를 회복하는 방법으로는 수익자 또는 전득자(최종 등기명의자)로부터 채무자에게로 직접 이전등기하는 방법과 채무자 이후의 순차등기를 말소등기하는 두 가지 방법이 있다. 둘 중 어느 방법이 타당할 것인지는 채권자취소권의 법적 성질과 상호관련성이 있다고 할 것이다.

형성권설 또는 저자가 주장하는 형성청구권설에 의하면, 수익자 또는 전득자 명의의 이전등기는 원인행위가 무효가 됨으로써 당연히 말소되어야 한다. 따라서 말소등

---

1) 수익자이면서도 수동채권을 가지고 있는 채무자에 대한 반대채권자이기도 하다.

기의 방법에 의해 수익자 또는 전득자 명의에서 채무자 명의로 원상회복되어야 한다.

반면에 채권설에 의하면, 수익자 또는 전득자 명의의 등기로부터 채무자에게로 이전을 구하는 새로운 청구권이 성립한다는 것이므로 수익자 또는 전득자 명의에서 채무자 명의로 이전등기를 명하는 방법에 의하여야 한다.

책임설에 의하면, 수익자 또는 전득자는 명의를 그대로 놓아 둔 채 채권자의 강제집행을 수인할 의무를 부담하면 되므로 구태여 채무자 명의로의 이전등기나 말소등기절차를 밟을 필요가 없다. 따라서 수익자 또는 전득자 명의인 상태에서 채권자는 강제집행수인판결에 의하여 강제집행을 실시하면 된다.[1)]

개인적으로는, 민법 제406조의 취지에 부합하려면 "詐害行爲를 취소하고 원상회복을 청구"하여야 하므로 원칙적으로 말소등기의 방법이 옳다고 생각한다.[2)]

(2) 抹消登記와 實務上의 問題點

그런데 말소등기방법에 의하게 되면 실무상 많은 문제가 발생하게 된다. 첫째는 詐害行爲 이후 당해 부동산에 대하여 이해관계를 갖게 된 많은 이해관계인들, 예를 들면 중간 경유 소유권자, 전세권자, 저당권자, 지상권자, 가압류권자, 가처분권자, 가등기권자 등을 모두 공동피고로 하여 승소하여야만 말소등기가 가능하게 되는데 그러한 절차를 밟기가 사실상 어렵다는 점이고, 둘째는 부동산등기법 제171조(이해관계 있는 제3자가 있을 때)가 등기의 말소를 신청하는 경우에 그 말소에 대하여 등기상 이해관계 있는 제3자가 있을 때에는 신청서에 그 승낙서 또는 이에 대항할 수 있

---

1) 다만 이 경우 현행 부동산등기법 및 민사집행법 규정에 의하여 채무자 이외의 자 명의의 부동산에 대하여 강제집행신청을 할 수 있는 방법이 없기 때문에 채권자가 강제집행을 한다는 것은 우리나라 법제로는 불가능하다).

2) 전게 주석민법(채권총칙 2), 103면 · 104면(李相京 집필, 민법 제406조의 취지를 채권자로 하여금 채무자의 責任財産으로부터 일탈된 재산을 추급하여 그 재산에 대하여 강제집행을 통한 채권만족을 얻게 하자는 데에 그 뜻이 있다고 하여야 할 것이고, 이를 위하여서는 詐害行爲의 목적 부동산을 등기부상 채무자소유명의로 환원시키기만 하면 되는 것이므로 부동산양도의 경우에 원상회복의 방법으로 반드시 수익자 또는 전득자 명의의 등기의 말소만을 고집할 이유는 없고, 수익자 또는 전득자로부터 채무자에로의 이전등기에 의한다 하여 위 명문 규정에 반하기보다는 오히려 그 문언에 충실하게 된다고 해석하고 있으나, 개인적으로는 이러한 해석은 민법 제406조의 문언에 충실하지 않는 해석이라고 본다. 왜냐하면 민법 제406조의 채권자취소권은 형성의 소와 이행의 소의 결합형태로 제기하도록 되어 있기 때문에 당연히 취소에 의한 원상회복, 즉 말소등기에 의한 방법으로 이루어져야 하는 것으로 해석하는 것이 타당하기 때문이다).

는 재판의 등본을 첨부하도록 요구하고 있을 뿐만 아니라, 셋째, 등기예규 제391호 (1984. 9. 13)가 "소유권이전등기의 말소를 명하는 승소의 확정판결을 얻은 경우에도 그 이전등기에 터 잡아 위 판결의 사실심변론종결 전에 근저당권설정등기 및 가압류기입등기가 경료 된 때에는 위 근저당권자 및 가압류채권자의 승낙서 또는 이에 대항할 수 있는 재판의 등본을 첨부하거나 위 근저당권 또는 가압류가 해지 또는 해제 등에 의하여 말소된 경우에만 위 소유권이전등기의 말소청구를 신청"할 수 있도록 제한하고 있기 때문에, 이해관계인[1]들의 승낙서나 대항력 있는 재판등본을 징구할 수 없는 경우가 현실적으로 발생하게 되어, 수익자 또는 전득자에게 승소하고서도 말소등기를 신청하지 못하는 경우가 발생할 수 있다.

한편 우리 대법원은 이전등기절차에 의할 수 있다는 다음의 판결, 즉 "자기 앞으로 소유권을 표상하는 등기가 되어 있었거나 법률에 의하여 소유권을 취득한 자가 진정한 등기명의를 회복하기 위한 방법으로는 그 등기의 말소를 구하는 외에 현재의 등기명의인을 상대로 직접 소유권이전등기절차의 이행을 구하는 것도 허용되어야 하는 바, 이러한 법리는 詐害行爲 취소소송에 있어서 취소 목적 부동산의 등기명의를 수익자로부터 채무자 앞으로 복귀시키고자 하는 경우에도 그대로 적용될 수 있다고 할 것이고, 따라서 채권자는 詐害行爲의 취소로 인한 원상회복 방법으로 수익자 명의의 등기의 말소를 구하는 대신 수익자를 상대로 채무자 앞으로 직접 소유권이전등기절차를 이행할 것을 구할 수도 있다."라는 판결[2]이 나오기 전까지는 말소등기에 의한 방법만을 허용하고 있었다.

하지만 앞서 본바와 같이 말소등기의 방법으로는 채권자취소소송에서 채권자가 승소하고서도 말소등기를 신청하지 못하는 경우가 있을 수 있기 때문에 말소등기에 의하여야 한다는 종래의 판결에 대한 비판[3]이 많았는데, 판례는 그 해결책으로 위 판결[4]

---

1) 중간 경유 소유권자, 전세권자, 저당권자, 가압류권자, 가처분권자, 가등기권자 등이 선의의 전득자이거나 고유의 권리를 취득하게 되어 대항력을 인정받는 경우가 이에 해당한다 하겠다.

2) 대법원 2000. 2. 25. 선고, 99다53704 판결.

3) 金能煥, 전게 논문, 72면 내지 74면; 芮祥海, "詐害行爲取消訴訟에 있어서의 실무상 문제점고찰", 인천법조, 1993(창간호), 78면 내지 80면.

에서 보듯이 채권자취소권에 근거한 "채무자 명의로의 말소등기" 이외에도 "진정명의 회복을 원인으로 한 소유권이전등기"를 인정하게 된 것이다.

판례는 "진정한 등기명의의 회복을 위한 소유권이전등기청구는 이미 자기 앞으로 소유권을 표상하는 등기가 되어 있었거나 법률에 의하여 소유권을 취득한 자가 진정한 등기명의를 회복하기 위한 방법으로 현재의 등기명의인을 상대로 그 등기의 말소를 구하는 것에 갈음하여 허용되는 것인데, 말소등기에 갈음하여 허용되는 진정명의 회복을 원인으로 한 소유권이전등기청구권과 무효등기의 말소청구권은 어느 것이나 진정한 소유자의 등기명의를 회복하기 위한 것으로서 실질적으로 그 목적이 동일하고, 두 청구권 모두 소유권에 기한 방해배제청구권으로서 그 법적 근거와 성질이 동일하므로, 비록 전자는 이전등기, 後者는 말소등기의 형식을 취하고 있다고 하더라도 그 소송물은 실질상 동일한 것으로 보아야 하고, 따라서 소유권이전등기말소청구소송에서 패소확정판결을 받았다면 그 기판력은 그 후 제기된 진정명의회복을 원인으로 한 소유권이전등기청구소송에도 미친다."고 하여[1] 채무자 앞으로의 소유권말소등기와 진정명의회복을 위한 소유권이전등기는 모두 "소유권에 기한 방해배제청구권"이라는 이유로 소송물이 동일하다고 하였다.

위 판례처럼, 취소채권자는 말소등기소송의 방법이나 이전등기소송의 방법을 선택적으로 행사할 수 있게 됨으로써, 채권자는 보다 간편한 "채무자명의로의 이전등기청구"의 방법에 의하여 詐害行爲를 취소하고 원상회복을 꾀하는 경우가 실무상 보편화되기에 이르렀다. 이러한 실무태도는 채권자취소소송의 상대적 무효설의 입장에서 절충적 견해를 취하고 있는 입장으로, 수익자 또는 전득자 명의의 등기는 물권적 무효이고, 진정명의회복을 위한 이전등기청구권이론과 부합[2]할 수 있게 된다. 이처럼

4) 대법원 1990. 11. 27. 선고, 89다카12398 전원합의체판결(이미 자기 앞으로 소유권을 표상하는 등기가 되어 있었거나 법률에 의하여 소유권을 취득한 자가 진정한 등기명의를 회복하기 위한 방법으로는 현재의 등기명의인을 상대로 그 등기의 말소를 구하는 외에 "진정한 등기명의의 회복"을 원인으로 한 소유권이전등기절차의 이행을 직접 구하는 것도 허용되어야 한다. 이 판결은 대법원 2001. 9. 20. 선고, 99다37894 전원합의체 판결에 의하여 변경되었다).

1) 대법원 2001. 9. 20. 선고, 99다37894 전원합의체 판결.

2) 대법원 1990. 11. 27. 선고, 89다카12398 전원합의체 판결.

진정명의회복을 위한 이전등기판결이 나게 되면, 등기원인은 “채권자취소로 인한 원상회복”으로, 등기원인일자는 “채권자취소판결의 확정일자”로 등기하면 된다고 하겠다. 만일 소유권이전등기말소판결이 난 경우에는 채권자취소판결이 형성판결이기 때문에 “00년 0월 0일 판결에 의한 말소판결”이 등기원인일자 및 등기원인이 될 것이다.

(3) 具體的 事例의 檢討

부동산과 관련된 구체적 사례를 몇 가지 살펴보기로 한다. 우선 수익자만이 있을 뿐 전득자가 없는 경우 중에서, 첫 번째로 채무자 명의의 부동산에 아무런 부담이 없는 상태에서 수익자에게로 양도된 경우이다. 이 경우에는 채권자취소권을 행사하는 취소채권자는 특별한 문제없이 앞서의 채무자 명의로의 이전등기청구나 말소등기청구를 하여 그 판결문에 의해 이전 또는 말소등기를 이행하면 된다. 그런데 그 부동산에 특정채권자를 위한담보물권이 설정되어 있는 상태에서, 예를 들면 저당권이 설정되어 있는 상태에서 채무자가 그 특정채권자에게 채무변제 대신(갈음하여) 소유권을 이전해 준 경우 그 부동산의 가액이 특정채권자의 피담보채권보다 적을 경우에는 우선변제권이 있는 그 특정채권자에게 그 부동산 가액 모두에 대한 우선변제권이 인정될 것이므로 詐害行爲가 성립하지 않는다고 할 것이고, 우선변제권이 없는 경우에도 상당한 가액으로 양도하였다면[1] 이 역시 詐害行爲가 성립되지 않으므로 취소할 수 없을 것이다. 그러나 채무자가 무상행위 또는 현저히 저렴한 가액으로 다른 채권자에게 양도하거나,[2] 통모에 의한 양도,[3] 채무자의 유일재산인 부동산을 양도한[4] 경우에는

---

1) 대법원 1981. 7. 7. 선고, 80다2613 판결(채무자가 어느 채권자로부터 압류 당할 가능성이 있다고 판단하여 계쟁 부동산을 다른 채권자에게 양도하였다고 하여도 그것이 기존채무의 이행을 위하여 상당한 가격으로 평가되었을 때에는 詐害意思가 없었다고 할 것이다); 대법원 2003. 6. 24. 선고, 2003다1205 판결(채권자가 채무의 변제를 구하는 것은 그의 당연한 권리행사로서 다른 채권자가 존재한다는 이유로 이것이 방해받아서는 아니되고 채무자도 채무의 본지에 따라 채무를 이행할 의무를 부담하고 있어 다른 채권자가 있다는 이유로 그 채무이행을 거절하지는 못하므로, 채무자가 채무초과의 상태에서 특정채권자에게 채무의 본지에 따른 변제를 함으로써 다른 채권자의 공동담보가 감소하는 결과가 되는 경우에도 그 변제는 채무자가 특히 일부의 채권자와 통모하여 다른 채권자를 해할 의사를 가지고 변제를 한 경우가 아닌 한 원칙적으로 詐害行爲가 되는 것은 아니라고 할 것인바, 기존 금전채무의 변제에 갈음하여 다른 금전채권을 양도하는 경우에도 이와 마찬가지이다).

詐害行爲가 된다는 것이 판례의 입장이므로, 이 경우에 취소채권자는 수익자인 특정채권자에 대하여 詐害行爲의 취소를 구하면서 원상회복으로서 채무자 앞으로 다시 권리를 회복시키기 위한 이전등기 또는 말소등기를 구하게 된다.

두 번째로, 채무자가 수익자에게 처분하고서도 중간생략등기방법에 의하여 전득자 명의로 곧바로 이전등기를 마친 경우에도 그 전득자는 등기형식상 직접의 수익자에 해당된다고 할 것이므로 詐害行爲取消를 구함과 동시에 채무자 명의로의 말소를 구할 수 있다고 하겠다.[1]

세 번째로, 부동산이중매매의 경우인데, 이에 대해서는 앞서 특정물채권 부분에서 자세히 살펴보았다. 일본 판례 중에는 특정물채권도 이행불능이 될 경우 손해배상청구권, 즉 금전채권으로 변하게 되므로 채무자의 일반재산에 의하여 담보되어야 한다면서 被保全債權으로서 적격이 있다고 하여 詐害行爲가 성립될 경우 그 이전등기의 말소를 구할 수 있다고 하면서도,[2] 일본 민법 제424조의 채권자취소권은 총채권자의

---

2) 대법원 1990. 11. 23. 선고, 90다카24762 판결(채권자가 채무자를 상대로 손해배상채권을 보전하기 위하여 그 소유의 부동산에 대하여 가압류결정을 받기 하루 전에 채무자가 합의이혼을 하고 처에 대한 위자료 및 자녀의 양육비조로 그의 유일한 재산인 위 부동산을 처에게 무상양도하였다면 그 양도경위에 비추어 채무자는 그 양여행위로써 자신이 無資力에 빠지게 되어 채권자를 해한다는 사실을 알고 있었다고 보여지므로 위 양여행위는 채권자에 대한 詐害行爲가 된다); 대법원 2000. 7. 28. 선고 2000다14101 판결(이미 채무초과 상태에 있는 채무자가 이혼을 함에 있어 자신의 배우자에게 재산분할로 일정한 재산을 양도함으로써 결과적으로 일반 채권자에 대한 공동담보를 감소시키는 결과로 되어도, 위 재산분할이 민법 제839조의2 제2항 규정의 취지에 따른 상당한 정도를 벗어나는 과대한 것이라고 인정할 만한 특별한 사정이 없는 한 詐害行爲로서 채권자에 의한 취소의 대상으로 되는 것은 아니라고 할 것이고, 다만 위와 같은 상당한 정도를 벗어나는 초과부분에 관한 한 적법한 재산분할이라고 할 수 없기 때문에 그 취소의 대상으로 될 수 있다고 할 것인바, 위와 같이 상당한 정도를 벗어나는 과대한 재산분할이라고 볼 만한 특별한 사정이 있다는 점에 관한 증명책임은 채권자에게 있다).

3) 대법원 2005. 3. 25. 선고, 2004다10985 · 10992 판결(채무자가 채무초과의 상태에서 특정채권자에게 채무의 본지에 따른 변제를 함으로써 다른 채권자의 공동담보가 감소하는 결과가 되는 경우에도 그 변제는 채무자가 특히 일부의 채권자와 통모하여 다른 채권자를 해할 의사를 가지고 변제를 한 경우가 아닌 한 원칙적으로 詐害行爲가 되는 것은 아니다. 채무자가 특히 일부의 채권자와 통모하여 다른 채권자를 해할 의사를 가지고 변제를 하였는지 여부는 詐害行爲임을 주장하는 사람이 입증하여야 하며, 이는 수익자의 채무자에 대한 채권이 실제로 존재하는지 여부, 수익자가 채무자로부터 변제를 받은 액수, 채무자와 수익자와의 관계, 채무자의 변제능력 및 이에 대한 수익자의 인식, 변제 전후의 수익자의 행위, 그 당시의 채무자 및 수익자의 사정 및 변제의 경위 등 제반 사정을 종합적으로 참작하여 판단하여야 한다).

4) 대법원 2005. 10. 14. 선고, 2003다60891 판결(채무자가 자기의 유일한 재산인 부동산을 매각하여 소비하기 쉬운 금전으로 바꾸거나 타인에게 무상으로 이전하여 주는 행위는 특별한 사정이 없는 한 채권자에 대하여 詐害行爲가 된다고 볼 것이므로 채무자의 詐害의 의사는 추정되는 것이고, 이를 매수하거나 이전 받은 자가 악의가 없었다는 증명책임은 수익자에게 있다고 할 것이다); 대법원 2001. 4. 24. 선고, 2000다41875 판결.

1) 日本大審院 大正 6(1917). 3. 31. 民錄 第23券, 596面; 日本大審院 昭和 7(1932). 8. 9. 民集 第11券, 1707面.

2) 日本最高裁判所 昭和 36(1961). 7. 19. 民集 第15卷 第7號, 1875面.

공동담보를 목적으로 하는 것이지 그 특정물 자체를 목적으로 하지는 않기 때문에 특정물채권자는 목적물 자체를 채권의 변제에 충당할 수 없어 소유권이전등기청구를 허용할 수는 없다고 하였음도 이미 살펴보았다.[1]

우리 판례는 이중매매의 경우 특정물채권 그 자체는 責任財産의 보전, 즉 공동담보의 목적과는 무관하므로, 피보전적격을 인정할 수 없다는 이유로 아예 채권자취소권이 발생할 수 없다고 하였다.[2]

그러나 이러한 판례에 대하여 그러한 이중매매는 반사회질서행위로서 악의적 배신행위이므로 詐害行爲의 취소대상이 된다거나, 불법행위이론에 의하여 불법행위의 효과로서 금전배상이 아닌 원상회복으로서 말소등기청구권을 인정해야 한다는 등의 반대견해가 있다.[3]

네 번째로, 저당권 등 제한물권이 설정되어 있는 부동산을 채무자가 수익자에게 처분하였는데, 수익자가 그 제한물권의 피담보채권을 변제하여 그 제한물권을 말소시킨 후 채권자취소소송이 제기된 경우의 처리 문제이다. 이에 대하여 학설은, 수익자에게로 이전된 등기의 말소 또는 재이전등기 및 말소된 저당권 등의 말소회복등기에 의해 원상회복하면 된다는 견해, 가액배상을 하면 된다는 견해, 목적부동산의 가분성 여부, 그 가격, 被保全債權액, 소멸한 저당권의 피담보채무액 등을 종합하여 공평의 이념에 따라 어느 방법에 의할 것인지를 결정하면 된다는 견해[4] 등으로 나누어져 있음은 이미 살펴보았다.

판례는 "詐害行爲의 목적인 부동산에 수개의 저당권이 설정되어 있다가 詐害行爲 후 그 중 일부 저당권만이 말소된 경우, 詐害行爲의 취소에 따른 원상회복은 가액배

1) 日本最高裁判所 昭和 53(1978), 10. 5. 民集 第32巻 第7號, 1332面.

2) 대법원 1959. 10. 8. 선고, 4291민상432 판결; 대법원 1999. 4. 27. 선고, 98다56690 판결(채권자취소권을 특정물에 대한 소유권이전등기청구권을 보전하기 위하여 행사하는 것은 허용되지 않으므로, 부동산의 제1양수인은 자신의 소유권이전등기청구권 보전을 위하여 양도인과 제3자 사이에서 이루어진 이중양도행위에 대하여 채권자취소권을 행사할 수 없다).

3) 尹眞秀, 법률신문 1986. 7. 28. 12면, 1986. 8. 4. 6면 및 1986. 8. 11. 6면 참조(그러나 이러한 주장에 대하여는 우리 민법 제394조(손해배상의 방법)는, 독일 민법처럼 원상회복을 원칙으로 하지 않고, 달리 손해배상을 금전으로만 배상하도록 하고 있어서 특정물에 대한 원상회복을 구하는 위와 같은 이론은 타당하지 않다는 비판이 있다; 전게 주석민법(채권총칙 2), 106면(李相京 집필).

4) 전게 주석민법(채권총칙 2), 107면(李相京 집필).

상의 방법에 의할 수밖에 없을 것이고, 그 경우 배상하여야 할 가액은 그 부동산의 가액에서 말소된 저당권의 피담보채권액과 말소되지 아니한 저당권의 피담보채권액을 모두 공제하여 산정하여야 한다. 詐害行爲 후 1, 2순위 근저당권이 말소되고, 3순위 근저당권의 피담보채권 중 일부가 채무자의 재산에 대한 공매절차를 통하여 변제됨으로써 법원이 詐害行爲取消로 인한 원상회복으로 가액배상을 명하는 경우, 부동산의 시가에서 공제할 3순위 근저당권의 피담보채권액은 공매절차를 통하여 일부 변제된 후가 아닌 詐害行爲 당시의 피담보채권액이다."라고 하였고,[1] "詐害行爲가 저당권이 설정되어 있는 부동산에 관하여 당해 저당권자 이외의 자 사이에 이루어지고 그 후 변제 등에 의하여 저당권이 말소된 때에는 위 부동산 전체의 회복을 명하는 것은 담보되어 있지 아니하던 부동산까지 회복시키는 것이 되어 공평에 반하는 결과가 되므로, 위 부동산의 가액에서 피담보채권액을 공제한 한도에서 위 매매계약을 취소하고 위 가액의 반환을 명할 수 있을 뿐"이라고 하여[2] 가액배상을 명하였다.

한편 판례는 저당권이 설정된 부동산에 대하여 詐害行爲가 이루어진 후 그 저당권 설정등기가 말소된 경우, 詐害行爲인 계약 전부의 취소와 부동산 자체의 반환을 구한 청구취지에 대하여, 청구취지 속에 계약의 일부취소와 가액배상을 구하는 취지도 포함되었다고 해석된다면서 청구취지 변경 없이 가액배상을 직권으로 명할 수 있다고 하였다.[3]

참고로 일본 판례는, 공동저당권이 설정된 부동산 중 일부를 詐害行爲로 처분한 후 해당 부동산에 설정된 저당권이 말소된 경우에 詐害行爲의 취소가 있게 된 경우에 대하여 "공동저당의 목적인 수개의 부동산의 전부 또는 일부의 매매계약이 詐害行爲에 해당하는 경우에 있어서 해당 詐害行爲 이후 변제에 의해 그 저당권이 말소된 경우에는 매매의 목적이 된 부동산의 가액으로부터 위 부동산이 부담하여야 할 저당권의 피담보채무액을 공제한 잔액의 한도에서 위 매매계약을 취소하고 그 가격에 의한 배상

---

1) 대법원 2007. 7. 12. 선고, 2005다65197 판결.
2) 대법원 1996. 10. 29. 선고, 96다29207 판결.
3) 대법원 2001. 6. 12. 선고, 99다20612 판결; 서울지방법원동부지원 1995. 4. 28. 선고, 94가합2327 판결(하집 1995-1, 104면) 참조.

을 명하여야 하고, 일부 부동산 자체의 이전이나 말소등기를 통한 회복을 인정하여야 하는 것은 아니라고 할 것이고, 이 경우 詐害行爲의 목적부동산의 가액으로부터 공제하여야 할 위 부동산이 부담하여야 할 위 저당권의 피담보채무액은 민법 제392조(우리 민법 제368조 해당)에 비추어 공동저당의 목적이 된 각 부동산가액에 응하여 저당권의 피담보채무액을 안분한 액"이라고 하여,[1] 공동저당의 목적이 된 수개의 부동산을 하나의 담보목적물로 보아 개별부동산에 대한 피담보채권액과 시가와의 비교로 인한 개별부동산에 대한 원상회복을 부정하고, 가액배상을 하되 그 가액은 총담보액과 총채권액을 안분하여 해당 부동산에 대한 담보가치를 가액배상하도록 하였다.[2]

그렇다면 수익자 이외에 전득자가 있는 경우를 살펴보기로 한다. 우리 판례는 한때 수익자로부터 전득자에 이르기까지 사이에 선의의 저당권자, 가압류, 가처분채권 등 이해관계등기가 병존하는 경우에 수익자로부터 전득자까지를 모두 공동피고로 하여 그 이전등기를 모두 말소하지 않으면 재산회복의 목적이 달성될 수 없다는 이유로 모든 이해관계인에 대한 말소소송에서 승소하여야 한다고 하였으나,[3] 현재는 태도를 바꾸어 최종 전득자만을 상대로 진정명의회복을 원인으로 한 이전등기소송에서 승소하는 것으로 원상회복할 수 있다고 하였다.[4]

바. 價額賠償

(1) 價額賠償의 根據

가액배상은 원상회복이 불가능[5]할 때 예외적으로 허용되는 것이기 때문에 원물반

1) 日本最高裁判所 平成 4(1992). 2. 27. 民集 第46卷 第2號, 112面(破棄還送判決).
2) 전게 주석민법(채권총칙 2), 108면(李相京 집필).
3) 대법원 1962. 1. 25. 선고, 4294민상529 판결.
4) 대법원 2005. 6. 9. 선고, 2004다17535 판결.
5) 대법원 1998. 5. 15. 선고, 97다58316 판결(원물반환이 불가능하거나 현저히 곤란한 경우라 함은 원물반환이 단순히 절대적, 물리적으로 불능인 경우가 아니라 사회생활상의 경험법칙 또는 거래상의 관념에 비추어 채권자가 수익자나 전득자로부터 이행의 실현을 기대할 수 없는 경우를 말하고, 詐害行爲의 목적물이 수익자로부터 전득자로 이전되어 그 등기까지 경료되었다면 후일 채권자가 전득자를 상대로 소송을 통하여 구제받을 수 있는지 여부에 관계없이, 수익자가 전득자로부터 목적물의 소유권을 회복하여 이를 다시 채권자에게 이전하여 줄 수 있는 특별한 사정이 없는 한 그로써 채권자에 대한 목적물의 원상회복의무는 법률상 이행불능의 상태에 있다고 봄이 상당하다).

환이 가능할 경우에는 허용되지 아니한다.[1] 그러나 원물반환을 지나치게 엄격하게 해석할 것은 아니고, 원물반환이 명백하게 불가능한 경우는 물론이고, 현저하게 곤란한 경우도 포함된다고 할 것이다.[2] 가액배상을 명할 정도의 불가능에는 목적물이 멸실되거나 훼손된 경우와 같은 사실상 불가능과 선의의 전득자에게 처분되어 그로부터의 반환이 불가능한 법률상 불가능이 있다고 하겠다. 그 외에도 실무상 많이 나타나고 있는 사례로 저당권이 설정된 부동산의 양도 후 저당권이 말소됨으로써 오히려 부동산의 실질가액이 상승한 경우 공평의 관념에서 원상회복을 허용해서는 안 되는 경우 등이 있을 수 있다.

그렇다면 이러한 가액배상을 예외적으로 허용하는 근거가 무엇이냐 인데, 일본에서는 악의의 수익자의 반환의무에 준한다는 견해,[3] 점유자의 회수자에 대한 손해배상의무(민법 제204조)에 준한다는 견해,[4] 대상청구의 일종이라는 견해,[5] 채권자취소권의 인정근거가 형평성의 보장이므로 손해배상청구 역시 법률에 의해 인정되는 원상회복의무의 일종이라는 견해[6] 등이 주장되고 있다.

개인적으로는, 채권자취소권의 정당성은 불법행위나 부당이득에서 찾을 수는 없고 법정책임에서 그 근거를 찾을 수밖에 없다고 본다. 그렇다면 법정책임의 이행이 원상회복불가능이라는 예외적 현상으로 인하여 실현되지 못하게 되어 채권자가 손해를 보고 수익자 또는 전득자가 수익을 얻게 되어 부당이득을 취하였으므로 이를 반환하는 것으로 보는 것이 타당하다고 하겠다. 즉 "법정책임에 근거한 부당이득반환청구권"으로 이해하면 되겠다. 다시 말해 채권자취소권의 원상회복의무는 법정책임이지만, 그 원상회복이 불가능하게 되어 가액배상을 받는 것은 법정책임에 근거한 부당이득반환청구권이라고 보는 것이 타당하다는 것이다. 채권자취소권 자체가 형평의 견

---

1) 日本大審院 大正 9(1920). 11. 30. 民集 第13卷, 2191面.
2) 대법원 1996. 10. 29. 96다23207 판결.
3) 田中實, 抵当權の設定が詐害行爲とされる場合に生ずる諸問題, 法學硏究, 第34卷, 慶応義塾大學法學硏究會, 1961. 81面.
4) 石坂音西郎, 前揭 民法硏究(Ⅱ), 153面.
5) 下森定, 前揭 "債權者取消權と不當利得". 187面; 전게 주석민법(채권총칙 2), 109면(李相京 집필).
6) 전게 민법주해(Ⅸ), 845면(金能煥 집필).

지에서 인정된 법정책임이므로, 그로 인하여 성립한 원물반환채권의 이행불가능으로 인한 가액배상은 법정채권에 근거한 부당이득반환청구권의 성질을 가진다고 하겠다.

수익자 또는 전득자의 원상회복의무는 詐害行爲에 의하여 채무자의 재산을 일탈시킨 데에 대한 책임을 묻는 것이므로 그 재산을 타인에게 양도하였다고 하여 면제되는 것도 아니며, 이익이 잔존하는지 여부도 불문하고,[1] 원물반환의 불가능에 대한 수익자 또는 전득자의 고의나 과실을 요하지도 아니한다.[2] 詐害行爲 이후에 상대방이 목적물을 사용·수익함으로써 얻은 이득의 반환 역시 원상회복의 범위에 포함된다고 할 것이다.[3]

(2) 判 例

판례는 "채권자의 詐害行爲取消 및 原狀回復請求가 인정되면, 수익자 또는 전득자는 원상회복으로서 詐害行爲의 목적물을 채무자에게 반환할 의무를 지게 되고, 원물반환이 불가능하거나 현저히 곤란한 경우에는 원상회복의무의 이행으로서 詐害行爲 목적물의 가액 상당을 배상하여야 하는바, 원래 채권자와 아무런 채권·채무관계가 없었던 수익자가 채권자취소에 의하여 원상회복의무를 부담하는 것은 형평의 견지에서 법이 특별히 인정한 것이므로, 그 가액배상의 의무는 목적물의 반환이 불가능하거나 현저히 곤란하게 됨으로써 성립하고, 그 외에 그와 같이 불가능하게 된 데에 상대방인 수익자 등의 고의나 과실을 요하는 것은 아니다."라고 하여,[4] 가액배상의 근거를 "형평의 견지에서 법이 특별히 인정한 것"이라고 하여 가액배상 자체를 법정책임으로 설시하고 있다.

1) 日本最高裁判所 昭和 35(1960). 4. 26. 民集 第14卷 第6號, 1046面.
2) 대법원 1998. 5. 15. 선고, 97다58316 판결.
3) 전게 주석민법(채권총칙 2), 110면(李相京 집필); 전게 주해민법(IX), 853면.
4) 대법원 1998. 5. 15. 선고, 97다58316 판결.

(3) 價額賠償의 基準時點

그렇다면 가액배상의 기준시점을 언제로 할 것이냐 인데, 우리 판례는 "채권자의 채권원리금이 그 우선변제권에 의하여 전액 담보되지 아니하는 경우에는 변제충당의 법리를 유추적용하여 詐害行爲 시점에서는 이자채권이 원금채권에 우선하여 우선변제권에 의하여 담보되고 있다고 볼 것이므로 담보되지 아니하는 부분 가운데에는 원금에 해당하는 금원이 포함되어 남아 있게 될 것이고, 따라서 채권자가 채권자취소권을 행사할 수 있는 범위는 그 이후 담보권의 실행 등으로 소멸한 부분을 제외하고 난 다음 실제로 남은 미회수 원리금 전부가 아니라 詐害行爲 당시 채권최고액 및 담보부동산의 가액을 초과하는 부분에 해당하는 채무원리금 및 그 중 원금 부분에 대한 사실심변론종결 시까지 발생한 지연이자 상당의 금원이 이에 해당한다."고 하여[1] 사실심변론종결 시까지의 지연이자도 포함된다고 하였다.

즉 詐害行爲로 인한 손해액은 사실심변론종결 시를 기준으로 하여 지연이자까지 계산하여야 함[2]을 밝힌 것이다. 다만 원물반환판결이 난 이후 원물반환이 불가능하게 된 경우에는 다시 가액배상을 청구할 수 없다고 하였다.[3]

참고로 이와 관련하여 일본의 경우 詐害行爲時,[4] 원상회복불가능판정시,[5] 채권자취소권행사시,[6] 사실심구두변론종결시[7] 등의 하급심판결 등이 있었으나, 日本最高裁判

---

1) 대법원 2002. 11. 8. 선고, 2002다41589 선고; 대법원 1999. 9. 7. 선고, 98다41490 판결.

2) 전게 민법주해(IX), 856면(金能煥 집필); 전게 주석민법(채권총칙 2), 111면(李相京 집필)(지연손해금의 기산점은 가액배상에 있어서는 그 반환의무가 확정되는 사실심변론종결시부터, 그 밖의 경우에는 상대방이 실제로 금전을 지급받은 때로 보아야 할 것이고, 이율은 기본행위의 성질에 따라 민사법정이율 또는 상사법정이율이 적용되어야 할 것이다).

3) 대법원 2006. 12. 7. 선고, 2004다54978 판결(詐害行爲 후 그 목적물에 관하여 제3자가 저당권이나 지상권 등의 권리를 취득한 경우에는 수익자가 목적물을 저당권 등의 제한이 없는 상태로 회복하여 이전하여 줄 수 있다는 등의 특별한 사정이 없는 한 채권자는 수익자를 상대로 원물반환 대신 그 가액 상당의 배상을 구할 수 있지만, 그렇다고 하여 채권자가 스스로 위험이나 불이익을 감수하면서 원물반환을 구하는 것까지 허용되지 아니하는 것으로 볼 것은 아니며, 채권자는 원상회복 방법으로 가액배상 대신 수익자를 상대로 채무자 앞으로 직접 소유권이전등기절차를 이행할 것을 구할 수도 있다. 이 경우 原狀回復請求權은 사실심변론종결 당시의 채권자의 선택에 따라 원물반환과 가액배상 중 어느 하나로 확정되며, 채권자가 일단 詐害行爲 취소 및 원상회복으로서 원물반환 청구를 하여 승소 판결이 확정되었다면, 그 후 어떠한 사유로 원물반환의 목적을 달성할 수 없게 되었다고 하더라도 다시 原狀回復請求權을 행사하여 가액배상을 청구할 수는 없으므로 그 청구는 권리보호의 이익이 없어 허용되지 않는다).

4) 日本大阪地方裁判所 岸和田支院 昭和 34(1959). 5. 28. 訴月 第5卷 第8號, 1077面.

5) 日本東京高等裁判所 昭和 35(1960). 9. 14. 判例タイム 第110卷, 69面.

所는 "대저 가액배상에 있어서 가격의 산정은 수익자가 사실심구두변론종결시까지 해당부동산의 전부 또는 일부를 타인에게 처분한 경우에 그 처분 후에 예상할 수 없는 가액의 앙등이 있고 詐害行爲가 없더라도 채권자로서는 앙등에 의한 변제의 이익을 받을 수 없는 등 특별한 사정이 없는 한 詐害行爲의 취소의 효과가 생기고 수익자가 재산반환의 의무를 부담하는 때, 즉 詐害行爲取消訴訟에 가장 근접한 시점인 사실심구두변론종결 시를 기준으로 하는 것이 詐害行爲에 의하여 채무자의 責任財産을 일탈시킨 책임을 원인으로 한 채무자의 재산을 회복시킬 것을 목적으로 하는 詐害行爲取消制度의 취지에 부합하고 또한 채권자와 수익자의 이해의 공평을 기할 수 있기 때문이다."라고 하여[1] 사실심구두변론종결 시를 가액배상액 결정기준시라고 하였다.

---

6) 日本最高裁判所 昭和 39(1964). 3. 24. 民集 第72卷, 589面; 日本最高裁判所 昭和 41(1966). 11. 17. 民集 第85卷, 127面.

7) 日本佐賀地方裁判所唐津支院 昭和 33(1958). 12. 11. 訴月 第5卷 第2號, 228面.

1) 日本最高裁判所 昭和 50(1975). 12. 1. 昭和 49年(オ) 第480號 事件.

제4절 債權者取消權行使의 效果

Ⅰ. 序　論

채권자취소권행사로 인한 법률효과는, 채권자취소권의 법적 성질을 어떻게 이해하느냐에 따라 그 결과를 달리 한다. 아래에서는 우리 민법 제407조가 규정한 "前條의 規定에 依한 取消와 原狀回復은 모든 債權者의 利益을 爲하여 그 效力이 있다."라는 의미를 어떻게 해석해야 할 것인지에 대하여 각 학설의 입장 및 판례를 중심으로 구체적으로 살펴보기로 한다.

참고로 프랑스의 경우, 채권자취소소송을 대항불능의 소[1]로 보기 때문에, 詐害行爲로써 취소채권자에게 대항할 수 없을 뿐, 즉 무효의 소가 아니므로 詐害行爲는 채무자와 수익자 또는 전득자 사이에서는 여전히 유효하게 존속하며, 단지 채권자취소소송의 효과로서 수익자 또는 전득자가 목적재산을 반환한 경우 채무자를 상대로 담보책임을 물을 수 있다는 입장을 취하고 있다.[2] 그리고 채권자취소권 행사의 효과는 취소채권자에게만 귀속되므로, 수익자 또는 전득자로부터 채무자에게로 목적재산이 반환된 경우 소송참가 등을 통하여 취소채권자가 제기한 詐害行爲取消訴訟에 다른 채권자가 참여하지 않은 한 취소채권자만이 목적재산으로부터 만족을 얻을 수 있다는 것이 프랑스법원의 일관된 태도이다.[3] 이는 우리 민법 제407조와 같은 규정을 두고 있지 않은 데서 나온 당연한 결과라고 하겠으나, 우리는 민법 제407조가 있기 때문

---

1) 예를 들어 Cass. civ. 1re, 3 déc. 1985, Bull. civ. I, n° 334.

2) Philippe Malaurie, Laurent Aynés et Philippe Stoffel-Munck, Droit civil, les obligations, op. cit., n° 1148.

3) 채권자취소송에 참가하지 않은 다른 채권자는 당해 소송의 판결로 인한 이익을 주장할 수 없다고 판시한 것으로는, Cass. civ., 4 déc. 1923, D.P., 1923, I, p. 222 ; 채권자취소권 행사의 효과로서 목적재산이 채무자의 자산으로 편입되게 되며, 취소채권자만이 유일하게 동 목적재산을 압류할 수 있다고 판시한 것으로는, Cass. civ. 3e, 9 juil. 2003, Bull. civ. III, n° 142.

에 그 해석이 달라질 수밖에 없다.

Ⅱ. 債務者에 對한 效果

상대적 무효설을 취하는 다수설[1] 및 판례[2]에 의하면, 詐害行爲를 한 채무자와 수익자 또는 전득자 사이에서는 詐害行爲가 그대로 유효한 상태로 존속하게 되어 채무자와 수익자 또는 수익자와 전득자 사이의 법률관계에는 아무런 영향을 미치지 아니한다.[3]

따라서 취소채권자의 詐害行爲取消 및 原狀回復請求에 의하여 수익자 또는 전득자로부터 채무자에게로 원상회복된 재산은 취소채권자 및 다른 채권자, 즉 채무자의 모든 채권자들의 공동담보로만 취급될 뿐 형식적으로 돌려받은 채무자에게는 어떠한 권리도 발생하지 아니한다. 한편 채권자취소권의 내용이 詐害行爲의 취소만을 구하는 경우, 예를 들어 채무자로부터 수익자 또는 전득자에게 원인행위만 있을 뿐 권리이전이 되지 않은 상태에 있는 경우에도 채무자는 그 상대방인 수익자 또는 전득자에 대하여 재산반환청구권을 취득하지 못한다. 그리고 원상회복된 재산으로부터 모든 채권자들의 채권에 대한 만족이 이루어지고 남은 잉여가치가 있으면 이는 당연히 수익자 또는 전득자[4]에게 반환되며 채무자에게 반환되지 않는다.[5]

---

1) 金基善, 전게서, 193면; 金相容, 전게서, 265면; 金容漢, 270면; 金曾漢 · 金學東, 전게서, 206면; 金亨培, 전게서, 419면

2) 대법원 1962. 2. 15. 선고, 4294민상378 판결; 대법원 1990. 10. 30. 선고, 89다카35421 판결: 대법원 2001. 5. 29. 선고, 99다9011 판결; 대법원 2008. 4. 24. 선고, 2007다84352 판결(채권자취소권은 채무자의 詐害行爲를 채권자와 수익자 또는 전득자 사이에서 상대적으로 취소하고 채무자의 責任財産에서 일탈한 재산을 회복하여 채권자의 강제집행이 가능하도록 하는 것을 본질로 하는 권리이므로 원상회복을 가액배상으로 하는 경우에 그 이행의 상대방은 채권자이어야 한다고 할 것이다).

3) 대법원 1988. 2. 23. 선고, 87다카1989 판결; 대법원 2005. 11. 10. 선고, 2004다49532 판결(詐害行爲의 취소는 취소소송의 당사자 사이에서 상대적으로 취소의 효력이 있는 것으로 당사자 이외의 제3자는 다른 특별한 사정이 없는 이상 취소로 인하여 그 법률관계에 영향을 받지 않는다고 할 것이다. 詐害行爲의 목적부동산 등을 새로운 법률관계에 의하여 취득한 전득자 등은 민법 제406조 제1항 단서에 의하여 보호되므로, 詐害行爲의 취소에 상대적 효력만을 인정하는 것은 詐害行爲 취소채권자와 수익자 그리고 제3자의 이익을 조정하기 위한 것으로 그 취소의 효력이 미치지 아니하는 제3자의 범위를 詐害行爲를 기초로 목적부동산에 관하여 새롭게 법률행위를 한 그 목적부동산의 전득자 등만으로 한정할 것은 아니다).

그렇다면 과연 이러한 상대적 무효설을 지지하는 다수견해 및 판례의 태도가 타당한지에 대하여 검토하여 보기로 한다.

우선 채무자와 수익자 또는 전득자 사이의 법률행위는 유효하다고 하면서 채권자에 대하여서는 무효이므로 이를 채무자에게 원상회복하여야 한다는 논리가 과연 타당하겠는가 말이다. 앞서 살펴본 바와 같이 이러한 편면적 무효의 법리가 성립하기 위해서는 강행법규상의 근거가 있어야 한다. 그렇다면 민법 제406조 제1항을 그러한 편면적 강행법규로 해석할 수 있겠는가 하는 점인데, 그렇게 볼 근거가 없다고 하겠다. 민법 제289조는 민법 제280조 내지 제287조의 규정에 위반되는 계약으로 지상권자에게 불리한 것은 그 효력이 없다거나, 민법 제652조는 제627조, 제628조, 제631조, 제635조, 제638조, 제640조, 제641조, 제643조 내지 제647조의 규정에 위반하는 약정으로 임차인이나 전차인에게 불리한 것은 그 효력이 없다고 하여 편면적 강행규정인 경우 명문의 규정을 두고 있다. 그리고 민법 제137조는 법률행위의 일부무효를, 민법 제607조와 제608조는 대물변제의 예약에 관한 일부무효에 대하여 각각 규정하고 있다.

따라서 민법 제406조 제1항의 법률효과가 상대적 무효가 되기 위해서는 편면적 무효인 개별규정을 두어야 한다. 그런데 우리 민법에는그러한 규정이 없다.

무효는 강학상 절대적 무효와 상대적 무효로 나눌 수 있다. 절대적 무효라 함은, 법률행위를 한 당사자 사이는 물론이고 제3자에 대한 관계에서도 무효인 경우를 말한다. 이러한 절대적 무효가 되는 경우는 강행법규에 위반한 법률행위, 반사회질서의 법률행위, 의사무능력의 법률행위 등이 있다.

반면에 상대적 무효라 함은, 법률행위 당사자 사이에서는 무효이지만 제3자에게는 그 무효를 주장할 수 없는 무효인 경우를 말한다. 그러한 경우는 선의의 제3자 보호규정을 두고 있다. 선의의 제3자 보호규정을 두고 있는 비진의의사표시(민법 제107

---

4) 이들은 詐害行爲가 취소되지 않았다면 여전히 채무자에 대하여 유효한 법률관계를 주장할 수 있는 자들이기 때문이다.

5) 郭潤直, 전게서, 149면; 金大貞, 전게서, 290면; 金容漢, 전게서, 270면; 金曾漢 · 金學東, 전게서, 206면; 尹喆洪, 전게서, 270면; 玄勝鍾, 전게서, 216면; 전게 주석채권총론(상), 445면(金旭坤 집필).

조 제2항) 및 통정한 허위의 의사표시(민법 제108조)가 이에 속한다.

상대적 무효는 "법률행위를 한 당사자 사이에서 무효"이고 "제3자에 대해서는 유효"라는 이원적 효력을 말한다. 이러한 상대적 무효의 법리는 표의자와 상대방의 선행법률행위가 무효라고 하더라도 상대방과 제3자의 후행법률행위를 유효한 것으로 인정하여, 후행법률행위의 한 쪽 당사자인 선의의 제3자를 보호하겠다는 것이다. 그리하여 표의자로 하여금 제3자에게 무효인 법률행위의 효력과 관련하여 무효임을 주장하지 못하도록, 즉 추급하지 못하도록 차단함으로써, 무효를 중심으로 한 법적 분쟁을 분쟁의 당사자인 표의자와 그 상대방 사이에서 자체적으로 해결하도록 하고 있다.

그런데 채권자취소권의 상대적 무효설 법리는, 이러한 "통상적인 상대적 무효의 법리를 반대로 해석"하고 있어 문제이다. 즉 채권자취소권의 효력을 "법률행위를 한 당사자인 채무자와 수익자 또는 전득자 사이의 법률행위는 유효"라고 하면서, 법률행위의 당사자가 아닌 "채권자와 수익자 또는 전득자 사이에서 채무자와 수익자 또는 전득자 사이의 법률행위는 무효"라고 하고 있는 것이다. 이는 앞서의 "통상적인 상대적 무효"의 법리를 반대로 하겠다는 것으로 부당하다.

통상적인 상대적 무효의 법리에 의해 채권자취소권을 살펴보면, 표의자(채무자에 해당)와 상대방(수익자 또는 전득자에 해당) 사이의 법률행위(詐害行爲에 해당)에 대하여 그들 사이에서 무효로 하되, 선의의 제3자(채권자에 해당)에 대해서 유효로 하겠다는 구조를 이루게 된다. 그런데 실제로는 이와 정반대가 되도록 해석하고 있다. 과연 이러한 법리를 상대적 무효의 법리로 설명하는 것이 타당한지는 의문이다.

선의의 제3자 보호규정은 어디까지나 "무효인 법률행위를 유효인 법률행위로 믿고 새로운 법률행위를 한 자"를 보호하겠다는 것이다. 예를 들면 허위표시로 무효인 매매계약에 근거하여 소유권이전등기를 경료한 상대방으로부터 제3자가 소유권을 취득하거나 저당권을 취득한 경우처럼, "무효인 소유권이전등기를 유효한 소유권으로 믿고 이를 매수하여 소유권이전등기를 경료한 제3자"를 보호하는 경우이다. 그런데 채권자취소권의 효과에서는 오히려 그렇게 믿고 법률행위를 한 수익자 또는 전득자에 대해 무효라고 하면서 거꾸로 그 제3자를 보호하지 않겠다는 것인바, 이처럼 수익자 또는 전득자로서는 자신의 법률행위 이전에 발생해 있는 채권을 근거로 기존의 채권자가 보호됨으로써 자신이 피해를 보게 되는 것을 납득하기 어려울 것이다.

또 다른 문제는 "물권은 채권에 우선한다."라는 재산법의 기본명제가 채권자취소권의 행사로 배척되고 있다는 점이다. 채권은 특정인이 다른 특정인에 대하여 특정한 이행을 요구할 수 있는 대인권이고, 물권은 권리주체가 권리객체인 물건을 직접적·배타적·독점적으로 지배하는 절대적 대물권이라고 할 수 있다. 따라서 물권 우선의 법리를 신뢰하고 있는 모든 채권자들은 물권자가 되기 위하여 채무자에게 채권을 적극적으로 행사한다. 그리하여 채무자에게 끊임없이 그 이행을 요구하고, 이를 임의이행하지 않을 경우 소송을 통해 강제집행을 실행한다. 그리하여 저당권과 같은 물권을 취득하거나, 그것이 안 될 경우 가압류나 가처분 같은 최소한의 보전처분을 취한다. 그런데 채권자취소권은 그러한 담보물권 등의 우선변제권을 확보하지 못한 채권자가 채권보전절차를 취하지도 않은 상태에서 이미 물권을 취득한 수익자 또는 전득자에 대해 채권자취소권을 행사함으로써 이의 취소 및 원상회복을 강제하게 된다. 더군다나 그를 통해 사실상 우선변제를 받음으로써 수익자 또는 전득자가 전혀 대항할 수 없도록 하여, 채권이 물권에 우선하는 법적 불안정을 가져오게 된다.

따라서 상대적 무효설은 채권자취소권을 행사하는 채권자를 보호하기 위한 법리로 개발되었다고 보여진다. 즉 채권자취소권제도가 생성된 연혁적 가치를 중시한 나머지 실체법과 절차법의 준별, 담보물권과 채권의 구별이 일반화된 현대법체계를 전연 도외시하고 있는바, 이는 문제라고 하지 않을 수 없다.

그러므로 필자가 주장하는 형성청구권설에 입각하여, 채권자취소권이 인정될 경우에는 그 행사의 효과를 "채무자와 수익자 또는 전득자 사이의 詐害行爲 取消"라는 절대적 무효설에 입각하여 검토하는 것이 옳다고 본다. 다만 절대적 무효설을 따를 경우 그 무효의 효과가 채무자와 수익자 또는 전득자에게까지 확대되기 때문에 "詐害行爲認定"을 엄격하게 하여 수익자 또는 전득자의 피해를 최소화할 필요성이 있다. 따라서 채무자가 법률행위를 통해 처분한 목적에 대한 반대급부가 주어졌다면 이는 責任財産의 감소로 보기 어려우므로 채권자취소권의 인정을 엄격히 축소하여야 할 것이고, 적어도 무상행위 또는 통정한 허위의 의사표시와 같은 비난가능성이 높은 경우에만 詐害行爲를 인정하는 것이 타당하다고 하겠다.

또한 채권자취소소송의 피고를 수익자 또는 전득자로 제한하고 있는 것도 상대적 무효설의 이론을 정당화시켜 주는 근거가 되고 있으나, 채권자취소소송의 피고를 수익자 또는 전득자에 국한시킬 것이 아니라 채무자도 공동피고로 하여 필수적 공동소송절차에 의한 "채권자, 채무자, 수익자, 전득자" 모두에 대한 하나의 판결, 즉 합일·확정 판결을 하고, 그 판결의 기판력에 의해 詐害行爲의 절대적 무효, 취소로 인해 반환된 責任財産에 대한 채권자의 채무자에 대한 별도의 執行權原에 의한 강제집행 실시, 자격 있는 모든 채권자들의 배당참가[1]를 통해 채권의 만족을 기하는 것이 타당하다고 하겠다.

물론 배당 후 남은 것이 있으면 수익자 또는 전득자에게 반환하여야 할 것이다.

앞서 살펴본 바 있지만, 수익자 또는 전득자로부터 부동산등기가 이전 또는 말소될 경우 채권자취소권의 행사에 의한 것임을 공시하기 위하여,"채권자취소소송에 의한 말소"임을 표시하는 등기를 할 수 있도록 부동산등기법을 개정하여야 하리라 본다.

Ⅲ. 債權者에 對한 效果

가. 債權者平等의 原則

민법 제407조는 채권자취소권의 행사로 인한 取消와 原狀回復은 모든 債權者의 利益을 爲하여 그 效力이 있다고 하여, 詐害行爲가 취소된 경우 반환된 責任財産은 모든 채권자의 공동담보, 즉 채무자의 責任財産이 된다고 하고 있다. 이는 채권자취소권을 행사한 채권자에게 독점적 권리, 즉 우선변제권을 인정하지 않고, 다른 모든 채

1) 다만 여기의 채권자는 원칙적으로 詐害行爲 이전의 채권자에 국한된다 할 것이고, 기초적 법률관계론에 의한 예외 및 저자가 주장하는 詐害行爲의 예견이 인정되는 경우의 채권자로 제한된다고 하겠다.

권자의 공동담보가 된다는 점을 명확히 한 것이라 할 수 있다.

그런데 우리 민법은 모든 채권자의 이익을 위하여 그 효력이 있다고만 규정하고 있을 뿐, 구체적인 집행절차 및 배당방법 등에 대해 전혀 규정하고 있지 않고 있으며, 민사집행법에도 이에 대한 구체적 집행절차가 규정되어 있지 않다. 그렇더라도 결국 채권자취소권을 행사한 채권자는 민사집행법상의 강제집행절차를 따를 수밖에 없다.

채권자취소권을 행사한 채권자는, 수익자 또는 전득자로부터 회복한 責任財産에 대하여 채무자에 대한 별도의 執行權原을 근거로 강제집행을 실시하고, 다른 채권자들도 자신들의 執行權原에 근거하여 독자적으로 강제집행을 실시하거나, 취소채권자가 신청한 경매절차에 배당참가함으로써 채권자평등의 원칙에 의한 안분비례의 방식으로 채권을 회수하게 된다.[1)]

대상목적물의 종류에 따라 구체적인 집행절차, 즉 채권만족 절차를 간단히 살펴보기로 한다.

나. 目的物이 不動產 또는 이에 準하는 것인 境遇

채권자취소판결에 의해 부동산 또는 이에 준하는 자동차, 항공기, 선박, 건설기계, 무체재산권 등과 같이 권리의 설정 · 이전이 등기 또는 등록을 통해 공시되는 재산은 수익자 또는 전득자 명의에서 채무자 명의로 말소되거나 이전된다. 그러나 채무자 명의로 등기 또는 등록이 말소 또는 이전되었다고 하여 채무자의 권리가 복원되는 것은 아니다. 즉 모든 채권자들의 공동담보를 위한 責任財產으로만 기능하여, 詐害行爲 이전의 채권자들에 대한 강제집행에 복종하여야 하기 때문에, 채권자는 자기 명의로 등기 또는 등록해 줄 것을 요구할 수 없다.

또한 판례가 "부동산을 양도받아 소유권이전등기청구권을 가지고 있는 자가, 양도인이 제3자에게 이를 이중으로 양도하여 소유권이전등기를 경료하여 줌으로써 취득

---

1) 郭潤直, 전게서, 149면; 金大貞, 전게서, 289면; 金容漢, 전게서, 270면; 金曾漢 · 金學東, 전게서, 206면; 尹喆洪, 전게서, 272면; 林正平, 전게서, 242면; 玄勝鍾, 전게서, 216면; 전게 주석채권총론(상), 445면(金旭坤 집필): 전게 민법주해(IX), 847면(金能煥 집필).

하는 부동산 가액 상당의 손해배상채권은 이중양도행위에 대한 채권자취소권을 행사할 수 있는 被保全債權에 해당한다고 할 수 없고, 채권자취소권은 특정물에 대한 소유권이전등기청구권을 보전하기 위하여 행사하는 것은 허용되지 않으므로, 부동산의 제1양수인은 자신의 소유권이전등기청구권 보전을 위하여 양도인과 제3자 사이에서 이루어진 이중양도행위에 대하여 채권자취소권을 행사할 수 없다."고 하여,[1] 채권자취소권을 행사한 채권자는 그 목적 부동산을 자기 앞으로 이전해 줄 것을 요구할 수도 없다.

따라서 채권자는 취소소송과는 별도로 채무자를 상대로 한 본래의 금전채권 또는 손해배상채권에 대한 이행판결을 받아 執行權原을 확보한 뒤, 이 執行權原을 가지고 위와 같이 반환된 부동산 및 이에 준하는 물건이나 권리에 대하여 강제집행을 실시하게 되고, 다른 채권자들 역시 별도의 執行權原에 근거하여 강제집행을 실시하거나 취소채권자가 신청한 경매절차에 참가하여 배당받음으로써 채권자평등주의의 취지를 실현하게 된다.[2]

다. 目的物이 金錢인 境遇

(1) 取消債權者의 事實上 優先辨濟와 問題點

① 序

채권자취소권을 행사한 채권자가 수익자 또는 전득자로부터 반환받는 목적물이 금전이거나 가액배상으로 금전을 반환받는 경우에는 그 금전을 채무자에게 반환하는 것이 원칙이다. 하지만 채권자가 직접 수익자 또는 전득자로부터 반환받을 수도 있다

1) 대법원 1999. 4. 27. 선고, 98다56690 판결; 대법원 2005. 11. 10. 선고, 2004다49532 판결(詐害行爲의 취소는 취소소송의 당사자 사이에서 상대적으로 취소의 효력이 있는 것으로 당사자 이외의 제3자는 다른 특별한 사정이 없는 이상 취소로 인하여 그 법률관계에 영향을 받지 않는다고 할 것이다. 詐害行爲의 목적부동산 등을 새로운 법률관계에 의하여 취득한 전득자 등은 민법 제406조 제1항 단서에 의하여 보호되므로, 詐害行爲의 취소에 상대적 효력만을 인정하는 것은 詐害行爲 취소채권자와 수익자 그리고 제3자의 이익을 조정하기 위한 것으로 그 취소의 효력이 미치지 아니하는 제3자의 범위를 詐害行爲를 기초로 목적부동산에 관하여 새롭게 법률행위를 한 그 목적부동산의 전득자 등만으로 한정할 것은 아니다).

2) 林錫璋, "債權者取消權", 民法講座 Ⅳ, 有斐閣, 1988, 191面.

는 것이 통설[1]이다.

채권자평등의 원칙에 의해 금전배상을 받거나 가액배상을 받을 경우에 다른 채권자들이 배당요구를 할 수 있음이 원칙이다.[2] 만일 수익자 또는 전득자가 임의이행을 하지 않을 경우에는 할 수 없이 그 금전이나 가액배상을 받기 위하여 채권자는 채권자취소판결을 執行權原으로 하여 수익자 또는 전득자의 재산에 강제집행을 실시하게 되고,[3] 그 배당금에 대하여 다른 채권자들도 채권압류 및 추심명령이나 전부명령을 받아 배당참가하여 각자의 채권액에 대한 배당을 받게 된다.

그런데 수익자 또는 전득자가 임의이행을 하여 채권자에게 금전을 반환할 경우 이를 교부받은 채권자가 그 금전에 대하여 어떠한 절차에 의하여 강제집행을 실시할 것인지에 대한 규정, 즉 강제집행배당절차 등에 대하여 민사집행법에는 아무런 규정이 없다. 그리하여 채권자는 상계권을 행사하거나 변제충당의 방법에 의하여 사실상 우선변제권을 보장받게 된다. 이에 대하여, 상계설, 변제충당설, 강제집행설, 책임설 등 학설이 나누어져 있는 바 이에 대하여 구체적으로 검토하여 보기로 한다.

② 相計說

취소채권자가 수익자 또는 전득자로부터 반환받은 금전은 채무자에게 반환되어 모든 채권자들의 공동담보로 취급되는 것이 원칙이다. 따라서 이를 채무자에게 반환하여 채무자의 責任財産化한 후 강제집행을 실시하는 것이 원칙이다. 그런데 상계설은, 채권자가 그 금전을 채무자에게 반환하지 않고, 채권자의 채무자에 대한 반환의무와 채권자의 채무자에 대한 기존의 채권을 상계함으로써 사실상 우선변제권을 확보하게 된다는 것이다. 현재 우리나라의 통설[4]이자 일본 판례[5]의 태도라고 할 수 있다.

상계설은 채권자취소판결의 효력을 상대적 무효로 보는 입장에서 주장한다. 그런데

---

1) 金相容, 전게서, 264면; 金曾漢 · 金學東, 전게서, 206면; 金亨培, 전게서, 421면; 張庚鶴, 전게서, 317면.
2) 전게 민법주해(Ⅸ), 856면(金能煥 집필).
3) 이때 수익자 또는 전득자는 채권 집행에 대한 제3채무자의 지위에 놓이게 된다.
4) 郭潤直, 전게서, 149면; 金大貞, 전게서, 289면; 金容漢, 전게서, 270면; 金疇洙, 전게서, 217면; 金曾漢 · 金學東, 전게서, 206면; 尹喆洪, 전게서, 272면; 林正平, 전게서, 241면; 張庚鶴, 전게서, 317면; 전게 주석채권총론(상), 446면(金旭坤 집필); 玄勝鍾, 전게서, 216면; 전게 민법주해(Ⅸ), 856면(金能煥 집필).
5) 日本最高裁判所 昭和 37(1962). 10. 9. 判決.

상대적 무효설과 상계설은 이론이 서로 부합하지 않고 충돌하고 있어 문제이다. 즉 상대적 무효설은, 채무자와 수익자 또는 전득자 사이의 법률관계는 그대로 유효하다고 보기 때문에, 채무자는 수익자 또는 전득자가 반환하는 금전에 대하여 아무런 권리를 가지고 있지 않다. 그렇다면 채무자는 수익자 또는 전득자로부터 채권자가 반환받은 금전에 대해서도 아무런 권리가 없는 셈이다. 따라서 채무자는 수익자 또는 전득자로부터 이를 직접 반환받은 채권자에 대하여 아무런 반환청구권을 행사할 수 없다.

그런데도 상계설은, 채무자에게 존재하지 않은 반환청구권을 수동채권으로 하여 채권자가 상계권을 행사하면 된다고 하고 있어, 그 자체가 논리적으로 모순이라는 비판[1]을 받고 있다. 이러한 비판은 타당하다고 하겠다. 물론 채권자는 채무자에 대하여 기존의 채권을 가지고 있지만, 이 채권은 채무자가 수익자 또는 전득자에게 아무런 반환청구권을 가지고 있지 않기 때문에 수익자 또는 전득자로부터 반환받은 금전이나 동산과는 무관하다.

상계설은 형성권설, 신형성권설, 필자가 주장하는 형성청구권설을 취할 때 오히려 타당성이 인정된다. 위 학설들은 채무자와 수익자 또는 전득자 사이에서 詐害行爲를 절대적 무효로 보기 때문에 채무자에게 반환청구권이 인정되고, 따라서 그 반환받은 채권과 취소채권자의 기존채권과의 상계가가능하게 된다. 책임설도 그 절차적 불비에도 불구하고 수익자 또는 전득자로부터 채권자가 반환받은 금전은 강제집행의 대상인 채무자의 責任財産이 되므로 채권자가 채무자에 대하여 원래 가지고 있는 채권의 추급권을 행사하여 그 責任財産에 대한 상계권을 행사하는 것이 가능하게 된다.

따라서 개인적으로는 채권자취소권을 행사한 채권자에게 상계권을 통한 사실상 우선변제권을 인정하는 것은 부당하다고 본다. 채권자취소권의 본질은 감소된 채무자의 責任財産으로 인해 채권의 정당한 행사를 저지당한 채권자에게 자신을 포함한 모든 채권자들의 공동담보 확보를 위한 수단으로 인정되는 제도라고 할 수 있다. 취소채권자는 당초 채권자취소권을 행사할 때 소송절차에서 법원이나 수익자 또는 전득

1) 林錫璋, 前揭 "債權者取消權", 192面.

자에 대하여 해당 재산을 회복하여 모든 채권자의 공동담보로 삼겠다고 변론하였고, 그 주장이 받아들여져 승소판결을 받았다. 그런데 취소채권자가 責任財産을 반환받은 후 갑자기 소송절차에서 주장한 것과는 반대로 상계권 행사를 통해 독점적으로 채권을 회수하겠다고 하는 것은 선행행위에 모순된 후행행위를 한 것으로 신의칙상의 금반언의 원칙에 어긋난다.

따라서 취소채권자는 상계를 주장할 수 없고, 다른 채권자들의 배당요구에 응하여야 할 의무가 있다고 할 것이다. 만일 취소채권자가 이에 응하지 않을 경우에는 그 상계권행사에 대해 다른 채권자의 채권자취소권 행사를 허용해야 할 것이다. 만일 이렇게 된다면 채권자취소권을 둘러싼 법적 분쟁이 끊임없이 발생하게 되어 거래질서를 해하게 되고 가장 마지막에 채권자취소권을 행사하는 채권자가 가장 우월적 지위에서 채권의 만족을 얻게 된다는 결론에 이르게 되어 법적 안정성을 침해하는 심각한 사법불신 사태가 야기될 수 있어 문제이다.

결국 상계설은 상대적 무효설을 취할 때는 타당하지 않고, 필자가 주장하는 형성청구권설에 의할 때 타당한 이론적 근거를 갖게 된다고 하겠다.

③ 辨濟充當說

변제충당설은, 취소채권자는 수익자 또는 전득자로부터 인도받은 금전을 자기채권의 변제에 충당함으로써 사실상 우선변제를 받을 수 있다고 한다.[1] 이러한 견해에 대하여는 취소채권자에게 그러한 변제충당의 근거나 절차가 불명확하다는 비판이 가해지고 있고,[2] 앞서 상계설에서 주장된 비판이 그대로 적용될 수 있다.

④ 强制執行說

강제집행설은, 상계설이나 변제충당설과 달리 취소채권자의 상계권 행사나 변제충당에 의한 우선적 임의변제의 유효성을 인정할 수 없다면서, 채무자에 대한 執行權原에 근거하여 그 금전에 대한 강제집행절차, 즉 배당절차를 밟아야 한다고 한다.[3]

---

1) 李太載, 전게서, 171면.
2) 林錫璋, 前揭 "債權者取消權", 192面.
3) 金亨培, 전게서, 421면; 전게 주석민법(채권총칙 2), 123면(李相京 집필).

그런데 이 견해를 취하면 다른 채권자들의 배당참가가 가능할 것처럼 보이지만, 실제로는 그러하지 못해 문제이다. 왜냐하면 현행 민사집행법 제247조(배당요구) 제1항 제3호는 집행관이 현금화한 금전을 법원에 제출할 때까지만 우선변제권이 있는 채권자와 집행력 있는 정본을 가진 채권자에게 배당요구청구권을 인정하고 있기 때문에, 그러한 시적 제한에 의해 취소채권자가 임의로 시기를 정하여 자기가 수익자 또는 전득자로부터 반환받은 금전을 집행관에게 인도함과 동시에 강제집행을 신청하면 이를 알지 못한 다른 채권자들은 배당참가를 하지 못하게 되어 사실상 다른 채권자들이 배당을 받을 수 없게 되기 때문이다. 즉 집행관에게 현금을 제출하면서 동시에 강제집행을 신청하면 다른 채권자들은 그 즉시 배당요구종기에 걸리게 되어 배당청구를 하지 못하게 되고 만다. 이로 인해 취소채권자가 사실상 우선변제받는 것에 대해 배당종기를 경과한 다른 채권자들은 동법 제154조의 배당이의의 소를 제기할 당사자 자격이 없어 취소채권자에게 사실상 우선변제권이 인정되게 된다.

이 역시 채권자취소권의 법적 성질에 반한다는 상계설에 대한 비판이 그대로 적용될 수 있다고 하겠다.

⑤ 責任說

책임설은, 취소채권자가 수익자 또는 전득자에 대한 강제집행인용판결에 의하여 아직 그 재산이 채무자에게로 반환되지 않은 상태에서도 직접 수익자 또는 전득자의 재산에 대하여 강제집행을 실시할 수 있다고 한다. 따라서 만일 취소채권자가 수익자 또는 전득자로부터 금전을 반환받는다면 그 자체로 責任財産에 대한 강제집행종료로는 결과가 된다.[1)]

따라서 책임설에 의하면 채권자취소권을 행사한 채권자에게 사실상 우선변제권이 인정되는 셈이 되어 앞서의 상계설에서 언급된 비판적 견해가 그대로 적용되게 된다.

1) 中野貞一郎, 前揭 論文, 187面.

⑥ 學說에 對한 檢討

어느 학설에 의하더라도 채권자취소권을 행사한 채권자가 수익자 또는 전득자로부터 금전을 지급받게 되면 사실상 우선변제권이 인정되고 만다. 그러나 이러한 사후결과는 채권자취소권의 본질에 명백하게 반한다.

채무자의 詐害行爲에 대해 처음 채권자취소권을 행사할 때는모든 채권자의 공동이익을 위해 채권자취소권을 행사한다고 하고서는, 막상 금전을 취득한 뒤에는 다른 채권자는 도외시한 채 취소채권자 혼자 독점적으로 사실상의 우선변제권을 보장받게 된다면 취소채권자 역시 다른 채권자에 대해 詐害行爲를 한 것과 다를 바 없어, 수익자 또는 전득자의 억울한 희생 위에 취소채권자만의 이익을 보장해 주는 것이 되어 부당하다.

따라서 채권자취소권의 행사와 관련하여 민사집행법을 보완할 필요가 있다. 즉 채권자취소권을 행사함으로써 회복하게 되는 재산이 금전인 경우에는 수익자 또는 전득자로 하여금 이를 공탁하도록 하여,[1] 법원이 일정기간 동안 채권신고 등을 공고하여 다른 채권자들이 채권신고를 할 수 있는 기회를 제공하고 채권자평등의 원칙에 의해 배당이 실시되도록 관련법규를 개정할 필요성이 있다. 그러기 위해서는 민사집행법이나 공탁법을 위와 같은 취지에 맞게 일부 개정하여야 할 것이다.

이 경우 다른 채권자가 채무자에 대한 별도의 執行權原에 근거하여 채무자의 취소채권자에 대한 금전반환청구권을 압류 또는 가압류하는 방법이 있을 수 있다고 주장하는 견해가 있으나,[2] 이 견해 역시 잘못되었다. 앞서 상계설에서 살펴본 바와 같이 상대적 무효설에 의해 채권자취소권의 효력을 주장할 수 없는 채무자로서는 수익자 또는 전득자에게 어떠한 금전반환청구권도 취득하지 못하기 때문에 수익자 또는 전득자에 대한 피보전권리가 있을 수 없다. 그렇다면 피보전권리가 없는 상태에서 다른 채권자가 압류할 수 있는 방법이 없기 때문에 위와 같은 주장은 맞지 아니하다.

취소채권자가 상계를 주장하며 다른 채권자에게 안분배당을 하지 않을 경우, 현재

---

1) 我妻榮, 前揭 債權總論民法講義Ⅳ, 1964, 194面; 李銀榮, 전게서, 487면.
2) 전게 민법주해(Ⅸ), 857면(金能煥 집필).

로서 다른 채권자가 취할 수 있는 유일한 방법은 채무자의 파산을 대위신청하는 방법뿐이다.[1] 責任財産이 부족상태에 있는 채무자는 채무초과상태에 있어 파산상태에 있다고 할 것이므로 채무자를 파산선고받게 한 다음 취소채권자가 수익자 또는 전득자로부터 회복한 재산을 파산재단 기금으로 편입시켜 이를 채권자평등의 원칙에 의해 배당받는 방법을 택할 수밖에 없다. 이 방법을 취할 경우 채권자평등의 원칙이 실현되기 때문에 비로소 상계설이 안고 있는 문제점을 해결할 수 있고, 취소채권자의 사실상 우선변제권을 배제하여 모든 채권자들의 채권자평등의 원칙을 실현할 수 있게 된다.

그러나 이 경우 채무자는 파산신청을 고려하고 있지 않은데, 채권자취소권행사에 의해 반환받은 금전의 분배 문제를 해결하기 위하여 다른 채권자들이 채무자에 대한 파산신청을 대위청구하는 것은 채권자취소권의 범위를 넘어선 것으로 오히려 채무자의 법적 지위를 심하게 불리하게 만들어 문제라고 하지 않을 수 없다.

따라서 파산신청에 이르기 전에 채권자취소권 단계에서 여러 채권자들의 이해관계를 조절할 수 있는 입법적 방안을 모색함으로써 취소채권자가 사실상의 우선변제를 받는 것을 막아야 할 것이다.

(2) 受益者 또는 轉得者의 分配請求權과 安分額支給拒絶權 行使 與否

① 學 說

수익자 또는 전득자는, 詐害行爲의 취소로 인하여 채권자에게 금전 또는 물건을 반환하게 되면, 그로 인하여 반환한 금전 또는 물건의 대가 상당액을 손해를 보게 되므로, 이에 대한 부당이득반환을 채무자에게 행사할 수 있게 된다. 즉 수익자 또는 전득자는 채무자에 대하여 새로운 구상권을 취득한다는 것이 상대적 무효설의 입장이다.

---

1) 전게 민법주해(IX), 857면(金能煥 집필).

그렇다면 수익자 또는 전득자가 새로이 취득하게 되는 부당이득반환청구권(구상권)을 근거로 취소채권자에게 반환할 물건이나 금전에 대하여 자신에게 분배될 금액 상당을 공제하고 지급하겠다고 할 수 있는지, 또는 자신에게 분배될 금액 상당액의 상계를 주장하며 그 반환을 거절할 수 있는지에 대하여 살펴보기로 한다.

이와 관련하여 채무자와 수익자 또는 전득자 사이의 詐害行爲 유형을 먼저 살펴보면 무상행위인 증여 또는 유증 등의 경우, 기존채무의 소멸을 위한 변제, 대물변제, 양도담보제공 등의 경우, 매매, 증여, 교환 등과 같은 새로운 법률관계를 맺은 경우 등 크게 세 가지 유형으로 나누어 볼 수 있다.

채권자취소권행사에 있어, 위 첫 번째 무상행위의 경우에는, 채권자취소권의 행사를 쉽게 인정한다. 다만 최근에 이혼을 전제로 한 재산분할청구권이나 상속재산의 포기를 둘러싼 채권자취소권의 문제가 논의되고 있으나, 이에 대하여는 이미 앞에서 살펴보았다.

그런데 두 번째와 세 번째의 경우에는 문제이다. 왜냐하면 수익자 또는 전득자는 詐害行爲 당시 일정한 반대급부를 지급하였기 때문에 채권자에 대한 원상회복의 경우 기왕에 지급한 반대급부를 돌려받아야 하는 부당이득반환의 문제가 생기게 되는데, 이에 대한 처리방법이 민사진행법 등에 전혀 없기 때문이다.

즉 두 번째의 경우에 변제나 대물변제가 詐害行爲로 무효라고 한다면 그 변제나 대물변제는 소급하여 무효가 될 것이므로,[1] 수익자나 전득자는 종래의 채권자로서의 지위를 회복하게 되는 것이 마땅하고,[2] 그렇다면 기존 채권자로서 채권자취소권에 의해 취소되어 반환된 責任財産에 대한 공동채권자로서의 지위가 회복되어야 하므로, 당연히 수익자 또는 전득자의 분배청구권도 인정되어야 한다는 결론에 도달하게 된다.

그런데 문제는 앞에서 살펴본 바와 같이 현재의 통설 및 판례가 채권자취소권의 효

---

1) 현재의 다수설인 상대적 무효설은 이 경우에도 변제 등이 소급하여 무효가 되는 것이 아니라 그대로 유효한 변제가 되는데도, 설명은 소멸한 채권이 부활한다고 하고 있어, 자체적으로 모순이다.
2) 신형성권설 내지 저자가 주장하는 형성청구권설에 의하게 되면 당연히 소멸했던 채권이 부활하게 된다.

과를 "상대적 무효"로 보고 있기 때문에 채무자의 수익자 또는 전득자에 대한 변제 또는 대물변제를 여전히 유효하다고 인정함으로써, 변제 또는 대물변제받은 종전 채권자, 즉 수익자 또는 전득자는 종전 채권자의 지위로 복귀하는 것이 아니라, 유효한 변제로 기존 채권이 소멸한 상태이기 때문에 취소채권자에게 반환한 재산만큼의 구상권, 즉 부당이득반환청구권을 새롭게 취득하게 된다는 것이다.

즉 수익자 또는 전득자는 채권자취소권 행사 이후에 새롭게 부당이득반환청구권을 취득하였을 뿐 詐害行爲 이전의 채권자가 아니기 때문에 위 반환받은 재산에 대한 추급권이 인정되지 않는다는 결론에 이르게 된다. 그렇다면 수익자 또는 전득자가 과연 詐害行爲取消로 인한 기존의 채권자들과 동등한 지위에서 취소채권자가 위와 같이 반환받음으로써 채무자의 責任財産이 된 재산으로부터 분배권을 인정받을 수 있을 것인가라는 문제가 대두하게 된다.

위 세 번째의 경우에도 마찬가지이다. 부동산매매를 예로 들면, 채무자로부터 부동산을 매수한 수익자 또는 전득자는 채권자취소권의 행사에 의하여 해당 부동산에 대한 등기를 말소하거나 이전해 주고 목적물을 명도하여야 한다. 이 경우, 수익자 또는 전득자는 매매대금 상당액의 부당이득반환청구권을 매도인인 채무자에 대하여 새로이 취득하게 된다.[1)]

② 判 例

우리 판례[2)]는 "채권자취소권은 채권의 공동담보인 채무자의 責任財産을 보전하기 위하여 채무자와 수익자 사이의 詐害行爲를 취소하고 채무자의 일반재산으로부터 일탈된 재산을 모든 채권자를 위하여 수익자 또는 전득자로부터 환원시키는 제도이므로, 수익자인 채권자로 하여금 안분액의 반환을 거절하도록 하는 것은 자신의 채권에 대하여 변제를 받은 수익자를 보호하고 다른 채권자의 이익을 무시하는 결과가 되어 제도의 취지에 반하게 되므로, 수익자가 채무자의 채권자인 경우 수익자가 가액배상

1) 앞서 두 번째 경우에서 설명한 것처럼 매매계약은 그대로 유효하므로 原狀回復請求는 허용되지 않는다고 하겠다.
2) 대법원 2001. 2. 27. 선고, 2000다44348 판결.

을 할 때에 수익자 자신도 詐害行爲取消의 효력을 받는 채권자 중의 1인이라는 이유로 취소채권자에 대하여 총채권액 중 자기의 채권에 대한 안분액의 분배를 청구하거나, 수익자가 취소채권자의 원상회복에 대하여 총채권액 중 자기의 채권에 해당하는 안분액의 배당요구권으로서 原狀回復請求와의 상계를 주장하여 그 안분액의 지급을 거절할 수 없다."고 하여, 안분액에 대한 반환 거절 및 상계 항변을 인정하지 않았다.

위 사안은 기존 채권자 중의 1인인 수익자가 채무자의 부동산에 대하여 근저당권을 설정한 후, 채무자가 채무를 변제하지 않자 경매를 신청하여 매각이 됨으로써 매수인이 매각대금을 완납하여 유효하게 완전한 소유권을 취득한 후, 취소채권자가 수익자의 저당권 설정이 詐害行爲라며 채권자취소권을 행사한 사안이다.

이에 대해 수익자는 첫째로, 자신이 채무자 소유의 부동산에 대하여 근저당권을 설정한 기존의 채권자였으므로 근저당권이 詐害行爲로 취소된다 하더라도 여전히 채권자로서[1] 공동채권자 중의 1인에 해당되므로 채권자가 반환받아갈 가액에 대한 분배청구권이 있으므로 그 범위에서 반환을 거절할 수 있다고 주장하는 한편, 둘째로, 근저당권이 詐害行爲로 취소되어 이미 배당받은 금액을 채권자에게 가액반환하여야 한다면 그로 인하여 채무자에 대하여 반환가액 상당의 부당이득반환청구권(구상권)을 새로이 취득하였으므로 그 채권을 자동채권으로 하여 상계하겠다고 주장하였다.

이에 대하여 대법원은 만일 수익자의 가액반환의 거절이나 상계를 허용하게 되면 "자신의 채권에 대하여 변제를 받은 수익자를 보호하고 다른 채권자의 이익을 무시하는 결과가 되어 채권자취소권제도의 취지에 반하게 된다."는 이유로 이 모두를 인정할 수 없다고 하였다. 즉 법원은 채무자의 詐害行爲가 인정되므로 원상회복을 명하여야 하는데 이미 경매가 종료되었으므로 그 방법을 쓸 수 없어 가액배상을 명하는 것이고, 이 경우 다른 채권자를 고려할 때 수익자의 분배청구권이나 상계권을 인정할 수 없다는 것이다.

---

1) 배당을 받음으로써 소멸한 채권자로서의 지위가 그 저당권이 詐害行爲라는 이유로 채권자취소되었다면 그 소멸한 채권은 다시 회복되고, 따라서 근저당권이 詐害行爲로 무효가 되더라도 담보권 없는 일반채권자로서의 지위를 여전히 향유하고 있다는 취지이다.

또 다른 판례는 "채권자취소권은 채권의 공동담보인 채무자의 責任財産을 보전하기 위하여 채무자와 수익자 사이의 詐害行爲를 취소하고 채무자의 일반재산으로부터 일탈된 재산을 모든 채권자를 위하여 수익자 또는 전득자로부터 환원시키는 제도로서, 수익자로 하여금 자기의 채무자에 대한 기존의 별도의 반대채권으로써 상계를 허용하는 것은 詐害行爲에 의하여 이익을 받은 수익자를 보호하고 다른 채권자의 이익을 무시하는 결과가 되어 위 제도의 취지에 반하므로, 수익자가 채권자취소에 따른 원상회복으로서 가액배상을 할 때에 채무자에 대한 기존의 채권자라는 이유로 채무자에 대하여 가지는 자기의 채권과의 상계를 주장할 수는 없다. 또한 채권자취소권은 채무자의 일반재산으로부터 일탈된 재산을 모든 채권자를 위하여 수익자 또는 전득자로부터 환원시키는 제도로서, 그 행사의 효력은 채권자와 수익자 또는 전득자와의 상대적인 관계에서만 미치는 것이므로 채권자취소권의 행사로 인하여 채무자가 수익자나 전득자에 대하여 어떠한 권리를 취득하는 것은 아니라고 할 것이고, 따라서 수익자가 채무자에게 가액배상금 명목으로 금원을 지급하였다는 점을 들어 채권자취소권을 행사하는 채권자에 대하여 가액배상에서의 공제를 주장할 수 없다."고 하였다.[1]

이 두 개의 판례를 검토해 보면, 앞의 판례는 詐害行爲의 반대급부로 생긴 채권 즉 근저당권설정에 따른 피담보채권이나 詐害行爲의 취소 결과 생긴 부당이득반환청구권에 대하여는 채권자취소권의 행사 결과 반환하게 될 금전 중 자신이 분배받을 수 있는 금액 상당의 지급거절이나 상계 주장을 받아들이지 않겠다는 것이고, 뒤의 판례는 詐害行爲 또는 그 취소와 상관없이 채무자와 수익자 또는 전득자 사이에 별도로 존재하는 기존의 채권을 이유로 하여서도 반환거절이나 상계권의 주장을 받아들일 수 없다는 것으로, 사례는 서로 다르지만 결론은 같다.

그러면서도 위 판례는 경매절차가 진행되어 배당 문제가 발생하면 기존의 채권자로서 배당참가할 수 있다고 하고 있다.[2] 즉 수익자 또는 전득자가 채권자취소권의 행사

1) 대법원 2001. 6. 1. 선고, 99다63183 판결.
2) 그러나 이는 이론적으로 그렇다는 것일 뿐 앞서 살펴본 바와 같이 반환받은 취소채권자가 상계권을 행사함으로써 사실상 우선변제를 받게 되어 배당참가가 불가능하다.

결과에 의해 채권자 또는 채무자에게 반환하게 될 금전 또는 가액배상금에 대하여 수익자 또는 전득자가 그 채무자에 대하여 가지고 있는 기존의 다른 채권을 자동채권으로 하여 상계하는 것은 실질적으로 수익자에게 우선변제권을 인정하는 것이 되어 부당하다는 이유로 수익자에게 原狀回復請求와의 상계를 인정할 수 없다고 하였다.

이처럼 위 두 판례는 모두 채권자취소권을 행사하는 채권자만을 특별우대하고 있다. 특히 위 두 번째 판례의 경우에는 동일한 채무자에 대한 공동채권자 중의 1인인 수익자, 즉 취소채권자와 同列에 있는 다른 공동채권자에게조차 수익자 또는 전득자라는 이유로 채권자취소권의 행사로 발생한 모든 수익을 취소채권자에게 반환하도록 의무를 부과할 뿐 기존 채권자로서의 상계권 등을 보장해 주지 않으면서 그 금전을 수령한 취소채권자에게는 사실상 우선변제권을 인정해 주고 있다. 과연 이러한 결과가 채권자평등의 원칙에 부합할 수 있는 것인지는 의문이다.

그런데 또 다른 판례는 "민법 제406조에 의한 채권자취소와 원상회복은 모든 채권자의 이익을 위하여 그 효력이 있는 것인바, 채무자가 다수의 채권자들 중 1인인 수익자에게 담보를 제공하거나 대물변제를 한 것이 다른 채권자들에 대한 詐害行爲가 되어 채권자들 중 1인의 詐害行爲取消訴訟 제기에 의하여 그 취소와 원상회복이 확정된 경우에, 詐害行爲의 상대방인 수익자는 그의 채권이 詐害行爲 당시에 그대로 존재하고 있었거나 또는 詐害行爲가 취소되면서 그의 채권이 부활하게 되는 결과 본래의 채권자로서의 지위를 회복하게 되는 것이므로, 다른 채권자들과 함께 민법 제407조에 의하여 그 취소 및 원상회복의 효력을 받게 되는 채권자에 포함된다고 할 것이고, 따라서 취소소송을 제기한 채권자 등이 원상회복된 채무자의 재산에 대한 강제집행을 신청하여 그 절차가 개시되면 수익자인 채권자도 그 執行權原을 갖추어 강제집행절차에서 배당을 요구할 권리가 있다."고 하여,[1] 강제집행에 참가하여 배당을 받을 수 있다고 하고 있다.

위 판례(2003다15907 판결)에서 주목할 점은 위 판결이 무의식적이나마 "詐害行

---

1) 대법원 2003. 6. 27. 선고, 2003다15907 판결.

爲가 취소되면서 그의 채권이 부활하게 되는 결과 본래의 채권자로서의 지위를 회복하게 되는 것"이라고 적시하고 있다는 점이다. 이는 상대적 무효설의 입장으로는 설명할 수 없는 판시내용이고 절대적 무효설의 입장을 취할 때만 가능한 판시내용이라고 할 것이다.

위 세 개의 판례 중 앞의 두 개의 판례[1]는 가액배상 즉 현금으로 반환되는 경우의 사례이고, 세 번째 판례[2]는 물건 즉 부동산으로 반환되는 경우의 사례이다. 문제는 詐害判決의 효력을 금전반환의 경우와 물건반환의 경우를 달리 취급하고 있으면서도 왜 달리 취급하는지 그 이유에 대하여 판결이 침묵을 지키고 있다는 점이다.

위 세 개의 판례를 종합하면, 결국 채권자취소권을 행사한 채권자가 물건을 반환받아 이를 강제집행절차, 즉 제1차 경매를 통해 배당이 이루어지면 다른 채권자들도 그 경매절차에 배당참가하거나 별도의 강제집행절차 즉 제2차 경매를 신청하여 제1차 경매와 병합처리함으로써 배당을 받게 되어 문제가 없지만,[3] 금전[4]을 반환받은 경우에는 기존의 다른 채권자들은 물론이고 수익자나 전득자는 현행 민사집행법의 불비로 배당참가가 사실상 불가능하고, 앞서의 상계설, 변제충당설, 강제집행설, 책임설 중 어느 견해를 취하더라도 채권자취소권을 행사한 채권자만이 사실상 우선변제를 받게 된다.[5] 이것은 문제라고 하지 않을 수 없다.

그렇다면 詐害行爲의 취소결과 수익자 또는 전득자는 채무자에 대하여 새로이 부당이득반환청구권을 취득하게 되어 채권자의 지위에 오르게 되지만 이 역시 詐害行爲 이후에 채권을 취득한 채권자로 취급되기 때문에 자신이 채무자 또는 채권자에게 반환한 그 부동산이 그 후 강제집행됨으로써 매수인에 의해 납입된 매각대금으로부터

---

1) 대법원 2001. 2. 27. 선고, 2000다44348 판결; 대법원 2001. 6. 1. 선고, 99다63183 판결.
2) 대법원 2003. 6. 27. 선고, 2003다15907 판결.
3) 이 경우에도 수익자나 전득자는 매수인처럼 새로운 법률관계를 맺은 자여서 원상회복에 따라 새로이 취득하는 부당이득반환채권이 詐害行爲 이전에 성립한 것이 아니라는 이유로 詐害行爲에 대한 배당권자로서 참가할 수 없고, 배당 후 남은 잉여금이 있을 경우 이에 대하여 실질적 권리자로서 반환받을 수 있을 뿐이라는 것이 판례의 입장이다,
4) 다만 가액배상이 채권인 경우에는 배당이 가능하다.
5) 수익자나 전득자는 기존의 채권에 대한 안분액에 대한 지급거절이나 상계도 불허되고, 채권자취소권의 효과로 취득하게 된 부당이득반환청구권에 근거한 지급거절이나 상계도 불허된다.

채권자평등의 원칙에 입각한 안분비례의 배당청구권을 가질 수 있느냐 라는 문제에 부딪히게 된다.

참고로 일본 판례는, 특정채권자에게 양도담보를 제공한 채무자가 그 양도담보행위가 詐害行爲라는 이유로 채권자취소됨으로써 수익자 즉 양도담보권자가 취소채권자에게 가액배상을 한 후 수익자가 자기는 기존의 채권자, 즉 양도담보받기 전의 채권자로서의 지위가 부활되기 때문에 모든 채권자의 총채권액에는 자신의 채권액도 포함되어야 한다면서 반환된 양도담보취소에 따른 반환가액에 대하여 안분액의 분배를 청구한 사안에 대하여 법적 절차가 마련되어 있지 않다는 이유로 안분액의 배당을 부정하였다.[1]

한편 일본 학설 중에는 위 판례의 경우 수익자 또는 전득자 역시 채권자 중의 한 명으로 인정하는 것이 타당하다면서 위 판례를 비판하는견해[2]가 있다.

그리고 채무자로부터 변제받았다가 채권자취소권이 행사되어 도로 반환한 수익자 즉 기존 채권자가 변제로 소멸했던 채권이 채권자취소로 부활되었다고 주장하면서[3] 수익자 또는 전득자가 반환한 대가에 상응하는 채권도 총채권액에 포함되어 있으므로 그 채권액에 상응한 안분액을 배당받아야 한다면서 취소채권자의 原狀回復請求權에 대하여 상계를 주장한 사안에서, 일본 판례[4]는 채권자취소소송은 집행절차가 아니기 때문에 그 절차 내에서 배당요구가 있을 수 없으므로 이를 수익의 의사표시라고 하더라도 처리절차가 없을 뿐만 아니라 악의의 수익자를 보호하는 결과가 된다는 등의 이유로 수익자인 채권자의 배당요구를 부정하였다.

③ 學說 및 判例에 對한 檢討

우리 대법원의 위와 같은 판시내용은 채권자취소권의 본질 및 신의칙상 금반언의

---

1) 日本最高裁判所 昭和 37(1962). 10. 9. 民集 第16卷 第10號, 2070面.
2) 山中康夫, "詐害行爲取消權の本質", 早法 第30卷. 385面.
3) 전게 민법주해(IX), 858면(金能煥 집필)(그러나 본 저자가 주장한 바와 같이 상대적 무효설을 취하는 현행 판례의 취지에 따르게 되면 변제행위가 詐害行爲로 취소되더라도 그 변제는 채무자와 수익자 사이에서는 여전히 유효한 변제이기 때문에 소멸되었던 채권이 부활되는 것이 아니고 반환한 금액 상당의 부당이득반환청구권이 새로 생길 뿐이다).
4) 日本最高裁判所 昭和 46(1971). 11. 19. 民集 第25卷 第8號, 1321面.

원칙에 반하여 부당하다. 그런데 판례 중에도 무의식적이나마 이러한 문제점을 시인하고 있는 경우가 있음은 앞에서 검토하였다. 이러한 실무상의 문제를 해결하기 위해서는 새로운 해석 내지 입법론적인 방안이 모색되어야 한다. 항을 바꾸어 살펴보기로 한다.

채권자취소권행사를 허용하는 이면에는 모든 채권자는 보호받아야 한다는, 다시 말해 채권자평등의 원칙이 지켜져야 한다는 대전제가 깔려있다. 따라서 개인적으로는, 채권자취소권의 행사 이전에 존재한 기존의 채권자들에게만 분배청구권을 인정할 뿐 수익자 또는 전득자를 詐害行爲로 인하여 부당이득반환청구권을 새로이 갖게 된다는 이유로 배제하겠다는 위 판례의 태도는, 기초적 법률관계론을 무시하고 있을 뿐만 아니라 채권자평등주의에 반하고 채권자취소권을 행사하는 취소채권자에게만 우선권을 주겠다는 것으로 부당하다고 생각한다.

이는 채권자취소권을 행사할 수 있는 요건, 즉 채권자취소권을 행사하는 채권자의 지위와 채권자취소권이 행사되어 그 효과로 환원된 責任財産에 대한 분배청구권을 갖는 채권자의 지위가 다르다는 사실을 오인한 결과라고 본다.

채권자취소권행사 이전에 존재한 기존의 채권자들만을 위해 責任財産의 확보수단으로 채권자취소권이 허용되고 있음은 민법 제406조 및 제407조의 기본원칙이다. 즉 민법 제406조에 의한 채권자취소권은 채권자취소권 행사시까지 성립되어 있는 기존 채권자들에 대한 공동담보의 확보가 목적이다. 그리고 민사집행법 제84조는 집행법원으로 하여금 첫 매각기일 이전의 어느 일자로 배당요구종기일을 정하도록 하여, 그 배당요구종기일까지 배당신청을 한 채권자에 한하여 배당을 실시하고 있다.

양자를 종합하면, 채무자의 詐害行爲 이전에 성립한 기존의 채권자들은 취소된 詐害行爲로 인하여 원상회복된 재산에 대한 강제집행절차에서 배당요구종기일까지 배당신청을 하여야만 배당받을 수 있다. 따라서 詐害行爲 이후에 성립한 채권자는 위 배당기금으로부터 배당받을 수 없고, 배당요구종기일까지 배당신청을 하지 않은 기존의 채권자들도 배당받을 수 없다. 만일 남은 배당기금이 있으면 법원은 수익자 또는 전득자에게 반환하여야 한다. 그러나 실제로는 수익자 또는 전득자는 자신의 명의가 말소되어버린 상태이기 때문에 법원이 등기명의자로 회복된 채무자에게 지급할 가능성이 높으므로, 그 전에 압류를 하여야 할 것이다.

앞에서 살펴본 바와 같이 반환받은 목적물이 부동산 또는 동산 등과 같은 물건이라면 취소채권자에게 독점적 · 배타적 · 우선권이 보장되지 않으므로 경매신청을 하여야 하고, 다만 반환받은 물건이 채권의 목적과 동종의 물건이면 상계가 가능할것이고 상계가 되면 앞서의 상계설 등에서 살펴본 문제점이 그대로 도출되지만, 매각이 되면 자격이 있는 채권자들은 민사집행법에 따라 배당절차에 참가하여 배당받게 된다.

그런데 반환 대상이 금전인 경우에는 상계를 통해 취소채권자에게 사실상 우선변제권이 보장된다. 금전이 물건과 다른 점은 환가절차가 필요 없다는 점 정도라고 할 것인데, 이와 같이 반환받은 목적이 금전인 경우에는 사실상 우선변제권이 보장되고, 물건인 경우에는 경매절차를 통해 다른 채권자에게도 배당을 하고 있어 다르게 처리하고 있는 것은 불공평하다. 따라서 금전인 경우에도 물건에 대한 경매 및 배당절차처럼 곧바로 배당절차에 준하는 분배절차[1]를 밟는 것이 타당한데, 현행 민사집행법에는 그러한 절차에 대한 규정이 마련되어 있지 않다.

이로 인해 취소채권자가 사실상 우선변제를 받도록 묵인함으로써 물권취득자가 채권자취소권을 행사하는 채권자보다 후순위에 놓이는 현상이 발생하게 된다. 더군다나 수익자나 전득자의 상계항변이나 안분비례액 상당의 지급거절의 항변권조차 받아들여지지 않음으로써 사전구제의 길마저 봉쇄되어 있다. 즉 수익자 또는 전득자는 자기가 안분비례에 의한 배당을 받을 수 있는 범위 내의 항변권이나 상계권이 보장되어야 하는데 이러한 주장이 배척됨으로써, 수익자 또는 전득자는 무조건 반환하여야 하는데 비해, 이를 반환받은 채권자는 사실상의 우선변제권을 통해 전부를 이행받게 되어 채권자 상호간의 불공평마저 발생하고 있다.

이러한 실무상의 문제를 해결하는 방안은 수익자 또는 전득자에게 자신의 채권액에 대한 안분비례액 범위에서 지급거절이나 상계권의 행사를 보장하는 것이다. 이는 당

---

1) 목적물이 금전이므로 별도의 환가절차는 생략된다.

연한 수익자 또는 전득자의 권리로써, 法定의 同時履行의 抗辯權(민법 제536조)으로써 보장되어야 한다.

詐害行爲의 수익자 또는 전득자는 詐害行爲의 목적을 채권자에게 반환함으로써 채무자와 수익자 또는 전득자 사이의 법적 행위의 목적을 달성할 수 없어 계약해제권(민법 제543조, 제548조)을 행사하게 될 것이고, 그렇다면 당연히 채무자에 대해 원상회복의무를 주장하며 그 목적물을 위해 지급한 대가의 반환청구권을 행사할 수 있어야 한다. 그런데도 채무자와 수익자 또는 전득자 사이의 원래의 詐害行爲의 효력은 여전히 유효하다는 상대적 무효설을 따르게 되면 계약이 유효하므로 해제권의 행사가 불가능하여 原狀回復請求權이 인정되지 않으며, 단지 채권자취소권 행사 결과 반환으로 인해 생긴 새로운 부당이득반환청구권만을 행사토록 하겠다는 것은 문제이다.

채권자취소권의 존재 이유는 채권자취소권을 행사하는 특정채권자를 다른 채권자에 대하여 우월적으로 보호하겠다는 것이 아니라, 특정채무자에 대한 모든 채권자들의 責任財産을 보존시킴으로써 취소채권자를 포함한 모든 채권자들이 공평하게 채권의 실현을 도모할 수 있도록 하기 위함이다. 즉 채무자가 처분한 責任財産을 채권자취소를 통해 환원시킴으로써 모든 채권자들의 責任財産을 보존하겠다는 것이다.

이처럼 채권자에게 채권자취소권을 보장하는 이유는 앞서 요건에서 살펴본 것처럼 원칙적으로 자신의 채권 성립 후에, 예외적으로 기초적 법률관계 성립 후에, 채무자가 責任財産을 타인에게 처분하는 것을 막아 責任財産을 유지시킴으로써 채권의 목적을 달성토록 하겠다는 데에 있다. 그리하여 그 환원된 재산에 대하여 모든 채권자들이 채권을 행사하도록 보장하겠다는 것이다.

그렇다면 그 환원된 責任財産에 대하여 취소채권자에게만 독점적 · 배타적 이익을 부여할 것인가, 아니면 채권자취소권 행사 이전에 성립한 모든 채권자들에게 그 이익을 부여할 것인가, 또는 채권자취소권 이후에 성립한 채권자들에게도 그 이익을 부여할 것인가는 채권자취소권에 있어 대단히 중요한 문제이다.

개인적으로는, 詐害行爲 성립 이후의 새로운 채권자들은 詐害行爲로 반환된 責任財

産이 없는 상태에서 새로운 법률관계를 맺은 자이기 때문에 수익자 또는 전득자로부터 반환된 재산에 대한 경매절차에 배당참가나 분배청구를 할 수 없다고 본다.[1] 왜냐하면 그 재산은 형식적으로 채무자의 재산으로 환원되었지만 실질적으로 수익자 또는 전득자의 재산[2]이므로 그에게 우선권이 있기 때문이다.[3]

그렇지만 수익자 또는 전득자의 배당참가를 배제하는 것은 타당하지 않다. 따라서 채권자취소소송의 피고인 수익자 또는 전득자도 자신이 반환한 물건에 대한 경매절차에 참가하여 부당이득반환채권을 근거로 배당받을 자격이 인정되어야 한다고 생각한다.

입법론적으로는 수익자 또는 전득자가 반환한 금전이나 채권 등을 공탁하도록 하여 모든 채권자들에게 배당이 이루어질 수 있도록 공탁법, 민사소송법, 민사집행법 등의 관련규정을 개정할 필요성이 있음은 앞에서 살펴본 바 있다.

(3) 債權者取消權과 配當異議의 訴와의 關係

① 債權者取消訴訟과 配當異議의 訴의 競合

수익자 또는 전득자가 詐害行爲로 취득한 재산에 대해 다른 채권자에 의한 강제경매가 진행되어 배당이 실시될 경우, 취소채권자가 채권자취소권을 행사하여 그 배당금에 대한 권리를 주장하며 배당이의의 소를 제기할 수 있는가 여부도 문제가 된다.

이에 대하여 판례는 "근저당권설정계약을 詐害行爲로서 취소하는 경우 경매절차가 진행되어 타인이 소유권을 취득하고 근저당권설정등기가 말소되었다면 원물반환이 불가능하므로 가액배상의 방법으로 원상회복을 명할 것인바, 이미 배당이 종료되어

---

1) 예외적으로 채무자가 詐害의 예견을 하면서 채권성립에 선행하여 詐害行爲를 한 경우에는 허용될 필요성이 있음은 이미 살펴보았다(金旭坤, 전게 "채권자취소권의 요건론 재고", 88면 · 89면 참조).

2) 이 경우 실질적인 권리자인 수익자 또는 전득자와 형식적 권리자의 외관을 가지고 있는 채무자 사이에는 일종의 법정 명의신탁관계에 있다고 보아야 할 것이다.

3) 이것은 이론적으로 그렇게 될 수 있다는 것일 뿐 실제로는 등기명의자가 아닌 수익자 또는 전득자에게 배당 후 남은 금액을 돌려줄 방법이 현행법상 없기 때문에 수익자 또는 전득자로서는 그 잉여금이 타인(명의회복된 채무자)에게 지급되기 전에 압류를 하여야 한다.

수익자가 배당금을 수령하였다면 수익자로 하여금 배당금을 반환하도록 명하여야 하고, 배당표가 확정되었으나 채권자의 배당금지급금지가처분으로 인하여 수익자가 배당금을 현실적으로 지급받지 못한 경우에는 배당금지급채권의 양도와 그 채권양도의 통지를 명할 것이나, 채권자가 배당기일에 출석하여 수익자의 배당 부분에 대하여 이의를 하였다면 그 채권자는 詐害行爲取消의 訴와 병합하여 원상회복으로서 배당이의의 소를 제기할 수 있다고 할 것이고, 다만 이 경우 법원으로서는 배당이의의 소를 제기한 당해 채권자 이외의 다른 채권자의 존재를 고려할 필요 없이 그 채권자의 채권이 만족을 받지 못한 한도에서만 근저당권설정계약을 취소하고 그 한도에서만 수익자의 배당액을 삭제하여 당해 채권자의 배당액으로 경정하여야 한다."고 하였다.[1]

위 판례의 취지는, 詐害行爲로 이루어진 근저당권설정등기에 의해 이루어진 경매절차에서 수익자 또는 전득자가 배당금을 수령한 이후이면 그 수익자 또는 전득자에 대하여 부당이득이라며 배당금의 반환을 명하고,[2] 아직 배당금을 수령하기 전이면 "배당금지급채권 양도와 그 채권양도의 통지"를 명령하여 취소채권자가 그 배당금을 수령하도록 할 것이고,[3] 취소채권자가 배당기일에 출석하여 배당이의를 한 경우에는 "詐害行爲取消의 訴와 병합하여 원상회복으로서 배당이의의 소"를 제기할 수 있다는 것이다.

문제는 이 판례가 취소채권자에게 배당이의의 소를 인정하면서, 다른 채권자의 존재는 고려함이 없이 이 소를 제기한 당해 취소채권자가 채권의 만족을 받지 못한 한도에서 근저당권설정계약을 취소하고 그 한도에서 수익자 또는 다른 배당받을 채권자의 배당액을 삭감하여 그 삭감된 전액을 당해 취소채권자의 배당액으로 경정하여 지급하도록 하였는바, 과연 취소채권자에게 그와 같은 독점적 우선권을 인정하는 것이 타당한지는 의문이다.[4]

채권자취소소송의 법적 성질을 형성의 소와 이행의 소의 결합으로 보고 그 취소의

---

1) 대법원 2004. 1. 27. 선고, 2003다6200 판결.
2) 대법원 2001. 2. 27. 선고, 2000다44348 판결 참조(일종의 부당이득반환에 해당한다고 하겠다).
3) 대법원 1997. 10. 10. 선고, 97다8687 판결 참조.
4) 대법원 2001. 2. 9. 선고, 2000다41844 판결 참조.

효력을 상대적 무효로 보는 입장에 따르면, 총채권자의 責任財産의 확보를 위해 필요한 범위 내에서만 상대적 무효의 효력이 있을 뿐이므로 그 반환의 상대방인 수익자 또는 전득자만이 피고로 될 뿐 채무자는 피고가 될 수 없고(당사자적격의 한정),[1] 현실적인 재산급부가 수반되지 아니한 詐害行爲를 취소할 때에는 그 취소만을 구하는 것도 허용되고, 그 밖의 경우에는 詐害行爲의 취소와 재산반환을 함께 구하는 것이 통상적인 것이지만 그 시기를 달리 하여도 무방하고(형성소송과 이행소송의 단순병합),[2] 수익자와 전득자 중 누구를 상대방으로 할 것인가는 채권자의 선택(상대방선택의 자유)이라는 특징을 가지고 있다.

한편 배당이의의 소의 법적 성질에 대하여는 소송법상의 형성소송설,[3] 소송상확인소송설,[4] 실체상확인소송설,[5] 구제소송설[6] 등의 견해가 있는데, 소송법상의 형성소송설이 다수설[7]이자 판례[8]의 입장이다.

② 配當異議의 訴의 認容範圍

i) 學 說

배당이의의 소의 인용범위와 관련하여서는 채권자평등주의와 맞물려 吸收說과 按

1) 대법원 1991. 8. 13. 선고, 91다13717 판결 참조.
2) 대법원 2001. 9. 4. 선고, 2001다14108 판결.
3) 方順元 · 金光年, 민사소송법(하, 제2전정판), 한국사법행정학회, 1993, 348면(배당표에 이의가 있는 자가 실체상 권리의 존재를 전제로 하여 배당법원이 작성한 배당표의 변경을 명하는 판결 또는 이를 취소하여 새로운 배당표의 작성을 명하는 판결을 구하는 민사집행법 제157조에 근거한 소라고 본다).
4) 韓宗烈, 민사소송법(하, 개정증보판), 대학출판사, 1995, 266면(배당절차상의 배당청구권의 확인 내지 배당표의 소송상의 위법의 확인을 구하는 확인소송이라며, 실체상의 권리주장이 아니라 그 실체상의 권리에 기한 소송상의 권리주장이라고 하는 점에서는 형성소송설과 입장을 같이 하면서도 인용판결의 내용이 배당표의 변경이나 취소가 되는 것은 아니라는 입장이다).
5) 배당기일에서의 이의의 당부 따라서 이의의 대상인 채권의 존부 · 범위 · 순위의 확인을 구하는 확인소송이라고 본다.
6) 吳錫洛, "배당이의소송", 민사재판의 제문제(제1권), 사법행정학회, 1977. 6. 295면; 姜大成, 민사집행법, 삼영사, 2002, 419면(채권 내지 담보권의 확인과 배당표의 변경 내지 실효라고 하는 확인기능과 형성기능을 겸유하는 특수한 소송이라고 보는 견해).
7) 편집대표 金祥源 외 3인, 주석 민사집행법(Ⅲ), 한국사법행정학회, 2004, 924면(閔日榮 집필).
8) 대법원 2000. 1. 21. 선고, 99다3501 판결(채권자가 제기한 배당이의의 소의 본안판결이 확정된 때에는 이의가 있었던 배당액에 관한 실체적 배당수령권의 존부의 판단에 기판력이 생긴다고 할 것이고, 위 배당이의의 소에서 패소의 본안판결을 받은 당사자가 그 판결이 확정된 후 상대방에 대하여 위 본안판결에 의하여 확정된 배당액이 부당이득이라는 이유로 그 반환을 구하는 소송을 제기한 경우에는, 전소인 배당이의의 소의 본안판결에서 판단된 배당수령권의 존부가 부당이득반환청구권의 성립 여부를 판단하는 데에 있어서 선결문제가 된다고 할 것이므로, 당사자는 그 배당수령권의 존부에 관하여 위 배당이의의 소의 본안판결의 판단과 다른 주장을 할 수 없고, 법원도 이와 다른 판단을 할 수 없다).

分說로 견해가 나누어져 있다. 흡수설은 배당이의소송의 인용으로 배당채권자인 피고가 배당받을 권리가 없다고 인정되었으므로 그로부터 환수한 배당액 중에서 원고의 채권액에 달할 때까지 배당이의의 소를 제기한 채권자, 즉 원고의 배당액에 흡수시켜야 한다는 것이고,[1] 안분설[2]은 배당이의소송의 인용으로 피고가 배당받을 수 없게 된 배당액은 원고와 동순위의 다른 채권자 전원에게 안분하여 배당되어야 할 성질의 금원이므로 그 비율에 따라 원고채권자에게 배당될 금액을 산정한 후 그 한도에서만 원고의 배당액을 추가하여야 한다는 입장이다.[3]

안분설에 의하면, 오히려 배당이의소송의 피고, 즉 배당받을 권리가 없다고 밝혀진 허위채권자가 이익을 보게 되고, 배당받을 실질적인 권리가 있지만 배당이의의 소를 제기하지 않은 다른 배당채권자가 보호를 받지 못할 뿐만 아니라 배당이의를 제기한 채권자도 배당금액이 적어지게 되어 부당하다는 비판이 있을 수 있으나, 채권자평등의 원칙에 비례하여 안분비례된다는 점, 즉 배당이의를 제기한 원고로서는 정상적인 배당이었다면 받게 되었을 금액을 전부 배당받게 되어 이론적 타당성이 있다.

반면에 흡수설에 의하면, 채권자평등주의에 반하여 배당이의를 한 채권자가 배당받을 비율보다 높게 배당받는 단점이 있지만 배당기일에 배당이의가 있는 경우 그 당사자들 사이의 합의에 의하여 배당표를 경정하는 것이 허용되고 있는 점(민사집행법 제152조 제2항),[4] 채권자로 하여금 배당이의 할 수 있는 범위를 실무상 자신의 채권액으로 제한하고 있는 점[5] 등에 비추어, 실제 배당받을 금액보다 높은 금액을 인정받더라도 적극적으로 배당이의를 한 채권자에게 주어지는 혜택이라고 본다면 나름대로의

---

1) 다른 배당채권자들과 배당비율에 따라 배당되어야 함에도 원고, 즉 배당이의를 제기한 채권자만이 환수된 배당액의 범위 내에서 전부를 배당받게 되어 안분비례액보다 많은 금액을 배당받게 되어 배당이의채권자에게 일방적으로 유리해지는 결과가 발생하게 된다.

2) 朴斗煥, 민사집행법, 법률서원, 2002, 425면.

3) 결국 다른 채권자의 채권액과 안분될 것이어서 배당이의채권자는 배당받게 될 금액이 적어지게 되고, 그 배당축소로 인해 남게 된 잔여배당금은 다른 채권자들에게 배당되는 것이 마땅한데도, 그들이 배당이의를 하지 않아 그들에게 배당해 줄 수 없기 때문에 결국 배당받을 권리가 없다고 판결에서 인정된 피고가 배당받게 되는 결과가 되어 배당이의판결의 판결이유에 모순되는 결과가 도출된다.

4) 이는 배당이의를 하지 않는 다른 채권자가 추가배당받을 권리를 포기하겠다는 의사로 의제되어, 다른 채권자들이 실제 배당받을 금액보다 많은 금액을 배당받을 수 있다는 해석을 가능하게 된다.

5) 법원실무제요, 민사집행(Ⅱ), 557면(채권자가 자기의 배상요구금액을 초과하여 이의하는 경우에는 이를 불허한다).

타당성은 있다.[1)]

ii) 判 例

판례[2)]는 흡수설의 입장을 따르고 있다. 개인적으로는 적극적으로 권리행사를 한 채권자를 유리하게 하는 것은 제도의 존재의의를 고려할 때 타당하기 때문에 안분설보다는 흡수설이 더 타당하다고 생각한다.

문제는 채권자취소소송을 제기하면서 동시에 배당이의의 소를 제기할 수 있는가 여부이다. 이에 대하여 판례는 몇 단계 변화를 거쳐 왔다.

첫 번째 판례[3)]는 가액배상을 명할 경우, 詐害行爲의 대상행위인 근저당권에 근거하여 경매가 완료되어 매각대금이 납부된 상태에서 수익자가 배당금을 아직 받아가지 않은 상태라면, 배당금지급청구권의 양도 및 그 양도통지를 함으로써 배당이의의 소의 원고인 취소채권자가 그 양도받은 배당금지급청구권에 대하여 강제집행을 실시하여 배당금을 수령할 수 있다고 하였다.[4)] 이 판결은 詐害行爲인 근저당권의 被保全債權의 가액에 해당되는 배당금지급청구권을 취소채권자가 아닌 채무자에게 반환하도록 한 특징이 있다. 이는 그 가액이 금전이 아닌 배당금지급채권으로 법원이 보관하고 있기 때문에 채무자 앞으로 반환하더라도 채무자가 이를 은닉, 소비할 우려가 없다는 점에 대한 고려가 반영되었기 때문으로 풀이되며,[5)] 이후 유사한 판결이 많이 나왔다.[6)]

---

1) 林奇桓, 전게 논문, 745면.

2) 대법원 1998. 5. 22. 선고, 98다3818 판결(배당이의소송의 판결에서 계쟁 배당 부분에 관하여 배당을 받을 채권자와 그 수액을 정함에 있어서는 피고의 채권이 존재하지 않는 것으로 인정되는 경우에도, 이의신청을 하지 아니한 다른 채권자의 채권을 참작함이 없이 그 계쟁 배당 부분을 원고가 가지는 채권액의 한도 내에서 구하는 바에 따라 원고의 배당액으로 하고, 그 나머지는 피고의 배당액으로 유지함이 상당하다).

3) 대법원 1997. 10. 10. 선고, 97다8687 판결(수익자가 경매절차에서 채무자와의 詐害行爲로 취득한 근저당권에 기하여 배당에 참가하여 배당표는 확정되었으나 채권자의 배당금 지급금지가처분으로 인하여 배당금을 현실적으로 지급받지 못한 경우, 채권자취소권의 행사에 따른 원상회복의 방법은 수익자에게 바로 배당금의 지급을 명할 것이 아니라 수익자가 취득한 배당금지급청구권을 채무자에게 반환하는 방법으로 이루어져야 하고, 이는 결국 배당금지급채권의 양도와 그 채권양도의 통지를 배당금지급채권의 채무자에게 하여 줄 것을 청구하는 형태가 될 것이다).

4) 대법원 1997. 10. 10. 선고, 97다8687 판결(채무자와 수익자 사이의 근저당권설정계약이 詐害行爲인 이상 그로 인한 근저당권설정등기가 경락으로 인하여 말소되었다고 하더라도 수익자로 하여금 근저당권자로서의 배당을 받도록 하는 것은 민법 제406조 제1항의 취지에 반하므로, 수익자에게 그와 같은 부당한 이득을 보유시키지 않기 위하여 그 근저당권설정등기로 인하여 해를 입게 되는 채권자는 근저당권설정계약의 취소를 구할 이익이 있다).

5) 林奇桓, 전게 논문, 756면.

그런데 위 판결에 의해 배당금지급청구권에 대한 채권양도가 있게 되면 다른 모든 채권자들의 공동담보가 되기 때문에 다시 두 번째 강제집행절차, 즉 채권에 대한 강제집행절차를 밟게 되는데, 이 경우에 첫 번째 강제집행절차에서 배당이의를 하지 아니한 채권자 및 그 후에 성립한 다른 채권자들도 배당참가를 할 수 있게 되고, 심지어 수익자도 채권자의 자격으로 배당참가할 수 있게 된다. 이는 배당요구종기일(민사집행법 제84조)까지 배당참가를 하여야만 배당받을 채권자의 자격을 부여하고 있는 현행 제도와 상충된다는 문제점이 있어 부당하다는 비판이 가해지고 있다.[1] 즉 당초의 첫 번째 강제집행절차(근저당권실행경매)와 두 번째 강제집행절차[2]가 이루어지게 되는데, 첫 번째 강제집행절차에서 배당요구종기일까지 배당신청을 하지 않아 배당에 참가할 수 없었던 채권자들이 채권자취소로 인해 진행하게 된 두 번째 강제집행절차에서 배당참가가 가능하게 되는 것은 민사집행법이 배당요구종기일 제도를 두고 있는 취지에 맞지 않게 되어 부당하다는 것이다.

이러한 비판을 받게 되자 대법원은 판례를 변경하여, "근저당권자에게 배당하기로 한 금원에 대하여 지급금지가처분결정이 있어 경매법원이 그 배당금을 배당하지 않고 공탁한 후에 그 근저당권설정계약이 詐害行爲로서 취소된 경우, 공탁금의 지급 여부가 불확정 상태에 있는 경우에는 공탁된 배당금이 피공탁자에게 지급될 때까지 배당절차는 아직 종료되지 않은 것이라고 볼 수도 있으므로 반드시 배당절차가 확정적으로 종료되었다고 단정할 수 없고, 채권자취소의 효과는 채무자에게 미치지 아니하고 채무자와 수익자와의 법률관계에도 아무런 영향을 미치지 아니하므로 취소채권자의 詐害行爲取消 및 原狀回復請求에 의하여 채무자에게로 회복된 재산은 취소채권자 및 다른 채권자에 대한 관계에서 채무자의 責任財産으로 취급될 뿐 채무자가 직접 그 재산에 대하여 어떤 권리를 취득하는 것은 아니라는 점 등에 비추어 보면, 그 공탁금

---

6) 대법원 2002. 10. 25. 선고, 2002다42711 판결; 대법원 2004. 6. 25. 선고, 2004다9398 판결; 대법원 2004. 7. 9. 선고, 2003다38245 판결.

1) 吳泳俊, 전게 논문, 213면 내지 217면 참조.

2) 詐害行爲 취소로 인해 취소채권자가 배당채권자(수익자 또는 전득자)로부터 양도받은 배당금지급청구권에 대한 채권강제집행절차를 의미한다.

은 그 경매절차에서 배당요구한 다른 채권자들에게 추가배당함이 상당하다. 경매법원이 추가배당을 실시할 경우에 배당받을 채권자는 경매절차에서 적법하게 배당요구한 채권자이어야 하는데, 근저당권자로서 경매법원에 채권계산서를 제출하기는 하였지만 그 근저당권설정계약이 詐害行爲로서 취소된 때에는 이를 적법한 배당요구로 볼 수 없다."고 하여,[1] 채권자취소 결과 근저당권이 무효가 된 경우에 그 근저당권에 근거한 경매절차에서 납입된 매각대금에서 지급될 배당금이 근저당권자인 수익자 또는 전득자에게 지급되지 않고 공탁되어 있는 상태라면, 바로 그 경매절차의 배당절차로 그 근저당권자에게 배당될 돈을 다른 채권자에게 추가배당하면 된다고 하였다[2]

그런데 위 판례는 배당받을 채권자의 자격에 대하여 배당신청을 한 모든 채권자가 해당된다고 하면서도, 막상 경매를 신청한 근저당권자는 詐害行爲로 인해 근저당권이 무효가 되었고, 경매신청을 하였을 뿐 배당신청을 한 것은 아니므로 배당요구권이 없다는 이유로 추가배당을 받을 수 없다고 한 점은 문제라고 하지 않을 수 없다.

iii) 學說 및 判例에 對한 檢討

개인적으로는 위 판례[3]는 변경되어야 한다고 본다. 왜냐하면 근저당권설정이 詐害行爲라는 이유로 취소되었다고 하더라도 그 근저당권 설정이 통정한 허위표시에 의한 가장채권이 아닌 한 그 근저당권자도 정당한 채권자임에는 틀림이 없고, 경매신청을 통해 채권신고를 하였다면 실질적인 배당참가로 보는 것이 타당함에도 불구하고 형식적으로 배당신청서를 제출하지 않았다는 이유만으로 배당참가를 한 것으로 볼 수 없다고 판시한 것은 지나친 형식논리에 사로잡혀 부당하기 때문이다.

詐害行爲를 한 수익자 또는 전득자가 채무자와 통모하여 어떠한 불법행위, 즉 허위가장채권을 조장하거나 재산을 은닉하거나 강제집행을 면탈할 고의에 의한 재산처분행위

1) 대법원 2002. 9. 24. 선고, 2002다33069 판결.
2) 이 판례에 따르게 되면 그 앞의 판례처럼 배당금지급청구권의 양도 및 양도사실의 통지절차를 취하지 않고, 집행법원이 배당절차를 다시 밟아 배당표 정정의 방법으로 무효인 근저당권자에게 배당될 배당금을 취소하고, 그 돈을 배당이의채권자 및 다른 배당채권자에게 안분비례하게 된다. 이렇게 되면 앞서의 흡수설이 아닌 안분설을 취한 결과가 된다. 다만 주의할 점은 이런 재배당처리가 가능한 것은 아직 배당금이 현실적으로 지급되지 않고 법원에 배당금이 공탁되어 있기 때문이다.
3) 대법원 2002. 9. 24. 선고, 2002다33069 판결.

등을 한 것이 아니라면, 정당한 반대급부를 지급하고 법률행위, 예를 들어 매매대금을 지급하고 아파트를 매수한 경우에는 수익자 또는 전득자도 보호받을 가치가 있다.

위 추가배당이 가능하다는 판례와 관련하여 당초 구민사소송법(2002. 1. 26. 법률 제6626호로 전문 개정되기 전의 것)에는 추가배당에 대한 명문의 근거가 없어 논란[1]이 있었으나, 현행 민사집행법(제161조 제2항, 제3항)은 추가배당문제에 대한 명문의 규정을 두어 해결하였다.[2] 그렇지만 민사집행법은 채권자취소판결에 의해 발생하게 되는 추가배당 문제에 대해서는 규정하지 않아 논란이 끊이지 않았는데, 위 판결이 詐害行爲取消를 명하면서 배당이 함께 문제가 될 경우에는 배당금지급청구권의 양도 방법이 아닌, 직접적인 추가배당절차를 허용하겠다고 판시하여 이 문제해결의 기준을 제시하였음은 다행이라고 하지 않을 수 없다.

다시 위 판례를 정리하면, 詐害行爲의 수익자인 저당권자가 현실적으로 배당금을 수령하기 전인 경우, 예를 들어 배당금지급금지가처분이 있거나 배당기일에 배당이의가 있어 배당금이 지급되지 않고 공탁된 경우에는 배당금지급청구권을 채무자에게

---

1) 대법원 2004. 4. 9. 선고, 2003다32681 판결(구민사소송법(2002. 1. 26. 법률 제6626호로 전문 개정되기 전의 것) 제589조 제3항의 규정에 의하여 집행법원이 가압류채권자의 미확정채권에 대한 배당액이 정해진 후 배당기일에 다른 채권자로부터 그 被保全債權의 존부에 관하여 아무런 이의 없이 배당절차가 종료되어 가압류채권자에 대한 배당액이 공탁되었다고 하더라도, 공탁된 배당금이 피공탁자에게 지급될 때까지는 배당절차가 종료되었다고 단정할 수 없을 뿐 아니라, 경매제도가 채무자의 재산으로부터 채권자의 만족을 얻게 하는 데에 근본 목적으로 두고 있는 만큼 만족을 받지 못한 채권자가 있는 데도 이를 제쳐둔 채 채무자에게 공탁된 배당금을 지급하는 것은 경매제도의 목적에 현저히 반하는 것이라는 점 등에 비추어, 가압류채권자에 대한 배당액이 공탁된 후 가압류집행이 취소되거나 가압류채권자가 본안소송에서 패소확정판결을 받는 등의 경우에는, 그 공탁금은 채무자에게 교부할 것이 아니라 다른 채권자들에게 추가로 배당하여야 하는 것으로 해석하여야 할 것이고, 이는 가압류채권자가 본안에서 승소확정판결을 받은 금액이 공탁된 배당액을 초과한다고 하여도 마찬가지라 할 것이다. 확정된 배당표에 의하여 배당을 실시하는 것은 실체법상의 권리를 확정하는 것이 아니므로 배당을 받아야 할 자가 배당을 받지 못하고 배당을 받지 못할 자가 배당을 받은 경우에는 배당에 관하여 이의를 한 여부 또는 형식상 배당절차가 확정되었는지 여부에 관계없이 배당을 받지 못한 채권자는 배당받은 자에 대하여 부당이득반환을 청구할 수 있다).

2) 민사집행법 제161조(공탁금에 대한 배당의 실시) ① 법원이 제160조 제1항의 규정에 따라 채권자에 대한 배당액을 공탁한 뒤 공탁의 사유가 소멸한 때에는 법원은 공탁금을 지급하거나 공탁금에 대한 배당을 실시하여야 한다. ② 제1항에 따라 배당을 실시함에 있어서 다음 각 호 가운데 어느 하나에 해당하는 때에는 법원은 배당에 대하여 이의하지 아니한 채권자를 위하여서도 배당표를 바꾸어야 한다. 1. 제160조 제1항 제1호 내지 제4호의 사유에 따른 공탁에 관련된 채권자에 대하여 배당을 실시할 수 없게 된 때, 2. 제160조 제1항 제5호의 공탁에 관련된 채권자가 채무자로부터 제기당한 배당이의의 소에서 진 때, 3. 제160조 제1항 제6호의 공탁에 관련된 채권자가 저당물의 매각대가로부터 배당을 받은 때, ③ 제160조 제2항의 채권자가 법원에 대하여 공탁금의 수령을 포기하는 의사를 표시한 때에는 그 채권자의 채권이 존재하지 아니하는 것으로 보고 배당표를 바꾸어야 한다. ④ 제2항 및 제3항의 배당표변경에 따른 추가 배당기일에 제151조의 규정에 따라 이의할 때에는 종전의 배당기일에서 주장할 수 없었던 사유만을 주장할 수 있다.

양도하고 채권양도통지하는 방법 대신,[1] 당해 배당절차에서 배당변경절차를 실시하여 배당요구종기일까지 배당신청을 한 채권자들에게 배당금을 변경하여 주면 되며,[2] 배당변경을 할 경우에는 취소채권자 및 다른 배당채권자들에게도 순위에 따라 안분하여 추가배당할 수 있으며, 詐害行爲로 취소된 저당권에 근거해 이미 배당금을 수익자가 수령해 버렸다면 취소채권자로 하여금 직접 그 수익자를 상대로 부당이득반환을 원인으로 하여 금원의 지급을 구하면 된다는 것이다.

안분설보다는 흡수설이 적극적으로 권리를 행사한 배당이의의 소를 제기한 채권자에게 유리하다 할 것이므로, 흡수설이 타당하다고 본다.

③ 配當받을 債權者의 範圍

한편 민법 제407조 및 민사집행법 제84조와 관련하여, 배당받을 수 있는 채권자들의 범위[3]를 당초 경매절차에서 적법하게 배당요구한 자로 제한할 것인지 아니면 배당요구를 하지 아니한 다른 채권자들도 포함시킬 것인가에 대하여 견해가 대립되어 왔는데, 현재의 판례는 적법하게 배당요구를 하여 배당받을 수 있는 지위를 확보한 채권자와 배당요구를 하지 않은 채권자를 구분하여, 전자에게는 부당이득반환청구권을 인정하고,[4] 後者에게는 이를 인정하지 아니하게 되었다.[5] 즉 詐害行爲 이전에 이미 채권을 가지고 있는 채권자들 중에서 배당요구종기일까지 배당신청을 한 채권자

---

1) 대법원 1997. 10. 10. 선고, 97다8687 판결.

2) 다만 이 경우에 詐害行爲取消로 저당권이 말소된 저당권자는 배당신청을 한 채권자에 해당되지 않으므로 추가배당을 해서는 안 된다.

3) 부정설 : 전게 민법주해(Ⅸ), 854면(金能煥 집필); 吳泳俊, 전게 논문, 168면(詐害行爲 이후에 채권을 취득한 자는 詐害行爲取消에 의하여 회복되는 재산을 채무자의 공동담보로 파악하지 아니한 자들이므로 굳이 포함시킬 필요가 없다); 긍정설 : 林奇桓, 전게 논문, 763면(집행실무상 위와 같은 채권자들의 배당요구를 저지하기는 사실상 어렵다).

4) 대법원 2001. 3. 13. 선고, 99다26948 판결(확정된 배당표에 의하여 배당을 실시하는 것은 실체법상의 권리를 확정하는 것이 아니므로, 배당을 받아야 할 채권자가 배당을 받지 못하고 배당을 받지 못할 자가 배당을 받은 경우에는 배당을 받지 못한 채권자로서는 배당에 관하여 이의를 한 여부에 관계없이 배당을 받지 못할 자이면서도 배당을 받았던 자를 상대로 부당이득반환청구권을 갖는다 할 것이고, 배당을 받지 못한 그 채권자가 일반채권자라고 하여 달리 볼 것은 아니다. 부당이득이 성립되는 경우 그 부당이득의 반환은 법률상 원인 없이 취득한 이익을 반환하여 원상으로 회복하는 것을 말하므로, 법률상 원인 없이 제3자에 대한 채권을 취득한 경우, 만약 채권의 이득자가 이미 그 채권을 변제받은 때에는 그 변제받은 금액이 이득이 되어 이를 반환하여야 할 것이나, 아직 그 채권을 현실적으로 추심하지 못한 경우에는 손실자는 채권의 이득자에 대하여 그 채권의 반환을 구하여야 하고 그 채권 가액에 해당하는 금전의 반환을 구할 수는 없다); 대법원 2007. 3. 29. 선고, 2006다49130 판결.

에 한하여 취소된 저당권의 경매실행으로 인한 경매대금으로부터 채권의 만족을 얻을 수 있도록 한 것이다.

이러한 판례의 태도는 채권자취소권의 본질(詐害行爲 이전의 채권자 보호)에 부합하여 타당하다고 본다.

④ 配當異議判決의 效力

그렇다면 배당이의의 소의 판결 결과 그 형성력에 의해 각 채권자들에 대한 배당금액이 변경되게 되는데 이때의 효력을 어떻게 취급할 것인지 여부이다. 첫째, 채무자가 배당이의를 제기하여 배당이의가 받아들여지게 되면 다른 채권자들이 배당이의를 하였는지 여부를 불문하고 모두를 위한 추가배당이 실시된다(민사집행법 제161조 제2항 제1호, 제2호). 즉 채무자가 배당이의를 하여 인정된 경우에는 그 인정된 부분으로 모든 채권자의 이익을 위해 각 배당순위에 따라 각 채권비율로 충당하게 된다.

둘째, 배당채권자가 다른 배당채권자에 대하여 배당이의의 소를 제기한 경우에 대하여, 판례는, 채권자는 자기의 이해에 관계되는 범위 안에서만 배당이의를 할 수 있기 때문에(민사집행법 제151조 제3항),[1] 다른 채권자나 채무자에게는 그 배당이의판결의 효과가 미치지 아니하므로 원고의 배당이의가 인용되더라도 원고 채권자에게 배당될 몫만 원고에게 추가배당될 뿐 나머지는 소송절차에서 배당채권이 없다고 패소한 종전 배당채권자에게 그대로 남겨두어야 한다는 피고귀속설[2]의 입장을 취하고

---

5) 대법원 2002. 1. 25. 선고, 2001다11055 판결(민사소송법 제728조(현행 민사집행법 제272조 해당)에 의하여 준용되는 제605조(현행 민사집행법 제84조 해당) 제1항에서 규정하는 배당요구 채권자는 경락기일까지 배당요구를 한 경우에 한하여 비로소 배당을 받을 수 있고, 적법한 배당요구를 하지 아니한 경우에는 실체법상 우선변제청구권이 있는 채권자라 하더라도 그 경락대금으로부터 배당을 받을 수는 없다).

1) 대법원 1994. 1. 25. 선고, 92다50270 판결(피고에 대한 배당이 위법하다 할지라도 그로 인하여 원고에게 배당할 금액이 증가하는 것이 아니라면 이러한 사유는 배당액의 증가를 구하는 배당이의의 소의 사유로 삼을 수 없고, 피고가 배당에서 제외된다면 소유자에게 돌아갈 금액을 원고가 경매절차와는 별도로 가압류할 수 있는지 여부는 경매절차의 배당과는 무관할 것이어서 그에 의하여 결론을 달리할 바도 아니다).

2) 대법원 1998. 5. 22. 선고, 98다3818 판결(채권자가 제기한 배당이의소송은 대립하는 당사자인 채권자들 사이의 배당액을 둘러싼 분쟁을 상대적으로 해결하는 것에 지나지 아니하고 그 판결의 효력은 오직 소송당사자인 채권자들 사이에만 미칠 뿐이므로, 배당이의소송의 판결에서 계쟁 배당 부분에 관하여 배당을 받을 채권자와 그 수액을 정함에 있어서는 피고의 채권이 존재하지 않는 것으로 인정되는 경우에도, 이의신청을 하지 아니한 다른 채권자의 채권을 참작함이 없이 그 계쟁 배당 부분을 원고가 가지는 채권액의 한도 내에서 구하는 바에 따라 원고의 배당액으로 하고, 그 나머지는 피고의 배당액으로 유지함이 상당하다).

있다.[1)]

이처럼 배당이의를 근거로 채권자취소소송을 제기한 경우와 배당이의의 소를 제기한 경우를 나누어 살펴보았는데, 양소는 그 판결의 효력이 소송법상 및 실체법상으로 채무자나 다른 제3자에게 미치지 않는다는 즉 상대적 효력설을 따르고 있다는 점에서는 서로 유사하지만,[2)] 채권자취소소송은 채권자평등의 원칙이 적용되어야 하는 포괄성을 가진 권리라는 점에서(민법 제407조),[3)] 배당이의를 한 채권자에게만 이익을 주는 개별적 구제제도인 배당이의의 소와는 다른 면이 있다.[4)]

따라서 채권자취소권에 의하여 반환된 목적물이 물건인 경우에는 별도의 강제집행절차를 밟아 채권의 만족을 얻어야 하는 것이 옳은데도, 그 반환의 목적물이 동산이나 가액배상 등의 금전[5)]인 경우에는 적절한 집행절차에 대한 규정이 없다는 이유로 그 금전이나 물건을 취소채권자에게 직접 반환하게 함으로써, 채권자평등의 원칙이 구현되지 못한 채 상계의 방법[6)] 등에 의하여 취소채권자에게 우선변제권[7)]이 인정되고 있다.

---

1) 이러한 채무자귀속설에 대하여, 배당채권자에게 배당될 채권이 없으므로 채무자(경매목적물의 소유자)에게 귀속시켜야 한다는 소위 채무자귀속설이 주장되기도 한다.

2) 林奇桓, "채권자취소권의 행사에 따른 원상회복의 방법으로서의 배당이의의 소", 민사판례연구 第26集, 박영사, 2004, 740면 · 741면.

3) 金斗年, 전게 논문, 223면(민법 제407조에 의하여 채권자취소소송의 판결효력이 다른 채권자에게도 미치는 것을 판결의 법률요건적 효력 내지 반사적 효력이라고 하고 있다 – 개인적으로는 이러한 판결의 효력을 반사적 효력이라고 볼 것이 아니라 민법 제407조의 실체법에 근거한 형성판결의 대세적 효력에 의한 기판력의 주관적 범위의 확대로 보는 것이 타당하다고 본다).

4) 林奇桓, 전게 논문, 741면.

5) 대법원 1998. 5. 15. 선고, 97다58316 판결(가액배상의 경우, 채권자는 상대방에 대하여 직접 자기에게 지급할 것을 청구할 수 있다).

6) 전게 민법주해(IX), 843면(金能煥 집필); 日本最高裁判所 昭和 37(1962). 10. 9. 判決.

7) 金大貞, 전게서, 289면; 金容漢, 전게서, 270면; 전게 민법주해(IX), 856면(金能煥 집필); 반대 ; 吳泳俊, 전게 논문, 201면(詐害行爲취소소송에서 가액반환판결을 함에 있어서는 "수익자는 취소채권자에게 가액배상금을 지급하라"라고 판결할 것이 아니라 "수익자는 채무자에게 가액배상금을 지급하라"라는 형태의 주문을 선고함으로써 취소채권자 이외의 다른 채권자도 채무자의 수익자에 대한 가액반환청구채권에 대한 강제집행(채권집행)에 참여할 기회를 보장하고, 그 채권집행절차에서 각가 채권의 만족을 얻을 수 있도록 보장하여야 한다); 李銀榮, 전게서, 487면(수익자로 하여금 압류 및 추심명령 없이 취소채권자에게 직접적으로 가액배상금을 지급할 것을 명하는 것은 허용될 수 없고, 취소채권자는 취소 및 原狀回復請求와 병합하여 채무자에 대한 이행청구 및 그 회복재산에 대한 강제집행을 통하여서만 자신의 만족을 얻도록 해야 한다). 이처럼 사실상의 우선변제권을 인정해서는 안 된다는 주장들이 나오고 있고, 개인적으로 이러한 주장들은 채권자평등주의를 원칙으로 하는 채권자취소권의 정신에 비추어 볼 때 타당하다고 본다.

제5절 債權者取消權의 消滅

Ⅰ. 債權者取消權의 行使期間

민법 제406조 제2항은 채권자취소의 소는 채권자가 취소원인을 안 날로부터 1년, 법률행위 있은 날로부터 5년 내에 제기하여야 한다고 규정하고 있다.

독일 채권자취소법은 고의에 의한 詐害行爲에 대하여는 10년, 詐害行爲가 무상증여인 경우에는 4년 내에 행사하도록 하고 있고(제3조, 제5조), 일본 민법은 취소의 원인을 안 날로부터 2년, 詐害行爲가 있는 날로부터 20년의 시효로 소멸한다고 규정하고 있다(제426조).

프랑스는 행사기간에 대하여 별도의 규정을 두고 있지 않기 때문에 소권의 일반소멸시효인 30년의 시효기간 경과 시 소멸한다고 한다(프랑스 민법 제2262조).

우리나라의 경우 채권자취소권의 행사기간이 다른 나라에 비해 상대적으로 짧은데, 이는 詐害行爲의 취소로 인하여 불안정한 지위에 놓이게 된 수익자 또는 전득자를 보호하여 불안정한 상태를 조기에 안정시킬 필요가 있기 때문이라고 하겠다.

Ⅱ. 行使期間의 法的 性質

채권자취소권의 행사기간은 제척기간이라는 것이 통설[1] 및 판례[2]의 입장이다. 따라

1) 郭潤直, 전게서, 150면; 金大貞, 전게서, 287면; 金相容, 전게서, 265면; 金疇洙, 전게서, 255면; 李銀榮, 전게서, 477면.

2) 대법원 1996. 5. 14. 선고, 95다50875 판결; 대법원 1980. 7. 22. 선고, 80다795 판결(채권자 취소권의 행사를 위한 출소기간은 제척기간이고, 詐害行爲의 취소와 原狀回復請求는 동시에 행사할 수 있는 것이다).

서 법원은 기간의 도과 여부를 당사자의 주장이 없더라도 직권으로 판단하여야 한다. 다만 그 판단은 당사자가 현출한 증거 등에 의하여 판단하면 되지 직권으로 조사까지 할 의무는 없다.[1)]

이 두 기간 중 어느 하나가 먼저 만료하면 채권자취소권은 소멸한다.

문제는 그 기간 계산의 기산일이라고 할 것인데, 1년의 제척기간의 기산일에 대하여 판례는, "채권자취소권의 행사에 있어서 제척기간의 기산점인 채권자가 취소원인을 안 날은 채권자가 채권자취소권의 요건을 안 날, 즉 채무자가 채권자를 해함을 알면서 詐害行爲를 하였다는 사실을 알게 된 날을 의미하고, 채권자가 취소원인을 알았다고 하기 위하여서는 단순히 채무자가 재산의 처분행위를 하였다는 사실을 아는 것만으로는 부족하고 구체적인 詐害行爲의 존재를 알고 나아가 채무자에게 詐害의 의사가 있었다는 사실까지 알 것을 요하며, 詐害行爲의 객관적 사실을 알았다고 하여 취소의 원인을 알았다고 추정할 수는 없다."고 하여,[2)] 채권자가 詐害行爲를 알았다는 의미를 채무자의 詐害行爲에 대하여 구체적인 詐害行爲의 내용과 詐害意思를 안 날을 기산일로 하여야 한다고 하였다.

그런데 이와 같이 제척기간의 기산일을 엄격히 해석하게 되면 기산일을 사실상 연장하는 결과가 되는데 이러한 판례의 태도는 취소채권자에게 일방적으로 유리한 해석으로 타당하지 않다고 본다. 위 판례는 "詐害行爲取消訴訟에 있어서 수익자가 詐害行爲임을 몰랐다는 사실은 그 수익자 자신에게 증명책임이 있는 것이고, 이 때 그 詐害行爲 당시 수익자가 선의였음을 인정함에 있어서는 객관적이고도 납득할 만한 증거자료 등에 의하여야 하고, 채무자의 일방적인 진술이나 제3자의 추측에 불과한 진술 등에만 터 잡아 그 詐害行爲 당시 수익자가 선의였다고 선뜻 단정하여서는 안

---

1) 대법원 2002. 7. 26. 선고, 2001다73138 · 73145 판결(詐害行爲取消의 訴는 법률행위 있은 날로부터 5년 내에 제기하여야 하고, 이는 제소기간이므로 법원은 그 기간의 준수 여부에 관하여 직권으로 조사하여 그 기간이 도과된 후에 제기된 詐害行爲取消의 訴는 부적법한 것으로 각하하여야 하므로 그 기간 준수 여부에 대하여 의심이 있는 경우에는 법원이 필요한 정도에 따라 직권으로 증거조사를 할 수 있으나, 법원에 현출된 모든 소송자료를 통하여 살펴보았을 때 그 기간이 도과되었다고 의심할 만한 사정이 발견되지 않는 경우까지 법원이 직권으로 추가적인 증거조사를 하여 기간 준수 여부를 확인하여야 할 의무는 없다).

2) 대법원 2006. 7. 4. 선고, 2004다61280 판결; 日本最高裁判所 昭和 47(1972). 4. 13. 判時 제669권, 63면.

된다."고까지 하여 수익자의 증명책임을 강조하고 있다.

그런데 판례는 "채권자취소권 행사에 있어 채권자가 취소원인을 알았다고 하기 위하여서는 구체적인 詐害行爲의 존재를 알고 나아가 채무자에게 詐害의 의사가 있었다는 사실까지 알 것을 요하나, 나아가 채권자가 수익자나 전득자의 악의까지 알아야 하는 것은 아니다."라고 하여[1] 구체적인 詐害行爲의 존재 및 채무자의 詐害意思까지 알아야 한다고 하면서도 詐害行爲의 피고인 수익자 또는 전득자의 악의에 대하여는 알아야 하는 것이 아니라고 하였다.

기산일 산정 시 법률행위일은 채무자와 수익자 사이의 詐害行爲日을 의미한다.

헌법재판소는 "민법상의 일반적인 취소권의 제척기간(민법 제146조)은 취소권행사의 제척기간의 기산점과 채권 소멸시효의 기산점이 거의 동일하다는 점을 고려한 것으로서 원칙적으로 채권자의 채권발생 후의 시점에서 詐害行爲를 예정하고 있는 채권자취소와는 그 제도의 취지가 전혀 다른 점, 또한 일반적인 취소권행사의 대상이 되는 법률행위는 성립 당시에 하자가 있는 경우로서 유효하게 성립된 법률행위를 취소하는 채권자취소의 경우보다는 보호가치가 적다고 볼 수 있는 점, 일반적인 취소권의 행사시 상대방은 주로 법률행위의 직접당사자로서 취소원인을 직접 알 수 있는 위치에 있는 반면, 채권자취소의 경우에 수익자나 전득자는 취소채권자와는 아무런 법률관계를 맺고 있지 않으며 직접 거래당사자가 아닌 제3자가 이를 취소하게 된다는 점에서 거래의 안전에 끼치는 영향이 더 클 수 있는 점을 고려"하여 제척기간의 성질을 가지고 있는 상속회복청구권의 10년이나 보통의 취소권의 안 날로부터 3년 또는 행위일로부터 10년보다 그 기간을 짧게 한 것은 타당하다고 하였다.[2]

---

1) 대법원 2005. 6. 9. 선고, 2004다17535 판결.
2) 헌법재판소 2006. 11. 30. 자 2003헌바66 전원재판부 결정.

6 結論

적멸궁(寂滅宮)

윤 향 기

벌 쏘이며 태 자리 돌아 ‘빈집’
에 들어섰을 때
마당가득 자란 풀들이 어머니처럼 와락 반긴다

감나무 위에 주렁주렁 매달린 옛날
저 안에 있던

빗살무늬 흙벽에 사금파리로 벽화를 그리다가
벽화가 돼버린 아이들
요람처럼 흔들리는 그네를 타고
가뭇 사라진 애들
송사리 잡아 가두던 개울가의 고무신
꼴짐 넘어뜨리고 우레 따라 가버린 워낭소리

다, 어디에 있을까

저 소리의 무지개 너머에 밤이 내리면
저녁연기처럼 피어올라
조용히 어둠 속에 몸을 담그는
오래된 ‘빈집’

제6장 結 論

채권자취소권은 로마법상 파울리아나 소권에서 비롯되었다. 동 소권은 채무자의 계쟁물 처분으로 인한 채권자 침해를 구제하는 수단으로 이용되었으며, 당시의 소권은 실체법과 절차법 및 형사법체계를 포괄하는 미분화된 권리였다. 그러나 사회가 발전함에 따라 법체계도 실체법과 절차법이 분리되었고, 채권자취소권도 분리된 법체계의 지배를 받게 되었다고 할 수 있다.

채무자의 詐害行爲로 권리를 침해받은 채권자는 개별 채권자 구제수단인 민법상의 채권자취소권을 이용하거나 모든 채권자들의 구제수단인 채무자회생법상의 부인권을 이용하여 자신의 권리를 보호받을 수 있다. 그런데 채권자취소권의 법적 성격은 실체법상 채권이고, 채권은 특정인이 다른 특정인에 대하여 특정한 행위를 요구할 수 있는 상대적 권리이다. 따라서 채권자취소권도 물권에 우선할 수 없는 내재적 한계가 있다고 하지 않을 수 없다.

현대법체계는 몇 가지 기본원칙에 의해 유지되고 있다. 첫째, 물권의 채권에 대한 우위성이다. 둘째, 담보물권제도의 확립이다. 채권자가 저당권 등 담보물권을 확보하고 있는 경우 일반채권자에 비해 담보목적물로부터 우선변제권을 보장받는다. 담보물권제도는 재산권의 내재적 속성인 처분적 성질과 책임적 성질을 분리함으로써 채무 없는 책임 또는 책임 없는 채무의 성립을 가능하게 하였고, 담보물권을 통해 채권의 최종적 실현을 보장하면서도 목적물에 대한 사용 · 수익 및 처분권의 행사를 소유자로 하여금 할 수 있게 하였다. 셋째, 채권자평등의 원칙이다. 파산절차 및 강제집행절차에서 배당은 채권자평등의 원칙에 의해 순위에 따른 안분비례의 원칙에 의해 실시되고 있다. 넷째, 담보물권이 없는 채권자에 대한 責任財産保全節次의 보장이다. 민사집행법은 가압류, 가처분, 가등기, 가등기가처분 등의 보전절차를 통해 담보물권이 없는 채권자들의 責任財産保全機會를 보장하고 있다. 다섯째, 물권변동에 대한 공시제도의 확립이다. 부동산에 대하여는 등기, 동산에 대하여는 점유의 이전이라는 공시제도를 확립하고, 공시의 원칙에 의해 물권변동의 효력을 인정함으로써 물권의 채권에 대한 우선권을 원칙적으로 보장하고 있다. 동산의 점유에는 공신력까지 인정하여 선의취득을 인정하고 있다. 여섯째, 소송절차상 변론주의를 채택하여 소송자료의 수집 · 제출책임을 당사자에게 맡김으로써 주장책임과 증명책임의 분배를 통해 그러한 책임을 변론절차에서 제대로 수행하지 못한 당사자에게 失權效, 기판력의 효력에 의한 제재, 재소금지 등 다양한 형태의 소송상 불이익을 주고 있다. 일곱째, 강제집행제도의 정비이다. 강제집행제도의 정비를 통해 사력구제를 배제하고 국가의 공권력을 통한 권리실현을 도모하고 있다. 여덟째, 국민의 자유로운 재산권처분의 보장이다. 모든 국민은 사적 자치의 원칙에 의해 공공의 복리와 강행법규에 반하지 않는 한 자유로운 재산권처분을 할 수 있도록 보장함으로써 자본주의 및 자유민주주의를 발전시켰다.

채권은 기본적으로 상대권이고 대인권이다. 즉 채무자의 신용을 기초로 하여 존재하는 권리이기 때문에 채무자가 이행을 하지 않을 경우 채권자로서는 손해를 볼 가능성이 있고, 그러한 위험성은 상존하고 있다. 따라서 그러한 손해를 예방하기 위하여 인적 책임 이외에 물적 책임인 담보제도 및 보전처분제도 등을 두고 있는 것이다. 따라서 위와 같은 責任財産을 확보하지 못한 채권자로서는 그 채권의 실현이 위험에 노출되어 있을 수밖에 없고, 그로 인해 손해가 발생할 경우 이를 감수할 수밖에 없다.

그런데 채권자취소권은 위와 같은 기본원칙들에 대한 예외로서 채권자를 보호하는 제도라고 할 수 있다. 즉 채권자는 채무자의 재산처분행위를 詐害行爲라는 이유로 취소시키고 수익자 또는 전득자로부터 그들이 취득한 재산을 원상회복받아 채권자의 채권만족을 얻는 구제수단으로 이용되고 있는 것이다. 그렇다면 그와 같은 비상의 구제수단이 허용될 수 있는 이론적 정당성이 있어야 한다. 그런데 채권자취소권의 정당성에 대하여 부당이득설, 불법행위설, 채무불이행설 등이 주장되었으나, 그러한 견해들이 모두 채권자취소권의 정당성을 보장해 줄 법적 근거가 되기에는 논리적 한계가 있음이 밝혀졌다. 그리하여 현재는 성문법에 근거한 법정채권, 즉 법정책임설이 통설적 지위를 차지하고 있다. 채권자취소권을 법정채권으로 이해하게 되면 법이론적으로 채권자취소권의 정당성의 근거를 제시할 수 없다는 한계가 있음을 시인하고 입법정책에 의해 인정되는 권리라는 것이 규명된 셈이다. 그렇다면 채권자취소권의 행사는 공평의 원칙에 부합되도록 최대한 자제되어야 한다.

채무자와의 관계에서 채권자는 기존의 이해관계인이고, 수익자 또는 수익자 또는 전득자는 새로운 이해관계인이라고 할 수 있다. 따라서 양자는 모두 나름대로 보호받아야 할 가치가 있는 자들이다. 채권자취소권은 後者의 희생 아래 前者를 보호하겠다는 철학에 근거하고 있다. 그러나 양자 중 누구를 더 보호하여야 할 것인가라는 가치가 충돌할 경우 後者를 더 보호하는 것이 타당하다. 왜냐하면 前者는 채무자의 詐害行爲 이전에 담보물권의 설정이나 보전처분절차 등을 취하여 자신의 권리를 보장할 수 있는 기회가 있었음에도 이를 행사하지 않은 것에 대해 스스로 책임이 있지만, 後者는 일단 유효하게 권리를 가진 채무자로부터 공시를 신뢰하고 새로운 법적 행위를 통해 반대급부를 지급하고 우선권이 보장되는 소유권이나 담보물권을 정당하게 취득한 자이므로 물권의 채권에 대한 우위성의 원칙에 의해 보호되는 것이 마땅하기 때문이다.

그런데 반대로 대법원은 채권자취소권의 인정범위를 점차 확대해나가는 경향을 보이고 있다. 이러한 대법원의 채권자취소권에 대한 태도는 재산을 강제로 반환해야 하는 수많은 수익자 또는 전득자의 재산권을 침해하는 현상이 빚어지고, 이는 사법불신으로 이어질 수 있음은 우려할 사항이다.

채권자취소권의 효력과 관련하여 종래 학설은 크게 보면 절대적 무효설, 상대적 무효설, 책임설로 정리할 수 있다. 절대적 무효설은 채권자, 채무자, 수익자 또는 전득자 사이의 詐害行爲의 효력을 절대적으로 소멸시켜 詐害行爲 이전 상태로 채무자의 責任財産을 환원시킴으로써 채권자의 채권의 만족을 도모하겠다는 것으로 형성권설이나 신형성권설 및 본서에서 새롭게 주장하고 있는 형성청구권설에 의해 지지되지만 현재는 소수설에 불과하다. 상대적 무효설은 채권자취소판결의 주관적 기판력에 의해 채무자와 수익자 또는 전득자 사이의 詐害行爲의 효력은 그대로 유효하나 채권자와 수익자 또는 전득자 사이에서만 상대적으로 무효화함으로써 수익자 또는 전득자로부터 반환받은 재산으로부터 채권자가 채권의 만족을 얻는 것으로 채권설에 의해 지지되고 있고, 현재의 다수설이자 판례의 입장이기도 하다. 책임설은 이해관계인 사이의 詐害行爲의 효력은 그대로 인정하면서 단지 채무자가 처분한 재산에 내재되어 있는 책임법적 요소만을 환원시킴으로써 수익자 또는 전득자의 권리를 그대로 유효하다고 인정한 상태에서 채무자의 채권자의 강제집행을 수인해야 한다고 한다. 책임설은 책임법설에 의해 지지되고 있지만 현행법상 强制執行受忍의 訴를 인정하고 있지 않기 때문에 우리 법제에서는 현실적으로 적용될 수 없는 이론이라고 하겠다.

상대적 무효설은 詐害行爲의 효력을 이원화함으로써 채무자와의 사이에서 유효로 인정되는 詐害行爲의 한쪽 당사자인 수익자 또는 전득자가 무슨 근거에 의해 채권자에게 재산을 원상회복시켜 주어야 하며 그로 인해 재산권상실의 불이익을 감수해야 하는가에 대한 질문에 제대로 답변하지 못하는 한계가 있다.

따라서 채권자취소권의 법적 성질을 신형성권설 또는 형성청구권설의 입장에서 절대적 무효설을 취하는 것이 타당하다고 생각한다. 필자가 본서를 통해 새롭게 주장하는 형성청구권설에 의하면 채권자취소권의 행사를 통해 발생한 형성력에 의해 채권자가 수익자 또는 전득자에 대하여 이전에 전혀 가지고 있지 않던 새로운 청구력(청구권능)이 생기게 되어 수익자 또는 전득자에 대한 직접적인 청구권능을 행사할 수 있게 된다. 즉 채권자는 그 청구력에 근거하여 수익자 또는 전득자에게 직접 자기에게 이행할 것을 청구할 수 있는 근거가 마련될 수 있을 것으로 기대한다. 채권자취소권은 "절차법상 형성의 소와 이행의 소의 결합"으로 본다면, "실체법상 형성청구권이라는 하나의 권리"로 보는 새로운 실체법상의 권리를 새롭게 정립할 필요성이 있다고 하겠다. 이러한 견해가 앞으로 학계나 판례를 통해 지지 받을 수 있기를 바란다.

채권자취소권의 요건에 대해, 우선 詐害意思에 대하여 다수설 및 판례가 취하는 인식설에 대하여, 채무자에 대하여 인식설을 취하는 것은 타당하지만, 수익자 또는 전득자에게조차 인식설에 의해 詐害意思를 판단하는 점은 문제가 있음을 밝혔다. 특히 착오로 인한 취소와 관련하여 동기불포함설을 취하고 있는 판례[1]의 입장에서 볼 때 채무자가 詐害意思를 표시하지 않는 한 詐害行爲의 상대방인 수익자 또는 전득자가 채무자의 詐害意思를 안다는 것은 불가능하다는 점을 중시하고, 최근 고의에 한해 詐害行爲性을 인정하려는 외국의 입법례들도 함께 검토를 하여 의도설이 타당한 이론적 근거를 밝혔다. 따라서 수익자 또는 전득자의 악의추정의 판례는 부당하므로 변경되어야 한다. 채권자의 被保全債權의 존재와 관련하여, 그 성립시기에 대해 기존의 다수설인 詐害行爲 이전 성립 및 기초적 법률관계론에 소수설로 주장되고 있는 豫見的 詐害行爲를 추가하는 것이 바람직하다고 하겠다. 그리고 특정물채권에 대한 채권자취소권의 행사를 詐害行爲對象適格에서 배제하고 있는 판례의 부당함을 밝히고, 詐害行爲를 판단함에 있어 유상의 반대급부가 주어진 경우는 실질적으로는 채무자의 재산감소가 없다고 보아야 하므로 사해행위의 객관적 요건을 갖추지 못하였다고 보아 채권자취소권의 행사를 자제시키는 것이 타당함을 미국 등 외국 입법과의 비교를 통해 아울러 밝혔다. 특히 상속재산분할협의와 상속포기에 대하여서는 프랑스 민법과 같은 특별조항이 없는 한 일신전속적 권리의 행사로 보아야 하고 따라서 채권자취소권의 대상행위에서 배제하는 것이 타당하다고 하겠다. 또한 이혼에 따른 재산분할의 경우 채무초과상태에서도 일정한도의 재산분할이 허용된다는 대법원 판례의 태도는 다른 사례들에 비추어 형평성에 어긋난다고 할 것이므로 변경되어야 할 것이다.

채권자취소권의 행사와 관련하여 채무자와 수익자 또는 전득자 모두를 공동피고로 하여 판결의 합일·확정을 도출할 필요성이 크기 때문에 필수적 공동소송으로 취급하는 것이 타당하다는 점을 밝히고, 독일법상의 제3자 반소나 미국법상의 cross-claim제도를 새로 도입하여 위 소송절차에서 채무자와 수익자 또는 전득자 사이의 原狀回復請求權이나 부당이득반환청구권의 문제도 함께 해결하는 것이 바람직하다고 하겠다.

1) 대법원 1995. 5. 23. 선고, 94다60318 판결.

소송절차에서 수익자 또는 전득자의 채무자의 채권자에 대한 소멸시효항변권 원용을 인정하는 것이 타당하다는 점을 밝히고, 채권자취소판결의 효력을 절대적 무효로 보는 것이 타당하다고 하겠다.

채권자취소권의 행사로 반대급부를 지급하고 유상으로 물권을 취득한 수익자 또는 전득자가 채권자에게 사실상 우선권을 상실하는 것은 채권자취소권의 재산감소라는 구성요건에 해당하지 않음에도 이를 인정하는 것이 부당함을 밝혔다.

채권자취소권은 채무자의 詐害意思와 수익자 또는 전득자의 詐害意思가 결합하여, 즉 통모하여 채권자를 해할 경우에 예외적으로 인정되는 제도로 정착되어야 물권의 채권 우위성이 보장된 현대법체계에 맞다. 따라서 그러한 정도에 이르지 않은 채무자의 재산처분행위와 수익자 또는 전득자의 반대급부가 교부된 재산취득행위에 대한 채권자취소권의 적용은 자제되어야 한다고 본다. 그렇게 할 때 법적 안정성이 보장될 것이기 때문이다.

채권자취소권제도는 악의의 채무자와 수익자 또는 전득자를 규제하고, 억울한 채권자를 보호하기 위한 필요불가결한 제도이다. 그렇지만 수익자 또는 전득자 역시 보호되어야 할 또 다른 채권자이다. 양자의 이익을 형평성에 맞게 공평의 법리에 의하여 합리적으로 보호될 수 있도록 채권자취소권제도가 운영되어야 한다고 하겠다.

참고문헌

(국내 단행본)

姜大成, 민사집행법, 삼영사, 2002.

姜玹中, 민사소송법, 박영사, 2002.

郭潤直, 민법총칙, 박영사, 1989.

______, 채권총론(제6판), 박영사, 2006.

金基善, 한국민법총칙, 법문사, 1985.

______, 한국채권법총론, 법문사, 1987.

金大貞, 채권총론(개정판), 피데스, 2007.

金相容, 채권총론(개정증보판), 법문사, 2003.

金錫宇, 채권총론, 박영사, 1976.

金容漢, 민법총칙론(전정판), 박영사, 1989.

______, 채권법총론, 박영사, 1983.

______, 친족상속법론, 전정4판, 박영사, 1981.

金疇洙, 민법총칙(제4판), 삼영사, 1996.

_____ , 채권총론(제3판), 삼영사, 1999.

_____ , 친족상속법(제5전정판), 법문사, 1998.

金疇洙 · 李和淑, 주석상속법(상), 한국사법행정학회, 1996.

金曾漢, 민법총칙(민법강의1), 박영사, 1981.

金曾漢 · 金學東, 채권총론(제6판), 박영사, 1998.

金亨培, 채권총론(제2판), 박영사, 1999.

金洪奎, 민사소송법(제6판), 삼영사, 2003.

민의원법제사법위원회 민법초안심의소위원회 간, 민법안심의록(상), 1957.

朴斗煥, 민사집행법, 법률서원, 2002.

朴秉濠, 상속법, 서울대학교법과대학교재, 1995.

方順元, 민법총칙, 한일문화사, 1959.

方順元 · 金光年, 민사소송법(하, 제2전정판), 한국사법행정학회, 1993.

裵慶淑 · 崔錦淑, 친족상속법강의, 제일법규, 2000.

법원실무제요, 민사집행(Ⅱ). 대법원 법원행정처, 2003.

宋德洙, 신민법강의, 박영사, 2008.

宋相現, 민사소송법, 박영사, 2002.

_____ , 민사소송법, 학현사, 2004.

吳始暎, 민법강의, 학현사, 2006.

_____ , 채권총칙, 학현사, 2009.

_____ , 채권각칙, 학현사, 2010.

尹喆洪, 채권총론, 법원사, 2006.

李時潤, 민사소송법, 박영사, 2002.

李英燮, 민법총칙, 박영사, 1959.

李銀榮, 민법총칙(제3판), 박영사, 2004.

_____ , 채권총론(제3판), 박영사, 2006.

李昌熙, 세법강의(제4판), 박영사, 2005.

李太載, 채권총론, 진명문화사, 1987.

李好珽, 채권법총론, 한국방송통신대학, 1993.

任勝淳, 조세법, 박영사, 2005.

林正平, 채권총론, 법지사, 1989.

張庚鶴, 민법총칙, 법문사, 1989.

_____ , 채권총론, 교육과학사, 1992.

田炳西, 파산법, 법문사, 2001.

鄭東潤, 민사소송법, 법문사, 2001.

池元林, 민법강의, 홍문사, 2008.

편집대표 郭潤直, 민법주해(Ⅸ), 박영사, 2001.

편집대표 金祥源 외 3인, 주석 민사집행법(Ⅲ), 한국사법행정학회, 2004.

편집대표 金曾漢, 주석채권총론(상) 한국사법행정학회, 1984.

편집대표 朴駿緖, 제3편 주석민법(채권총칙 2), 한국사법행정학회, 1984.

韓宗烈, 민사소송법(하, 개정증보판), 대학출판사, 1995.

玄勝鍾, 로마법, 일조각, 2001.

_____ , 채권총론, 일신사, 1975.

玄勝鍾 · 趙圭昌, 로마법, 법문사, 1996.

黃迪仁, 현대민법론 Ⅲ, 박영사, 1981.

(국내 논문)

姜永虎, “특정물채권자는 채권자취소권을 행사할 수 없는가”, 사법논집 제34집, 대법원 법원행정처, 2002.

姜仁崖, “국세징수법상 詐害行爲의 취소”, 형사학과 법학의 제문제, 凡集閔建植檢事정년기념, 박영사, 1991.

高翔龍, “민법상 이른바 이중효의 의미”, 민사법학의 제문제(소봉金容漢교수화갑기념), 소봉金容漢교수화갑기념논문집간행위원회, 1990.

_____, "부동산의 이중매매와 제1매수인의 보호", 고시연구 제15권 제2호, 1988. 2.

金斗年, "채권자취소권에 관한 연구 - 법적 성질 및 효과를 중심으로 -", 건국대학교대학원법학과박사학위논문, 1996.

金能煥, "채권자취소권의 행사방법 - 부동산이 전전양도된 경우를 중심으로", 민사재판의 제문제 제6권, 한국사법행정학회, 1991.

金大貞, "채권자취소권의 피담보채권의 성립시기", 한국민사법학회, 민사법학 제19호, 1999. 4.

金相容, "채권자취소권", 월간고시, 1993. 9.

金旭坤, "채권자취소권의 요건론 재고", 저스티스 제33권 제4호, 한국법학원, 2000. 12.

_____, "프랑스민법에 있어서의 채권자취소제도", 민법학의 기본문제, 삼지원, 2005.

金昌鍾, "채권자취소권행사에 의한 원상회복의 방법 및 내용", 사법논집 제26집, 대법원 법원행정처, 1995. 12.

金洪奎, "채권자취소권행사의 효과", 현대재산법의 제문제, 金基善박사고희기념논문집, 법문사, 1987.

閔日榮, "독일의 채권자취소제도", 재판자료 제48권, 대법원 법원행정처, 1989.

徐光民, "채권자취소권의 법적 구성", 고시계 제34권 제4호, 1993. 4.

徐達周, "채권자취소권의 법적 성질", 사법행정 통권 제455호, 한국사법행정학회, 1999. 11.

梁彰洙, "채권자취소권의 보전채권과 詐害行爲", 고시계 제36권 제4호, 1991. 4.

芮祥海, "詐害行爲取消訴訟에 있어서의 실무상 문제점고찰", 인천법조, 1993(창간호).

吳錫洛, "배당이의소송", 민사재판의 제문제(제1권), 사법행정학회, 1977. 6.

吳洙源, "프랑스채권자취소권에서의 詐害意思", 민사법연구, 제10집 제1호, 2002. 6.

吳泳俊, "詐害行爲取消權과 채권자평등주의", 사법논집 제32집, 대법원 법원행정처, 2001.

吳始暎, "채권자취소권의 실체법상의 성질에 대한 고찰", 민사법학 제46호, 한국민사법학회, 2009. 9.

_____, "채권자취소권에 관한 연구", 중앙대학교대학원박사학위논문, 2008.

尹 瓊, "보증인의 추상적 구상권이 채권자취소권의 被保全債權이 될 수 있는지 여부 - 사전구상권과 사후구상권의 차이", 대법원판례해설 제42호, 대법원 법원행정처, 2003. 7.

尹眞秀, "가족법상의 법률행위와 채권자취소권-상속포기 및 상속재산 협의분할을 중심으로-", 사법연구 제6집, 한학문화, 2001. 12.

_____, "부동산의 이중양도에 관한 연구-제1양수인의 원상회복 청구를 중심으로" 서울대학교대학원 법학박사학위논문, 1993.

李啓正, "채권자취소권의 주관적 요건으로서의 詐害意思에 관한 연구", 사법논집 제40집, 법원도서관, 2005.

李民樹 譯, 漢書 地理志 朝鮮傳, 探求堂, 1983. 15면.

李相京, "채권자취소소송에 있어서 원상회복방법 및 채권의 만족방법", 인권과 정의 제246호, 대한변호사협회, 1997. 2.

李相浩, "채권자취소권에 관한 소고", 법조 제22권 제8호, 법조협회, 1973. 8.

李宛洙, "채권자취소소송에 대한 소송법적 연구", 서울대학교 법학석사학위논문, 2003.

李銀榮, "채권자취소권", 민사법학의 제문제, 소봉金容漢교수화갑기념논문집, 박영사, 1990. 5.

_____, "채권자취소권의 효과", 사법행정 제357호, 한국사법행정학회, 1999. 9.

李在性, "詐害行爲取消訴訟의 성질", 李在性판례평석집(1), 법조문화사, 1989.

李在烈, "채권자취소권에 관한 연구 - 요건의 재해석을 중심으로 - ", 연세대학교 박사학위논문, 2007.

林奇桓, "채권자취소권의 행사에 따른 원상회복의 방법으로서의 배당이의의 소", 민사판례연구 제26집, 박영사, 2004.

林種憲, "日本 破産法上의 否認權에 관한 硏究", 재판자료 제66집(해외사법연수논집 12), 대법원법원행정처, 1994.

林采雄, "일본 신파산법의 詐害行爲와 편파행위의 부인에 관한 연구", 한국민사소송법학회지 제10권 제1호, 한국사법행정학회, 2006. 5.

_____, "채권자취소권의 행사범위에 관한 연구", 인권과 정의 제292호, 대한변호사협회, 2002. 12.

張熙錫, "채권자취소권에 의하여 보호되는 被保全債權의 성립시기 등", 판례연구 제11집(부산판례연구회), 2000.

全慶根, "상속재산의 분할과 채권자취소권", 가족법연구, 제15권 제1호, 한국가족법학회, 2001. 6.

曺南大, "채권자취소권의 대상으로서의 詐害行爲에 관한 고찰", 사법논집 제28집, 대법원 법원행정처, 1997.

최영남, "채권자취소권행사의 방법, 범위 및 원상회복의 방법", 재판실무연구, 1999(2000. 1), 광주지방법원.

崔昌烈, "채권자취소권의 대상이 되는 법률행위에 대한 고찰", 성신법학 제1호, 성신여자대학교법학연구소, 2001.

片智媛, "상속재산의 승인 및 포기와 채권자취소권", 가족법연구 제7호, 한국가족법학회, 1993.

韓國炫, "채권자취소권의 법적 성질", 민사법연구 제12집 제2호, 민사법학회, 2004. 12.

韓允洙, "특정물채권자와 채권자취소권에 관한 고찰", 법조춘추(제108호), 서울지방변호사회, 1973. 8.

胡文赫, "채권자대위소송에 있어서의 피보권재권과 당사자적격", 민사판례연구 제12권, 박영사, 1990, 4.

洪春義, "부동산의 이중매매와 제1매수인의 보호", 부동산법학의 제문제(김기수교수 화갑기념논문), 박영사, 1992.

(기타)

법고을LXDVD 2009, 법원도서관.

(일본 단행본)

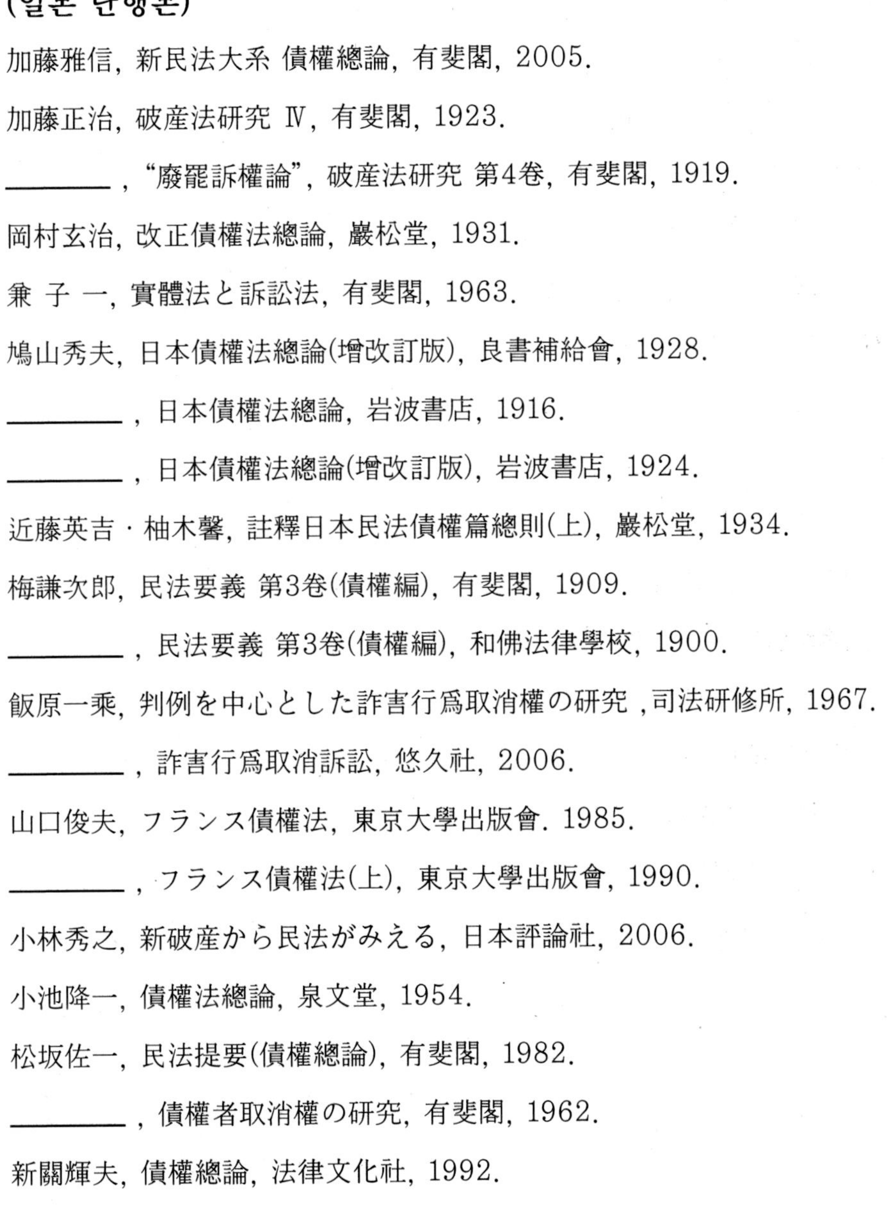

加藤雅信, 新民法大系 債權總論, 有斐閣, 2005.

加藤正治, 破産法研究 Ⅳ, 有斐閣, 1923.

________, “廢罷訴權論”, 破産法研究 第4卷, 有斐閣, 1919.

岡村玄治, 改正債權法總論, 巖松堂, 1931.

兼 子 一, 實體法と訴訟法, 有斐閣, 1963.

鳩山秀夫, 日本債權法總論(增改訂版), 良書補給會, 1928.

________, 日本債權法總論, 岩波書店, 1916.

________, 日本債權法總論(增改訂版), 岩波書店, 1924.

近藤英吉 · 柚木馨, 註釋日本民法債權篇總則(上), 巖松堂, 1934.

梅謙次郎, 民法要義 第3卷(債權編), 有斐閣, 1909.

________, 民法要義 第3卷(債權編), 和佛法律學校, 1900.

飯原一乘, 判例を中心とした詐害行爲取消權の研究 ,司法研修所, 1967.

________, 詐害行爲取消訴訟, 悠久社, 2006.

山口俊夫, フランス債權法, 東京大學出版會. 1985.

________, フランス債權法(上), 東京大學出版會, 1990.

小林秀之, 新破産から民法がみえる, 日本評論社, 2006.

小池隆一, 債權法總論, 泉文堂, 1954.

松坂佐一, 民法提要(債權總論), 有斐閣, 1982.

________, 債權者取消權の研究, 有斐閣, 1962.

新關輝夫, 債權總論, 法律文化社, 1992.

新堂幸司, 新民事訴訟法, 弘文堂, 2000.

新井英夫, 判例民事法, 有斐閣, 1928.

我妻 榮, 新訂債權總論, 岩波書店, 1992.

________, 債權總論民法講義Ⅳ, 岩波書店, 1948.

________, 債權總論民法講義Ⅳ, 岩波書店, 1964.

於保不二雄, 財産管理總論序說, 有信堂, 1954.

________, 債權總論(新版), 有斐閣, 1977.

奥田昌道, 債權總論(上), 筑摩書房, 1982.

編輯代表 奥田昌道, 日本註釋民法(10), 有斐閣, 1987.

奥田昌道, 債權總論(增補版), 悠久社, 1992.

林良平・石田喜久夫・高木多喜男, 債權總論, 青林書院, 1981.

林良平・石田喜久夫・高木多喜男, 債權總論(改訂版), 青林書院, 1982.

前田達明, 口述債權總論(第3版), 成文堂, 1993.

田中實, 抵權の設定が詐害行爲とされる場合に生ずる諸問題, 法學研究, 第34卷, 慶応義塾大學法學研究會, 1961.

潮見佳男, 債權法總論講義案 Ⅰ, 信山社, 1991.

________, 債權總論 Ⅱ(第3版), 信山社, 2005.

佐藤岩昭, 民法典の百年 Ⅲ, 有斐閣, 1998.

________, 詐害行爲取消權の理論, 東京大學出版會, 2001.

中島弘雅・田頭章一, “英米倒産法キーワード, 弘文堂, 2003.

中田淳一, 破産法・和議法, 有斐閣, 1970.

中井美雄, 債權總論講義, 有斐閣, 1996.

川島武宜, 債權法總論講義(1), 岩波書店, 1924.

雉本朗造, 民事訴訟法論文集, 內外出版, 1928.

平野裕之, 債權總論, 信山社, 2005.

平井宜雄, 債權總論, 弘文堂, 1987.

________, 債權總論, 弘文堂, 1993.

河上正二, “歷史の中の民法 - ローマ法との對話”, 日本評論社, 2002.

(일본 논문)

吉田邦彦, "相續放棄と詐害行爲取消權", ジュリスト 別册 第99號, 家族法判例百選(第4版), 有斐閣, 1988.

大島俊之, "相續放棄と債權者取消權 1", 法律時報 第57卷 第8號, 日本評論社, 1985.

, "遺産分割協議(事實上の相續抛棄)と債權者取消權", ジュリスト 第1179號(平成 11年 重要判例解釋), 有斐閣, 2000.

島律一郎, "調整によって成立した婚姻費用請求權を被保全權利にする 詐害行爲取消權の 成否", 判例時報, 第664號, 判例時報社, 1972.

都 築 弘, "詐害行爲取消權によって保全される債權の成立時期", 判例タイムズ 第821號, 判例タイムズ社, 1993. 9.

飯原一乘, "强制執行忍容說と裁判・執行實務", 判例タイムズ 第935號, 判例タイムズ社. 1997.

, "詐害行爲取消權・否認權の研究", 日本評論社, 1989.

, "詐害行爲取消權の行使方法", ヅュリスト 第821號, 有斐閣, 1984. 9.

, "判例を中心とした詐害行爲取消權の研究", 司法研究報告書 第18集 第2號, 日本司法研修所, 1967.

山中康雄, "詐害行爲取消權の本質", 中村宗雄教授還曆論文集, 有斐閣, 1955.

三和一博, 法律時報, 第60卷 第8號, 日本評論社, 1988.

石坂音四郎, "債權者取消權(廢罷訴權論)," 民法研究(Ⅱ), 有斐閣, 1913.

松坂佐一, "債權者取消權", 綜合判例研究叢書(民法 7), 有斐閣, 1957.

, "actio paulianaの史的變遷と債務者の受動的適格とに就いて", 債權者取消權の研究, 有斐閣, 1976.

, "ドイツおける債權者取消權", 債權者取消權の研究, 有斐閣, 1962.

林 錫 璋, "債權者取消權", 民法講座 Ⅳ, 有斐閣, 1988.

田山輝明, "債權者取消權の本質", 倒産法學の軌跡と展望 : 樓井孝一先生古稀祝賀,成文堂, 2001.

前田達明, "詐害行爲取消訴訟試論,", 判例タイムズ 第605號, 判例タイムズ社, 1986. 9.

佐久間邦夫, "遺産分割協議와 詐害行爲取消權", ジュリスト 第1178號, 有斐閣, 2000.

佐藤岩昭, "詐害行爲取消權に關する一試論(一) - その效果論お中心として", 法學協會雜誌 第104卷 第10號, 東京大學法學協會, 1987. 10.

, "詐害行爲取消權に關する一試驗(二) - その效果論お中心として", 法學協會雜誌 第104卷 第12號, 東京大學法學協會, 1987. 12.

, "詐害行爲取消權に關する一試論(三) - その效果論お中心として", 法學協會雜誌, 第105卷 第1號, 東京大學法學協會, 1988. 1.

佐藤岩昭, "詐害行爲取消權に關する 一試論(四) - その效果論お中心として", 法學協會雜誌, 第105卷 第3號, 1983. 3.

________, "共同抵当の目的とされた不動産の賣買契約が詐害行爲に該当する場合に抵当權が消滅したときの価格賠償の額(最判平成 4. 2. 27)", 民商法雜誌 第108卷 第1號, 有斐閣, 1993.

竹屋芳昭, "債權者取消權に關する考察", 法政研究, 第24卷 第3號, 九州大學法政學會. 1957. 3.

中舍寬樹, "詐害行爲取消の 效果", 法學敎室 第137號, 有斐閣, 1993.

中野貞一郎, "債權者取消訴訟と强制執行", 民事訴訟雜誌 第6卷, 日本民事訴訟法學會編, 1960.

千藤洋三, "遺産分割協議が詐害行爲取消權行使의の對象とされた事例", 判例タイムズ 第1700號, 判例タイムズ社, 1999.

雉本郎造, "債權者取消ノ訴ノ性質," 法學志林 第17卷 第12號, 法政大學法學志林協會, 1915.

________, "債權者取消ノ訴ノ性質," 法學志林 第18卷 第1號, 法政大學法學志林協會, 1916.

板木郁郎, "債權者取消權に關する研究", 否認權に關する實證的研究, 立命館出版部, 2006.

片山直也, "遺産分割協議と詐害行爲取消權" ジュリスト 별책 第160號, 民法判例百選Ⅱ(債權編), 有斐閣, 2002.

平田健治, "債權者取消權の位置づけ － 轉得者への追及の關聯で", 國井和郎先生還曆記念論文集, 民法學の軌跡と展望, 日本評論社 , 2002.

野村豊弘, "詐害行爲となる債權讓渡の取消(東京高裁昭和61年11月27日判決)民法研究第69號", ツュリツと 第901號, 有斐閣, 1988.

下 森 定, "詐害行爲取消權の法的構成," ツュリスト增刊 民法の爭點 Ⅱ ジュリスト 第3卷 第2號, 有斐閣, 1985.

________, "債權者取消權と不當利得". 不當利得?事務管理の研究(3), 谷田知平敎授還曆記念, 有斐閣, 1972.

________, "債權者取消權に關する一考察(1)", 法學志林 第57卷 第2號, 法政大學法學志林協會, 1959.

________, "債權者取消權に關する一考察(2)", 法學志林 第57卷 第3號, 法政大學法學志林協會, 1960.

________, "債權者取消權に關する一考察", 私法 第29號, 日本私法學會, 1967.

(영미 문헌)

Blum Brian, Bankruptcy and Debtor/Creditor, 3.ed, Aspen Law & business, 2004.

Epstein David, Bankruptcy and related law, 7.ed, West group, 2005.

Charles Ross, Elizabethan Literature and the Law of Fraudulent Conveyance, Ashgate, 2003.

William Warren, /Daniel Bussel, Bankruptcy, 6.ed, Foundation Press, 2002.

(프랑스 문헌)

Charles Aubry et Charles Frédéric Rau, *Doit civil français, t. 3, Servitudes, hypothéques, 7e éd., Librairies techniques, 1968.*

Jean Archer, "Essai sur la nature de l' action paulienne," *R.T.D.C.*, 1906.

Michel Cabrillac et Christian Mouly, Droit des sûretés, 4e éd., Litec, 1997.

Ambroise Colin et Henri Capitant, Cours *élémentaire de droit civil français*, t. 2, Dalloz, 1953.

Jacques Ghestin, "La fraude paulienne", *Mélanges dédiées á Gabriel Marty,* Univ. des sciences sociales de Toulouse, 1978.

Michel Grimaldi, Droit civil, Successions, 4e éd., Litec, 1996.

Alexandre Grouber, *De l' action paulienne en droit civil français contemporain,* thése. Univ. de Paris, 1913.

Raymond Guillien et Jean Vincent, *Lexique des termes juridiques*, 12e éd., Dalloz, 1999.

Louis Vincent Guillouard, *De l' action paulienne en droit romain et en droit français,* 1868.

Louis Josserand, *Les mobiles dans les actes juridiques du droit privé,* Ed. du Centre national de la recherche scientifique, 1984.

Philippe Malaurie, Laurent Aynés et Philippe Stoffel-Munck, *Droit civil, les obligations,* 2e éd., Defrénois, 2005.

Gabriel Marty et Pierre Raynaud, *Droit civil,* t. 2, vol. 1, Les obligations, Sirey, 1962.

Henri · Léon · Jean Mazeaud et François Chabas, *Leçons de droit civil,* t. 2, vol. 1, *Obligations*, 8e éd., Montchrestien, 1991.

Henri · Léon · Jean Mazeaud et André Breton, *Leçons de droit civil, t. 4, vol. 2, Successions Libéralités,* 4e éd., Montchrestien, 1982.

Marcel Planiol et Georges Ripert, *Traité pratique de droit civil français,* t. 7, vol. 1, *Obligations*, 2e éd., L.G.D.J., 1954.

Georges Ripert et Jean Boulanger, *Traité de droit civil*, t. 2, *Obligations*, L.G.D.J., 1957.

Héléne Sinay, "Action paulienne et responsabilité délilctuelle á la lumiére de la jurisprudence récente", *R.T.D.C.*, 1948.

Boris Starck, Henri Roland et Laurent Boyer, *Obligations*, t. 3, *Régime géneral,* 4e éd., Litec, 1992.

François Terré, Philippe Simler et Yves Lequette, *Droit civil, Les Obligations,* 8e éd., Dalloz, 2002.

Alex Weill et François Terré, *Droit civil : les personnes, la famille, les incapacités,* 5e éd., Dalloz, 1993.

(독일 문헌)

Jürgen Baumann/Wolfgang Brehm, Zwangsvollstreckung, 2. Aufl., Bielefeld 1982.

Fritz Baur/ Rolf Stürner, Zwangsvollstreckungs-, Konkurs- und Vergleichsrecht, Bd Ⅰ, Einzelvollstreckungsrecht, 12. Aufl., Heidelberg 1995.

Böhle-Stamschräder/Joachim Kilger, Anfechtungsgesetz, 7. Aufl., München 1986.

Eduard Bötticher, Besinnung auf das Gestaltungsrecht und das Gestal tungsklagerecht, in: Festschrift für Hans Dölle, Bd. I, 1963.

Hans Brox, Erbrecht, 16. Aufl., Köln1996.

Hans Brox/Wolf -Dietrich Walker, Zwangsvollstreckungsrecht, 2. Aufl, München 1988.

Ernst von Caemmerer, Bereicherung und unerlaubte Handlung, in: Festschrift für Ernst Rabel, BdI., 1954.

Konrad Cosack, Anfechtungsrecht des Gläubigers eines zahlungsunfähigen Schuldners innerhalb und außerhalb des Konkurses, Stuttgart, 1884.

Josef Fenkart, Wesen und Ausübung der Gestaltungsrechte im schweizerischen Privatrecht, Bern 1925.

Murad Ferid/Hans Jürgen Sonnenberger, Das französische Zivilrecht, Bd. 2, 2. Aufl., Heidelberg 1986.

Otto Geib, Zwangsvollstreckung in anfechtbarem Erwerb eines Kriegsteil nehmers, in: AcP 113, 1915.

derselbe, Die Gläubigeranfechtung und §864 Abs.2 ZPO, in: AcP, 115, 1917.

derselbe, Gläubigeranfechtung durch Einrede, in: AcP, 119, 1920.

James Goldschmidt, Zivilprozeßrecht, 2. Aufl., Berlin 1932.

derselbe, Prozeß als Rechtslage, Berlin 1925.

Wolfgang Hein, Duldung der Zwangsvollstreckung, Breslau1911.

Konrad Hellwig, Die Verträge auf Leistung an Dritte, Leipzig 1899

derselbe, Erbschaftsausschlagung und Gläubigeranfechtung, in: Festschrift der Berliner Juristichen Fakultät für F. v. Martity zum 50 jährigen Doktorijubiläum, 1911.

Ernst Jäger, Konkursordnung, Bd. 1, 8. Aufl., Berlin 1958.

Othmar Jauernig, Zwangsvollstreckungs- und Konkursrecht, 18. Aufl., München, 1987.

Gerhard Jooss, Gestaltungshindernisse und Gestaltungsrechte, München 1967.

Joachim Kilger, Konkursordnung, 15. Aufl., München 1987.

Theodor Kipp/Helmut Coing, Erbrecht, 14. Bearbeitung, Mohr Siebeck 1990.

Michael Huber, Anfechtungsgesetz, §10. Aufl., München 2006.

Herman Lange/Kurt Kuchinke, Lehrbuch des Erbrechts, 4. Aufl., München 1995.

Alfred Lonhard, Natur und Wirkung der Gläubigeranfechtung, in: ZZP 38, 1909.

Lippmann, Die rechtliche Natur des Anfechtungsrechts, in: Jher. Jahrb. 36, 1897.

Adolf Menzel, Das Anfechtungsrecht des Gläubigers nach österreichischem Recht, wien 1886.

Jörg Nerlich/Christoph Niehus,, Anfechtungsgezetz(AnfG), München 1999.

Gotthard Paulus, Sinn und Formen der Gläubigeranfechtung, in: AcP 155, 1956.

Neo Rosenberg/Hans Friedhelm Gaul/Ederhard Schilkin, Zwangsvollstreck ungsrecht, 10. Aufl., München, 1987.

Neo Rosenberg/Karlheinz Schwab, Zivilprozessrecht, 13. Aufl., München 1956.

Stefan Rutkowsky, Rechtsnatur und Wirkungsweise der Gläubigeranfechtung, Diss., Bonn, 1969.

Wilfried Schlüter, Erbrecht 13. Aufl., München 1996.

Lothar von Seuffert, Erbschaftsausschlagung und Gläubigeranfechtung, in: Leipziger Zeitschrift für Handels-, Konkurs-, und Versicherungsrecht, 1912.

Julius Staudinger/Gerhard Otte(2000), §1942, BGB, Rn, 11 u, 15.

Julius von Staudinger, Kommentar zum Bürgerlichen Gesetzbuch mit Einführungsgesetz und Nebengesetzen, 5. Buch, §§1922-1966, Berlin

2000.

Mark Zeuner, Die Anfechtung in der Insolvenz, München 1999.

판 례 색 인

[대법원]

[대법원 전원합의체 판결]

[헌법재판소결정]

[기타법원판결]

사 항 색 인

ㄱ

ㄷ

ㅁ

ㅂ

ㅅ

ㅇ

ㅈ

ㅊ

ㅌ

ㅍ

ㅎ

채권자 취소권

초판인쇄 2010년 7월 30일
초판발행 2010년 7월 30일

▎지은이 _ 오시영
▎펴낸이 _ 숭실대학교출판부
서울시 동작구 상도동 511
▎등 록 _ 제14-2호(1982. 1. 25)
TEL. 02-820-0771~2
FAX. 02-817-5297
http://press.ssu.ac.kr
▎찍은곳 _ 네오프린텍
TEL. 02-718-3111
FAX. 02-704-3113

[값 24,000원]

ISBN 978-89-7450-250-8 93360